言海の研究

今野真二
Shinji KONNO
小野春菜
Haruna ONO
著

標ノ種種

【……古キ語、或ハ、多ク用ヰヌ語、又ハ、其注ノ標。

††……訛語《ナマリ》、或ハ、俚語《サトビコトバ》、又ハ、其注ノ標。

［］……和ノ通用字、［迂］［杜若］ナドナリ。

‖……漢ノ通用字、‖十字街《ツジ》‖‖燕子花《カキツバタ》‖ナド。（注ノ中ニ價ク）

［］……和漢通用字、［上］［月］［長］［短］ナドナリ。

（）……語《コトバ》ノ原《オコリ》ノ注ノ界。

（ ）……挿注ノ界。

（一）（二）（三）等……注ノ意味ノ變ハル界。

「 」……例ニ示ス句、又ハ、格段ナル句ノ界。

、……句讀。

・……段落《キリ》。

○……句ト成リテ、別ニ一ツノ意味ヲ起スモノ。

―……引出《ヒキダシ》ノ語《コトバ》ノ略標。例ヘバ、あぐ（上）ノ注ノ中ニ、「髮ヲ―」價ヲ―」トアルハ、「髮ヲ上《ア》グ」價ヲ上グナリ、あし（足）ノ注ニ、「机ノ―」膳ノ―」トアルハ、「机ノ足」膳ノ足」ナルガ如シ。但シ、此筋ハ、其語ノ、一音ナルニモ、二音、三音、四五音ナルニモ、其長サ皆同ジ。

○スベテ、委シク此字引ノ用ヰ方ヲ知ラムトナラバ、前ノ語法指南、幷ニ、凡例、ヲ見ルベシ。

武蔵野書院

目次

*執筆者

言海の研究：はじめに……今野真二 1

序章 『言海』研究史……小野春菜 19

第一章 『言海』にながれこむもの……小野春菜 61

第一節 江戸期の辞書との関係……63

第二節 辞書の形態の模索……80

第二章 『言海』はどのように成ったか……小野春菜 97

第一節 内容見本からわかること……99

第二節 稿本『言海』からわかること……115

第三節 校正刷からわかること……143

第三章　『言海』はどのような辞書か……165
第一節　「本書編纂ノ大意」「凡例」から探る……今野真二・小野春菜　167
第二節　『言海』の体例（組織）について……今野真二・小野春菜　184
第三節　「普通語」について……今野真二　205
第四章　明治の辞書と『言海』……231
第一節　高橋五郎『いろは辞典』との対照……今野真二　233
第二節　山田美妙『日本大辞書』との対照……小野春菜　267
第五章　明治の日本語と『言海』……295
第一節　明治期出版物と『言海』……小野春菜　297
第二節　語彙的観点からみた『言海』……今野真二・小野春菜　311
第三節　表記的観点からみた『言海』……今野真二　325
第四節　『言海』と非辞書体資料……今野真二　340

第六章　『言海』以降の辞書……小野春菜　359
第一節　『大日本国語辞典』と『言海』……361
第二節　『言海』から『大言海』へ……381
第三節　『言海』と『大言海』……396
終章　近代辞書としての『言海』……今野真二　411
参考文献……437

凡例

一、本書において使用する用語

・『言海』……明治二十二（一八八九）年から明治二十四（一八九一）年にかけて私版で刊行された四冊本を指す。後に作成された中型本、小型本、縮刷本などの版種は含まない。

・「稿本」……私版出版用原稿を指す。明治十九（一八八六）年までに作成され、保管された文部省保管原稿とは異なる。宮城県図書館所蔵（三十二冊）。引用に際しては、複製本『稿本日本辞書言海』（一九七九年、大修館書店）を使用した。

・「校正刷」……私版『言海』の初校校正刷を指す。一部に再校以降の校正刷がみられる。慶應義塾大学附属研究所斯道文庫所蔵（四冊）。

二、『言海』における語釈の表示

・『言海』の語釈に引用された漢文には、原文の訓点を保存した。

・『言海』の語釈にみられる合字「ヿ」は、原文に即して記述したが、「トモ」を表す合字は、片仮名に開いて記述した。

三、引用について

・原文の漢字字体をできる限り保存する。ただし、一部において、通用字体に改めた場合がある。

・引用文を括弧内に収める場合、末尾の句点は省略した。ただし、『言海』からの引用の場合は句点を保存した。

四、その他

・語を表す場合、次のように標示する。

「カタカナ（漢字列）」……『言海』の見出しの有無にかかわらず、存在する語。

「ひらがな（漢字列）」……『言海』の見出しとして掲出されている語。

・二行割を「[日本／辞書]」のように、ブラケットとスラッシュで表した箇所がある。

・文献は初出のみ詳述し、巻末に「参考文献」としてまとめた。

言海の研究：はじめに

◇本書が成るまで

二〇一三年に港の人に出版していただいた『『言海』と明治の日本語』の冒頭ちかくに、当該書の目標を「『言海』そのものに分け入ることで、明治期の日本語に関しての知見を得る、ということ」（八頁）であると述べた。それは文字通りの意味合いであると同時に、「『言海』そのものに分け入ること」があまり積極的になされていないことに対しての稿者なりの「反論」のようなものでもあった。

さいわいにも、当該書の、木村一氏による書評が『日本語の研究』第十一巻一号（二〇一五年）に載せられた。[註1] 二〇一四年には『「言海」を読む』（角川選書）も出版させていただいたが、これは一般読者を視野に入れて選書として執筆し、出版されたものであるので、本書中での言及は最小限にとどめた（以下、今野真二（二〇一四a）とする）。

二〇一五年四月には稿者の勤務している大学の大学院の修士課程と博士課程に大学院生を迎えることになった。偶然のことではあるが、両名とも『言海』についての研究を希望していた。博士課程に迎えた大学院生が本書の共著者である小野春菜である。そのようなことであったので、二〇一五年四月からは毎日のように『言海』についての意見交換、議論をするような日々が始まった。そうした議論には、時にかつての同僚であった荒尾禎秀氏も加わってくださった。このような「偶然」はなかなかないことであろう。

地道な作業を厭わず、分析能力に優れている大学院生二人との意見交換によって、二〇一三年の『『言海』と明治の日本語』出版の時点での知見の幾つかは修正する必要が生じ、また幾つかはさらなる到達に至ったと考える。本書中で、そうしたことについて、対照的に一つ一つふれることはしないので、本書に述べられていることが現時点での稿者及び共著者の考えであると理解していただければと思う。

本書は稿者と小野春菜との共著である。どこを誰が執筆したかについては、目次に明示した。稿者は本書全体の「調子」を整えるための「調整」をし、最後まで意見交換、議論はしたが、基本的に分担箇所についての責任は執筆者が負うことになる。

◇本書の目的と試み

本書の目的は辞書体資料である『言海』の「全貌」をできる限り明らかにすることにある。辞書体資料であるので、まずはどのように編集されている辞書であるか、そしてどのようなことを重視している辞書であるか、を明らかにする必要がある。さらには、明治期の日本語の中に、『言海』を置くとどうなるか、についても考えておく必要がある。

稿者は何らかの「編集」が施されている文献＝テキストを「辞書体資料」と呼び、そうした「編集」が施されていない文献＝テキストを「辞書体資料」に対して「非辞書体資料」と呼んできた。「非辞書体資料」という呼称がこなれない呼称であることは承知しているが、現時点ではそれにかわるふさわしい呼称がないので、本書でもその呼称及び概念を使うことにする。

「編集」は人間がすることであるので、特定できているかいないかは別として、「辞書体資料」には編集者が必ず存在する。『言海』の編集者は大槻文彦である。これまでも、『言海』といえば大槻文彦、大槻文彦といえば『言海』と、あたかも「付合」のように言われることが少なくなかった。それは明治期に成った辞書としては当然のことともいえようが、時にそれは「過剰」に編集者個人を追求するという「癖《へき》」となって現われることもあったのではないか。

本書においても、大槻文彦を話題にすることはもちろんあるが、それが「過剰」にならないように気を配った。『言海』がこれまでの研究において、どのように取り上げられ、論じられてきたかについては、序章で詳しく述べた。

これまでの辞書研究においては、まず系譜的聯関が話題となり、先行する辞書をどのように受け継いでいるかという検証に時間とエネルギーとが費やされてきた。それは辞書研究の「いろは」であろうが、これも「過剰」になれば、いつまでたっても、当該辞書を使った日本語研究を行なうことができない、ということになる。系譜的聯関を明らかにすることは、辞書研究の「終点」ではなく、どちらかといえば「起点」あるいは「前提」にちかいのではないだろうか。そしてまた、系譜的聯関を明らかにするためのさまざまな「検証」はそれそのものを目的としながら、その一方では、「辞書体資料」を考え、そこにふみこむための「一階梯」でもあると考える。先行する辞書体資料を『言海』がどのように継承しているか、については第一章で述べた。「継承」には具体的なそれと、原理面におけるそれと、二面がある。

「試み」についても一言述べておきたい。先ほど記したように、本書は稿者と小野春菜との共著として執筆されている。しかし、お互いの執筆箇所について、これまでどおり、意見交換、議論を重ねた。分担箇所の内容については、その箇所の執筆者にプライオリティがあることはいうまでもないが、本書全体としても、できるかぎりなめらかなものとなるように統一をはかった。

◇本書で使った資料とその呼称

『言海』は明治二十二（一八八九）年三月に第一冊（あ部〜お部）、同年十月に第二冊（か部〜さ部）、明治二十三年五月には第三冊（し部〜ち部）、二十四年四月には第四冊（つ部〜を部）が刊行されて完結した。したがって、まずは四分冊の形態で刊行された。明治二十四年十二月には第二版が二分冊の形態で出版されるが、明治二十九年八月には第十版が再び四分冊の形態で出版されている。明治三十一年二月には第四十一版を謳う版が一冊本として出版されるが、これには印刷者として愛敬利世の名前を記す版と、佐久間衡治の名前を記す版とがある。山田忠雄『近代国語辞書の歩み』（一九八一年、三省堂）は前者をA、後者をBと呼ぶ。大正十五年八月には第八十二版が一冊本として出版されている。一方、明治三十七年二月には縮刷版が出版されている。山田忠雄（一九八一）は五六五〜五七三頁において、『言海』の書誌について述べる。また境田稔信「『言海』は何種類あるのか」（『本の手帳』創刊二号、二〇〇七年二月、本の手帳社）にはさらに詳しい書誌情報が載せられている。[註2]

本書では、初版四冊本（の複製）を使用し、第二版二冊本（清泉女子大学蔵）、第四十一版（山田忠雄がBと呼んだ本）などを併せて使用した。これらの「本文」には大きな「違い」がないとみなし、一々使用テキストを示すことはしなかった。

『言海』に附録されている「ことばのうみおくがき」には、出版のための「稿本の淨書をはじめつるは、明治十五年九月にて」、初稿の「再訂の功を終へたるは、實に明治十九年三月二十三日なりき」と記されている。ここでは「稿本」「初稿」という表現が使われているが、両語に違いはないものと考えておく。すなわち、『言海』出版のためにまずつくられていた原稿がここでいうところの「稿本」で、それには「常に訂正」が加えられていた。したがって、印刷のためには「浄書」する必要があった。その「浄書」が開始されたのが、明治十五年九月であった。「浄書」が始まり、「浄書原稿」ができあがり始めると、それとの兼ね合いで、浄書前の原稿を「初稿」と呼ぶことがあったのだろう。そう考えると右の文脈における「稿本」と「初稿」とは（そう表現した心性は異なるが）「内実」は同じことになる。

『日本古典籍書誌学辞典』（一九九九年、岩波書店）は「コウホン（稿本）」を「下書き、草稿のこと。また、印刷するときのもととなる本のこと」（一〇四頁中段）と説明している。

大槻文彦が先の引用内で「稿本」という表現を使ったのは、それが当初の計画通り、官版として出版されることを前提して、その官版の「もととなる」原稿という意味合いであったはずだ。「浄書原稿」は明治十九年三月二十三日にできあがったが、それに基づく官版の印刷は行なわれず、この「浄書原稿」は文部省内に保管されることになった。「かくて、稿本は、文部省中にて、久しく物集高見君が許に管せらるとき〻しが、いかにかなるらむ」はそうした事情の謂いであろう。ここでも「稿本」という呼称が使われている。この原稿の（客観的な）呼称としては「文部省保管原稿」がふさわしいであろう。

結局、官版としての出版ができないために、明治二十一年十月には「時の編輯局長伊澤修二君、命を傳へられて、自費をもて刊行せむには、本書稿本全部下賜せらるべし」ということになる。十月二十六日には「稿本を下賜」されるが、大槻文彦は「稿本も、はじめは、初稿のま〻にて、た〻ちに活字に付せむの心にて、本文のはじめなる數頁は、實にそのごとくしたりしが、數年前の舊稿、今にいたりて仔細に見もてゆけば、あかぬ所のみ多く出できて、かさねて稿本を訂正する事とし、校訂塗抹すれば、二氏（引用者補：中田邦行、大久保初男二人のこと）浄書してた〻ちに活字に付し」たと述べている。ここでは「浄書」という語が使われており、下賜された「文部省保管原稿」を「校訂塗抹」したものを「浄書」したことがわかる。「浄書」前の「文部省保管原稿」の存在は現時点では確認されていない。この時点での浄書原稿は、私版出版のためのもので、（私版出版用）稿本と呼ぶことができる。この浄書原稿が現在宮城県立図書館に蔵されているが、その複製版が「稿本日本辞書言海」と名付けられて一九七九年に山田俊雄を編集責任者として大修館書店から出版されている。この、私版出版用の稿本が官版出版用の稿本と誤解されることが少なからずあった。このことについては、序章で詳しく述べる。「文部省保管原稿（官版出版用稿本）」は現時点では存在が確認されていないので、「私版出版用稿本」しか使うことができない。この「私版出版用稿本」を本書では「稿本」と呼ぶことにする。この「稿本」を使って、私版が印刷されたわけだが、その際の初校の校正刷が慶應義塾大学斯道文庫に蔵されている。本書の分析にはこの校正刷も使った。第二章第三節は校正刷を使った考察である。したがって、本書で使った資料としては、「（私版出版用）稿本」「校正刷」「私版言海」ということになる。「私版言海」は単に『言海』と呼び、表示する。

◇前提としたこと

『言海』には漢文の序に続いて「本書編纂ノ大意」という文章が置かれている。「本書編纂ノ大意」は十一条から成るが、その第一条の冒頭には「此書ハ、日本普通語ノ辞書ナリ」とある。「日本普通語」をどのようにとらえればよいかについては、第三章第三節において述べているが、『言海』が「日本普通語ノ辞書」として（そう言い切るためには検証が必要になるが、ここではひとまずそれを省いて）「統一的に」編まれている、ということをまず前提としたい。これは「仮説」といってもよい。そして「統一的に」ということも前提としたい。『言海』にさまざまな検討を加えてきたが、その結果、（もちろん細部にはうまく理解できないこともあるが）おおむねは「統一的に」編集されているという「感触」を得ている。「感触」はいわば科学的ではない表現ではあるが、これもやはり「前提」あるいは「仮説」といってもよい。

右に述べたことを前提として、『言海』に分け入り、『言海』がどのような辞書体資料であるかを明らかにすることが本書の目的である。そしてそれを（ある程度にしても）明らかにすることができれば、今度は『言海』を一つの

「指標」「scale」として、明治期の日本語をより精密に観察することが可能になると考える。それは本書の次に位置する目標ではあるが、第五章第四節において、「次」を視野に入れた考察を試みた。

◇辞書体資料をとらえる枠組み

本書では「見出し＋語釈＝項目」という枠組みで「辞書体資料」をとらえている。[註3] 語釈が施されていない場合、つまり見出しについて、何も「情報」が提示されていない場合は、「語釈ゼロ」とみる。左の例を使って説明すると、「せんりつ」が見出しで、それ以下の箇所が語釈にあたる。見出し「そい」では「素志ニ同ジ」、見出し「そぜい」では「租ト税トノ條ヲ見ヨ」という語釈が置かれている、とみる。つまりこれらの見出しは語釈がないのではなく、「～ニ同ジ」、「～ノ條ヲ見ヨ」というかたちの語釈が置かれているとみなす。

せんりつ（名）戰慄 フルヒワナナクヿ。

そい（名）素意 素志ニ同ジ。

そぜい（名）租税 租《ソ》ト税《ゼイ》トノ條ヲ見ヨ。

◇明治二十四（一八九一）年の完結

『言海』は私版として明治二十四年に刊行されている。私版刊行に至る「経緯」については、第二章で詳しく述べる。「ことばのうみのおくがき」によれば、大槻文彦が「日本辞書編輯の命」を受けたのは、明治八（一八七五）年二月二日のことで、その「明治八年起稿」から明治二十四年まで、十七年間の時間幅がある。「ことばのうみのおくがき」には「稿本の淨書をはじめつるは、明治十五年九月」で、「再訂の功を終へたるは、實に明治十九年三月二十三日なりき」と記されている。この記述によって、明治十五年九月には原稿の浄書を始めるだけの状態になっていたことがわかる。それをもって、原稿のひとまずの「完成」とみるならば、『言海』の原稿は明治十五年九月には「完成」していたことになる。

明治四十五年間を三等分して、仮に初期、中期、後期と呼ぶことにすれば、明治十五年は初期であり、明治初期に『言海』の原稿はひとまず成っていたといえることになる。そうであるとすれば、『言海』が見出しとして採用した語は、「日本普通語」であることは認めるとして、それは、どちらかといえば江戸時代からの連続の相においてとらえるべき面をもっていたことには留意する必要があろう。

山田忠雄（一九八一）において、『言海』の「欠陥」として「三点」をかぞえあげているが、その一つ目として「明治初年以降官民共に用いた所謂漢語や字音語を載せる事が少い」（五六三頁）と述べる。山田忠雄（一九八一）は「明治初年以降官民共に用いた所謂漢語や字音語」を具体的に示していないので、どのような語をそのようにとらえていたかが、不分明ではある。今ここでは、一つの例として、明治己巳（二）年に刊行された『太政官日誌』に使われている語を取り上げることにする。

賊勢潜伏一人モ不』見得夕八時頃同處野合へ出兵ノ処賊南ノ方山／上ヨリ發砲ニ付弊藩并秋藩諸隊致配置嚴敷砲／發攻撃候エ共勝負不決遂ニ及暮然ニ秋藩澁江／内膳ヨリ賊勢へ近寄短兵接戦致度旨申越候付／即夜四時頃又々賊地へ深致進入頗ル及激戦殊／ニ今朝ヨリノ連戦故銃熱而不能執亦可替之兵／ナシ」（』は改丁箇所、／は改行箇所を示す）（第五号七丁表〜七丁裏）

傍線を附した漢語のうち、「センプク（潜伏）」「ハイチ（配置）」「ハウハツ（砲発）」「レンセン（連戦）」は次のように『言海』において見出しとなっている。その一方で、「ハッハウ（発砲）」「ゲキセン（激戦）」は見出しとなっていない。また「シンニュウ（進入）」は見出し「こみいる」の語釈内では使われているが、見出しにはなっていない。[註4]「ハッハウ（発砲）」「ゲキセン（激戦）」「シンニュウ（進入）」は、明治二（一八六九）年に刊行された『漢語字類』においては見出しになっていないが、明治十二（一八七九）年に刊行された『必携熟字集』においては見出しとなっている。[註5]

せんぷく（名）潜伏 潜《ヒソ》ミ伏《フ》スヿ。匿《カク》ルルヿ。

はいち（名）配置 クバリツケテオクヿ。テクバリ。

はうはつ（名）砲發 大砲ヲ打チカクルヿ。

れんせん（名）連戰 續キテ戰フヿ。

こみいる（自動）込入（一）押シ入ル。進入（二）入リマジル。入リ組ム。混雑スル。錯雑

山田忠雄（一九八一）は『言海』の「欠陥」として「明治初年以降官民共に用いた所謂漢語や字音語」が見出しとなっていない、と述べているのであって、観察の結果あるいは事実として、『言海』がそうであると述べているわけではない。それゆえ、山田忠雄（一九八一）は「明治初年以降官民共に用いた所謂漢語や字音語」を『言海』は見出しにしようと思えばできたが、それをしていない、とみていると推測する。そうであれば、「明治初年以降官民共に

用いた所謂漢語や字音語」は大槻文彦いうところの「日本普通語」に含まれると山田忠雄は判断していることになる。

先に記したように、『必携熟字集』は明治十二年に刊行されている。「明治初年以降」は、『言海』が出版される時期までには時間があったにもかかわらず、ということが含意されていることをもうかがわせるが、そうであれば、『必携熟字集』が見出しとしていることを、その具体的な「裏付け」とすることもあるいはできるかもしれない。しかしまた、『必携熟字集』が一九八七七語、[註6]二万語ちかくの漢語を見出しとしている漢語辞書であることを考え併せれば、そうした辞書だから見出しとした、という可能性も考えておく必要があろう。『言海』の末尾に附録されている「言海採収語……類別表」に従うならば、『言海』が見出しとしている漢語は一三五四六語で、語数のみでいうならば、『必携熟字集』が見出しとしている漢語の六十八・一パーセントを載せるに過ぎない。そうみた場合は、「そうした辞書」と『言海』との「違い」を話題にすることになる。その「違い」には「日本普通語」がかかわるであろう。

先には、仮に明治時代を十五年ずつ、初期、中期、後期に分けてみた。四十五年間という、長いとはいえない時期をどのように経時的観点からとらえるか、ということ自体が日本語学の「課題」ともいえようが、明治時代を政治的な観点に従って、一つの「時代」ととらえている「みかた」そのものを今後は検討する必要があるのではないか。

例えば、辞書の出版ということを考えると、明治二十年頃までは「漢語辞書」の出版が盛んであったが、明治二十年以降は出版が減少していく。一方、明治十八年頃から「国語辞書」の出版が始まる。このことに着目すると、明治二十年前後が「画期」である可能性がある。いわゆる「日清戦争」（明治二十七～二十八年）、「日露戦争」（明治三十七～三十八年）が日本の社会、文化に影響を与えたことはいうまでもないが、社会、文化の変化は、ごく一般的に考えたとしても、言語にも何らかの「反照」をもたらした、と推測することができよう。明治三十六年に「漢字平仮名交じり」で書かれた第一期国定教科書がつくられ、翌三十七年からそれが小学校教育で使われ始めたことは、それ以降の日本語に、どちらかといえば直接的な影響を与えたとみるのが自然である。

仮にこの明治三十六年以降の十年間をひとまとまりとしてとらえると、結局明治時代は明治二十年頃までの「初期」、明治三十六年以降の「後期」、両期の間の「中期」と分けることができる。明治十年頃までの日本語が「江戸時代との連続相」にあったことはいうまでもないであろうが、その一方で、新たな政治体制に伴う諸制度の整備、目に見える物、見えないものの、海外からの流入などに伴って、新しくうまれた語も少なからずあり、そうした「江戸時代との不連続相」と「江戸時代との連続相」とが混淆し、ある程度の「落ち着き」をみせ始めるのが、明治二十年前後と仮定すれば、「中期」はまさしく(そうした「混淆」に基づいた)「明治時代語」の時期ということになる。その「明治時代語」から「漢字・漢語」要素をいささか後退させたものが、「後期」の日本語ではないかと憶測する。この仮定、「みかた」については、その妥当性を今後も慎重に検証していくことにしたい。

『言海』が完結した明治二十四年は、右のみかたに従えば、「中期」にあたることになる。「「江戸時代との不連続相」と「江戸時代との連続相」とが混淆し、ある程度の「落ち着き」をみせ始めるのが、明治二十年前後」と述べたが、大槻文彦の謳った「日本普通語」はそうした日本語の動きと呼応した「心性」の謂いのようにも思われるが、そうであるかどうかの「検証」も「課題」であり、本書のさまざまな章、節ではそうした「検証」を具体的に展開するように心がけた。「稿本」に残された、印刷出版直前の編集の「さま」や、校正刷にみられる最後の調整などについては、本書第二章で詳しく述べた。

明治時代と呼ばれる四十五年間を、これまでは「一つの時代」としてとらえすぎていなかっただろうか。右では、その四十五年間を区切ってとらえるという「みかた」を提示したが、それは四十五年間という長くはない時間幅に言語の変化をみるということであり、またその時間幅を「動的にとらえる」ということでもある。印刷出版された『言海』は「そこにそのような形である」という点において「静的な」存在であるが、それが明治八年から明治二十四年までかけて出版されたとみれば、そこには「動き」があるのが自然である。辞書体資料を「動的」にとらえるためには、そうした「動き」を観察できる文献資料が揃っていることが「条件」となる。『言海』に関しては、「稿本」の写真版が公開されており、校正刷が慶應義塾大学斯道文庫に蔵されている。本書ではこれらの資料を使って、『言海』をできるかぎり「動的」にとらえようとしている。

『言海』を改訂増補した『大言海』は昭和七（一九三二）年から十年にかけて四冊本として刊行された。昭和十二（一九三七）年には索引一冊が刊行された。改訂作業の途中で、大槻文彦が没したために、それ以降は大久保初男が中心となった。そうではあるが、大槻文彦が『言海』を増補改訂したものが『大言海』である、とみた場合に、『大言海』を一方に置くことで『言海』がどのような辞書であるかが鮮明になることもある。第六章の二節、三節はそういう観点から述べた。これも『言海』を「動的」にとらえるという試みの一つといってよい。本書は、具体的には『言海』がどのような辞書であるかをできるかぎり明らかにすることを目標としているが、そのために採った分析方法が、他の辞書体資料を分析するための分析方法として使えるかどうか、についてもできるかぎり思量するように心がけた。そのように思量することによって、「分析方法」それそのものの検証にもなり、また辞書体資料をどのようにとらえればよいか、ということについての知見も深まると考える。

◇辞書の「本文」を読み解く――辞書体資料と非辞書体資料

先に述べたように、何らかの「編集」がなされている文献を「辞書体資料」と呼ぶ。したがって、「辞書体資料」が見出しとして採用している語は、当該資料が成った時期の語のみであるとは限らない。拙書『辞書をよむ』（二〇一四年、平凡社新書。以下、二〇一四b）の八十八～八十九頁においても指摘したが、『言海』には『和名類聚抄』が見出しとしている語が見出しとして採用されている。

「むぎおすき（名）麥押木 麵棒ニ同ジ。和名抄「衦麵杖、牟岐於須紀」

見出し「むぎおすき」には『言海』が「索引指南」の末尾に示した「種種ノ標」において、「古キ語、或ハ、多ク用ヰヌ語、又ハ、其注ノ標」と規定した「亠」が附されている。したがって、「ムギオスキ」は「古キ語、或ハ、多ク用ヰヌ語」である、という認識はあった。しかし見出しとして採用されていることからすれば、それは「日本普通語」であったことになる。

『日本国語大辞典』第二版には次のようにある。

むぎおすき〔麦押木〕〔名〕「むぎおし（麦押）」に同じ。＊十巻本和名類聚抄〔934頃〕四「麵杖 弁色立成云麵杖〈牟岐於須紀 上音各旱反〉」辞書 和名・色葉・名義・言海 表記【麵杖】和名・色葉・名義【麦押木】言海

むぎおし〔麦押〕〔名〕麵類などを作る時、こねた小麦粉を押し延ばす棒。麵棒。麦押木（むぎおすき）。＊書言字考節用集〔1717〕七「麪杖 ムギヲシ 又云麪棒（メンボウ）」方言 殼竿（からざお）で麦をたたき脱穀すること。《むぎおし》埼玉県秩父郡054 辞書 書言・言海 表記

【麪杖】書言【麦押】言海

『日本国語大辞典』は見出し「むぎおすき」、「むぎおし」いずれにも、辞書体資料の使用例のみをあげており、非辞書体資料の使用例があげられていない。だからといって、両語が非辞書体資料で使われなかったということにはならないけれども、非辞書体資料での使用が多くはなかった、という推測は許されるだろう。

「ムギオスキ」が「麦を押す木」という語構成であることは改めていうまでもない。そうであるとすれば、安定した「語」であったか、と思わざるをえない。『和名類聚抄』には、漢語「シゲン（蚩眩）」に「和名」「阿佐無岐加々夜加須」（アサムキカカヤカス）を配置している。拙書（二〇一四b）でも述べた[註7]ので簡略に述べるが、「アサムキカカヤカス」は安定した語ではなく、漢語を、それを構成する漢字に分解した上での「説明」にみえる。「ムギオスキ」を載せている辞書体資料が『和名類聚抄』『色葉字類抄』『類聚名義抄』であることは、『和名類聚抄』の記事が『色葉字類抄』『類聚名義抄』に何らかのかたちで「遺伝した」とみることができよう。『書言字考節用集』が「ムギオシ」を載せていることからすれば、江戸時代までに「ムギオシ」という（「ムギオスキ」よりはずっと一語らしい）語がうまれ、それが辞書体資料に登載されたことを推測させる。そして「ムギオシ」が現代方言として使われていることも、そうした判断の支えとなるだろう。とすれば、「ムギオシ」を見出しとする『言海』は、「ムギオスキ」を見出しにしなくてもよかった、ということになるのではないか。『言海』が「ムギオスキ」を見出しにしたのは、『和名類聚抄』が見出しとしているということに起因するのではないかと推測する。そして、そうであるとすれば、辞書体資料においては、そういうことがある、とみておく必要がある。すなわち、『言海』が見出しにしているすべての語が明治二十四年時点での日常生活の中で日々頻繁に使われている語とは限らないということである。

明治時代の日本語について考えるにあたって、明治時代の日本語を「はなしことば」と「かきことば」とにひとまず分ければ、「かきことば」にはかつて使われていた語、すなわち「古語」が含まれることが容易に想像される。『万葉集』において使われた語を使って和歌を作るということは江戸時代にも行なわれていたし、明治時代にもあった。「日本普通語」の「普通」をどのようにとらえるか、ということについて、詳しくは第三章第三節で述べるが、「普通」には「幅」があると推測する。『言海』は「⏞」と「++」とによって、「古語」と「訛語」とを示している。これらの符号が附された見出しは、幾分かの「傾き」をもつはずであるが、しかし「日本普通語」であるはずだ。符号が附されていない見出しの中にも、符号は附されていないが、何ほどかの「傾き」をもつ語が含まれていると思われる。そうした語が何ほどかの「傾き」をもっているということは、「非辞書体資料」との対照によって、明らかになることがあろう。本書においては、必要に応じて、できるかぎり非辞書体資料を参照しながら考えを進めていきたい。

文献＝テキストを「辞書体資料」と「非辞書体資料」とに（排他的に）分ければ、『言海』は「辞書体資料」に属する。「辞書体資料」の「流れ」「連鎖」ということを考えれば、「『言海』以前に編まれた辞書」「『言海』と同時代に編まれた辞書」「『言海』以後に編まれた辞書」それぞれとの対照的な観察、分析が必要になる。「『言海』と同時代に編まれた辞書」については、第四章で詳しく述べる。

『言海』を明治期に編まれた「辞書体資料」としてみた場合は、明治期の「非辞書体資料」への目配りが求められることになる。それについては第五章第四節で述べた。

註1　書評の「まとめ」には「〈おわりに〉では、「『言海』が一つのscale」になる「可能性を見据えながら、『言海』それぞ

のものを明らかにしていく段階にあると考える。それは結局は明治期の日本語のありかたを明らかにすることでもある。」（p.274）と、明治期の日本語の解明を志向する筆者の姿勢が示される。また、本書は筆者の引用する安田章「辞書の層」（p.86）についての近現代における検討のための様々なヒントも含んでいる。そして、辞書に関わる研究や、近世から現代への日本語の研究はもちろん、様々な分野に関心を持つ読者をも触発してくれる」とあって、もちろん過褒であることはいうまでもないが、拙書（二〇一三）の目指すところは理解された、と考える。

註2　境田稔信（二〇〇七）は『言海』そのものの新版は出ていないため、単純に言ってしまえば内容は一種類しかない。ところが、誤植訂正や装丁などを比較してゆくと、版数によって変化するのはもちろん、同じ版数でもはっきりした相違点が認められることがある」と述べ、例えば初版について「初版には、並製四分冊本とそれを合冊した上製一冊本がある。両方とも同じ正誤表（二ページ分）が付いているが、上製一冊本は最後の方だけ誤植を六か所訂正してある。また、凡例を二十頁から十七頁に組み直し、百五十余りの誤植を訂正した正誤表のない上製一冊本もある。この新一冊本にも、凡例のほかに「語法指南」や奥付など四ページ分と本文五九一・五九三・六一九の三ページ分の活字を組み直したものと、さらに本文三〇一ページの組み直しを追加したものの二種類がある。本文の組み直しは、見出しの仮名遣いを訂正しなければならなかったからで、移動が不可能なものは項目の削除・追加が行われた。削除されたのは「くわくしつ（確執）」「くわくせつ（確説）」「くわくぢやう（確定）」「たう（糖）」「たういと（唐糸）」「たうぎ（討議）」「たふか（蹈歌）」の七項目、追加されたのは「ぐわかい（瓦解）」「くわかうせき（花崗石）」「ぐわざう（画像）」「たぶし」「たぶせ」の五項目である。この変更は重要な相違点として縮刷本にも影響を及ぼしている」「第四十一版には、印刷者の名義が愛敬利世と佐久間衡治の二種類がある。また、愛敬名義のものには和綴四分冊本と上製一冊本がある。佐久間名義のものには新たな正誤表（二ページ分）が付けられていて、訂正されていた誤植がほとんど復活した。なお、表紙の色は深緑色と小豆色がある」と述べている。七項目を削除して五項目を追加したのが「見出しの仮名遣い」訂正のためであるとすれば、「そういうこともある」と考えておかなければならない。つまり、辞書体資料を観察する場合に、

この見出しがなぜ採用され、この語はなぜ見出しとして採用されなかったか、ということを考えることがある。当該辞書体資料が「目指すかたち」を想定して、そうしたことを考えるのが一般的であろうが、「目指すかたち」とは、いわば「かかわりなく」見出しの加除が行なわれる場合もあるということを視野に入れておく必要がある。稿者は『新明解国語辞典』第四版の編集に情報提供というかたちで少し協力した。その頃だったと記憶するが、山田忠雄から、刷を重ねていくにあたって、ページを単位とする「象嵌」による修訂をしているという話を聞いた。そのため、第四版は、新しい刷が出版されると購入していた。ただし、各刷を対照することはしていないので、「ページを単位とする「象嵌」」が具体的にどのように行なわれていたかをつきとめてはいない。山田忠雄『節用集天正十八年本類の研究』（一九七四年、東洋文庫）には、堺本について、「この本はすこぶる複雑な性格をもってゐるものと評することができる。すなはち、一方において他本共通の排列にさからってまで有意的な変改をこころみ、熟字・熟語群中に単字をいれて分断せしめ（しかも、その相当数は行末に位置する）、破調をくはだて、単字群の中核として熟字・熟語を位置せしめたり、単字でをはるべかりし部末に他部から特定の語をもってきておさへとしてすゑたりするやうな高度の編輯がおこなはれてゐる一方、部末にはすくなからぬ復字と錯入と補刻とがみられる」（九十八〜九十九頁）と述べられている。右で述べられている「判断」が「判断」である限りにおいて、（「判断」であっても、事実の正確な把握をまずは起点とし、次にはそこからどのようなことが考え得るかという「推測」を行なう、という「道筋」は当然あるものとして、そうであっても）それを妥当なものと認める人もいれば、首肯し難いという人もいるであろう。しかし、例えば「破調をくはだて」たのではないか、という「発想」そのものは、山田忠雄が自身の辞書編輯の経験に基づき、「そういうことはおおいにあり得る」とみていた、ことを示しているといってよい。こうした点にも「編集」ということがかかわる。稿者が辞書体資料と非辞書体資料とをひとまず分けるのは、言語それそのものを「超えた」ことがらがかかわるためである。

註3　稿者はこれまで「辞書体資料」の枠組みを「見出し＋語釈＝見出し項目」というかたちで設定してきた。一方、小野春菜は「見出し項目＋語釈＝項目」という枠組みを設定してきた。今回、本書を共著として出版するにあたって、用語

の統一をはかるために、意見交換をし、「見出し＋語釈＝項目」という枠組みを設定することにした。

註4　『言海』に関しては、上智大学学術研究特別推進費重点領域研究「キリシタン文献類に基づく能楽及び近世初期日本芸能史の研究」の成果の一部で、キリシタン文献辞書類が取り上げた語彙と、近代日本辞書・字書の語彙との対照を主目的として豊島正之氏が作成したデータベースを使用させていただいていることをここに明記し、学恩に感謝申し上げる。このデータベースによって、ある語あるいはある漢字列が『言海』内でどのように使われているかが正確に把握できるようになった。分析上の恩恵ははかりしれない。本書の分析はこのデータベースによって支えられているといっても過言ではない。

註5　以下、『言海』の引用に際しては、合字は可能なものはそのまま、漢字字体もできるだけ保存するという「方針」を採ったが、しんにゅうの点の数については考慮しなかった。「できるだけ」は、現行字体との違いが微細であるものについては、現行字体をもって表示することがあることを含意する。

註6　『必携熟字集』を初めとする漢語辞書の見出し語数は、松井利彦「近代漢語辞書の基準」（『京都府立大学学術報告』人文・社会第四十九号、一九九七年）に従った。

註7　拙書（二〇一四b）では「「アサムキカカヤカス」はいかにも「蚩眩」をまず「蚩・眩」と分解した上で、それぞれの漢字を説明しているようにみえる。さらにいえば、この「アサムキカカヤカス」は、「微賤類」すなわち〈微少卑賤＝身分地位の賤しいこと〉にかかわる見出し項目を集めているところに収められている。実はここでは、見出し項目「辺鄙」の語釈内に「蚩眩」がさらにあげられているようなかたちになっている。これは、見出し項目とした「辺鄙」が『文選』の「西京賦《せいけいのふ》」に使われているので、その「爾乃商賈百族、裨販夫婦、鬻良雑苦、蚩眩辺鄙（爾《しか》して乃《すなわ》ち商賈百族、裨販の夫婦、良きを鬻《ひさ》ぎ苦《あしき》を雑《まじ》え、辺鄙を蚩眩す）（略）の「蚩眩辺鄙」を引用して「辺鄙」を説明するついでに、「蚩眩」も説明したとみえる。そうした「ついで」の説明であるために、安定した語形、定着している語形ではなく、臨時的につくられた語形がそこに置かれた可能性もある」（一一六～一一七頁）と述べた。

序章　『言海』研究史

大槻文彦は、「ことばのうみのおくがき」において、『言海』の体裁や体例について、次のようにふれている（六頁）。

おのれが言海、あやまりあるべからむこと、言ふまでもなし。されど、體裁にいたりては、別におのづから、出色の所なきにしもあらじ、後世いかなる學士の出でゝ、辭書を編せむにも、言海の體例は、必ずその考據のかたはしに供へずはあらじ、また、辭書の史を記さむ人あらむに、必ずその年紀のかたはしに記しつけずはあらじ。自負のとがめなきにしもあらざるべけれど、この事は、おのれ、いさゝか、行くすゑをかけて信じ思ふところなり。

右に「後世いかなる學士の出でゝ、辭書を編せむにも、言海の體例は、必ずその考據のかたはしに供へずはあらじ」とあるように、大槻文彦は後続する辞書がその編纂にあたって『言海』を基にすることを想定しているといえる。『日本国語大辞典』の第二版では、新たに「辞書」欄が設けられた。「辞書」欄は、該当する語がいずれの辞書にみられるのか、その出典を示すものであるが、対象となる辞書には『言海』も含まれている。このことからも、「考據のかたはしに供へ」られていることが察せられる。

本章では、先行研究において、どのように『言海』が取り上げられ、論じられてきたかについて記述する。日本における国語辞書の成立を扱う際、明治期においては『言海』を除外することはできないといっても過言ではない。先に述べたように『言海』の枠組みを「見出し＋語釈」とみることにする。まず、『言海』の見出しは仮名書きされている。語釈には品詞や語源、語釈、使用例などが備えられており、現在出版される国語辞書の基本的な形式と大差ないことがわかる。このような基本的な形式が『言海』と現在出版される国語辞書とで共通するために、両者の対比は比較的行ないやすい。したがって、両者の対比から日本語の変遷にかかわる知見を得ることができるといえよう。ただし、『言海』の語釈はいわゆる「文語体」で記されており、漢字片仮名交じりで書かれている。

日本語学の研究に限らず、『言海』から語を引用し、現在使用されている語とその解釈を比較する場合や、明治中期における語彙について吟味する場合など、『言海』は幅広く利用されている。たとえば、芥川龍之介の『澄江堂雑記』における「猫」の考察や、牧野富太郎による『大言海』の記述への指摘（「大槻博士著『大言海』のインゲン豆」『本草』六号、一九三二年十二月）などが該当する。このような使用方法は、国語辞書としては至極当然のことであろう。語釈に対する指摘も、誤認のような明らかな誤りや、記述の不確実性など、幅広い分野から行なわれることが容易に想像できる。しかし、該当する語を当該時期に使用された実態として受け止めて批判を行なうことと、『言海』そのものを対象として行なう研究は異なるように思われる。それは、語史を扱う際に、当該時期の語彙の例として『言海』を引用し、その証左とする場合においても同様で、そうした場合、『言海』そのものの考究はなされていないと考える。

このように、論の中心ではなく補助として『言海』を扱う文献を含めると、『言海』にふれている論文は膨大な量となる。また、論文から離れ、新聞記事や雑誌記事、エッセイなどにも対象が広がる。本来であれば、『言海』の使用状況を総体として知るために、これらも含めて通覧する必要があるだろう。しかし、量が膨大であることに加え、日本語学の範疇を超えるため、国語辞書として使用された『言海』を追うことと、『言海』の構成要素について議論することは区別すべきであると考える。よって、本章で扱う範囲は最小限にとどめた。

さて、『言海』の第千版が『大言海』出版後の昭和二十四（一九四九）年三月に刊行されているように、『言海』は広く普及し、流通していたことがわかる。それでは、『言海』について、これまでどのような説明がなされているのか。まずは、研究事典や国語辞典、概説書を確認する。
『国語学研究事典』（一九七七年、明治書院）では、「言海」の項目の「解説」に、「明治における「日本普通語」の辞書として最も整備されたものであり、以後の国語辞書の範となった」とある。「「日本普通語」の辞書として」とあることから、本項目を執筆した古田東朔が、『言海』以外にも「日本普通語」を扱ったことを標榜する辞書があると判断しているようにもみえるが、今、その判断については措く。この記述に続けて、次のようにある。

従来の辞書が限られた分野のものであったのに対し、広く一般に使用している語を収め、語義分類を行い、かつ基本語についても詳しい説明をしている点に特色がある。現在からすれば、語数も必ずしも多くはなく、語釈などにも補われるべき点が存しているが、当時の「普通語」の辞書としては、かたよらない、要を得た態度を示している。

引用部の「従来の辞書が限られた分野のものであった」という点は、大槻文彦が「本書編纂ノ大意」（三）において、「或ハ専ラ枕詞ヲ論ジ、又ハ方言ヲ説キ、或ハ語原ヲ主トシテ、語釋ヲ漏ラシ、或ハ雅言ノ出典ノミヲ示セリ」と記述しており、書名が掲げられた辞書類があることがわかる。この点については、第一章第一節において、再度取り上げる。また、「かたよらない、要を得た態度を示している」とあるように、『言海』の語釈は、穏当であるという評価がなされている。『日本国語大辞典』第二版（二〇〇一年、小学館）には、「体裁、内容の整った国語辞書として最初のもの」とあり、「整った」という表現が使用されている。語釈については、「凡例」にいくつか言及がある。たとえば、第四十条のような記述がある。

（四十）語釋ハ、一二語ヲ以テセルアリ、數語ヲ以テセルアリ、或ハ、同意ノ異語ヲ用ヰ、或ハ、近似セル他語ヲ用ヰ、或ハ、古言ヲ今言ニ易ヘ、雅言ヲ俗言ニ當テ、或ハ、今言俗言ヲ古言雅言ニテ釋キ、種種ニ說キ、迂廻ニ述ベテ、一二意ノ融クルヲ期シテ已メリ、看ル者、善ク玩味シテ解スベシ、然レトモ、凡ソ、解釋語ノ意ハ、到底、基本語ノ意ニ若カザルモノナリ、トモイヘバ、又善ク此趣ヲモ諒セヨ、

前引した「要を得た態度」は、このときの「一二語」「數語」「同意ノ異語」などの表現を指したものと考える。語釈には語原も備えられているが、これについては、『日本辞書辞典』（一九九六年、おうふう）における「言海」の項目に「ただし、語源の説明には問題がある」（鈴木英夫項目執筆）と記述されており、その解説に対して注意が払われているものもある。これに対し、沖森卓也編『図説日本の辞書』（二〇〇八年、おうふう）における「言海」の項目には「独自の語源説を展開されるところも多く、その点でも評判を博している」とあり、むしろ評価されている場合もある。「独自の語源説」であるために、『日本辞書事典』では「問題がある」点も存するという判断をしたものと思われる。

『日本語大事典』（二〇一四年、朝倉書店）では、「言海」の項目において、次のような高い評価がなされている（犬飼守薫項目執筆）。

文彦は、日常一般語（普通語）を収録対象として、見出しを精選し、近代的辞書編纂法に基づく明確な記述様式を創案・組織化したが、これが『言海』最大の功績といえる。ことに、語義記述の仕方は、意味を区分して、正

義・転義・訛義とそれぞれ位置づけ、番号と符号で区分して見出しの品詞と対応したわかりやすい語釈で解説するという『言海』で新たに考案されたものであり、以後数多くの国語辞書で半ば常識になっている記述法であることが指摘できる。

「『言海』で新たに考案されたもの」として挙げられた「語義記述の仕方」については、「凡例」（五十一）に次のような記述がある。

（五十一）同一ノ語ナレドモ、古今ニ因リテ意ノ移レルアリ、所用ニ因リテ義ノ變ズルアリ、此類ハ、（一）（二）（三）（四）（五）等ノ標ヲ以テ區別セリ、而シテ、其次第ハ、古義ヲ先トシ、今義ヲ後トシ、或ハ正義ヲ前ニ掲ゲ、轉義、訛義等ヲ末ニ置ケリ、

このような記述形式については、ヘボン『和英語林集成』に影響を受けたのではないかという指摘もあるが、これについては第一章第二節で述べる。また、『日本語大事典』には、先の文章に続けて、次のようにある。

文彦の工夫は、また、七〇種余にも上る各種符号の使い分けで語種（和語・漢語・外来語）や位相（古語・稀にしか用いない語・訛語《ナマリ》・俚言《サトビコトバ》・普通語）等の指示が徹底されている点にも認められる。このように、文彦は記述様式の案出と記述内容の組織化の両面に意を傾注して、近代言語辞書としての体系と資質を具備する有機的構造体としての辞書『言海』を作り上げるに至ったのである。また、巻末に「言海採収語……類別表」として、所収

語の語種別分類表を掲載していることも高く評価される。（下略）

「七〇種余にも上る各種符号の使い分け」によって「指示が徹底されている」と記述された中には、見出し直下の漢字列（和ノ通用字・和漢通用字）や、語釈末にみられる漢字列（漢ノ通用字）も含まれるであろう。前引した『図説日本の辞書』では、「漢字・漢語を新旧、雅俗などによって区別している」と述べた上で、「漢語に限って言えば、いわゆる由緒正しい古来の漢語を「和漢通用字」、漢文表現に使われる語彙を「漢ノ通用字」と判断している。そして「和ノ通用字」には、日本語に溶け込んだ日常漢語「料理、立身」（日本語的な意味になったもの）、和訓から音読みへ変わったもの「支障、仕様、心配」、さらに明治以来新しく造られた新漢語「流体、零点、絶対」などを含めている。これは、日本的に意味変化した漢語を明らかに意識したもので、近代日本における「和製漢語」という意識を芽生えさせたものとして評価できる」と記述されており、漢語に対して、『言海』では具体的に区別されているような説明がなされている。これらの記述は、陳力衛『和製漢語の形成とその展開』（二〇〇一年、汲古書院）を踏まえているものと覚しい。

『国語学大辞典』（一九八〇年、東京堂出版）における「言海」の項目には、「同時代の『ことばの園』『ことばの林』『いろは辞典』などと比べると極めて高い内容をもって秀でるもので、今日においても普通辞書の範とすべきものである」とあり、本項目を執筆した山田俊雄は他の辞書類との比較をした上で、『言海』を評価している。取り上げられた三書（『ことばの園』『ことばの林』『いろは辞典』）については、大槻文彦も「ことばのうみのおくがき」において、「世はやう〳〵文運にすゝみたり、辭書の世に出でつるも、今はひとつふたつならず。明治十八年九月、近藤眞琴君の「ことばのその」發刊となれり、二十一年七月に、物集高見君の「ことばのはやし、」二十二年二月に、高橋五郎君の「いろは辭典」も刊行完結せり」（六頁）と触れている。なお、山田忠雄（一九八一）は、見出しが外来語の場合は片仮名、それ以外は平仮名である点について、「ことばのその方式を改定して踏襲したもの」（五六一頁）と述べている。

以上のような説明がなされており、『言海』に対する評価がみえる。しかし、『世界大百科事典』（改訂新版。二〇〇七年、平凡社）における「言海」の項目のような指摘もある（亀井孝項目執筆）。

本書以前にも辞書の形式をそなえたものがないわけではなかったが、収載語の豊富と語釈の精確とをもって、日本の辞書史上に不朽の足跡をのこす労作であった。しかし、時代の推移にもとづく新語の増補のないまま版を重ねてきたこと、もともと古語の多いこと、また漢語の多くはむしろ漢和辞書に譲っていることなどの点から、しだいに〈古語辞書〉としての価値しかもたなくなってしまった。昭和にはいって《大言海》が出版され、もとの《言海》のほうは、もはやその原形をとどめぬまでに完全にそのなかに吸収されてしまった。

『世界大百科事典』では、「不朽の足跡をのこす労作」と評価する一方で、『言海』に収録された語彙について「〈古語辞書〉としての価値しかもたなくなってしまった」と指摘されている。前述したように、『言海』の第千版が『大言海』の出版後に刊行されている。『言海』には多くの版種が確認されており、語形に対する細かな訂正が行なわれている場合もあるが、「時代の推移にもとづく新語の増補のないまま版を重ねてきた」と記述されているように、語そのものの大幅な増補は『言海』が重ねた版の間ではなされていない[註1]。

これまで、『言海』の研究史を概説したものとして、犬飼守薫『近代国語辞書編纂史の基礎的研究―『大言海』への道―』(一九九九年、風間書房)が「『言海』から『大言海』へと至る道」(七五五頁)として記述したものがある。ここには、「埋もれかけていた偉大な辞書編纂家、大槻文彦を再び世に紹介し、その業績を正当に評価したのは高田宏氏であった」(七五五~七五六頁)として、高田宏による評伝『言葉の海へ』(一九七八年、新潮社)をあげる。『言葉の海へ』は、昭和五十九年に文庫化されており、この文庫が平成三十年三月に表紙を一新した上で復刊されている。また、平成十年には岩波書店から同時代ライブラリー版が、平成十九年には洋泉社からMC新書版が出版されている。MC新書版に収録された紀田順一郎の解説には、「本書は『日本辞書言海』の編纂者大槻文彦の人と業績を明らかにした伝記であるが、同時に幕末維新期の激動期に生きた知識人が、明治の国家的要請としての辞書編纂事業に邁進する時代環境を周到に描き出した、構えの大きなノンフィクションである」(三一二頁)と記述されている。ただし、「ノンフィクション」と捉えることができるかどうかは疑問が残る。

『言葉の海へ』が出版された翌年の昭和五十四(一九七九)年には、宮城県図書館に蔵する『言海』の私版出版用稿本の写真複製版(『稿本日本辞書言海』)、初版四冊本の複製版が刊行される。また、犬飼守薫(一九九九)が「大槻家に保存されていた未紹介の資料を『図録日本辞書言海』として世に紹介し、『言海』研究の素地が確立され、大槻文彦に関する研究の進展が今後期待出来る」(七五六頁)と述べるように、『言海』の編纂過程を考察するための資料が整えられたといえる。

このときの「研究の進展」を表すかのように、『言海』を扱った企画展示やシンポジウムは、平成に入ってからも盛んに行なわれている。平成三(一九九一)年には、『言海』の出版完了から百年を記念したシンポジウムが行なわれており、その成果が、「言海」刊行百年記念事業実行委員会編『言海と一関―大槻文彦―』(一九九二年、一関市教育委員会)に表れている。また、一関市博物館では、平成二十三(二〇一一)年七月三十日から九月十一日にかけて、企画展「『言海』誕生一二〇周年」が行なわれている。展示図録『ことばの海―国語学者大槻文彦の足跡―』（以下、一関市博物館（二〇一一））には、前出した『図録日本辞書言海』には掲載されていない資料も収録されており、本書においても参考に供している。さらに、平成三十年一月二十日には、上智大学国文学会平成二十九年度冬季大会において、パネルディスカッション「『日本辞書言海』の解剖」が行なわれている。これまでも、個人で作成された簡易検索やデータベース、[註2]清泉女子大学で行なわれたデータベース作成[註3]があるが、簡易検索に使用された版が不明瞭な点、データベースが未完であるといった点がある。そのため、「はじめに」の註4で取り上げたように、『言海』初版の全文データベースが公開されたことで、『言海』の研究はますます深化していくことが期待される。

さて、『言海』の研究史として、犬飼守薫（一九九九）は、「文彦が『言海』を成すに当って参考にしたと考えられる書籍は数多く存しているが、影響を受けたと思われるものは次の如くである」（七六三頁）と述べた上で、次のように列挙する。

1『ウェブスター』 2『語彙』 3『和英語林集成』 4近世辞書…雅語辞書、方言・俗語辞書、本草書、百科辞書・類書、節用集類、語原辞書等… 5『小学読本』 6明治初期の啓蒙的科学書

これらの書物と、具体的に指摘が行なわれた先行研究を確認した上で、「このように、今後『言海』に影響を与えたと考えられる事項の考察が進展して行くと、『言海』が如何にして形作られて行ったのかという近代国語辞書形成過程の問題が明らかとなり、国語辞書史に於ける『言海』の位置付けが一段と明確になると期待されるのである」（七六五頁）と記述する。

以上のような現状を踏まえながら、次に、先行研究において、どのような議論が行なわれていたかを確認する。まず、『言海』における文法事項をまとめた「語法指南」に注目する。大槻文彦は「本書編纂ノ大意」（四）において、「辭書ハ、文法《Grammar.》ノ規定ニ據リテ作ラルベキモノニシテ、辭書ト文法トハ、離ルベカラザルモノナリ。而シテ、文法ヲ知ラザルモノ、辭書ヲ使用スベカラズ、辭書ヲ使用セムホドノ者ハ、文法ヲ知レル者タルベシ」と記述する。「語法指南」は、表題に「（日本文典摘録）」とあるように、『言海』を作成するに際して編纂された「日本文典」から文法事項を抄出したものである。「語法指南」の文末には、次の記述がある。

右、語法指南ハ、日本文典中ノ、此辭書ヲ使用セムニ、要アリト思ハルル所ノミヲ、摘録シタルモノナリ。サレバ、若シ、コレヲ一部ノ文典ト認ムルヿモアラバ、必ズ、事足ラズ思フ所モアラム、唯、善ク摘録ナルヿヲ察スベシ。（下略）

「日本文典」については、小岩弘明による一連の研究がある。[註4]「日本文典」は明治十五年九月に脱稿し、明治三十年に刊行された『廣日本文典』にあたる。「日本文典」編纂にあたっては、明治十一（一八七八）年十月から十五（一八八二）年四月まで文法会が行なわれている。文法会のメンバーには、「ことばのうみのおくがき」において、「編輯中の質疑にいたりては、黒川眞頼、横山由清、小中村清矩、榊原芳野、佐藤誠實、等諸君の教、謝しおもふところなり」（三頁）と記述された黒川真頼、横山由清も含まれており、小岩弘明（二〇〇五）は、「ことばのうみのおくがき」の当該部分を引用した上で、「先の横山、そして黒川の参加は文彦にとっては非常に心強いものであったと同時に、文法会自体の内容に厚みを増したものと言える」（五十頁）と述べる。また、大槻文彦による『廣日本文典別記』にも、文法会での様子が伝えられている。

『廣日本文典』は、「語法指南」に「文章篇」を増補したものであり、古田東朔「大槻文彦の文法」（『月刊言語』第十巻第一号、一九八一年）は、「語法指南」と『廣日本文典』から、両者の文法説を確認した際に、「西欧文典の枠組の中へどのように日本語を当てはめて考えていくか、その一往の解決が示されたのが大槻文彦においてである」（二六四頁）と評する。このことからもわかるように、「語法指南」と『廣日本文典』は、西洋文法と日本文法を「折衷」した文法として、一般的に評価されている。この点については、「ことばのうみのおくがき」においても、「又、別に一業を興して、數十部の語學書をあつめ、和洋を參照折中して、新にみづから文典を編み成して、終にその規定によりて語法を定めぬ」（一頁）と明言されている。山田忠雄（一九八一）は、「『言海』の特色」としてあげた中の第九条において、「辞書製作の為の文法説の誕生は之を以て嚆矢とする」（五六一頁）と述べ、「語法指南」を評価する。

「語法指南」に関する先行研究として、古田東朔「日本文典に及ぼした洋文典の影響――特に明治前期における」（『文芸と思想』第十六号、一九五八年）は、「參照折中」の過程を明らかにする文法研究の面から指摘を行なう。また、「語法指南」は、明治二十三年十一月に教科参考として単一で出版されており、森田真吾「明治二〇年代における文法教授の定着―大槻文彦『語法指南』の再評価―」（『国語科教育』第四十七号、二〇〇〇年）は、「「語法指南」が文法教授に広く採用された」（一一二頁）点に注目し、文法教育史の面から指摘を行なう。なお、平成八（一九九六）年に勉誠出版から単行本再版（明治二十四年十月）が複製刊行されている。単行本の「語法指南」の体裁や『廣日本文典』との相違点については、北原保雄による解説に詳しい。文法規定については、ウェブスターを参考にしたのではないかという指摘もあるが、この点については、第一章第二節で取り上げる。

さて、『言海』に関する先行研究は、前述したように多岐にわたる。『言海』を含めた辞書に対する批評としては、竹村鍛「辞書編纂業の進歩及び吾が國現時の辭書」（『帝国文学』四巻十号、一八九八年）が早い。当該論文では、「言海は大槻氏が多年苦心の結果出版せられたるものなれば、他の辭書とは自らその撰を異にせるものあり」（二十二頁）と記述した上で『言海』を批評する。この批評は、「その體裁の整へる、解釋の多くは論理的にして精確なる意義の變動に從ひて解釋に一、二、三等の符號を附して區別せる」点などを「本書の特質として稱揚すべきもの」と評価する面と、「然れども言海にも亦缺點多し」として、欠点をあげる面とがある。欠点は三点挙げられており、これを列挙すると、①「古言雅言の收集甚だ少くして、中學校生徒が國文讀本を讀む時に逢着する語にてだに、言海には見出し得られぬが多きこと」、②「近松、西鶴等に見ゆる」和語や漢語（「キヅマリ（気詰）」「キニヨウボウ（生女房）」など十一語）が見られないこと、③「又今日普通に新聞雜誌等に用ひらるゝ漢語の過半は收錄せられざる事」とある。三点目については、見出し「じやうが（嫦娥）」「せんゆ（僭踰）」など六項目を「稍普通ならぬ漢語すら載せある事」（二十三〜二十四頁）として指摘されている。竹村鍛（一八九八）は、当該時期における辞書を評したものであり、『言海』もまたその一つとして取り上げられているが、『言海』の体裁だけではなく、収録された語彙も含めて批評していることがわかる。

今、便宜的に、『言海』の研究史を三期に区分したい。『言海』の出版から『大言海』、『言海』千版などが刊行された時期を第一期、『言葉の海へ』や「稿本」が出版される昭和五十四（一九七九）年から犬飼守薫『近代国語辞書編纂史の基礎的研究』が刊行された平成十一（一九九九）年を第二期、そしてそこから現在までを第三期と定義する。

竹村鍛（一八九八）以降においても、『言海』に収録された語彙は、当然のことながら注目されている。具体的には、「言海採收語……類別表」に収録された語種をもとに、漢語や外来語について論じたものがみられる。たとえば、第一期においては、高楠順次郎「日本字書の完成」（一）～（五）（『言語学雑誌』第一巻第一号、第三号～第六号、一九〇〇年）が、『言海』に収録された「梵語」について、「言海採收語……類別表」に百二十語とあることから、これについて「順次之を評論是正する所あるべし」（第一号・四頁）と個々の検討を行なう。『言海』における漢語は、竹村鍛（一八九八）が注目するように、早くから指摘されている。そもそも、第一期では、『言海』において「漢語」と「外来語」が区別されている点についても議論されている。次に、この点について概観する。

前田太郎『外來語の研究』（一九二二年、岩波書店）は、『言海』における外来語について、「梵語や朝鮮語や琉球語や蝦夷語等を外來語の中に加へて置き乍ら、漢語をその埒外に置てあるのが不穩當と考へられるのである」（四頁）と苦言を呈する。また、梵語と漢語について、次のように述べる（六頁）。

もし年代の古いことから漢語を非外來語とし、梵語を外來語としたものであるならば、便宜上は兎も角も、少なくとも科學的の區別方法ではないと考へるのである。梵語が外來語なると同時に、同一の理由に因つて、漢語も外來語である。故に結局和語を除いた外は總て外來語である、卽ち大和言葉といはるゝものが生粋の土語と云ふことに歸着するのである。

前田太郎（一九二二）は、梵語が外来語であるならば、漢語も外来語として扱うべきではないかと指摘する。また、「國語」を「固有語と云つて置くもの（和語）」と「外来語と云つて置くもの（漢語、梵語、アイヌ語、朝鮮語その他）」の二種に区別した表を示す。また、附記として、外来語を「古くから國語に混入して居るもの」（漢語、梵語、アイヌ語、朝鮮語）と「極めて近世の輸入に屬するもの」（西、葡、蘭、英、佛、獨）と、二分する。

山田孝雄『國語の中に於ける漢語の研究』（一九四〇年、宝文館）は、漢語が外来語の一つとして取り扱われていない理由として、次のように述べる（十頁）。

これによりて私見を以て忖度するに、著者（引用者補：大槻文彦）が、これを純粋の國語とは認めざりしはいふをまたぬが、これを外來語とせざりしものは恐らくはそれらの語が、殆ど國語に熟化して他の外來語と同一に取扱ふべき程度のものにあらずと認めたるが爲なるべし。

漢語を外来語として扱わない理由を「殆ど國語に熟化して」いることとする。この点は、前田太郎（一九二二）が「古くから混入して居るもの」として漢語をあげた意見と同様の見方といえるだろう。この点を考慮すると、同じく例示された梵語との区別をどのように考えればよいのかという疑問が残る。しかし、山田孝雄（一九四〇）は、この点について「言海採収語……類別表」の熟語の総数を比較した結果をあげ、「單一の語として入れる場合の比よりも熟語として組織内に入りこめる場合を加へたる場合の比の方、増加せるを見れば、漢語が、ただの外來語又は借用語といふに止まらず、國語の組織の内部に深く入り込めるを見るべし」（八頁）と指摘する。つまり、『言海』の内部においては和語と漢語の熟語（和漢熟語）が多く、このことは「国語」として同化していることを表していると考える。「言海採収語……類別表」における梵語の総数は一二〇と、外来語の区分の中ではもっとも多いが、和漢熟語の総数は二七二四である。熟語の収録数が多く、また和語と合していることからすると、山田孝雄（一九四〇）の指摘は首肯できる見方といえる。

楳垣実『増補日本外来語の研究』（一九四四年、青年通信社）は、山田孝雄『漢文の訓読によりて伝へられたる語法』（一九三五年、宝文館）および山田孝雄（一九四〇）を受けて、「この両書のごとき立派な研究が出てゐる以上、さらに漢語を外來語として研究することは、結局蛇足を加へるに過ぎないのである」（二十六頁）として、漢語と外来語を区別する方針を立てている。

また、『言海』における外来語の認定については、楳垣実（一九四四）のように、「言海採收語……類別表」の「語別」にはない語種を補って再度検討したり（二三一頁）、田鍋桂子「『日本辞書言海』の語種―外来語を中心に―」（『日本語論叢』一号、二〇〇〇年）のように「現代の観点から」（四十三頁）『言海』の語彙を分類しなおし、「言海採收語……類別表」との比較を行なう場合がみられる。なお、楳垣実（一九四四）は、その語種の認定について「舊版「言海」の原稿がほぼ完成したのは、明治十九年のことだといはれてゐるから、あの言葉書には大体明治初年の言葉が錄されてゐる訳である」（九十八頁）と述べるが、ここには第二章第二節において述べる「稿本」における追加項目が考慮されていないように思われる。

ところで、大槻文彦が『言海』の出版以前に発表した論考「外來語原考」[註5]では、「其外來ノ語ノ、現ニ日常ニ用ヰルモノモ多ク、或ハ慣用ノ久シクシテ、終ニ國語ノ如ク覺エテ、知ラサルモノモ多キカ故ニ、爰ニ其語原ヲ失ハンヿヲ恐レテ」（七十九号・一二四頁）執筆したことがわかる。そのなかで、大槻文彦は、外来語を次のように定義する。

外來ノ語ハ、唐音ノ支那語、琉球語、蝦夷語、朝鮮語、梵語、南蠻語、羅甸語、葡萄牙、斯班牙、和蘭、英吉利、佛蘭西語等ナリ

「言海採收語……類別表」では、朝鮮語を韓語に改め、「斯班牙」の「斯」を「西」字に変更する処理が行なわれて

いる。しかし、『言海』には韓語よりも朝鮮語の表記が多いため、厳密には改めたとはいえないだろう。註6

また、「洋語」については、「凡例」（卅九）においても、「但シ、近古、西班牙人、葡萄牙人、蘭人等ノ傳ヘタルモノト覺シクテ、詳ナラザルハ、姑ク南蠻語、或ハ洋語ナドト記シ置ケリ」とある。しかし、「凡例」（十六）では「洋語ノ「ウニコオル」（一角）「メエトル」（佛尺）「フウト」（英尺）」と三項目を掲出するが、これらは『言海』において、それぞれ「羅甸語」（「ウニコオル」）、「佛語」（「メエトル（米突）」）、「英語」（「フウト（英尺）」）と定義されており、「稿本」においても修正が加えられていない。また、見出し「ウニコオル」は、「外来語原考」においても「羅甸語」とある。このことから、見出し「フウト」「メエトル」に関しては、「稿本」の作成段階で「洋語」から変更された可能性も考えられるが、いずれにしても、見出し「ウニコオル」のように「洋語」が「何國トモ知リカタキ」語だけではないこと、外来語の総称として使用する場合があることには注意したい。

さて、第一期では、以上のような語種の認定の他に、語原について論じた手塚昇「言海の語源論一二三」（『国語と国文学』第十六巻第一号、一九三九年）がある。当該論文の冒頭には、「言海の語源論は、とかく嘲笑の目を以て見る人が多いやうである」（七十九頁）とあり、本論文の発表時期においても、語原について評されていたことがわかる。手塚昇（一九三九）は、見出し「はしか」「すずめ」を例に意見を述べた小論であり、『言海』全般にわたった考察ではないが、語原について一方的に批判をするのではなく、「さう言ふ意味に於て、不確實な材料にもせよ、言海が語源に對する意見を載せてゐる事に對して大いに敬意を表したいと思ふのである」（同前）として、尊重する立場がみえる。戸田吉郎「語源研究史」（『国語学』第十輯、一九五二年）は、「明治時代の語源研究としては、大槻文彦博士の業績を逸することはできない。それは、言海およびその編修前後の論稿を中心とする」（四十三頁）と述べた上で、「言海が当時の学界に与えた感化については多くの人の指摘するところであるが、のち語源研究を説くに至った人々の問では、資料を直接言海に仰ぎ、或は推論の手懸りを言海に求めることが少なくなかった」（四十四頁）ことを指摘する。そのため、語原についても、批判の対象としてではなく、一研究の成果として受け止める必要があるようにも思われる。

このように『言海』に収録された語彙を検討する研究が多い中、先行する辞書体資料との比較を行なったものとして、第一期では永嶋大典「『ウェブスター』と『言海』」（『国語学』第六十四輯、一九六六年）がある。冒頭に「この小論は、Webster の辞書の正体（identity）、および、それが『言海』に与えた直接・間接の影響を明らかにしようとするものである」（七十一頁）とあるように、「本書編纂ノ大意」（八）や「ことばのうみのおくがき」を引いた上で、ウェブスターとの比較が行なわれている。結論として、「筆者が『言海』と *Octavo Dictionary* を比較した経験から推測して、『言海』が他の英語辞書を大幅に利用した可能性はまずないように思う」こと、「『言海』における *Octavo Dictionary* の利用度が非常にひくいこと」（七十五頁）を明らかにする。永嶋大典（一九六六）を受けて、山田忠雄『三代の辞書――国語辞書百年小史』（一九六七年、三省堂）および山田忠雄（一九八一）は、『言海』におけるウェブスターの利用について一言するが、この点については、第一章第二節に譲る。

先行する辞書体資料との比較・対照は、第二期において顕著にみられる。第一期では、『言海』に書名がみられるウェブスターが取り上げられているが、第二期では、『言海』に書名がみられない辞書体資料についても論じられるようになった。前引した犬飼守薫（一九九九）が「影響を受けたと思われるもの」として指摘したもののうち、1〜3については、「近代国語辞書の理念とその具体像を現出させるという点で文彦に強大な影響を及ぼしており、その結果として『言海』の骨格（近代国語辞書の記述様式の枠組み）が形成されるに至ったものと考えられる」（七六三頁）と記述する。そのため、1〜3については、第一章第二節に詳述し、本章では、4〜6を中心に取り上げる。

4「近世辞書…雅語辞書、方言・俗語辞書、本草書、百科辞書・類書、節用集類、語原辞書等…」は、湯浅茂雄「『言海』と近世辞書」（『国語学』第一八八輯、一九九七年）を指す。湯浅茂雄（一九九七）は、「『言海』においては、近世と近代は断絶の相としてではなく、継承、融合の相として捉えられるのである」（一頁）として、『言海』の成立に「近世辞書」がかかわることを指摘する。このときの「近世辞書」とは、『和訓栞』『雅言集覧』（『雅言集覧増補』『雅言集覧続編』『増補雅言集覧』）『和漢三才図会』『本草綱目啓蒙』『箋注倭名類聚抄』『物類称呼』『貞丈雑記』を指す。そして、これらの辞書類から「項目の立項、語源欄の記述、項目解説、意味区分、用例、漢字表記、異名・別名・地方語の掲出などの広範囲」（十頁）にわたって、大槻文彦がその成果を利用したことを指摘する。『和訓栞』と『雅言集覧』については、第一章第一節で取り上げる。また、湯浅茂雄「『言海』『大言海』語源説と宣長『古事記伝』」（『実践国文学』第五十五集、一九九九年）は、『言海』『大言海』の語原の執筆において、本居宣長『古事記伝』が参照されている点について言及する。

近年においては、湯浅茂雄（一九九七）における指摘を元に追調査が行なわれている。たとえば、小野春菜「『倭訓栞』後編からみた『言海』について」（『鈴屋学会報』第三十二号、二〇一五年）は、大槻文彦の『和訓栞』後編を参照した時期について考察し、内田久美子「『言海』と先行辞書について—『雅言集覧』を中心に—」（『清泉語文』第五号、二〇一六年）は、『和訓栞』『雅言集覧』『俚言集覧』の見出し、『言海』において「+」符号が附された見出しと『俚言集覧』『和英語林集成』の見出し、『雅言集覧』の「用例文」との対照を行なう。

5「『小学読本』」については、古田東朔「「海」へ注いだ流れの一つ—『小学読本』と『言海』—」（北海道大学文学部国語学講座編『北大国語学講座二十周年記念論集　辞書・音義』北海道大学国文学会、一九八八年）を指す。古田東朔（一九八八）は、明治八年二月に国語辞書編纂の命を言い渡されたのが、大槻文彦と榊原芳野の二人であったことに注目する。榊原芳野が『語彙』や『小学読本』の編纂に参加していることを明らかにした上で、『小学読本』（明治六年・同七年版）との比較を行ない、「『言海』に取り入れられているのは、榊原芳野編の『小学読本』の巻一から巻三にかけての文章である」（二四五頁）と指摘する。また、巻一の見出しとその語釈に関連があると判断した項目をあげる。その結果として、「『言海』全三萬九千三百語のうち、関係あるものとしてあげたのは、わずか八十語程度のものであり、全体の一パーセントにも及ばないところである」（二六二頁）ことを述べる。そのため、『小学読本』とのかかわりは薄いようにもみえるが、注において、「（引用者補：「稿本」よりも）前の段階の草稿本があれば、恐らくもっと共通部分の認められるところがあるだろうと考えられる」（二六五頁）と述べる。しかし、換言するならば、現在披見できる資料から『言海』と『小学読本』とを結ぶ共通項は少ないことがうかがわれる。

6「明治初期の啓蒙的科学書」は、犬飼守薫「近代国語辞書の成立過程—鉱物に関する事項の取り扱い方—」（国語学懇話会編『國語學論稿及び資料』一九八三年、和泉書院）および、これを改稿した（一九九九）の第一章第一節「『[官／版]語彙』と『[日本／辞書]言海』とのかかわり（二）」における指摘であり、「文彦が直接参考にしたかどうかは明らかではないが」（一九九九・七十二頁）と前置きした上で、大槻如電『金石学教授法』や文部省が刊行した『百科全書』の「鉱物編」を取り上げる。そして、「植物語彙については相当整理されていた本草学の知識をそのまま利用することは可能であっても、鉱物語彙については本草学の知識では不十分であったために、近代西洋鉱物学の成果に頼らざるを得なかったというような事情が考えられる」（八十頁）と指摘する。

この他にも、『言海』の語釈とはかかわらないが、福本和夫『私の辞書論』（一九七七年、河出書房新社）による指摘がある。福本和夫（一九七七）は、『言海』の「凡例」（一）にある「此篇ニハ、古言、今言、雅言、俗言、方言、訛言、其他、漢語ヲ初トシテ、諸外國語モ、入リテ通用語トナレルハ、皆收メタリ」の文言と、明治二年四月に文部省の前身に提出された柳川春三「至急に編纂すべき書物についての建白書」の趣旨が符合することに注目する。「至急に編纂すべき書物についての建白書」の第三「日本辞書を撰ぶべきこと」には、次のようにある。

海外万国各其国の辞書あり。此方の学者、偶、古言雅言を類聚して語義を注せし書はあれども、古今雅俗の言を網羅したる者無し、即今洋学に従事する者孜々として西洋諸国の辞書を訳することを努む。窃に按ずるに宜く先づ日本辞書を撰び、古言雅言は勿論、俗談郷言をも広く採収して一大部を成し、而後海外の辞書に及ぶべし。是本を立てて後末を斉くするの説なり。

福本和夫（一九七七）は、「俗談郷言」の語句について「これは俗語や方言も、という意味であろう」（一三四頁）と注する。そして、「凡例」（一）や古言に関する記述を取り上げ、「建白書の趣旨に従ったものといってよかろう」（一三五頁）と述べる。しかし、『語彙』の「凡例」第一条には「此書古今雅俗の言語を編輯する」とあり、また第十六条に「方今の俗言及ひ諸国方言」について言及されている。そのため、福本和夫（一九七七）は「間接的には、あるいはその遠因として」（一三三頁）この建白書の存在を示すものの、『言海』の場合には『語彙』における収載の方針を踏襲したのではないかとも想像される。そうすると、『語彙』と建白書とが相互に関係することになるが、ここでは指摘にとどめたい。

以上のように、『言海』の語義記述については、先行する辞書類の成果が反映されているという指摘がある。このことは、「本書編纂ノ大意」（三）（四）や「語法指南」において、先行する辞書体資料があげられていたこととも通じるように思われる。また、第三期では、大槻文彦の著作の復刻が続いている。平成十四（二〇〇二）年十一月には、鈴木広光校注『復軒雑纂1――国語学・国語国字問題編』が刊行されている。本書は、明治三十五年に廣文堂書店から刊行された『復軒雑纂』を分類した上で復刊されたものである。また、平成十六（二〇〇四）年四月には、筑摩書房から明治三十七年刊行の『言海』縮刷版（底本は昭和六年三月十五日発行の六二八刷）が、ちくま学芸文庫として複製刊行されている。犬飼守薫「『［日本／辞書］言海』」（『日本語学』九月臨時増刊号、二〇〇四年）は、後者の複製版を取り上げて、「『言海』を手近に目にすることが出来るようになり、今後ますます研究が進展して行くものと期待される」（二七五頁）と述べる。

そのようななかで、田鍋桂子「大槻文彦著『東京須覧具』と『［日本／辞書］言海』」（『早稲田日本語研究』十四号、二〇〇五年）は、『東京須覧具』と対比し、『言海』とのかかわりについて考察する。『東京須覧具』は、国立国会図書館が蔵する資料であり、平成三十年三月から国立国会図書館デジタルコレクションにおいて新規公開されている。[註7]本資料は四冊あり、第一冊の見返しには、「明治二十三年一月廿八日起稿」と記述されている。同「国立国会図書館蔵『東京須覧具』について」（『日本語論叢』三号、二〇〇二年）は、見出しの総数を一八八六語であることを明らかにする。その起稿時期は『言海』第三冊の刊行以前であるが、田鍋桂子（二〇〇五）は「稿本」との対照を行なった上で、「『言海』に掲載予定だった『東京須覧具』の語彙が特に第四巻において削除されたこと」（五十二頁）を指摘する。ただし、第二章第二節において述べるように、田鍋桂子（二〇〇五）は、「稿本」の成立時期を「一八七五―一八八六」（四十九頁）とする。その上で、『東京須覧具』と「稿本」『言海』『大言海』の見出しを対照した結果、「『東京須覧具』の語彙が、稿本『言海』から『大言海』に至るまで採録されたということは明らかである」（五十二頁）ると述べる。田鍋桂子（二〇〇五）の判断する「稿本」の成立時期と『東京須覧具』の起稿時期を併せて検討すると、「『東京須覧具』の語彙が、稿本『言海』」に収録されるという経緯は考えにくい。また、「稿本」を私版出版用稿本と捉えたとしても、『東京須覧具』に収録された語と「稿本」で合致する語の先後関係を規定することは難しい。そのため、『東京須覧具』と『言海』との対比については、なお慎重に検討する必要があると考える。

ところで、『言葉の海へ』の刊行以降に「稿本」、初版四冊本が複製刊行されたことで、『言海』にかかわる資料そのものにも注目が集まっている。山田俊雄「『言海』の草稿の表紙についての調査報告」(『成城国文学論文集』十二、一九八〇年。以下、一九八〇a)は、四十四枚の表紙の写真及び翻刻を掲載する。そして、「「草稿」と称せられる第一段階」においてはいろは順であったことを明らかにする。また、「五十音順に組み替へたと思はれるのは、明治十三年に始まつたらしい校閲の段階」、あるいは「各部ごとの内部では実は当初より五十音順になつてゐたかも知れぬ」(一五六頁)という可能性を示している。同年には、山田俊雄「「日本辞書言海」完成祝宴における祝辞二種の筆記について」(『国語学』一二二輯。以下、一九八〇b)として、西村茂樹と加藤弘之の口演記録が掲載されている。これらは、平成六(一九九四)年に刊行された、山田俊雄監修・解説、鈴木隆編『『言海』完成祝宴の全記録』(タングラム)において翻刻されている。

犬飼守薫(一九九九)は、『言海』から『大言海』へ至る編纂過程を周辺資料を使用しながら考察した著作であり、本作を第二期の目途としたのも、『言海』研究のひとつの到達点と考えるためである。使用された資料は、『語彙』出版原稿から「稿本」、「校正刷」、『大言海』編纂資料と多岐にわたる。本章では詳述せず、第一章を中心に、各章において取り上げたい。

第三期では、一関市博物館に蔵する『言海』関係資料について報告する小岩弘明「『言海』刊行遅延の謝辞と「ことばのうみのおくがきについて」(『一関市博物館研究報告』第七号、二〇〇四年)や、同「大槻文彦「言海」宅下一件―辞書編纂に寄せる思いと幻の草稿を追う―」(『一関市博物館研究報告』第十六号、二〇一三年)のように、新たな資料によって明らかにされた面がある。

小岩弘明（二〇〇四）は、第三冊の「刊行遅延謝辞」を紹介し、考察を行なう。本資料は、一関市博物館（二〇一一）にも掲載されているが、『図録日本辞書言海』には掲載されていない。また、山田忠雄（一九八一）は「西松秋男氏蔵の初版本」に「挿入されていた二枚の舌代」として「刊行遅延謝辞」を翻刻するが、これもまた第二冊、第四冊の時点のものである。犬飼守薫（一九九九）も「『言海』刊行遅延謝辞」に触れるが、「明治二十二年十月及び同二十四年四月の二種類の謝辞の舌代」（一八二頁）と「二種類」とするように、明治二十三年五月分、すなわち私版第三冊に該当する分には触れていない。

刊行期日の遅延は、『言海』第一冊からあり、当該時期に予約者から発売書店の小林新兵衛に「大虚槻先生著／食言海」と始まる葉書が届いたことは、大槻文彦も「ことばのうみのおくがき」において言及する。第三冊に付された謝辞を確認すると、たとえば「然るに一方には日々諸方よりの督促に堪へ兼因て第三冊は元来三百ページ程の見込之処丁数を減じ一先発刊如此に候（第四冊は余程厚く相成可申）」とある。第三冊では、発刊することを優先し、予定していた頁数から削減したことが明記されている。この点について、小岩弘明（二〇〇四）は、「校正刷」に記載された初校の日付から、「第三冊分について十月三十日から二月二十四日の間で四二九頁から五九四頁まで、三月十一日で六〇四頁までが校正されている」点、「残り百三十頁前後の校正と活字組の作業が残されていたことになる」点（四十四頁）、「結局、周囲の督促もあって当初予定頁数の残り百三十頁前後を大きく下回り、五月いっぱい五十頁分だけの作業で第三冊は刊行された」（四十八頁）ことを指摘する。

この点に付け加えるとするならば、『言海』第三冊の冒頭の頁数は四二九頁、巻末は六五六頁である。つまり、第三冊の分量は二二八頁であり、当初の見込みであった三〇〇頁から七十二頁分減ったことがわかる。さらに、六〇五頁に一三〇頁分を追加すると七三五頁となり、この頁を『言海』第四冊で確認すると、「と」部と「な」部の境目にあたる。つまり、指摘された「百三十頁分」がそのまま印刷されていたとするならば、『言海』第三冊が「と」部まで収録されていたともいえる。

さらに、小岩弘明（二〇一三）は、一関市博物館に蔵する「編集局言海宅下一件書類」という書簡類から、「これまで漠然と（引用者補：明治十九年）三月二十三日をもって校訂・浄写作業を終え文部省内に草稿の形で納められたと思われてきたことが、実際にはそれ以降も草稿は常に大槻のそばにあって作業は続いていたことが確認される所となった」（三十九頁）といった事実を指摘する。また、山田俊雄（一九八〇ａ）に掲載された草稿の表紙「明治二十三年三月二十三日午後二時十六分浄書終結（※明治二十三年は、十九年の誤植）」、「稿本」の記述「十九年三月二十三日校訂ヲ了シ」、「ことばのうみのおくがき」の記述「再訂の功を終へたるは、實に明治十九年三月二十三日なりき」を対比した上で、「稿本及び「おくがき」は『言海』校了時に表紙の記述をもとにしたと考えるのが妥当であろう」「つまり大槻としては「浄書」と「校訂」「再訂」は同じ意味だった」（三十六頁）という点に注目する。大槻文彦が使用する用語のなかには、『言海』第三冊の「刊行遅延謝辞」に記述された「浄写」もある。この点については、小岩弘明（二〇一三）が考察するが、本章では省略する。

このように『言海』の周辺資料から、『言海』編纂時の状況や、収録された語、あるいは収録されなかった語について、さらに考察を深めることが可能となる。このような考察は、平成十（一九九八）年から平成十五（二〇〇三）年、平成二十（二〇〇八）年から平成二十八（二〇一六）年にかけて刊行された『明治期国語辞書大系』（飛田良文・松井栄一・境田稔信編。大空社）をもとに、明治期に刊行された辞書体資料と対照することで、さらに深めることもできる。本シリーズには『言海』も収録されており、境田稔信所蔵の『言海』初版四冊本が影印されている。

続けて、第二期から第三期にかけて行なわれた『言海』に収録された語彙について考察した先行研究についてふれたい。具体的には、「本書編纂ノ大意」（二）の冒頭「此書ハ、日本普通語ノ辭書ナリ」のうち、「普通語」という語に注目が集まりやすい。それは、『言海』が、ひいては大槻文彦が『言海』の見出しに採用する項目が「日本普通語」であると捉えることができるためである。このことは、『言海』の見出しに採用されなかった項目が「普通語」ではないのかという疑問に繋がりやすく、結局は「普通語」がどのように定義されるのかという問題に発展する。この点については、第三章第三節においても詳述するが、本章では、先行研究を中心に取り上げる。

『言海』の見出し「ふつう（普通）」の語釈には、「アマネクカヨフ㆑。ヨノツネ」とある。本項目は、「稿本」において修正がみられない。しかし、『言海』には「ふつうご（普通語）」という見出しは立てられていない。そのため、「普通」と「普通語」の「普通」を同一とみてよいかどうかには疑問が残る。「普通語」の「普通」については、次のような考察がある。

進藤咲子『明治時代語の研究―語彙と文章―』（一九八一年、明治書院）は、「普通」と「通俗」の二語を中心に論を展開する。そして、「小稿は、この二語が明治語として、いかなる意味と用法とを持っていたかを明らかにし、その重要性を実証することを目的としている。」（二頁）と述べる。進藤咲子（一九八二）は、「普通」の語がどのように形成され、明治時代にどのような意味で使用されていたかを考察した上で、国立国語研究所が作成する『分類語彙表』（一九六四）から「『普通』を上接の語基とする複合語の分類語彙表」を取り上げ、「特に重要語と考えられる」（十四頁）、「普通語」「普通文」「普通教育」「普通選挙」の用例とその意味について考察する。その上で、「普通語」を次の二つの意味に峻別する（十五頁）。

A　常用の語（対義語）専門語

B　共通語または標準語（対義語）方言

そして、『言海』と山田美妙『日本大辞書』はAの用法、落合直澄「普通語に付て」（『皇典講究所講演』四、一八八九年）、上田万年「国語研究に就て」（『太陽』一巻一号、一八九五年）はBの用法と区別する。ここでは、『言海』において使用されたAの用法について言及する。

先述した通り、『言海』「本書編纂ノ大意」（一）の冒頭には、「此書ハ、日本普通語ノ辭書ナリ。」とある。この「普通語」の用法について、進藤咲子（一九八二）は「其国の普通の単語、熟語で、地名人名等の固有名詞や高尚な学術専門の語を除いた語群であり、難語等を集めたものではない」（同前）と述べる。そして、「本書編纂ノ大意」（一）以外にも、参考として「凡例」（五十四）の「編輯ノ際ニ、是ハ普通用ノ語ナラズトテ棄テタルモノノ」から「普通用ノ語」を取り上げ、『言海』は「「普通用の語＝普通語」のみを収めようと大層な努力をした」（同前）と推測する。また、永嶋大典（一九六六）が指摘するウェブスターやジョンソンの辞書との関連から、次のように指摘する（引用部は十五、十九頁。十六〜十八頁にかけて表がある）。

『言海』は日本の持つ最初の近代的辞書であるが、外国の近代的辞書の概念面での影響を強く受けた『言海』が common words を重要視して、「普通語」を用いて、「本書編纂ノ大意」の冒頭に高らかに「此書ハ、日本普通語ノ辭書ナリ」と謳ったのではあるまいか。

右には、大槻文彦が英語辞書の「概念面での影響」を受けて記述したという推測がある。第一部で述べたように、「common words」と「普通語」が概念として同一視されるのも一つの考え方だろう。ただし、このような考え方については、小川伊典編『漢語新選訳書字解』（明治七年刻、明治八年中村正直「序」）の「例言三則」中に「此書ハ欧米語国ノ地名人名及ヒ日用普通ノ漢語ヲ撮輯シ」の文章があることを取り上げ、必ずしも英語辞書の影響とは断定していないことには注意したい。

以上のことから、進藤咲子（一九八一）は、『言海』における「普通語」の意味を、「常用の語」と考え、これが「common words」と同様の見方であるという考え方を示したことがわかる。

佐藤茂「普通と普通語と―このごろ思ひしこと若干」（『国語国文学』三十号、一九九一年）は、「普通」と「普通語」の二つについて考察したものである。中心は「普通」の語であるが、「普通語」に関しては次のように述べる（三頁）。

さかのぼると、明治十七年（引用者補：「本書編纂ノ大意」を指す）に大槻のしるした〈普通語〉は、彼の独創なのか、それとも世によく使はれたものなのかは、よく調べ、精査の要があるが、わたしはそのための準備の途中で、まだ公刊の段階ではない。

引用部には、「大槻のしるした〈普通語〉は、彼の独創なのか、それとも世によく使はれたものなのか」とあるが、現在まで結論は提出されていない。

また、佐藤茂（一九九一）は、進藤咲子（一九八一）における「普通」の考察について、「まさに博捜いたらざるなしといひうるものである」（五頁）と評価した上で、「蛇足であるが」（同前）と記し、『輿地誌略字解』（明治八〈一八七五〉年）や夏目漱石『こゝろ』（大正三〈一九一四〉年）などの書物から「普通」の語を検討する。これは、「さうなると〈普通語〉とは何かを考へるには、まづ〈普通〉といふことを考へて、のち改めて〈普通語〉といふことを考へることにするのがよいかと考へる」（四頁）という前提があるために行なわれているが、結果として「普通語」の問題に回帰していない。

犬飼守薫（一九九九）は、「文彦の目指した近代普通語辞書とは如何なる性格を存していたのであろうか。／この問題は、「本書編纂ノ大意」を子細に検討すれば次第に明らかになって来ると期待される。」（九十頁。「／」は改行）と述べる。犬飼守薫（一九九九）は、「見出しの選定基準を「其国普通ノ単語」としたために、補説として（五）（六）（七）で日常一般語の規定を記している」（九十一頁）と述べる。この点については、すでに、今野真二（二〇一三）に指摘があるように、「普通語」を「日常一般語」と捉えているようにみえる。

そして、「本書編纂ノ大意」を概説した上で、次のように要約する（九十四頁）。

以上、十條にわたって検討を加えたが、まとめてみると、（一）（三）（五）（六）（七）で『言海』は日本普通語辞書であることを宣言し、（二）（四）で近代的な辞書編纂法の方式で編集することを明らかにし、（八）（九）で辞書の規模を（十）で見出し項目の排列法をそれぞれ明示しているのである。（中略）要するに、『言海』が近代普通語辞書（近代国語辞書）であることを「本書編纂ノ大意」で整然と秩序立てて述べていることが明らかになったと言える。

「本書編纂ノ大意」では、「『言海』が近代普通語辞書（近代国語辞書）であること」を「整然と秩序立てて述べている」ことを指摘する。しかし、だからこそ、「普通語」を「日常一般語」と判断した理由を述べていないことには疑問が残る。

先行研究では、進藤咲子（一九八一）や佐藤茂（一九九一）のように、明治期の小説などから「普通」の用法を求め、その上で「本書編纂ノ大意」から「普通語」の意味を推測する方法が取られている。この方法は、大槻文彦がどのような影響を受けて「普通語」を強調したかという点からは重要に思われる。しかし、このような方法から見当をつけることと、大槻文彦が「普通語」の内実をどのように捉え、『言海』を記述したかということは、切り離して考えるべきではないだろうか。つまり、同時代の「普通」の語を検討したのであれば、『言海』における「普通語」の捉え方を、『言海』の項目から捉えることも必要なのではないか。ここに、『言海』の記述を、今一度見直す必要があるといえる。

例えば、今野真二（二〇一三）は、『言海』の「凡例」（一）から「普通語」について考察を深めている。「凡例」（一）「此篇ニハ、古言、今言、雅言、俗言、方言、訛言、其他、漢語ヲ初トシテ、諸外國語モ、入リテ通用語トナレルハ、皆収メタリ」のうち、「通用語」の表現に注目し、次のように述べる（二十三頁）。

ここには「通用語」という表現がみられる。先に示したように、「本書編纂ノ大意」では「此書ハ、日本普通語ノ辞書ナリ」と言挙げをしているのであって、「（日本）普通語」は「通用語」と言い換えができるような概念であることがわかる。したがって、「普通語」のごく常識的な理解としては、「一般的に通用している語」ということになろう。

今野真二（二〇一三）は、「普通語」が「通用語」に言い換えられることを指摘する。進藤咲子（一九八一）は「普通用の語＝普通語」という定式をあげるため、「普通用の語」は「通用語」と言い換えられるだろう。しかし、「普通用の語」を、進藤咲子（一九八一）のように「常用の語」と言い換えてよいのだろうか。これは、犬飼守薫（一九九九）における「日常一般語」も同様である。このような表現は、進藤咲子（一九八一）が対義語としてあげた「専門語」もまた同様であるが、それでは「通用語」は「専門語」に対する概念になるだろうか。

「普通語」について考察するかのように、第二期以降の語彙研究はさまざまな観点から行なわれている。特に、見出し直下の漢字列について、考察が深められている。

荒尾禎秀「辞書史の面からみた現代の国語辞書」（『日本語学』六月号、一九八三年）は、「時代を画すとされる『言海』がどのようにすぐれていたのか、また現代までの国語辞書が『言海』をどの程度越えようとしているのか」（四十三頁）という観点から、『言海』に所収された語について考察する。また、「仮名書きされた見出し語に対してあてられる漢字表記」について、「本書編纂ノ大意」（三）を引いた上で、ウェブスターの体例をもとに編纂されていることを踏まえ、次のように述べる（四十五頁）。

したがって「大意」（二）は欧米の辞書に倣った普通辞書一般の体例を示したものであり、漢字表記については別扱いになったものと目される。辞書というものは五種の項目の記述が必要であるが、「日本辞書」の場合はさらに漢字表記を加えるのだ、というのであろう。それはそれでひとつの卓立した記述であるが、漢字表記の記述こそが過去の国語辞書に連綿してきた存立基盤であり、この点に於て過去の辞書は『言海』とつながり、また今日の辞書ともつながる。それが実用のために記されているものであれ、国語辞書の歴史を考えたとき『言海』の

その扱い方に疑義を抱く。（下略）

この指摘を踏まえた上で、佐野摩美「大槻文彦著『言海』の正書法に就いて」（『上智大学国文学論集』二十二号、一九八九年）は「漢字表記」について考察を行なう。佐野摩美（一九八九）は、「和ノ通用字」「漢ノ通用字」「和漢通用字」を一括して「漢字表記」と呼称する。しかし、荒尾禎秀（一九八三）は、「仮名書きされた見出し語に対してあてられる漢字表記」のように述べていることから、見出し直下の漢字列「和ノ通用字」「漢ノ通用字」に対して「漢字表記」と呼称していると覚しい。また、佐野摩美（一九八九）は、「和ノ通用字」「漢ノ通用字」を「見出し漢字」とも呼称する。これらの呼称については、今野真二（二〇一三）が「「見出し漢字」という表現なども、意図はわかるとしても、言説を構成する表現としてはずいぶんと粗い。（中略）稿者には、対象を捉える枠組みが緩んでいるようにみえる」（四十五〜四十六頁）と指摘するように、漢字列に対する表現に疑問の残る点がある。[註8]

また、「あ」の部の和語から、「漢字表記」について考察を行ない、「「和ノ通用字」「漢ノ通用字」の漢字表記と見出し語との関係は、漢字と、その漢字の持つ定訓との結び付きによるものと考えられる」（一九八頁）と指摘する。「定訓」とする点については、「中には定訓とは思えないような表記もある」（同前）として、古辞書や節用集との対照が行なわれているが、いずれにしても、「定訓」とするのであれば、漢字列を元に見出しを立てたようにもみえる。

結論として、「『言海』における見出し語と見出し漢字との関係は、〝見出し語を形態素に区切り、その形態素の一つ一つを定訓に持つ漢字を見出し漢字に据え、また見出し語がそれ以上意味の上で分解できない形態素である場合については、一般化している熟字訓と習慣化している宛字に限り見出し漢字の位置に置く〟という表記意識に基づいて成立しており、大槻は、これをその語の正書法と認める、という方針をとっていたことがわかる」（二〇三頁）と述べる。そうすると、「和ノ通用字」「和漢通用字」を「正書法」と認め、「漢ノ通用字」は「正書法」から除外されることになる。また、見出し直下の漢字列を「正書法」とするのであれば、その漢字字体もまた「正書法」に含まれるのであろうか。漢字字体については、第二節第三章でも取り上げたい。

さらに、陳力衛（二〇〇一）は、「和ノ通用字」「和漢通用字」が「字音と和訓を混ぜて」おり、『言海』では二種の区別によって、「文字表記による違いを強く意識するようになった」（三二六頁）と指摘する。そして、佐野摩美（一九八九）が「見出し漢字」とした呼称を、「和語」と「字音語」にわけ、さらに「字音語」を中心に考察を進める。陳力衛（二〇〇一）は、同「近代国語辞書における字音語の扱い方をめぐって――『言海』『日本大辞書』『大言海』を中心に」（『日本近代語研究』3、二〇〇二年、ひつじ書房）と重なる部分も多いが、いずれにしても「ら」部を対象に考察が行なわれている。また、『日本大辞書』や『大言海』との比較を通して、「和ノ通用字」を中心に分類を行なう。『和訓栞』において漢籍に例が認められる漢字列に対して、『言海』では「和ノ通用字」をあてている点など、「漢語」と「字音語」、あるいは「和製漢語」を検討する際の一つの指針となる。

以下の語彙研究は、後の追調査が行なわれておらず、著者単独の研究となっている。

方言については、安田尚道「日数詞ムヨカ（六日）について――『言海』に紛れこんだ東北方言――」（松村明先生喜寿記念会編『国語研究』、一九九三年）は、『言海』の見出し「むいか（六日）」の語義（一）にある「又、ムユカ。ムヨカ」の「ムヨカ」に注目する。「普通語」を標榜する『言海』において、注記がなく記述されている当該語に対して、「大槻文彦は東北方言特有の語であることに気づかないままに覚えてしまい、『言海』に載せてしまったのであろう」（六七二頁）、「本来ならばムヨカなどという語は説明文中といえども書き添えるべきでなかった」（六七四頁）のように述べる。方言に関しては、田鍋桂子「方言よりみた『日本辞書言海』の編纂態度」(『日本語論叢』四号、二〇〇三年)もある。「方言に関する情報が語釈に示されている語を取り出す」「『全国方言辞典』(東條操、東京堂)と共通する語を取り出す」(三十七頁)という方針のもとに抽出した八九五項目をもとに考察が行なわれている。安田尚道(一九九三)が指摘する「ムヨカ」のように語釈に「方言に関する記述がない語」(四十二頁)については、大槻文彦自筆資料「仙臺方言解」をもとに、「ある地方で使用される言葉で京都でも使用されたという記録がある語について、『言海』は使用地域を意識的に明示しなかった場合があるのではないかと指摘できる」、「更に『言海』は広範囲で使用されている語に対して、使用地域を記していない場合があるのではないかとも考えられる」(四十三頁)と推測する。田鍋桂子(二〇〇三)の推測の通りであるならば、「ムヨカ」の語もまた東北以外の地域に使用されていたこととなるが、ここでは指摘にとどめる。

この他、松井利彦「明治中期の漢音と呉音」(『日本研究　言語と伝承　大野晋先生古稀記念論文集』一九八九年、角川書店)は、『言海』と『[袖珍/石版]〔和漢/雅俗〕いろは辞典』から「漢語の語形」を対照し、「ほぼ同時代に編纂されたにもかかわらず、同一熟字の漢字音に対する扱いが違う」(三〇七頁)点、見出し「もつしゆ(没収)」の語釈から当該項目が「古語として掲出されていることになる」(三〇八頁)点から、「『言海』の編集者の関心は、当時の漢語によりも過去の語にある。漢音系の掲出が少ない理由の一つはそこにあり、漢語の呉音形も、当時通用の語形としてではなく、古語の語形として掲出されているものがある可能性が高い」(三〇九頁)と推測する。矢島正浩「『言海』における異名(一)」(『愛知教育大学研究報告』四十一号〈人文科学編〉、一九九二年)は、『言海』の語釈にみられる「異名」「異称」「一称」「別名」を取り上げ、『色葉字類抄』、「中世古辞書類」から『修訂大日本国語辞典』まで二十九種の辞書体資料から比較を行なっている。また、岩崎攝子「大槻文彦著『日本辞書　言海』再考―キリスト教用語をめぐって―」（『日本文学会誌』九号、一九九七年）は、「キリスト教関係の用語の扱い」（六十一頁）を中心に、「稿本」、私版四冊本の『言海』、『大言海』を対照することで、語釈や見出しの変更について指摘する。そして、「大槻博士は、若き時代にキリスト教にふれた。そこから信仰の道に入ったわけではなかったが、洋学者として西洋の文化の基層をなすキリスト教に理解と関心を持ったに違いない」（六十四頁）と推測する。陳力衛「梁啓超の『和文漢讀法』とその「和漢異義字」について―『言海』との接点を中心に―」（沈国威編『漢字文化圏諸言語の近代語彙の形成―創出と共有―』二〇〇八年、関西大学出版部）は、『言海』に収録された漢字列に「一種の日中辞典のような役割」（四四五頁）があり、『倭文漢讀法』に増補された「和漢異義字」において参照され、そして使用されている点を指摘する。

　文法の面からは、南芳公「言海における接尾語の認定」（『国語研究』六十四号、二〇〇一年。引用は『中古接尾語論考』（二〇〇二年、おうふう）による）は、「接尾語研究の始発としてみた言海」（一九七頁）のように『言海』を位置づけた上で、「本文」における接尾語について取り上げたものである。たとえば、「語法指南」における「接尾語」の条にあげられた例「がる」「ばむ」「ぶ」「がまし」を、「本文」と対照すると、それぞれの語釈に「接尾語ノ如ク」（「がる」「ぶ」）、「接尾語ノ如シ」（「ばむ」「がまし」）とあり、両者に齟齬があること、「稿本」において名詞から接尾語へ修正した項目がみられることなどを指摘する。さらに、平弥悠紀「『言海』の音象徴語」（『同志社大学　日本語・日本文化研究』第十一号、二〇一三年）は、「見出し語として立てられた和語の音象徴語」（一頁）を対象に調査を行なう。そして、「亠」を附した見出しが奈良時代にみられる語形、「+」を附した見出しが中古、中世に出現する語形であることを指摘する。たとえば、「辞書という性質ゆえに、『言海』においても、音象徴語は基本的な形の語のみを収録している」（十一頁）といった指摘は、名詞以外の見出しの立て方という点からも興味深い。

　ところで、ここまで扱った先行研究は語彙に注目したものである。しかし、『言海』の編纂が国の事業として開始されたこともあってか、『言海』という書物に対しては、政治性という文脈とともに語られることも多い。この点についても少しふれたい。たとえば、高橋博美「『言海』の刊行をめぐって―宣伝方策への注視―」(『水門 言葉と歴史』二十号、二〇〇二年)は、『言海』完成祝宴における伊藤博文の祝辞について、「文彦にとって、時の権力者である伊藤博文が祝辞を述べれば絶大な宣伝効果のある事は明白である」(九十七頁)、「官撰の辞書は献本されるものであり、それは必然、伊藤博文の目に触れる事を意味する。文彦は『言海』の奥書きを草する時、伊藤の目にどう映るか意識したはずである」(九十八頁)といった推測を行なう。『言海』に対する評価について考察した論考であるが、祝宴について、大槻文彦は「言海出板完成した後富田鐵之助君が何ンと一ツ祝宴を開いてはどうですと言はれた」(「学界ノ偉人 大槻文彦氏」第六回。『東京日日新聞』明治四十二年十月十三日。第一章第一節の註1も参照されたい)と述べており、自ら計画したとはされていないため、この点については疑問が残る。

田中恵「大槻文彦の『言海』と地誌四著作―国家の輪郭形成をめぐって―」(『年報日本史叢』、一九九九年)は、「凡例」を引いた上で、「文彦が想定した、現今求められる辞書とは、招来さるべき国民国家において一般国民が使用するべき言葉を提示したものであり、一般国民として持つべき教養の世界を示したものであった」(五十七頁)、「『言海』はただに当時の言語を映したものではなく、この後近代国家が標準語制定への道を歩み出すにあたって、その思考様式を人々に受け入れさせたものであったといえよう」(五十九頁)のように指摘する。そして、『言海』出版以前に成立した「地誌四著作」(『北海道風土記』『琉球新誌』『小笠原島新誌』「竹島松島の記事」)について、「相次いで出されたことの政治的意味は、ある地域を日本のものであると主張することに留まらない」(六十七頁)と述べる。「地誌四著作」については追調査が行なわれておらず、また『言海』との対応については、さらに検討する必要があるように思われる。早川勇「啓蒙思想と「国語」辞典(その三)」(『愛知大學文學論叢』第一四六輯、二〇一二年)も、「地誌四著作」に触れ、「いずれも近代国家の意識が形成されていくなかで、国境の明確化を意図したものである。まさに、明治啓蒙期に生きたことの証左でもある」（十三頁）と述べた上で、「辞書編纂という気の滅入る単純作業の心の支えはウェブスターにとっても大槻にとっても愛国心だったからである」と指摘する。

安田敏朗『辞書の政治学—ことばの規範とはなにか—』（二〇〇六年、平凡社）は、このような点に対して、高田宏「国語辞書編纂者の正気と狂気」（『言語と文芸』九十一号、一九八一年）や、倉島長正『「国語」と「国語辞典」の時代』上巻（一九九七年、小学館）を引用した上で、「『大日本国語辞典』や『大言海』といった大規模な辞書の刊行と歴史的事実との符合をつけようとするのは、いささか強引ではあるが、『言海』がそれなりの政治的な背景のもとで歓迎されたのは事実である」、「ともあれ、ナショナリズムが辞書を要請した、というとらえ方はやや不正確で、むしろ、ナショナリズムが、たまたま編纂された（あるいはされていた）辞書を利用したととらえるべきだろう。ナショナリズムはそこまで律儀なものではないのである」（三十九頁）と述べる。また、「上田や大槻の辞書観や辞書編纂作業に対して、「愛国心」、「ナショナリズム」といった文脈から評価することは決して誤りではない。しかしながら、個人の「愛国心」や時代の雰囲気としてのナショナリズムに動機を収斂するだけでは、近代における辞書編纂のもつ意味を十分に把握したとはいえない。もう少し複雑な構造がある」（五十九頁）として、問題となる二点、すなわち、「国家の意思として辞書編纂が企図されたこと」（六十頁）、「少なくとも大槻や上田は「愛国心」というよりも、文明国標準への志向が先に立っていたのではないか」（六十二～六十三頁）という二点を指摘する。結論として、安田敏朗（二〇〇六）は、「『言海』という大規模な辞書のあり方を軸にみてきたが、要は文明国である以上、通時的にも共時的にも、その国語を網羅する辞書がなくてはならないのだ、という意識が生じてきたということであろう。そしてそれは、編者の「愛国心」というようなナショナルな文脈がまずあったのではなく、単なる個々の営為がそこにからめとられていくという方向が存在したのだ、ということも忘れずに指摘しておきたい」（六十六頁）と結ぶ。

第三期で見逃せない点としては、今野真二（二〇一三）、同（二〇一四）において、明治期の辞書体資料・非辞書体資料との比較を通して明らかにされた点、「『言海』がどの程度、『言海』刊行以前に刊行されていた辞書体資料を参観していたか、ということは明らかにしておくべき一つの課題ではあると考えるが、それを「影響関係」あるいは「創造と模倣」という枠組みの中でのみ論じることには賛成できない」（二〇一三・二二三頁）といった指摘など、これまでの『言海』研究とは異なる議論が行なわれた点がある。また、永島道男『言葉の大海へ──『大言海』を愉しむ──』（二〇一七年、文芸社）は、『大言海』に収録された項目について取り上げ、解説を行なっているが、第六章第二節でふれるように、一関市博物館に蔵する資料「大言海底稿」とも対照する。前述したように、第三期においては、新たに明らかにされた資料など、『言海』の編纂過程を知るための資料が整備されてきた。今後の研究の進展が期待される。

以上、これまでの研究について概観したが、最後に注意したいこととして、研究によって調査範囲が異なるという点がある。たとえば、佐野摩美（一九八九）は「あ」部を、湯浅茂雄（一九九七）は「な」行を中心に、陳力衛（二〇〇一）は「ら」部を中心に考察が行なわれている。個々の研究にあたっては、『言海』における傾向を知るために調査範囲を限定すること自体は問題ない。しかし、その調査結果を踏襲する場合には、「言海採収語……類別表」に掲載された語種が個々の行あるいは部によって異なりがあるように、注意する必要があると考える。これは、私版四冊本として刊行が開始された『言海』が、各冊によって項目の削除・追加などが行なわれた数が異なることともかかわる。

註1　『言海』の版種については、山田忠雄『近代國語辭書の歩み―その模倣と創意と―』上巻（一九八一年、三省堂）や、境田稔信が言及する。また、直接の指摘ではないが、小野正弘「鶴見大学図書館蔵　縮刷版『言海』第二版の見返し書き込みについて」（『国文鶴見』三十三号、一九九八年）は、縮刷版の使用者と購入の背景について述べている。境田稔信による版種の指摘は、以下にみられる。
・境田稔信「『日本辞書言海』大形本における諸版の比較」（『出版研究』二十一号、一九九〇年、日本出版学会）
・境田稔信「『言海』大形本の書誌」（飛田良文、松井栄一、境田稔信編『明治期国語辞書大系別巻 書誌と研究』二〇〇三年、大空社）
・境田稔信「『言海』は何種類あるのか」（『本の手帳』創刊二号、二〇〇七年）

註2　個人による簡易検索としては「WEB言海」（http://www.babelbible.net/genkai/genkai.cgi）、データベースとしては、「『言海』電脳翻刻」（http://genkai.osdn.jp/）が該当する。

註3　データベースの成果報告として、平成二十二・二十三年度清泉女子大学教育研究助成金による報告書「日本語の漢字表記の総合的研究『言海』データベース」がある。

註4　次の三つが該当する。
・小岩弘明「日本文典」立案過程の痕跡」（『一関市博物館研究報告』第三号、二〇〇〇年）
・小岩弘明「日本文典」立案過程の痕跡―文法会の実相を探る―」（『一関市博物館研究報告』第八号、二〇〇五年）
・小岩弘明「日本文典」立案過程の痕跡（その三）」（『一関市博物館研究報告』第十四号、二〇一一年）

註5　『学芸志林』における「外来語原考」の連載について、筧五百里編「大槻文彦博士年譜」（『国語と国文学』第五巻第七号、一九二八年）は、「「外来語原考」を雑誌「学芸志林」第七十九・八十・八十一・八十三号に発表す」のように、第八十号を含めて全四回とする。再収・復刻された『復軒雑纂』においても「第七十九、八十、八十一、八十三号」という記載がある。しかし、第八十号から「外来語原考」の記事を見出すことはできなかった。また、第七十九号に掲載

された行は「ア〜コ」、第八十一号は「サ〜ノ」であり、内容も分断されていない。さらに、国立国会図書館デジタルコレクションにおける『学芸志林』の「目次・巻号」を確認すると、第八十一号には「外来語原考（二）」、第八十三号には「外来語原考――（三畢）」と付されている。以上の理由から第八十号の掲載はなかったと判断し、「全三回」と記述した。

註6 『言海』の語原欄に「朝鮮語」とある見出しは、左のとおりである。「言海採収語……類別表」における「韓語」の総数は「二三」とあるため、語種の認定には疑問が残る。

朝鮮語（十七）アマ（尼） うづら（鶉） かま（釜） くま（熊） くも（蜘蛛） くろ（畔） げんもん（諺文） こほり（郡） コモガイ（熊川） サシせ（兄―夫） とら（虎） はか（墓） パッチ ひつじ（羊） ミソ（味醤―味噌） リト（吏道―吏吐）

韓語（九） スギ（杉） スグリ（村主） たる（樽） とっぴ（貂皮） なそり（納蘇利） ホトケ（仏） むさし（六指） ゆり（百合） ヲサ（訳語―通事）

註7 http://dl.ndl.go.jp/info:ndljp/pid/11038514（『東京須覧具』（一））。（一）〜（四）の四冊が公開されている。

註8 なお、本章における「漢字列」の呼称は、多賀糸絵美「「漢字列」のとらえ方―明治期の資料を緒として―」（『言語教育研究』六号、二〇一四年）が、今野真二『消された漱石―明治の日本語の探し方』（二〇〇八年、笠間書院）をふまえた上で、「その文字列を指し示すことができ、「漢字語」「漢字表記語」よりも広い概念で用いることができる」（七十五頁）と指摘するような、漢字で構成された文字列に対して使用している。

第一章　『言海』にながれこむもの

第一節　江戸期の辞書との関係

『言海』が先行する辞書をどのように評価したか

『言海』の冒頭にある「本書編纂ノ大意」には、先行する辞書類の書名が掲げられている。その記述からは、大槻文彦が先行する辞書をどのように評価したかが察せられる。

たとえば、第三条には、次のようにある。

（三）日本語ヲ以テ、日本語ヲ釋キタルモノヲ、日本辭書ト稱スベシ。從來ノ辭書類、和名鈔、新撰字鏡、類聚名義抄、下學集、和玉篇、節用集、合類節用集、伊呂波字類抄、和爾雅、會玉篇、名物六帖、雜字類編等、枚擧スベカラズ。然レトモ、是等、率ネ、漢字ニ和訓ヲ付シ、或ハ和語ニ漢字ヲ當テタルモノニテ、乃チ、漢和對譯、或ハ和漢對譯辭書ニシテ、純ナル日本辭書ナラズ。而シテ、希ニ注釋アルモノモ、多クハ漢文ヲ取レリ。又、其語字ノ排列、索引、ノ方法モ、或ハ漢字ノ偏旁畫引ニ從ヘルアリ、又或ハいろは順ニ従ヘルモノモ、其大別ニ至リテハ、率ネ部門類別ノ法ニ據レリ。

『和名鈔（和名類聚抄）』『新撰字鏡』『類聚名義抄』『下学集』『和玉篇』『節用集』『合類節用集』『伊呂波字類抄』『和爾雅』『会玉篇』『名物六帖』『雑字類編』の書名が挙げられている。『和名類聚抄』と『新撰字鏡』は、『言海』の語釈にその書名と使用例が記載された項目もある。また、『合類節用集』は「あまり流布せず、版を重ねることもなかった」(『日本語学研究辞典』「合類節用集」項。前田富祺執筆)という見解があるため、同じく『合類節用集』と称されることのある『和漢音訳書言字考節用集』を指す可能性もあるが、この点については保留する。

「本書編纂ノ大意」(三)の冒頭には「日本語ヲ以テ、日本語ヲ釋キタルモノヲ、日本辭書ト稱スベシ」と記述されているが、大槻文彦は右にあげた辞書類について、「純ナル日本辞書」ではないとみなしている。その理由を要約すると、次の三点に集約される。

①見出し(「漢字」「和語」)に対応する文字列(「和訓」「漢字」)が「漢和對譯、或ハ和漢對譯」の体裁である

②語釈(「注釈」)があった場合も、「多クハ漢文ヲ取」っている

③見出し(「語字」)の排列に「漢字ノ偏旁畫引」が採用されていたり、「いろは順」であっても概ね「部門類別ノ法」に拠っていたりする

今野真二(二〇一三)は、①について、「漢和対訳辞書」と「和漢対訳辞書」の二つに分けた上で、「漢和対訳辞書」には『和名類聚抄』『類聚名義抄』『和玉篇』を、「和漢対訳辞書」には『節用集』をあてはめ、大槻文彦がそのように捉えていた可能性を指摘する。

先にあげた①〜③には、いずれも「漢字」や「漢文」の語がある。具体的には、「漢字ニ和訓ヲ付シ、或ハ和語ニ漢字ヲ当テタルモノ」(①)、「多クハ漢文ヲ取レリ」(②)、「或ハ漢字ノ偏旁畫引ニ從ヘルアリ」(③)のようにみられる。このことから、大槻文彦が国語辞書の作成にあたって、「日本語」を「日本語」で解釈する辞書を企図したため、これまでの辞書類の「漢字」や「漢文」の語を強調し、自身が編纂する国語辞書(『言海』)と比較したのではないか

と推測する。しかし、結果として『言海』の体裁は「各語ヲ、假名ニテ擧ゲテ、又、普通用ノ漢字、又ハ漢名、ヲ配シタリ」と、解釈する「日本語」に「普通用ノ漢字、又ハ漢名」が配置されている。この点については、大槻文彦も「日本普通文ノ上ニハ、古來、假名、漢字、幷用シテ、共ニ通用文字タレバ、日本辭書ニハ、此一種異様ノ現象ヲ存セザルヲ得ズ」のように、この体裁が「一種異様ノ現象」であることを認めている。なお、この点については、第三章第一節でもふれる。

また、「本書編纂ノ大意」(三)には、次のような言及もある。

其他、東雅、日本釋名、冠辭考、和訓栞、物類稱呼、雅言集覧等、尙アレド、或ハ專ラ枕詞ヲ論ジ、又ハ方言ヲ說キ、或ハ語原ヲ主トシテ、語釋ヲ漏ラシ、或ハ雅言ノ出典ノミヲ示セリ。(語彙ハ阿、伊、宇、衣ノ部ニ止ル、惜ムベシ)以上數書ノ外ニ、尙許多アル辭書體ノモノヲ、遍ク集メテ其異同ヲ通考スルニ、全ク發音ト語別トノ標記ヲ欠キ、固有名ヲ普通語ニ混ジ、且、多ク通俗語ノ採輯ヲ闕略セリ。之ヲ要スルニ、普通辭書トシテ、體裁具備ノ成書ヲ求メムトスレバ、遺憾ナキ〻能ハズ。今、本書ハ、衆書ノ長短得失ヲ取捨折衷シ、繁簡異同ヲ刪修增訂シテ、以テ體裁ヲ微具セシメタリ。然リト雖トモ、諸先哲ガ遺澤ナル是等ノ諸著作アリタレバコソ、本書モ成リタレ、サレバ、本書ハ、諸先哲ガ辛勤功勞ノ集成ナリトモイヒツベシ。

『東雅』『日本釈名』『冠辞考』『和訓栞』『物類称呼』『雅言集覧』の書名を挙げており、これらの辞書においては、次の四点、すなわち「枕詞」「方言」「語原」「雅言ノ出典」が主体と述べる。古田東朔(一九八八)は、大槻文彦が『和名類聚抄』などの辞書類と、これらの辞書類を分けて説明する理由について、「大槻が考える辞書の形に近いものであるという判断に立っているようである」（二四一～二四二頁）と述べる。つまり、「純ナル日本辞書ナラズ」と明言された辞書群と、『東雅』をはじめとした辞書類とは異なるという見方である。

また、「本書編纂ノ大意」（三）では、「尚許多アル辭書體ノモノ」と具体的な書名を挙げていないが、「發音ト語別トノ表記」がないことや、「固有名」や「通俗語」の採用方法に疑問を投げかけている。以上のような、国語辞書の体裁に関する指摘が「本書編纂ノ大意」（八）（九）にもみられることを、犬飼守薫（一九九九）は指摘する。

「本書編纂ノ大意」（三）に続く（四）においても、具体的な書名がみられる。ここでは、体裁ではなく、文法に注目した指摘が行なわれている。

（四）辭書ハ、文法《Grammar.》ノ規定ニ據リテ作ラルベキモノニシテ、辭書ト文法トハ、離ルベカラザルモノナリ。而シテ、文法ヲ知ラザルモノ、辭書ヲ使用スベカラズ、辭書ヲ使用セムホドノ者ハ、文法ヲ知レル者タルベシ。先哲ガ語學ノ書、亦乏シカラズ、和字正濫抄、あゆひ抄、かざし抄、詞の玉緒、古言梯、詞の八衢、詞の通路、山口栞、活語指南等、亦枚擧スベカラズ、或ハ假名遣ヲ論ジ、或ハ動詞ノ語尾變化ヲ說キ、或ハ語格起結ノ法ヲ定メ、其苦心考定セル所、粗、盡セリ。然レトモ、是等先哲ノ諸著作ハ、率ネ、言語ノ古音、古義、古格、ノ解シ難ク誤リ易カラムモノノ局處ヲ釋クヲ專ラトシタレバ、通俗語、方言等ハ固ヨリ說カズ、且、雅言トスルモノモ、音義分明ニシテ、誤ルベキヤウナキモノハ、甚ダ闕略セリ。故ニ、普通文典トシテ、體裁ヲ一書ニ具備セルモノ、固ヨリ無ク、又、衆書ヲ集メテ通考スルニモ、文典ノ範圍内に於テ、未ダ論及セザル件、尚、多シ。

大槻文彦は、文法と辞書とを一体に考えることが必要であると主張する。そして、「先哲ガ語學ノ書」として、『和字正濫抄』『あゆひ抄』『かざし抄』『詞の玉緒』『古言梯』『詞八衢』『詞通路』『山口栞』『活語指南』を挙げており、これらは「仮名遣」や「動詞ノ語尾變化」、「語格起結ノ法ヲ定メ」て、「局處ヲ釋クヲ專ラト」していることに言及する。その上で、「通俗語」や「方言等」について解説がない点、「雅言」のうち「音義分明ニシテ、誤ルベキヤウナキモノ」についても、その説明が省略されている点を指摘する。つまり、国語辞書として、該当する語彙の語釈が不十分である点について説いたものと思われる。第四条の冒頭に「辭書ト文法トハ、離ルベカラザルモノ」と述べるように、文法の充実のみならず、語釈が徹底した「普通文典トシテ、體裁ヲ一書ニ具備セルモノ」の必要性を説いた箇条といえる。

『言海』の編纂にあたっては、その文法規定として「語法指南」が作成されているが、この規定について、大槻文彦は先の文章に続けて、次のように述べる。

> サレバ、本書ヲ編纂スルニ當リ、遍ク古今雅俗ノ語ヲ網羅シテ、一一之ヲ區別セムトスルニ際シテ、語別、名稱ノ何ト呼ビ何ニ入ルベキカ不定ナルモノ、假名遣、語格ノ未定ナルモノ、古今、都鄙、語、同ジクシテ、用法ヲ異ニスルモノ等、輩出シテ、甚ダ判定ニ苦メリ。是ニ於テ、別ニ一業ヲ起シテ、數十部ノ語學書ヲ參照シ、假名遣、語格ノ基本ニ至リテハ、契沖、眞淵、宣長、春庭、義門等、諸哲ノ規定ニ據リテ、其他ニ推及シ、而シテ、西洋文法ノ位立ヲ取リテ、新ニ一部ノ文典ヲ編シテ、其規定ヲ本書ニ用ヰタリ。（下略）

ここでは、具体的な書名ではなく、人名があげられている。このうち、先述した「先哲ガ語學ノ書」と著者が一致するのは、契沖（『和字正濫抄』）、本居宣長（『詞の玉緒』）、本居春庭（『詞八衢』『詞通路』）、義門（『山口栞』『活語指南』）である。賀茂真淵の著作はこの第四条には挙げられていないが、第三条において「専ラ枕詞ヲ論ジ」たものとして挙げられた『冠辞考』が該当する。このことから、「假名遣、語格ノ基本」については、「先哲ガ語學ノ書」以外にも、賀茂真淵の説に拠ったことがわかる。

ただし、文法規定を扱った「語法指南」をみると、本居宣長や義門、『かざし抄』の作者である富士谷成章の名がある一方で、賀茂真淵の名はみられない。このことから、具体的にどのような点において、賀茂真淵の説を「語法指南」に取り込んだのかは不分明である。「語法指南」には、この他にも「某学士」や「洋文典」に言及する箇所もあり、具体的に誰を指すのか、あるいはどの書を示しているのか、「語法指南」のみからでは判然としない場合がある。

以上のことから、大槻文彦が『言海』の編集方針を定めるにあたっては、多くの辞書類を参看し、個々の体裁を検討した上で行なったことがわかる。「多くの辞書類」と述べたが、大槻文彦が参照した冊数は、「本書編纂ノ大意」（九）に明記されている。

（九）此篇ニ引用參考セル和漢洋ノ典籍ハ、無慮、八百餘部、三千餘巻ニ涉レリ。其他、或ハ耳聞セル所ヲ取リ、或ハ諳記セル所ヲ筆シ、或ハ自ラ推考セル所ヲモ記セリ。（下略）

「八百餘部、三千餘巻」の具体的な書名等は示されていないが、「本書編纂ノ大意」や「語法指南」では、以上のような評価が看取される。また、「凡例」（卅四）では、和語「モチヰル」の語について、先行する説を引用し、その仮名遣いについて論じている。この点については後述する。

五十音順配列について……和訓栞

『言海』について、「近代国語辞書の嚆矢」とする見方があるが、その評価は、「本書編纂ノ大意」（二）において示された「発音・語別・語原・語釈・出典」の五種を兼ね備えていることに起因すると思われる。また、五十音順の排列であることから、大槻文彦は『東京日日新聞』において連載された自伝[註1]において、福沢諭吉からいろは順ではないことを指摘されたという逸話を明らかにしている。引用に際しては、適宜空格を設けた。

> 此前に私は言海を一部持參して福澤先生をたづねて進上した　先生見られて結構なものが出來ましたナと云はれたが　言葉の順が五十音順であるのを見て顔を顰め　寄席の下足札が五十音でいけますかと云はれた　小學でもハヤ二十年來五十音を教へて居ることに思ひ至られなかつたのでもあらうか

この逸話は、武藤康史（二〇〇四）が「福沢諭吉は『言海』が（いろは順ではなく）五十音順であることに顔をしかめた――という逸話は有名である」（一三二頁）と解説するように、よく知られている。

ただ、福沢諭吉がいろは順を一方的に批判したかといえば、そうではない。山田俊雄（一九九四）は、『言海』刊行の祝宴に際して福澤諭吉が送った書簡を紹介しており、この全文が明治二十四年六月二十七日付『時事新報』にみられることを明示する。また、明治二十四年の『言海』内容見本にも、この書簡の文章がある。そこには、排列について「俗に云ふ地獄繰の勞に苦しみたるものが今この言海には假名の順に從て語を并べ三萬九千の語には三萬九千の拾序を成し一語として其淳に由らざるはなし日本開闢以来始めて辭書の體裁を備へたるものにして言海以前日本に辭書なし」とあり、賞賛していることがわかる。この書簡について、山田俊雄は「けだし、福沢は、『言海』そのものを披見しつ、大槻の顕彰せんとしたのである」（九十三頁）と評している。

さて、大槻文彦は、五十音順に排列した理由として、「本書編纂ノ大意」（十）において、次のように述べる。

（十）各語ヲ、字母ノ順ニテ排列シ、又、索引スルニ、西洋ノ「アルハベタ」ハ、字數、僅ニ二十餘ナルガ故ニ、其順序ヲ諳記シ易クシテ、某字ハ、某字ノ前ナリ、後ナリ、ト忽ニ想起スルヿヲ得。然ルニ、吾ガいろはノ字數ハ、五十弱ノ多キアルガ故ニ、急ニ索引セムトスルニ當リテ、某字ハ、何邊ナラムカ、ト瞑目再三思スレトモ、遽ニ記出セザルヿ多ク、ソノ在ラムト思フ邊ヲ、前後數字、推當テニ口ニ唱ヘテ、始メテ得ルヿトナル。（一語中ノ第二、第三、四、五等ノ音モ亦然リ、困苦想フベシ。）此事、慣レ易カルベクシテ、甚ダ慣レ難キハ、編者ガ編纂數年間ノ實驗ニ因テ、確ニ知ル所ナリ。扨、又、五十音ノ順序ハ、字數ハ、いろはト同ジケレトモ（合字）、先ヅ、あかさたな、はまやらわノ十音ヲ記シ、此十箇ノ綱ヲ擧グレバ、其下ニ連ルかきくけこ、さしすせそ等ノ目ヲ提出スルヿ、甚ダ便捷ニシテ、いろは順ハ、終ニ五十音順ニ若カズ。因テ、今ハ五十音ノ順ニ従ヘリ。

山田俊雄（一九八〇a）が指摘する草稿の表紙群がいろは順であることから、「編者ガ編纂數年間ノ實驗」を経て、再度五十音順へ排列しなおし、現在の形態となったことがわかる。

しかし、五十音順での排列で早いものとしては、文明十六（一四八四）年に成立した『温故知新書』がある。『温故知新書』は、見出しとなる漢字列について、施されている振仮名の一字目を五十音順に排列するが、部門ごとに排列するため、二字目以降は五十音順に拠らない。また、語釈は完備されていない。語釈を伴った五十音順排列の形態としては、谷川士清『和訓栞』がある。「完備」という点では、『和訓栞』には、語頭の二字のみを挙げて、語釈を伴わない「空見出し」があるため、一概にはいえないが、『日本国語大辞典』第二版は、『和訓栞』について、「古語・雅語・俗語・方言など、語を五十音順（第二音節まで）に配列、語釈・出典・用例を示す。よく整備され、日本最初の近代的国語辞書とされる」のように、「日本最初の近代的国語辞書」として評価する。

『和訓栞』の「凡例」第一項には、「此書五十音順をもて次第し　後のいうえを省きぬれは四十七條を立たり　各條の下もまた五十音の序てによれり　捜覧に便あらしめんかためなり」とある。「捜覧に便あらしめんかため」とあることから、見出しを探す簡便な方法として、『和訓栞』では五十音順を採用したといえる。また、「凡例」の第五項には、次のようにある。

○予さきに日本書紀通證を著述し　神道のおほむね故実のあらまし事により類にふれて書あらはしぬ　そか中にかうがへもらしぬる訓義又かの書に便なきもの及後世いひならへる言の葉なと此書に委しく記し侍る　既にかの書に詳なるはゆつりて　大かたなるも亦多し　されは彼に明らかにして此に伝はらぬは彼書を照し合せて考かへ看たまふへし

ここから、谷川士清は、『日本書紀通證』（宝暦元〈一七五一〉年成立、宝暦十二〈一七六二〉年刊行）の補遺として『和訓栞』を作成したことがわかる。そして、「かうがへもらしぬる訓義又かの書に便なきもの及後世いひならへる言の葉なと」を拾遺し、排列を行なったといえる。いろは順ではない理由として、「大綱」には次のようにある。

○（前略）さるを今の代は貴賤おしなへて四十七字のいろはを敎へぬるそほいなけれいろはは涅槃經諸行無常の

四句の偈を譯して同字なしの長哥によみなし　七字つゝ句ぎりして陀羅尼になずらへぬ韻字にとかなくてしすと置るも偈の意成へし　是は弘法の其徒を導けるものならし（中略）さて我邦にて古今に渉り四方に通してものならふ始めの法と定むへきは五十音にしくはなかるへし　いつれの道にもかたよらす　たゝ取に随うて其用をなせり　倭語をあつかふ模範訓義をさはくの規矩他に求むへきものにあらす　よて左にこれを載て略其義をのふるものならし

引用箇所では、『和訓栞』が成立した江戸中期において、いろは歌が主流であることが記述されている。ここで、『和訓栞』の成立に触れると、谷川士清の没後である安永六（一七七七）年九月から明治二十（一八八七）年七月の百十年にわたって、三編九十三巻八十二冊が刊行されている。最終刊行である後編は、『言海』にもその成果が反映されていることを湯浅茂雄（一九九七）が指摘する。この点については、第五章第一節においてもふれる。

ところで、『和訓栞』の成立を「江戸中期」と述べたのは、谷川士清が『和訓栞』を編纂した時代を反映したものである。その上で、いろは歌は「涅槃經諸行無常の四句の偈を譯して同字なしの長哥によみなし」、「是は弘法の其徒を導けるものならし」と、仏教の側面があるとして記述されている。現在では、いろは歌が弘法大師（空海）の作ではないことは通説であるので、この点については、ここでは措く。

「大綱」では、これに続けて、「さて我邦にて古今に渉り四方に通してものならふ始めの法と定むへきは五十音にしくはなかるへし」、「倭語をあつかふ模範訓義をさはくの規矩他に求むへきものにあらす」のように、仮名を習う際には五十音順が妥当であると断言する。その理由として、「いつれの道にもかたよらす　たゝ取に随うて其用をなせり」といった利点をあげる。「いつれの道にもかたよらす」とは、「いろは歌」に仏教的な側面があると谷川士清が判断するために、このような記述があると考える。なお、「左にこれを載て」の「これ」は、該当部のあとに「〇五音十行」の歌として記載された「音韻相通假字反圖」を指す。[註2]『言海』と『和訓栞』において五十音順に排列した理由を対照すると、いずれにしても、いろは順を念頭に置いた上で、見出しの引きやすさから五十音順を採用していることがわかる。

さて、関根正直「大槻博士を憶ふ」（『国語と国文学』第五巻第七号、一九二八年）による大槻文彦の逸話には、『和訓栞』と『雅言集覧』に関する述懐がある（九四五頁）。

> 博士の進歩的學者であつた事は、日本語の辭書の編纂を思ひ立つたのは、文部省から編修命令を受ける（明治八年）前からの事で、その考へのある事を知つた博士の先輩那珂梧楼が、文部編輯局長の西村茂樹氏に推薦したのだと。これも西村先生から聞いた。是れに就いて博士の直話に、博士が始めて辭書の編著を思ひつかれたのは、ウェブスターの英辭書を見て、西洋にも支那にも、立派な字典のあるのに、なぜ日本語のそれが出來てゐないか。之を遺憾に思つたからで、實をいふと、恥かしながら其の頃未だ和訓栞や雅言集覧のある事を、知らなかつたのだともいはれた。

大槻文彦が日本語の「辭書の編著を思」いついた際、「未だ和訓栞や雅言集覧のある事を、知らなかつた」ことが記述されている。「恥かしながら」とある点からは、大槻文彦が『和訓栞』や『雅言集覧』に関して、辞書としての価値を当時認めていたように推測される。また、この逸話から、大槻文彦の印象に残る書として『和訓栞』と『雅言集覧』があり、その上で、明治二十年に『和訓栞』後編が出版されて刊行が完了した点や、『増補雅言集覧』という未刊部分が補訂されて刊行された点は、注目に値する出来事であったように思われる。次に、『雅言集覧』に注目する。

使用例を充実させる……雅言集覧

『雅言集覧』は、『和訓栞』や太田全斎『俚言集覧』とあわせて、近世期の三大辞書のひとつとして取り上げられることがある。平安時代に書かれた仮名文学作品を中心に、その使用例を集め、見出しをいろは順に排列している。収録範囲は『古事記』、『日本書紀』から『今昔物語集』、『文選』などにも及ぶ。

そのため、「国語辞書」というよりは、古語用例集とみるむきもあるが、語釈を付す項目も散見する。近代においても、近藤真琴『ことばのその』（明治十八（一八八五）年完結）において、『雅言集覧』を参照し、使用したことが「ことばのそのはじめのまき」（全六巻のうち第一巻収録）の冒頭で明示されている。

一　よ　に　ジシヨ　ビキ　と　となふる　もの　ハ（中略）わが　くに　の　ことば　もて　わが　くに　の　ことば　を　とき　たる　もの　なかる　べし　や　と　としごろ　おもひ　つれ　ど　おほやけ　わたくし　の　ことわざ　しげく　また　まなび　たる　こと　も　あさけれ　ば　こころ　にも　まかせ　ざりしが　めいぢ　十六ねん　といふ　としの　三ぐわつ　の　すゑ　の　ころ　いざ　と　こゝろ　を　ふりおこし　まづ　雅言集覧　に　あぐる　ところ　の　ことば　を　あつめ　その　ふみ　に　ことば　の　こゝろ　を　かき　たる　ハ　これ　を　とり　て　しも　に　しるし（しゆ　もて　しるし　たる　は　うたがふ　ところ　ある　もの　に　て　さだまり　たる　とき　すみ　にて　かきあらためつ）かく　なし　て　その　と

しのすゐにひと、ほりかきはてたり

『ことばのその』は、「まづ雅言集覧にあぐるところのことばをあつめ」とあるように、『雅言集覧』をもとに編纂を行ない、「うたがふところ」がある場合には、これを訂正したことがわかる。次条には、『和名抄』や『新撰字鏡』といった「ふみにてもれたる」語を補い、その他にもさまざまな書を参照したことが記述されている。その中には、「大槻文彦うしの文典の稿本」も含まれている。「文典の稿本」とあるように、未刊行である原稿が『ことばのその』に使用されていることが判明する。この点について、大槻文彦も「ことばのうみのおくがき」において、次のように言及する（六頁）。

近藤君は、漢洋の學に通明におはするものから、その教授のいそがはしきいとまに、か丶る著作ありつるは、敬服すべきことなり。この著作の初に、おのれが文典の稿本を借してよとありしかば、借しまゐらせつれば、やがて全部を寫されたり、されば八品詞その外のわかちなどは、おのれが物と、名目こそは、いさ丶かかはりつれ、そのすぢは、おほかた同じさまどはなれり。

さて、『雅言集覧』は、編者である石川雅望の生前である文政九（一八二六）年に「い」から「か」部六冊、没後である嘉永二（一八四九）年に「よ」から「な」部三冊が出版されている。「ら」部以降は写本で伝わるが、中島広足（一七九二〜一八六四）が「ら」部以降の内容を含めた上で加筆を行ない、『増補雅言集覧』として明治二十（一八八七）年に五十七冊（和装本）が刊行されている。

荒尾禎秀「『雅言集覧』と俗語」（『清泉女子大学紀要』五十八、二〇一〇年）が「凡例も江戸期版本には諸本「凡例」という言葉はないが明治刊本と活字本は「凡例」の語を加えている」（五頁）と指摘するように、『雅言集覧』の版本には「凡例」と題されたものはないが、『増補雅言集覧』が示す「凡例」には、使用例について、第二条と第五条において、次のように記述されている（引用は版本による）。

一雅言はよくあぢはひて我物とせざれば。用ゐさまたがひて。大にあやまることあり。たとへばそゞろかといへるは。人の身のたけたかきにいへる詞なるを。そゞろといへる詞におなじ意なりと思ひあやまれるがごとし。此たぐひあまたあれば詞の例どもをあはせ見つゝ。よく〳〵思ひえざらんには。一歩千里のたがひとやなりぬべからむ。さればこゝにはみな人の常にいひなれてあやまるまじと思はるゝたぐひをさへ。わづらはしきまてとりならへたるは。中〳〵に。ちかきことのまがひやすく。俗にいふうはすべりの誤りといふことのなからんためにとてなり

一引出たる詞どもは。見るまゝにうつしとりつれば。引書の前後せるも。又その出所をとりおとしたるもありぬべし。これら今一たび挍合すべかめれど。よろづものうきがさきにたてば。さながらにしてやみぬ。ことたらずとやいふ人いふべからむかし

第二条では、和語「ソゾロカ」を例にあげ、誤用されている場合があることから、その使用例を「わづらはしきまてとりならへたる」と、入念に取り入れた旨が記述されている。また、第五条では、「引出たる詞どもは。見るまゝにうつしとり」、「出所」、つまり引用した文献をあげた構成となっていることがわかる。このように、『雅言集覧』に

おいて、使用例の掲載が重視されていたことが理解される。

『言海』においては、この使用例を充実させるという点に触れた記述はみられない。しかし、語釈には「用例」という語を用いて、これを参照するように促す記述が四例みられる。

〔さにづらふ（枕）狭丹頬相〔さハ、發語、にハ、丹、つらふハ着ク意ニテ、紅《アカ》ミノ艶《ニホ》フ意ナリト云〕種種ノ語ニツク枕詞、用例下ノ如シ。「―吾ガ大王《オホキミ》」―妹」―少女《ヲトメ》」―君」―紅葉《モミヂ》」―色」―紐」

〔しながどり（枕）〔鳰《ニホ》ノ事ナリト云〕枕詞トシテ、用例、下ノ如シ。「志長《シナガ》鳥、居名《キナ》野ヲ來レバ、有間山」四長《シナガ》鳥、居名ノ湖《ミナト》ニ」水長《シナガ》鳥、安房ニ繼ギタル、梓弓」

〔たまぢはふ（枕）靈幸〔神ハ、人ノ靈ヲ幸《チハ》ヒ保ツ意ト云〕神ノ枕詞。萬葉集ニ「靈治波布《ヂハフ》、神モ我ヲバ、打棄《ウツテ》コソ、シヱヤ、命ノ、惜ケクモナシ」此語、先輩、皆枕詞トスレド、或ハ平語ナラムカ、サルハ、其用例、萬葉集一處ノ外ニ見當ラズシテ、且、歌詞モ、靈ト命トヲ對照セシメテ、十分ニ意味アレバナリ、試ニ、千速振ト代ヘテ見ヨ、歌意ノ索莫タルヲ覺エム。

とも（名）鞆〔手面《タオモ》ノ約ト云或云、音物《オトモノ》ノ約略、或云、止弦《トメヲ》ノ約、鞆ハ和字ナリ〕古ヘ、弓射ル時ニ、左ノ臂ニ着クル具、形圓ク、革ニテ作リ、巴ノ字ノ象ヲ畫キ、革緒ニテ約ス。此物、弦ノ臂ニ觸ルルヲ避クルモノナリト云、或云、觸レシメテ音ヲ發セシメ、音ヲ以テ威スヿ、鳴鏑ノ如キモノナリト、後説、得タルガ如シ、次ノ用例ヲ見ヨ。「弓矢鞆音《トモノト》不レ聞國」丈夫ノ、鞆ノ音スナリ」丈夫ノ、手ニ巻キモタル、鞆ノ浦回ヲ」引放ツ、手束ノ弓ノ、矢ヲ早ミ、鞆音《トモネ》ニ的ノ、鳴リ交ハス哉」

見出し「さにづらふ」「しながどり」では枕詞として、見出し「とも」では名詞として、どのように使用されているかを記述し、下部にある使用例を参照するよう促している。また、見出し「たまぢはふ」では、「サルハ、其用例、萬葉集一處ノ外ニ見當ラズシテ」とあるように、『万葉集』の例をあげ、その他に使用例がみられない孤例であることを明示している。『日本国語大辞典』第二版では、『万葉集』の他に、田安宗武（一七一五～一七七一）の歌集『天降言』の使用例を掲載する。

この四例のうち、『雅言集覧』において立項されているのは、見出し「とも」のみである。そして、『雅言集覧』の見出し「とも」には小見出しとして「とものおと」があり、これを対照すると、『言海』にみられる使用例と合致する「ますらをの柄の音すなり」がある。また、『言海』の語義記述「此物、弦ノ臂ニ觸ルルヲ避クルモノナリト云、或云、觸レシメテ音ヲ發セシメ、音ヲ以テ威スㇷ、鳴鏑ノ如キモノナリト」と（ほぼ）合致する語釈「左臂に着て弓弦の觸れて鳴る音を高からしめんため也音を以て威す事鳴鏑などもおなじとぞ」がみられる。本項目の場合、大槻文彦が使用例とともに、語釈を参照した上で記述した可能性が考えられる。

今野真二（二〇一四a）は、大槻文彦が『雅言集覧』を参照した上で『言海』に記述したとみられる見出しとして、「うはなみ（上波）」をあげる（七十頁）。本項目は、『言海』において、「山川ノ―氷ル」、「高岩ニ―越エテ」という二つの使用例が確認できる。『雅言集覧』「う」部をみると、見出し「うはなみ」があり、「山川ノ―氷ル」と合致する『夫木和歌抄』の和歌「いはなみのしはまをわくるやま川のうはなみこほるふゆのあけぼの」がみえる。しかし、「高岩ニ―越エテ」という使用例はない。『増補雅言集覧』をみると、増補項目として、『万代和歌集』の和歌「いりうみのせとのさきなるたかいはにいはなみこえてあるくしほかぜ」の使用例が確認できる。このことから、大槻文彦が『増補雅言集覧』を使用して、その使用例を充実させたことが推測される。なお、『言海』「凡例」には、『増補雅言集覧』の書名が記載されており、このことからも、参照していた事実はうかがわれる。『増補雅言集覧』については、第五章第一節でもふれる。

註1　「学界ノ偉人　大槻文彦氏」と題して、明治四十二年十月七日から十四日まで、計七回連載されている（十月十一日は掲載なし）。引用は、十月十三日掲載の連載第六回。『図録日本辞書言海』所収の新聞切り抜きの図版（「大槻文彦先生御自傳記」）を使用した。

註2　石水博物館に蔵する『和訓栞』の自筆稿本の成立時期について、三澤薫生「谷川士清筆『和訓栞』について」（『和洋國文研究』第四十一号、二〇〇六年）は、宝暦七年以降同十一年以前と推測する。自筆稿本には、前引した「凡例」第一項・第五項の記述がみられる。該当する記述は、「凡例」と「大綱」の一部を合わせた「総論」にあり、「凡例」第一項は「総論」第二例に、「凡例」第五項は「総論」第一例にある。つまり、『和訓栞』を作成するにあたって記述された「総論」では、『日本書紀通證』の補遺であることを示したのちに、見出し項目の排列が五十音順であることを明らかにしていることがわかる。なお、自筆稿本の見出しは、第一音節のみが五十音順である。出版された整版本の見出しは第二音節までが五十音順であり、また、見出しの音数によって排列されているため、様相はやや異なる。

第二節　辞書の形態の模索

『言海』の「本書編纂ノ大意」（二二）には、「辭書ニ擧ゲタル言語ニハ、左ノ五種ノ解アラムコトヲ要ス」とあり、次の五点、すなわち「發音《Pronunciation.》」「語別《Parts of speech.》」「語原《Derivation.》」「語釋《Definition.》」「出典《Reference.》」を掲げている。この五種の概要は、次の通りである。

一．發音　発音を表記すること（「發音ノ異ナルモノニハ、其符アルヲ要ス」「是等ノ異同、必ズ標記セザルベカラズ」）
二．語別　品詞などを標示すること（「語毎ニ必ズ標別セズハアルベカラズ」）
三．語原　語の起原を記すこと（「語原ノ説クベキモノハ、載スルヲ要ス」「是等ノ起原、記サザルベカラズ」）
四．語釈　語の意義を説くこと（「語ノ意義ヲ釋キ示スヿ、是レ辭書ノ本分ナリ」「又、其意義ノ轉ズルモノハ、區別セザルベカラズ」）
五．出典　ある語義がいずれの典籍にみられるか証拠がある場合は、出所を挙げること（「某語ノ某義ナルヿヲ證セムトスルトキ（合字）、其事ハ、某典ニ見エタリト、其出所ヲ擧グルヿ、是レナリ」）

これらを示した上で、「以上五種ノ解アリテ、始メテ辭書ノ體ヲ成ストイフベシ。此書モ、一ニ其例ニ從ヘリ」とある。『言海』には「かい（解）」の見出しがあり、語釈には「文字文章ノ解《ゲ》シ難キモノヲ、解キテ示スヿ」とある。そのため、「五種ノ解」という表現から、「發音」「語別」「語原」「語釋」「出典」の五つを「解キテ示スヿ」が「辭書ニ學ゲタル言語」に必要と判断していたことがわかる。「此書モ、一ニ其例ニ從ヘリ」とあることからも、『言海』においては、これらの要件を満たすことを前提に編纂されているといえる。

「本書編纂ノ大意」（八）には、「辭書ノ體例」について、次のように記述されている。

> 辭書ノ體例ハ、首條條ニ述ベタルガ如クナルベシト雖トモ、編纂ノ上ニ就キテ、浩瀚ナラムヲ旨トスルアリ、簡約ナラムヲ旨トスルアリ、浩瀚ハ、大辭書ノ集成ニ望ムベクシテ、遽ニ及ブベキニアラズ。今、此篇ハ、簡約ヲ旨トシテ、凡ソ收メシ所ノ言語ノ區域、及ビ解釋等ノ詳略ハ、大約、米國ノ碩學ヱブスター氏ノ英語辭書中ノ「オクタボ」ト稱スル節略體ノモノニ倣ヘリ。故ニ、發音、語別、語原、語釋（東西同事物ノ釋ノ如キハ、洋辭書ノ釋ヲ譯シテ挿入セルモノ多シ）等ハ微具セシメタレトモ（合字）、出典ニ至リテハ、浄書ノ際、姑ク除ケリ、簡冊ノ袤大トナラムヲ恐レテナリ。其全備ノ如キハ、後ノ大成ニ讓ラムトス。

まず、「辭書ノ體例」について、「浩瀚」な場合と、「簡約」な場合を示している。「浩瀚」な場合は「大辭書ノ集成ニ望ム」とあるが、『言海』の場合には「簡約」であることを主としたことが記述されている。そして、「言語ノ區域」、「解釋等ノ詳略」については、「米國ノ碩學ヱブスター氏ノ英語辭書中ノ「オクタボ」ト稱スル節略體ノモノ」に倣ったこと、「發音、語別、語原、語釋（東西同事物ノ釋ノ如キハ、洋辭書ノ釋ヲ譯シテ挿入セルモノ多シ）等ハ微具セシメタ」ことを言明する。ここから、大槻文彦が範とした辞書として、ウェブスターの「オクタボ」版が想定される。早川勇『ウェブスター辞書と明治の知識人』（二〇〇七年、春風社）は、大槻文彦の使用した版が、一八五七年に刊行された『An American Dictionary of the English Language』（辞書の背に「WEBSTER'S ROYAL OCTAVO DICTIONARY」）であることを指摘する。この「オクタボ」版については、「ことばのうみのおくがき」においても、次のように記述されている（一頁）。

初め、編輯の體例は、簡約なるを旨として、収むべき言語の區域、または解釋の詳略などは、およそ、米國の「ヱブスター」氏の英語辭書中の「オクタボ」といふ節略體のものに傚ふべしとなり。おのれ、命を受けつるはじめは、壯年鋭氣にして、おもへらく、「オクタボ」の注釋を翻譯して、語ごとにうづめゆかむに、この業難からずとおもへり。これより、從來の辭書體の書數十部をあつめて、字母の順序をもて、まづ古今雅俗の普通語とおもふかぎりを採收分類して、解釋のありつるは併せて取りて、その外、東西洋おなじ物事の解は、英辭書の注を譯してさしいれたり。

永嶋大典（一九六六）は「傚ふべしとなり」という命令形の表現から、「Webster の辞書を範とすることは、必ずしも大槻博士の自発的発想にもとづくのではなく、文部省の上司の意向に出たものかとも思われる」（七十二頁）と指摘する。『日本語大事典』における「言海」の項目（犬飼守薫執筆）では、前引した「ことばのうみのおくがき」の記述を引用した上で「当初の指示に従い編纂作業を開始」と、ウェブスターに倣うことを「指示」と表現する。前節で取り上げた関根正直による逸話には、大槻文彦が「始めて辞書の編著を思ひつ」いたのは、「ウェブスターの英辞書を見て、西洋にも支那にも、立派な字典があるのに、なぜ日本語のそれが出来てゐないか。之を遺憾に思ったから」と記述されている。大槻文彦がウェブスターを知り、『言海』をその体裁に倣って編もうと考えた時期を具体的に絞り込むことは難しいが、『言海』編纂にあたってウェブスターが念頭にあったことは疑いがない。

竹村鍛（一八九八）は、『言海』の「特質として称揚すべきもの」を四点あげている（二十二頁）。この四点について、『言海』を評価したと思われる文の右肩には便宜的に番号を附した。なお、本文に附された傍点は省略した。

> 言海は大槻氏が多年苦心の結果出版せられたるものなれば、他の辭書とは自らその撰を異にせるものあり。その體裁の整へる解釋の多くは論理的にして精確なる意義の變動に從ひて解釋に①一、二、三等の符號を附して區別せる語②の傍に發音の符號を加へたる語③の古、雅、俗等の種類によりてそれ〲の符號を加へたる、④外來語を多く載せたる等は本書の特質として稱揚すべきものなるべし。而してこれ等の多くは西洋辭書に倣ひたるものにて、氏自身の意匠より出でたりと見るべき所は甚だ少きが如くなれど、兎に角に氏が首唱の功は沒すべからざるなり、もしこれ等の點を以て高橋氏のいろは辭典、物集氏の大辭林と比せば、言海は恰も小兒の群中に立てる巨人たる觀あり。

以上四点について、「これ等の多くは西洋辭書に倣ひたるもの」と述べ、大槻文彦の発案ではないとする。このときの「西洋辭書」に該当するものはなにか。「本書編纂ノ大意」（八）には、「ヱブスター氏ノ英語辭書中ノ「オクタボ」ト稱スル節略體ノモノ」から「言語ノ區域」、「解釋等ノ詳略」に倣った旨が記述されており、竹村鍛（一八九八）の①の指摘と合致する。ここから、ウェブスターの体裁を参考にした上で、『言海』の編纂が行なわれたように推測される。

『国語学研究事典』の「言海」の項目（古田東朔項目執筆）において「ウェブスターのオクタボ版の簡約体にならったというが、ならったのは個々の語釈というよりは、むしろ全体の構成・語義分類など、欧米近代辞書の構成・組織においてである」とあるように、従来、その語義記述については、ウェブスターを積極的に利用したとは認めがたいことが指摘されている。永嶋大典（一九六六）は、ウェブスターと『言海』について、「本書編纂ノ大意」（八）にある「洋辭書ノ釋ヲ譯シテ挿入セルモノ」と断定できる見出しが七項目（「あかがね（銅）」「いろ（色）」「き（黄）」「くろ（黒）」「しごせん（子午線）」「ちから（力）」「ホスホル（燐）」）にとどまることを指摘する。そのため、ウェブスターからの「直接の貸借関係は極めて少ない」（七十三頁）と言明する。なお、「部分的に翻訳利用されていることがほぼ確実と思われる」（七十五頁）項目として、見出し「ち（血）」「つち（土）」もあげられている。

「ことばのうみのおくがき」には、「おのれ、命を受けつるはじめは、壯年鋭氣にして、おもへらく、「オクタボ」の注釋を翻譯して、語ごとにうづめゆかむに、この業難からずとおもへり」（一頁）とある。永嶋大典（一九六六）が指摘する「直接の貸借関係」とは、大槻文彦がウェブスターの語釈を翻訳し、『言海』に登載したのではないという指摘であろう。そして、「筆者の管見によれば、Webster が『言海』に与えた最大の影響は、「現代辞書」の観念である」（七十七頁）と結論づけており、むしろその体裁から影響を受けたのではないかと指摘する。また、『言海』における見出し「とる」「たつ」をあげ、「語義が組織的に細分されているのは、はなはだ「現代的」である」、語義記述が「先行の辞書にみられないほど組織的なこと」（同前）を評価する。また、「ここにいう「洋辞書」が、*Octavo Dictionary* 以外のものを含んでいることも考えられる（その可能性は少ないと思うが）」（同前）と指摘する。しかし、これを改稿した永嶋大典『蘭和・英和辞書発達史』（一九七〇年、ゆまに書房）では、「『言海』が他の英語辞書を利用したとはまず考えられない」（一九九六再版を使用。一六二頁）と断言する。その上で、「本書編纂ノ大意」（八）および「ことばのうみのおくがき」においてウェブスターが取り上げられたのは、「はじめに、*Octavo Dictionary* を訳して日本語辞書をつくろうとされた頃のことが、そのまま大槻博士の心中に残っていたのではなかろうか」（同前）と推測する。

この指摘（永嶋大典（一九六六））を受けて、山田忠雄（一九六七）は、大槻文彦がどのようにウェブスターを使用したのかという点について、次のような意見を提出する（六十五頁）。

之を要するに、大槻博士は機械的に彼（引用者補：ウェブスター）を訳出して此に当てる愚を避け、十分に語を選んで適用すべき場合にのみ之を適用した計画性と余裕とを備えていたし、一つの語で或るパターンを獲得するや、それを平板に流れない範囲内で他の同類の語にも推し及ぼしたことは十分に看取される。即ち、或る一つの語において得た一つの物指を以て周到な用意の下に一つ宛別の語に当てはめて行なった。これが成功の最大の秘訣であったように思う。茲において要請せられたのが、個個の個性への確実なる認識であり、それが聽ては品詞の確認へと進んだものと思う。（下略）

つまり、『言海』においては、ウェブスターの語釈を「適用すべき場合にのみ之を適用」したという見方である。また、「一つの語で或るパターンを獲得するや、それを平板に流れない範囲内で他の同類の語にも推し及ぼした」とある。このことは、語釈そのものではなく、その記述型式を大槻文彦が学び、『言海』に適用したと言い換えられるであろう。また、次のように述べる。

本書（引用者補：『言海』）の語釈は一読直ちに理解できるように『語彙』の延長の線にそって、それを必要なる程度に詳しく敷衍し、語義を（一）（二）の如く分け、語原説を加えた点に一工夫を見る。一見、何の奇もない語釈は従前の五書に較べて一段と詳しく適確であり、後出の一書の如き冗長は努めて避け、全篇同じ調子で語義を解く。それは千篇一律ではなくて、緻密な計画性の賜である。

「『語彙』の延長の線にそって、それを必要なる程度に詳しく敷衍し」という表現からは、大槻文彦が『語彙』の語釈を参照した上で作成した可能性が示されているといえる。また、山田忠雄（一九八一）が、永嶋大典（一九六六）を取り上げた際に附した注には、次のように記述されている（五六五頁）。なお、文中「第八四節」とあるのは、永嶋大典（一九六六）を再収した永嶋大典（一九七〇）の該当部分を指す。

永嶋氏は、言海の位置づけに関し、第八四節において numbered definition の確立と grammatical words の説明の組織的である点と、此の二点からしてウェブスターよりはジョンソンに近いものと比定された。それは同時に、日本の近代的国語辞書の未発達を物語るかの如くであり、頗る示唆的である。

（中略）筆者は、氏の挙げられた理由とは別に、一般用語よりも動植物に厚く濃い故を以て猶ジョンソン的近似観を棄て得ない。又、numbered definition の細分化が果して辞書の組織化や進歩発展の度合を測る尺度となり得るものか否かは問題である。細分化の一方に収約・統合をも考えておかないと、当節の群小辞書の如く弊害のみ先に立つことを虞れる者である。

『語彙』と『言海』は、文部省において企画された国語辞書という共通点があり、大槻文彦が『語彙』の語釈を参考にした上で、項目の選定や語釈を記述した点が明らかにされている。『語彙』は、「あ」から「え」部で中絶していることから、先行研究においても、『言海』の「あ」から「え」部を中心に考察が進められている。古田東朔「大槻文彦伝（三）」（『月刊文法』一巻九号、一九六九年。以下、一九六九a）は、「個々の語釈では、ウェブスターよりは、むしろ『語彙』によっている点が多い」（一二二頁）として、五項目（「あうしゆくばい」「あかうなぎ」「あかがし」「あかごけ」「あかそ」）を例にあげて述べるが、「しかし参考にしているというよりは、同じ省内の仕事として始められたのであるから、むしろ当初にあっては、『語彙』の増補改訂、再編成、完成という目的に従い、かような態度に出たものと判断される」（一二三頁）と述べる。英語辞書であるウェブスターと、官撰辞書である『語彙』とは、採用した経緯が異なるという指摘である。

早川勇（二〇〇七）は、『言海』における動植物の語義記述という点から、ウェブスターよりもむしろ山田忠雄（一九八一）が指摘するジョンソンに近く、このことを「言語アカデミー的考えに傾いていたといえる」（三二九頁）と表現する。しかし、「ジョンソン」と『言海』の語義記述を明確に比較した研究はみられない。いずれにしても、英語辞書から語義記述の方法を参考にしたという言及がなされている。

では、体裁という面からは、どのような指摘がなされているのか。序章でもふれたように、「語法指南」と『廣日本文典』は、西洋文法と日本文法を「折衷」した文法として、一般に評価されている。「ことばのうみのおくがき」においても、「又、別に一業を興して、數十部の語學書をあつめ、和洋を參照折中して、新にみづから文典を編み成して、終にその規定によりて語法を定めぬ」（一頁）と、「和洋を參照折中」した旨が記述されている。古田東朔（一九八一）は、「語法指南」と『廣日本文典』の文法説を対照し、「西欧文典の枠組の中へどのように日本語を当てはめて考えていくか、その一往の解決が示されたのが大槻文彦においてである」（二六四頁）と述べる。また、戸田吉郎（一九五二）は「明治時代の語源研究」として大槻文彦をあげ、次のように評価する（四十三頁）。

明治時代の語源研究としては、大槻文彦博士の業績を逸することはできない。それは、言海およびその編修前後の論稿を中心とする。博士は国学系統の人であるが、早く西洋言語学にも眼をふれておられたことは「言語篇」(明治十九年文部省刊)の翻訳のあることによっても知られる。言海がオクタボ版のウェブスター辞書に範をとり、ある点では翻訳辞書の体裁をとっていることを考えると、ウェブスターは語源辞書ではないけれども、これより先にスキートの語源辞書も出版されていることでもあり、かかる外国の辞書形式によって、博士の語源研究の方向が影響を受けたことは想像にかたくない。

大槻文彦の「語原研究の方向が影響を受けた」という一文は、「言海およびその編修前後の論稿」にかかるものと思われるが、『言海』がその中心としてあげられていることから、『言海』において「語原」を設けた理由として、ウェブスターをはじめとした英語辞書の影響が示されている。

「はじめに」でもふれたように、山田忠雄(一九八一)は、「言海の特色」として、九条をあげている。その中で、『言海』によって初めて採用されたと認める特色が、四条にわたって記述されている(五六〇〜五六一頁)。

(一)複合語に就いて、語の区分を示し、表記と発音との間に相違がある場合は、必要部分を小字カタカナで傍記した。この二つの方法を併せ行なったのは此の本が最初である。

(三)同形の語に二つ以上の用法の有る場合は、従来の如く別掲せず、本義を(一)、広狭の転義に対しては(二)(三)等の番号を与えた。此、本邦最初の試みと考えられ、これから以降の辞書に決定的な影響を与えた。

(七)語釈にはカタカナを用い、引用のみ平がなを使用した。見出しは、洋語のみカタカナ、他は平仮名を用いた。

(中略)前者は雅俗俗雅日本小辞典の創始に係る。この両者を併用したのは此の本が初めてである。

（九）（上略）世に歌文製作の為の文法古文解釈の為の文法の有ることは聞くが、辞書製作の為の文法説の誕生は之を以て嚆矢とする。辞書におけるあとがきも亦此の本が最初であろう。（下略）

このうち、（三）は、前引した竹村鍛（一八九八）の指摘（①）とも合致する。この四点の他に、山田忠雄（一九八二）は、「『言海』の特色」の第二条に「成句」について指摘する（五六〇頁）。

（二）近代的な品詞の略号を用いた。（中略）phrase の訳語として取られた句は、本文中の定義に其の用法は見えぬが、凡例（五十二）によれば成句の略であることを知る。成句なる見出しも亦本文中に不載であるが、骨の条における骨を折る、含むの条下に見える言を含むの如く、その構成部分を文字通りの意味で合わせた限りでは文意の通じ兼ねる慣用句を指すものの如くである。これらを見出し下に○を以て改行して示した。複合語を改行して示すことは従来も行われたことであるが、以上のような成句を掲げるのは、ウェブスターに倣ったものと覚しい。但し、その数は必ずしも多くない。

「成句」という点から、ウェブスターの体裁に倣ったという指摘である。「成句なる見出しも亦本文中に不載である」とあるように、『言海』において「成句」の見出しはない。しかし、「凡例」（五十二）には、次のようにある。

（五十二）成句ニ入リテ、同語ノ異義ヲ成スモノアリ、「骨ヲ折ル」ハ、骨ヲ取リテ正《マサ》シク折ルニハアラデ、「勉メ働ク」意ヲナセリ、「言ヲ食ム」トイヘバトテ、無形ノ言語ハ食ムベキニアラズ、乃チ「言ヒ契リタルヿヲ違

> フ」ノ意トナル、是等ノ成句ハ、其類語ノ下ニ、別ニ、○ヲ記シテ擧ゲタリ、而シテ、「骨ヲ折ル」ハ、骨トイフ語ノ下ニ出シ、「言ヲ食ム」ハ、食ムノ下ニ出セリ、類ニ従ヒテ索ムベシ、

「凡例」（五十二）には、「骨ヲ折ル」「言ヲ食ム」という「成句」が例として出されている。山田忠雄（一九八一）において示された「言を含む」の成句は、「凡例」（五十二）にはなく、見出し「ふくむ」においてもみられないことから、誤植と判断する。その上で、「品詞の略号」としてあげた「(句)」の標示と、「凡例」（五十二）に示された「骨を折る」「言を食む」などの慣用句が「○」以下に示されることは、必ずしも一致しない。つまり、「凡例」（五十二）において記述された「成句」は、「品詞の略号」として示された「(句)」とは異なるといえる。そして、山田忠雄（一九八一）の指摘が、「『言海』の特色」（二）にあげられた「品詞の略号」から離れて、「成句」のみにかかると判断する。

古田東朔（一九六九ａ）は、前述した「五種の解」やウェブスターについて、次のように述べる（一二三頁）。

> 『言海』の特色は、その「本書編纂ノ大意」に述べているように、（中略）五種の解のあることが必要だとして、その組織のもとに編集していることである。（ただし、『言海』は「出典」の省略。）この点、ウェブスターがタイトルページに、Exhibiting the Origin, Orthography, Pronunciation, and Definitions of Words, としるしているところと通じるものがある。かような組織構成においては、ウェブスターに代表されるような欧米の辞書に範を採っているのであり、近代的辞書の嚆矢となった。

「本書編纂ノ大意」（二）にあげられた五種の左傍には、前述したように英語が添えられている。「發音」には「Pronunciation.」、「語釋」には「Definition.」があり、ウェブスターに掲載されている「Pronunciation, and Definitions of Words」と対応する。「語原」には「Derivation.」とあり、一致はしないが、ウェブスターにおける「Origin of Words」と同義と考える。古田東朔（一九六九ａ）は、「組織構成においては、ウェブスターに代表されるような欧米の辞書に範を採っている」という見方であり、ウェブスターのみを参照したとは指摘していない。

これらの言説を反映した上で、早川勇「大槻文彦の英和大字典と『言海』への影響」（『国語国文』六十三号、一九九四年）は、「大槻の『言海』は辞書の微視的構造のみならず巨視的構造においても、ウェブスター辞書にならっている」（十二頁）として、その全容を次のようにまとめる。

> 語別（品詞）はウェブスターにならい、略語を（　）に入れて用いた。語源は上下に〔　〕をつけた。同意語(Synonym)を語釈の最後においた。相互参照のために「〜ノ條ヲ見ヨ」をつけた。語義を（一）（二）（三）などの番号で分けて提示した。短い用例を「　」に入れた。見出語の上に⌒をつけ、「古キ語、或ハ、多ク用ヰヌ語」を表わした。同様に、見出語の上に＋をつけて、「訛語、或ハ、俚語」を示した。これらのアイデアはすべて、ウェブスター辞書から拝借したものである。

「ウェブスター辞書から拝借したもの」として、八点があげられている。同内容の記述は、早川勇（二〇一二）においてもみられるが、記述が若干異なる（十〜十一頁）。

大槻は英文法に伝統的な「八品詞」の考えに強い影響を受け、日本文法においても八品詞を提案した。この語法指南には、英文法の概念や用語が色濃く反映している。彼はウェブスターの技術に全面的に依存した。定義に対する態度をウェブスターから学んだ。語義や語連結を説明するために短い用例を示した。（一）（二）（三）などの番号を付して意味の違いを明示した。この方式もウェブスター大辞典において顕著な点で、それを踏襲した。

早川勇（一九九四）が指摘する「語源」「同意語」「～ノ條ヲ見ヨ」、見出語の上に附した記号に関する点が、早川勇（二〇一二）にはみられない。紙幅の都合で省略した可能性はあるが、どのように考えればよいか。ウェブスターは、『言海』にその書名と判型が記述されていることから、大槻文彦に大きく影響していることが推測されるが、この点については慎重に考えたい。

また、古田東朔「大槻文彦伝（四）」（『月刊文法』一巻十一号、一九六九年。以下、一九六九b）は、『和英語林集成』（再版・明治五〈一八七二〉年）を大槻文彦が参照し、「ヒントを受けたと思われる」（一三〇頁）と述べる。そのなかで、次のような指摘がある（一三二頁）。

しかしながら、ヘボンでは、語義分類は行なっていない。また用例をあげた場合、それが同じ意味のものであっても必ずしもいっしょにまとめて示すということはしていない。かような点は、『言海』で改められ、整理されているのである。

つまり、大槻文彦が『和英語林集成』の記述内容を「整理」した上で語釈を記述しているという指摘である。ただし、前言したあとで「その語義分類こそはウェブスターが行なっていたものであった」（一三二頁）と述べ、「『言海』はその原理的な方針において、ウェブスターに範を採っており、その方針でもって一貫した」（同前）という結論に至っている。あくまでも、前提としてウェブスターがあり、『和英語林集成』は従属的なものという見方といえる。

これを受けて、佐野摩美「『和英語林集成』が『言海』の語義分類に与えた影響」（『日本近代語研究』1、一九九一年、ひつじ書房）は、『和英語林集成』（再版）の「あ」部と『言海』を比較し、『和英語林集成』の「語義分類」が大槻文彦へ与えた影響について指摘する。古田東朔が指摘するように、『和英語林集成』は語義を（一）、（二）のように数字で区分していない。そのため、佐野摩美（一九九一）は、『和英語林集成』において、意味を区分するセミコロンや To 不定詞、冠詞などから、その対応関係に言及する。また、「い」部にも同様の傾向がみられた場合、「大槻は、巻頭部分の語義の分類については『和英語林集成』を範としながら、独自の語義分類の方法を模索し、確立していったことになる」（二七八頁）と述べる。しかし、『言海』と『和英語林集成』（再版）の語釈を比較した結果、『和英語林集成』に倣った上で記述した例が少ないことから、『言海』における語釈は、日本語の辞書から採用していると推測している（同前）。

語義分類が一致するということは、必然的に、各々の語釈の類似を意味すると考えられるが、このことは、単純に『言海』と『和英語林集成』との語釈の一致、影響関係を示すものではない。（中略）日本語の大家が、日本語の語釈をするのに、わざわざ対訳辞書を引き、その英語を翻訳するような手続きを取ったとは思えない。従って、『言海』が『和英語林集成』から受けた語義に関する内容は、語義の分類を中心としたものであったといえる。

「本書編纂ノ大意」（八）には、「（東西同事物ノ如キハ、洋辞書ノ釋ヲ譯シテ挿入セルモノ多シ）」と、「洋辞書」を翻訳して挿入したという言明がある。前述したように、永嶋大典（一九七〇）は、このときの「洋辞書」について、「『言海』が他の英語辞書を利用したとはまず考えられない」と、ウェブスターの存在を示している。佐野摩美（一九九一）は、「日本語の大家が、日本語の語釈をするのに、わざわざ対訳辞書を引き、その英語を翻訳するような手続きを取ったとは思えない」（二七八頁）と述べる。しかし、犬飼守薫「辞書作りにかけた生涯―大槻文彦の比類なき業績―」（一関市博物館（二〇一一）収録）は、『言海』の見出し「うつ（打一撃）」の語義について、『和英語林集成』（再版）や『和訓栞』『雅言集覧』『俚言集覧』『語彙』の語義記述と対照した上で、『言海』と『和英語林集成』について、「稿本」における修正前の用例と語義とを『和英語林集成』に見出すことができるとして、「やはり、『言海』の語義記述は『和英語林集成』を参考にしていたと考えられる」（五十八頁）と結論づける。『和英語林集成』と『言海』については、古田東朔（一九六九b）に端を発するものと推測するが、『言海』の体裁という面とあわせて、再考する必要がある。

また、犬飼守薫（一九九九）は、和漢通用字や漢ノ通用字の区分について、「『言海』独自のものと思われる」（九十六頁）と述べる。犬飼守薫（一九九九）は、佐野摩美（一九八九）を注記する。佐野摩美（一九八九）は、『言海』の見出しと、その直下の漢字列との関係を七条あげて述べた上で、次のように指摘する（二〇三頁）。

以上の例から、『言海』における見出し語と見出し漢字との関係は、〝見出し語を形態素に区切り、その形態素の一つ一つを定訓に持つ漢字を見出し漢字に据え、また、見出し語がそれ以上意味の上で分解できない形態素である場合については、一般化している熟字訓と習慣化している宛字に限り見出し漢字の位置に置く〟という表記意識に基づいて成立しており、大槻は、これをその語の正書法と認める、という方針をとっていたことがわかる。

佐野摩美（一九八九）における「見出し漢字」は、『言海』における見出し直下の漢字列を表しており、「見出し語に対する標準的な漢字表記」（一八九頁）と規定されている。また、「漢字表記」はこれに漢ノ通用字を含めたものと覚しい。そして、これらの発想について、ウェブスターの「スペリング・ブック」との影響を想定し、「『言海』にみられる〝見出し語を定訓に持つ漢字表記を正書法として見出し漢字に据える〟という表記方法をとったことは、発音通りにしるすことをめざしたウエブスターの正書法によるのではなかろうか」（二〇七頁）と述べる。『言海』におけるこれらの漢字列については、序章において述べたように、陳力衛（二〇〇一）、今野真二「辞書の語釈―『言海』の漢語を緒にして―」（名古屋大学グローバル COE プログラム『ことばに向かう日本の学知』二〇一一年、ひつじ書房）、同（二〇一三）なども指摘するが、ウェブスターの影響とするのは佐野摩美（一九八九）の見方であり、追調査が行なわれていないと思われる。

以上述べてきたように、『言海』の特色としてあげられた点が、先行する辞書類の体裁を参考にしている可能性がうかがわれる。先行研究では、『言海』と先行する辞書類を対照し、それらの辞書類の成果がどのように表れているのかという点を考究する場合が多くみられる。このことは、今野真二（二〇一一）が指摘するような「話題が、大槻文彦という「個人」、あるいは先行辞書体資料との関連、版種などを中心に展開してきたように思われる」（八十九頁）状況といえる。「先行辞書体資料との関連」が指摘されてきた理由としては、『言海』の成立過程が複雑な点、「本書編纂ノ大意」や「ことばのうみのおくがき」における「ヱブスター」の「オクタボ」版の言及がある点がかかわると考える。

ところで、「大槻文彦という「個人」」については、「ことばのうみのおくがき」によって明らかにされている編纂過程がかかわるであろう。ただ、「大槻文彦という「個人」」に関しては、編纂を行なった生活環境について言及されることがあっても、大槻文彦が『言海』前後に発表した論考については言及されていない場合もある。そのため、このときの「個人」の範囲を、大槻文彦が著した他の論考にまで広げると、『言海』の体裁という面からは、さらに追及することが可能であると考える。

本節では、大槻文彦が『言海』の体裁をどのように規定したのかという点について、「先行辞書体資料との関連」から検討し、ウェブスターと『和英語林集成』という英語辞書とかかわる可能性を示した。『言海』において範とされた文献は英語辞書に限らず、他にも指摘されている。しかし、大槻文彦は『言海』の編纂にかかわる以前に洋学を修めており、英和対訳辞書(『英和大字典』)の編纂や英文献の翻訳といった活動も行なっている。早川勇(一九九四)や犬飼守薫(一九九九)は『英和大字典』との対照を行なっている。また、近年では、『百科全書』のうち「言語篇」を大槻文彦が翻訳していることから、長沼美香子『訳された近代』(二〇一七年、法政大学出版局)による検討も行なわれている。そのため、英語辞書とのかかわりを看過することはできないといえる。

第二章　『言海』はどのように成ったか

第一節　内容見本からわかること

『言海』が当初目途されていた官版としての出版から私版へと移行したことは、すでに述べた。「ことばのうみのおくがき」には、私版刊行にむけて、「私財をかきあつめて資本をそなへ」（三頁）たことが記述されている。また、発売方法については、次のように示されている（四頁）。

本書刊行のはじめに、編輯局工場と約して、全部、明年九月に完結せしめむと豫算したり。又、書林は、舊知なる小林新兵衛、牧野善兵衛、三木佐助の三氏に發賣の事を托せしに、豫約發賣の方法よからむとす、めらる、にしたがひて、全部を四冊にわかちて、第壹册は三月、第二册は五月、第三册は七月、第四册は九月中に發行せむと假定しぬ。

このように、『言海』は「豫約發賣の方法」を採り、「全部を四冊にわかちて」分冊で出版された。また、販売を促進するための内容見本が作成されていた。[註1]

『図録日本辞書言海』には、明治二十二年と同二十四年に作成された一枚刷りの内容見本が、原寸大で複製されている。この二種類の他に、私版の刊行前後に作成された『言海』の内容見本があるかどうかは、確認できていない。

本書では、この複製を使用して調査を行なった。また、『言海』の成立という点から、明治二十二年のものに注目する。明治二十二年に作成された内容見本は、同年一月二十二日の『東京日日新聞』朝刊に別刷で掲載されている。

『東京日日新聞』以外に掲載されたかどうか、また、他の日にも別刷が行なわれたかどうかは、確認できていない。

「内容見本」一般ということでいえば、その祖型としては、明治十四（一八八一）年に出された「史籍集覧仮目録」が挙げられる。これは、『史籍集覧』（明治十四年〜同十八〈一八八五〉年）を編纂した近藤瓶城が、自宅に近藤活版所を設け、予約出版を行なった際に作成したものである。予約出版と「内容見本」とが結びついていることがうかがえる。

紀田順一郎「内容見本論」（『本の本』第二巻第七号、一九七六年）は、「内容見本」について、「あくまで宣材であり、書誌的にはそのまま使えないものが多い。（中略）一応、刊行当時の意図や雰囲気を窺うという程度にとどめた方がよい」（九十五頁）と述べる。このときの「書誌的に」使えるということが具体的に何を指すかは明確ではないが、「刊行当時の意図や雰囲気を窺う」ための資料として、『言海』の内容見本は価値があるといえよう。

これまで、『言海』の内容見本に掲載された「見本」の記述内容と『言海』が対照され、精査されることはほとんどなかった。小岩弘明（二〇〇四）は、「おわりに」において、一関図書館蔵の初版第四冊に「挟まれていた」という謝辞の裏面に、「書林によって書き加えられた一文」として、「合冊製本の装丁が上等（総茶革。六十銭）・中等（背革平キレ。五十銭）・下等（総黒クロースキレ。三十五銭）とある点に注目する。そして、「二十二年時予約募集の内容見本では、一部定価六円で予約には全部を四回に分けて仮綴じとし、各一円の計四円、合冊製本で欲しい人には四円二十五銭で終尾に送る、とある。単純計算して二十五銭の合冊製本費になる。また、二十四年刊行後の内容見本では定価六円で上等製本革背金字入とある。（中略）又、上中下はこの当時の一般的な装丁方法とその対価である事実から、二十二年の予約募集時の合冊製本代二十五銭は、次の内容見本に書かれた装丁と同様とした場合、書付の「中等」にあたり、且つ五十銭の半額である。先行予約者特典とも見えて興味深い」（五十二頁）と述べる。

このような点からも、内容見本からは「刊行当時の意図や雰囲気を窺う」ことが可能である。また、『言海』の内容見本には、「本文」の組見本が一種類掲載されている。本来であれば、組見本は印刷された『言海』と全く同じ記述であると考えられる。しかし、後述するように、この「本文」の組見本には、『言海』や「稿本」とは異なる記述がみられる。「稿本」の成立や、現存しない「文部省保管稿本」を検討する観点からも注目されよう。そこで、本書では、『言海』の成立をうかがう資料という観点から、内容見本と出版された『言海』とを対照し、考察を加えたい。

複製された内容見本は、表裏両面に印字されている。内容見本の表面《おもて》には、『言海』出版の経緯が次のように記述されている。

本書ハ拙生先年文部省編輯局ニ奉職中數年間相掛リ編輯致シ全部成稿致居候ヒシ者ニ候處今般草稿全部下賜ノ恩典ヲ蒙候ニ付私版トシテ刊行シ豫約ノ方法ニテ發行致候其豫約發賣ノ事ハ下ニ記セル三書林ニテ取扱可申大方ノ諸君加入セラレムヿ希望候也

明治二十二年一月　　　　大槻文彦

このときの「三書林」とは、前引した「ことばのうみのおくがき」にある牧野善兵衛・小林新兵衛・三木佐助を示している。『言海』の奥付には、この「三書林」が「賣捌所」として記載されている。[註2]

また、内容見本では、『言海』の概要や附録が箇条書きで示されている。

○附録○語法指南（日本文典）○漢字音假名遣○御謚號、年號ノ讀例○名乗字引○地名苗字ノ讀ミ難キモノ○和

字譌字集○諺○略字符號等種々
○活版洋装　新製活字　版面ノ大サ、活字ノ形、一面ノ字數等、スベテ、裏面ノ見本ノ通リ
○紙、インキ、舶來ノ上等ナルヲ用ヰル
○紙數、概算一千ページ（原稿三千五百枚）
○語數凡ソ四萬

右から、附録が多く予定されていたことがわかる。「ことばのうみのおくがき」には、「されば、初は、附録として、語法指南、字音假名づかひ、名乘字のよみ、地名苗字などの讀みがたきもの、和字、譌字、又は、諺、など添へむの心なりしかど、（語法指南のみは、篇首に載せつ）今はしばらくこゝにとぢめて、再版の時を待つことゝはせり」（六頁）とある。ここに述べる附録は、内容見本とおおよそ一致するが、内容見本に記載された「御謚號、年號ノ讀例」は記述されていない。ここから、内容見本を確認することで、大槻文彦が『言海』の収録内容を充実させようとした構想が垣間見えると考える。

この他に、「本書編纂ノ體例及ビ手續ノ概畧」、「本書豫約手續」、「活字ノ用ヰ、畧語、符號ノ說明」の見出しが立てられている。「本書編纂ノ體例及ビ手續ノ概畧」の冒頭を引用する。

本書ハ、日本語ヲ以テ、日本語ヲ釋キタル普通辭書ニシテ、凡ソ、古今雅俗ノ單語、熟語等ヲ網羅セルコト、四萬許、各語ヲ假名ニテ擧ゲテ、五十音順ニテ排列シ、（いろは順ヨリハ便捷ナル理由、本書ノ凡例ニ論ジ置ケリ）漢字、漢名ノ當ツベキハ當テ、語每ニ、語別（Parts of speech.）語釋（Definition.）ヲ付シ、語釋ノ意義ノ轉ズル

セノハ、次ヲ逐ヒテ區別シ、例語例句ヲモ擧ゲ、又、發音符（Pronunciation.）ヲ要スルモノ、語原（Derivation.）ノ說クベキモノハ、コレヲ加ヘ、動詞、形容詞、助動詞ニハ、一々、語尾ノ變化ヲ記シ、凡ソ、全篇ノ大體、スベテ西洋辭書ニ傚ヒ、東西同事物ノ語釋ノ如キハ、率ネ洋辭書ノ語釋ヲ譯シテ挿入セリ、而シテ、其引用參考ニ供セシ和漢洋ノ書ハ、凡ソ八百餘部、三千餘巻ニ渉リキ、

『言海』の冒頭には「本書編纂ノ大意」が置かれているが、その末尾には明治十七年十二月の年記がある。そのため、「本書編纂ノ大意」は、明治十七年十二月までに作成されたと推定できる。そうすると、「本書編纂ノ大意」を縮約したものが、内容見本に掲載された「本書編纂ノ體例及ビ手續ノ概畧」と考えられる。しかし、「本書編纂ノ大意」（一）にあり、多く引用される「日本普通語ノ辭書」という字句が「本書編纂ノ體例及ビ手續ノ概畧」にはない。また、「本書編纂ノ體例及ビ手續ノ概畧」は、「本書ハ、日本語ヲ以テ、日本語ヲ釋キタル普通辭書ニシテ」と書き始められているが、これと対応する「本書編纂ノ大意」（三）の冒頭には「日本語ヲ以テ、日本語ヲ釋キタルモノヲ、日本辭書ト稱スベシ」とある。「普通辭書」と「日本辭書」とでは意味合いが異なる。このような異同は、他にも、「其脱漏、誤謬無カラムコト」（内容見本）と「其誤脱ナク」（『言海』「本書編纂ノ大意」（十一））などがある。つまり、「本書編纂ノ體例及ビ手續ノ概畧」は、単に「本書編纂ノ大意」を縮約して作成したとは言い難い。

表面には、この他に「活字ノ用ヰ、畧語、符號ノ說明」がある。これは、『言海』の「索引指南」（九）（十二）および「畧語ノ解」「種種ノ標」と対応する。ただし、説明が異なる場合もあり、特に「種種ノ標」には明白な違いがある。左に、「活字ノ用ヰ、畧語、符號ノ說明」と「種種ノ標」とを比較した表を掲げた。以下、便宜的に「活字ノ用ヰ、畧語、符號ノ說明」を内容見本、「種種ノ標」を『言海』と呼称する。

（表）内容見本「活字ノ用ヰ、畧語、符號ノ説明」と『言海』「種種ノ標」の比較

符号	活字ノ用ヰ、畧語、符號ノ説明（一部）	種種ノ標
︷	古語、不用語、又其語釋ノ標。	古キ語、或ハ、多ク用ヰヌ語、又ハ、其注ノ標。
＋＋	俗語、方言、又其語釋ノ標。	訛言《ナマリ》、或ハ、俚語《サトビコトバ》、又ハ、其注ノ標。
］	和用字。辻杜若ノ如シ。	和ノ通用字、辻杜若ナドナリ。
‖	漢用字。十字街《ツジ》燕子花《カキツバタ》ノ如シ。（語釋ノ末、又ハ間ニ置ク）	漢ノ通用字、十字街《ツジ》、燕子花《カキツバタ》ナド。（注ノ中ニ置ク）
‖］	和漢通用字。日月生馬ノ如シ	和漢通用字、日月長短ナドナリ。
〔〕	語原ノ欄。	語《コトバ》ノ原《オコリ》ノ注ノ界。
（）	挿注ノ欄。	挿注《ワリチウ》ノ界。
（一）（二）（三）等	語釋ノ意義ノ轉ズル順序經界。	注ノ意味ノ變ハル界。
「」	例句、又ハ特ニ標スベキ語、句。	例ニ示ス句、又ハ、格段ナル句ノ界。
、	句、讀。	句讀《ヨミ》。
。	文ノ段落、又ハ同意語（Synonyme.）ノ界。	段落《キリ》。
○	成句ノ別ニ一義ヲナスモノ。（語釋ノ外ニ、別ニ掲グ）	句ト成リテ、別ニ一ツノ意味ヲ起スモノ。
―	本語ノ畧標。あし（足）ノ條ニ、―ノ氣、―ヲ擧グトスルガ如シ。	引出《ヒキダシ》ノ語《コトバ》ノ略標。例ヘバ、あぐ（上）ノ注ノ中ニ、「髪ヲ―」價ヲ―」トアルハ、「髪ヲ上《ア》グ」價ヲ上グ」ナリ、あし（足）ノ注ニ、「机ノ―」膳ノ―」トアルハ、「机ノ足」「膳ノ足」ナルガ如シ。但シ、此筋ハ、其語ノ、一音ナルニモ、二音、三音、四五音ナルニモ、其長サ皆同ジ。

「亡」「+」「〓」「(一)(二)(三)等」の符号を比較すると、内容見本で「語釋」と説明されていた語が、『言海』では「注」とある。大槻文彦が「語釋」から「注」へ表現を変更し、私版に際して使用するよう意識していたことは、「校正刷」からもわかる。本文八十七頁の「校正刷」には、上部欄外に「註ノ文ノ終ハリニアル。(……)ノ間ハ、直接《ベタヅケ》ニ願フ」という指示がある。[註3]「註ノ文」は「語釈」を棒引きにした上で記述されている。そうすると、大槻文彦が「語釈」と「注(註)」を厳密に分けようとしたことが推測される。

また、「。」の符号が、内容見本では「文ノ段落、又ハ同意語(Synonyme.)ノ界。」とあり、『言海』では「段落《キリ》。」と極めて簡潔である点にも注意したい。「同意語(Synonyme.)」については、「凡例」(四十六)に記述されている。

(四十六)同意語(Synonyme)ハ語釋ノ末ニ列ネタリ、例ヘバ、くふ、(食)ノ注ノ末ニ、クラフ、ハム、タブ、タウブ、ナド列ネ、又、あふのく、(仰)ノ末ニ、アフヌク、アフムク、アヲノク、アヲムク、ナド列ネタルガ如シ、ワラグツ、ワラウヅ、(藁沓)ワランヅ、ワランヂ、ワラヂ、(草鞋)ナドハ、畢竟同語ニテ、唯音便ノ差アルノミナレド、亦同意語トシテ列ネタリ、其他ノ事物、殊ニ動植物ノ名ニハ、諸國ノ方言等ニ、同意語多シ、其著キモノハ、皆此例ニ從ヘタリ、

右の「凡例」(四十六)には「同意語(Synonyme.)ハ語釋ノ末ニ列ネタリ」とある。例として、和語「クフ」をあげ、同意語として「クラフ、ハム、タブ、タウブ」のように列挙する旨が書かれている。『言海』の見出し「くふ(食)」の語義(一)には、「嚙ミテ呑ム。クラフ。ハム。タブ。タウブ。タベル」とある。ここからは、「クラフ」以下が「同意語」とわかる。[註4] これは、内容見本において、「。」の符号を「同意語(Synonyme.)ノ界」と説明する点と

一致するといえる。そうすると、「凡例」が作成された後に「活字ノ用ヰ、畧語、符號ノ説明」の作成が行なわれたと推測できる。

このような点は、漢字列を示す用語、すなわち「和ノ通用字」「和漢通用字」「漢ノ通用字」からも推定される。「内容見本」には「和用字」「和漢通用」「漢用字」という呼称がみえる。このうち、「漢用字」の呼称は、「凡例」（卌八）にもみられる。

（卌八）篇中、毎語ノ下ニ、直ニ標出セル漢字ハ、雅俗ヲ論ゼズ、普通用ノモノヲ出セリ、日、月、山、川、等ノ正字ハ、固ヨリ論ゼズ、辻、峠、杜若、ノ如キ和字又ハ誤用字ニテモ、通俗ナルヲ擧ゲタリ、而シテ、和漢通用ナルハ、日月山川ナドト標シ、又、和用ナルハ、辻杜若ナドト標シテ、語釋ノ末ニ、別ニ漢用字ヲ掲ゲテ、十字街《ツジ》燕子花《カキツバタ》ナドト標セリ、此類、識別スベシ、但シ、漢字ノ當ツベカラザルモノハ、スベテ闕ケリ、

引用部分には「語釋ノ末ニ、別ニ漢用字ヲ掲ゲテ」という表現があり、内容見本と一致する。「種種ノ標」では、「漢ノ通用字」とあるため、「凡例」や内容見本をもとに、さらに用語を修正したことがうかがえる。

しかし、「凡例」は、内容見本作成後、全く修正が行なわれなかったとはいえない。それは、内容見本における「—」の符号から推測される。

— 本語ノ畧標。あし（足）ノ條ニ、—ノ氣、—ヲ擧グトスルガ如シ。

右においては、見出しの成句をあげる場合、「足ノ氣」や「あしノ氣」のように記載せず、「―ノ氣」のように、見出しを省略する方針であることを述べている。しかし、ここで例にあげられた「―ノ氣」、「―ヲ擧グル」の成句は、見出し「あし」にはみられない。

> あし（名）足‖脚‖（一）（二）（略）（三）足ニテ歩《アリ》クコト。アユミ。「―ヲハヤメテ」「ハヤ―」歩‖（四）スベテ、物ノ下ニアリテ、其體ヲ支フル脚《アシ》ニ似タル物ノ稱。「机ノ―」膳ノ―」脚‖（五）（六）（略）
> ○日ノ―。雲ヲ透シテ差ス日ノ光。日脚‖ 或ハ、月日ノ過ギ行クコト。晷‖ ○雲ノ―。雨雲ナドノ垂レタル如ク見ユル。處 雲脚‖ ○雨ノ―。雨ノ降リ過グルコト。雨脚 ○＋―ヲ洗フ。賤シキ生業《ナリハヒ》ヲ止メテ良民トナル。
> ○＋―ヲツケル。逃ゲ行キタル方ヲ索ム。蹤迹‖ ○＋―ガツク。逃ゲ行キタル方、知ラル。

また、「凡例」（五十三）では、「―」の符号を、見出し「あし」を用いて説明する。

> （五十三）解釋文中ノ例語、例句、ナドノ處ニ、其條ノ本語ノ出ヅル時、重複ノ煩ヲ省カムガ爲ニ、基本語ニ當ツルニ、―ノ標ヲ以テセリ、例ヘバ、あし（足）ノ釋文中ニ、「机ノ―」或ハ「膳ノ―」ナドアルハ、「机ノ足」或ハ「膳ノ足」ナリ、又あぐ（上）ノ下ニ、「髪ヲ―」價ヲ―」ナドアルハ、「髪ヲ上グ」價ヲ上グ」ナリ、

「凡例」（五十三）で例示された「机ノ―」「膳ノ―」は、見出し「あし」の語義（四）にみられる。ここから、内容見本が作成され、配布された後に、「凡例」の成句が修正されたことが推測される。「凡例」は「稿本」にみられな

い。また、「校正刷」では修正の指示がなく、『言海』と同様の版面のため、「凡例」（五十三）が修正された具体的な時期は特定できない。

次に、内容見本の裏面に注目する。内容見本の裏面には、「あ」から「あいらし」まで三十七の項目と、「カナリア」から「また」まで二十一の項目を登載した版面がある。いずれも五十音順に立項されているが、後者（「カナリア」から「また」）には「此見本ハ、副詞、助動詞、數詞、枕詞、發語等諸種ノ語、又ハ外來ノ語、動植鑛物等ノ語ヲ、各一語ヅヽ、篇中ヨリ摘出シテ、其語釋ノ一斑ヲ示セルモノナリ」という附記がある。内容見本にみられる項目は、いずれも「稿本」、『言海』にある見出しと対応するが、後述するように、異なりが認められる項目もある。

前述したように、内容見本の表面には「本書豫約手續」がある。購買予約を促進するために内容見本が作成されたと考えるのが、もっとも自然であろう。購買者が予約を行なうかどうかは、裏面にある見出しや語釈から判断される。そうであれば、内容見本に掲載された見出しや語釈は、出版の経緯を記した明治二十二年一月の段階で、もっとも適当と判断された語釈であることになる。

ここからは、内容見本と『言海』の語釈を比較する。まず、見出し「あ」から「あいらし」の版面を確認する。この版面は『言海』の本文一頁目に相当する。異同はほとんどみられないが、見出し「あ（彼）」の使用例には内容見本と『言海』とで異同がある。内容見本では、「梢ノミ―ハト見エッツ」とあるが、『言海』には「―ハト見ル月」とある。「稿本」には『言海』の記述（「―ハト見ル月」）があり、修正は施されていない。つまり、「稿本」の作成時期が、内容見本以降であることが推測される。内容見本にある見出しがいつ作成されたかは、断定できない。しかし、内容見本に「稿本」が作成される以前の記述が残存している事実から、明治十九年に保管された「文部省保管原稿」の記述をもとに内容見本が作成された可能性がある。そのため、「稿本」、「校正刷」、『言海』とのいずれとも異なる語釈が内容見本にみられることは、注目に値するといえよう。

この推測は、もう一方の版面（「カナリア」から「また」）を比較することで、さらに確実なものとなる。該当する版面にある見出しは、次の通りである。

カナリア（福島鳥） きつね（狐） ける（蹴―蹶） コンペイトウ（金平糖） さ（〈発語〉） しきしまの（敷島）

すずむし（鈴蟲） せめて（〈副詞〉） たち（達） つく（突―衝） テラ（寺） ななつ（七） なまり（鉛） に

ひ（新） ぬ（畢） ねぎ（葱） ばうじやくぶじん（旁若無人） ひ（檜） へ（〈方〉） ぼら（鯔） また（又）

たとえば、見出し「カナリア」の語釈は、内容見本において「形、雀ヨリ小ク、稍ひはニ似タリ」とある。この中の「ひは」の「は」を、「稿本」では「は」と記述した後に「わ」へ修正している。「校正刷」では「ひわ」と活字が組まれているため、仮名遣いが訂正されたことがわかる。また、見出し「せめて」の語釈は、内容見本では四行で組まれているが、『言海』では十五行ある。大幅な行数の変動は、使用例が増えたこととも関係するが、内容見本にあった使用例（「最―恋シキ時ハ」、「人ヲ恋ヒ、―涙ノコボルレバ」）は、『言海』に登載されておらず、「稿本」にもみられない。そのため、内容見本における使用例が採用されていないといえる。また、見出し「すずむし」は、内容見本では左に見るごとく一項目である。

すずむし（名）鈴蟲（聲ヲ以テ名ヅク」（一）（古ヘ言ヘルハ、今ノまつむしニテ、其聲、チンチロリント聞ユルモノ。（まつむしノ條ヲ見ヨ）（二）今イフハ、こほろぎノ屬、色黒ク、松蟲ニ似テ、首小ク、尻大ク、脊、スボク、腹、黄白ナリ、秋ノ夜、鳴ク、其聲、リンリント聞ユ、籠ニ畜ヒテ聲ヲ愛ス。古名、まつむし。（まつむし、すずむしノ稱、古今、全ク相反セリ）金琵琶

これに対して、「稿本」では見出し「すずむし」が二項目ある。『言海』もそのようになっている。内容見本から「稿本」にかけて修正された箇所を傍線で示した。

すずむし（名）鈴蟲（聲ヲ名トス）蟲ノ名、古歌ニイヘリ、卽チ今ノまつむしニテ、其聲、ちんちろりんト聞ユルモノ、まつむしノ條ヲ見ヨ。（すずむし、まつむし、ノ名、古、今、相反セリ）金鐘兒

すずむし（名）鈴蟲　蟲ノ名。古名、まつむし。こほろぎノ屬、色黒ク、松蟲ニ似テ、首、小ク、尻、大ク、脊、スボク、腹、黄白ナリ、秋ノ夜鳴ク、其聲りんりんトイフガ如シ、畜ヒテ聲ヲ愛ス。金琵琶

ここから、内容見本における語義（一）、（二）を分割し、整理したことが推測されるが、「稿本」には、一項目を二項目に分ける指示はない。また、傍線で示した箇所も訂正の跡が見られない。「稿本」を作成する段階で、すでに二項目へ分けることが決定していたといえよう。見出し「つく」も同様の例であり、内容見本の語義（四）（土石ヲ突キ固メテ、積ミ建ツ。キヅク。「石垣ヲ――」竃ヲ――」築）が独立した見出しとして立てられている。内容見本では「漢ノ通用字」であった「築」字は、『言海』では見出し直下の漢字列（和漢通用字）へ変更されている。

これらのことから、内容見本にある語釈の作成後、これを修正して、「稿本」にある語釈が作成されたといえよう。そして、「稿本」の語釈が、「校正刷」に活字で組まれ、『言海』に反映されているとみることができる。

この他にも、語義記述の順序が、内容見本と「稿本」とで異なる例がある。見出し「きつね」は、内容見本では「人ノ善ク知ル所ナリ」や「人家ニ近キ、山ナドニ穴居ス」のように、生態から記述がはじまっている。しかし、「稿本」では、「形犬ヨリ小ク」「毛、黄赤ニシテ、腋ノ下、白シ」のように、狐そのものの外形に注目した記述からはじまっている。『言海』においても、外形から生態へ記述する例は、見出し「うさぎ（兎）」、「くま（熊）」、「たぬき（狸）」などにみられる。そのため、「稿本」では、外形の後に生態を記述する方針に変更したようにも思われる。しかし、見出し「ぼら」は、「稿本」においても生態の後に外形が記述されている。

ぼら（名）鯔〔形ノ圓廓ナル故ノ名カ〕又、ナヨシ。名吉《ミヤウギチ》。魚ノ名、早春ヨリ、溝渠等ノ淡水ニ產ジ、後、川ニ出デテ、海ニ入ル、成長ニ隨ヒテ、諸國、方言、種種ナリ、東京ニテハ、初生ノ一寸許ナルヲ、をぼこトイヒ、二寸許ナルヲ、洲走《スバシリ》トイヒ、頗ル長ジタルヲ、いなトイヒ、河海ニ出デ、年ヲ歴テ大ナルハ、ぼらナリ、其ノ更ニ大ナルヲ、とどトイフ、身圓ク、頭平タクシテ、色黑ク、腹白シ、水中ヲ連行シ、能ク跳リテ、水ノ上ニ出ヅ。

右の見出し「ぼら」では、「早春ヨリ、溝渠等ノ淡水ニ產ジ、後、川ニ出デテ、海ニ入ル、成長ニ隨ヒテ、諸國、方言、種種ナリ」が生態、「身圓ク、頭平タクシテ、色黑ク、腹白シ、水中ヲ連行シ、能ク跳リテ、水ノ上ニ出ヅ」が外形の記述といえよう。そうすると、『言海』における動物項目の語義記述には、一定の基準が置かれていないことになる。それでは、なぜ、見出し「きつね（狐）」の語義記述は順序が入れ替わり、見出し「ぼら」では「内容見本」と同様に外形が後のままであるのか。ここで想定するのは、「ことばのうみのおくがき」における「篇中、およそ七八分より末は、いそぎにいそぎて、十分なる重訂もえせられず」（六頁）という「述懐」である。「およそ七八分より末」にはページ数が明確には記述されていない。内容見本と「稿本」では、「ばうじやくぶじん」から、「ぼら」項まで、語釈に大きな変化はない。[註5] そのため、「およそ七八分より末」は、「は」行あたりを指す可能性がある。語釈の変更は、編纂の過程のいついかなる時でも起こり得る出来事ではある。しかし、先に引いた「述懐」を一方に置けば、時間的余裕から、記述型式を統一できなかったという推測が成り立つ。

なお、「内容見本」における見出し「きつね」の語釈「人ノ善ク知ル所ナリ」は、「稿本」にはみられない。この表現は、『言海』の見出し「いし（石）」「いぬ（犬―狗）」「からす（烏―鴉）」「すずめ（雀）」にもみられる表現である。また、「人ノ知ル所ナリ」という表現も、見出し「うま（馬）」「きく（菊）」「にはとり（鶏）」「ねこ（猫）」にみられる。山田忠雄（一九八一）は、永嶋大典（一九六六）から「オクタボの直接影響下に在りと初めて指摘された七語」（五四九頁）を再検討するにあたり、ウェブスター辞書と『言海』の動物項目を比較し、「言海の語釈中、人ノ知ル所ナリという表現は、犬にも用いられ、一つの独特の文体を形作る」（五五九頁）と指摘する。内容見本の見出し「きつね」では、この「一つの独特の文体」を削除したともいえるが、このことは内容見本における記述から初めて明らかになったといえよう。

山田俊雄（一九七九）は、「稿本」と『言海』との記述の相違について、次のように述べる（七一五頁）。

右に述べた大概の工夫は、一面積極的な内容の向上であつたが、他面では永い辛苦の成果の削減といふ意味で消極的な価値の低下に連なるものであつた。一般に辞書の編集刊行は、原稿作成段階と印刷造本段階とで、内容に大きな変動を生じ勝ちである、ことに見出し項目の量において、完成時には大幅の削減を結果することがある。

また質の上で、一項目あたりの解説にあてる紙幅が減少する時は、かなりの変質を余儀なくされる。そのやうな変容が、正しく「言海」にも起つたことが、この稿本から私版への間に明瞭になるのである。この点については、現代の出版社著作者のみならず購読者の側にも、辞書の成立についての知見を深める為に、今回の挙は必ずや役立つであらう。大槻は資金の枯渇や刊行の遅延に悩みつつ、止むを得ぬ妥協を自分に課したものである。

このことを内容見本に援用するならば、内容見本から「稿本」にかけても記述が変更されたといえる。また、そのような内容見本からの記述の変更が、「文部省保管原稿」を披見できない現在の状況では、重要な意味合いを持つと考える。

註1　谷沢永一「明治期の内容見本—出版人の相違と迫力—」(『三省堂ブックレット』第三十八号、一九八二年。『谷沢永一書誌学研叢』〈一九八六年、日外アソシエーツ所収〉)は、明治時代に「内容見本」という語が使用されていたものの、呼称として定着していなかった事実を指摘する。そのように考えると、『言海』の「内容見本」と呼称することが妥当といえるかどうかは判断し難いが、『図録日本辞書言海』における解説文で「内容見本」と呼称されていることから、本書ではこれに従った。

註2　ただし、三木佐助の住所は、内容見本では「大坂東區北久寳寺町四町目四拾四番地」とあり、『言海』の奥付では「大阪心斎橋通北久寳寺町」とある。内容見本が作成された同年四月一日に大阪市の市制が施行したことに伴い、修正されたのではないかと推測する。

註3　「校正刷」におけるこの指示は、当該頁の見出し「いむべ」、「いんもつ（音物）」、「いも」などにもみられる。

〔いむべ（名）齋瓮《イハヒベ》ニ同ジ。（びぜんやきノ條、見合ハスベシ）
いんもつ（名）音物 音信《インシン》ノ贈物。（多ク賄賂《マヒナヒ》ニ云フ）餽贈
いも（名）〔いもがさノ痕《アト》ノ略〕顔ニ、疱瘡ノ瘉エテ殘レル痕《アト》。アバタ。痘痕

見出し「いむべ」、「いんもつ」の場合、「（　）」とある注との間に「。」の符号を入れるよう指示する書入がある。見出し「いむべ」には、「〇イレル」「トル」「ツケル」とあり、見出し「いんもつ」には「ツケル」のみある。「トル」は、活字で組まれていた符号を除くよう指示したものと推測するが、この「ツケル」という指示こそが、上部欄外に書き入れのあった「直接《ベタツケ》」を指すといえよう。見出し「いも」では、「殘レル痕《アト》」と「アバタ」の間に「。」の符号を付す指示がある。そのため、「アバタ」の語は「同意語」と判断される。

註4　なお、見出し「あふのく」の語釈は、「あふぐ、あをむくニ同ジ」とある。「凡例」（四十六）における「アフヌク、アフムク、アヲノク」の「同意語」はない。見出し「あをむく」は自動詞と他動詞の二項目があり、前者の語釈には「〔天《アメ》ヲ向ク意カ〕上へ向ク。アフヌク。アフノク。アフムク。アヲノク」と「同意語」がみられる。ここに、「凡例」と「稿本」の作成年代の差が看取される。

註5　ただし、見出し「ばうじやくぶじん」は、「内容見本」では見出し直下の漢字列が「旁若無人」であり、『言海』の「本文」では「傍若無人」となっている。「旁」「傍」と異なることがわかるが、「凡例」（八）では、「旁若無人」を例として挙げている。そのため、当初は「旁」字を採用していたことがわかる。「凡例」と「本文」で相違が見られる点の一つである。

第二節　稿本『言海』からわかること

「はじめに」でふれたように、『言海』出版にかかわる原稿として、「文部省保管原稿（官版出版用稿本）」と「私版出版用稿本」の二種類がある。前者は現在その存在を確認することができず、後者は「言海（稿本）」の名称で宮城県指定有形文化財（書跡・典籍）に指定されている。したがって、本書において「稿本」の呼称を用いる際には、「（私版出版用）稿本」を指す。稿本の影印版（写真複製版）は、昭和五十四年十一月に『稿本日本辞書言海』という名称で大修館書店から刊行されている。調査に際してはこの影印本を使用した。

「稿本」の原本は、宮城県図書館が蔵する（函架番号　大12・32—1～32—32／請求記号 KO090／ケ2）。原本は三十二冊あり、「首巻」（「語法指南」）一冊と、本文「一」から「三十一」の三十一冊から構成されている。「本書編纂ノ大意」「凡例」「索引指南」「言海採収語……類別表」「ことばのうみのおくがき」の浄書原稿は、収録されていない。[註1] 影印本では、これが三巻に編集されている。原本と影印本の収録範囲を表に掲げ、対照すると、次のようになる。

（表１）
原本と影印本の対照①

影印本	内容	原本
1	語法指南	首
	あ	1
	い	2
	う	3
	え	4
	お	
	か	5
	き	6
	く	7
	け	8
	こ	9
2	さ	10
	し	11
	す	12
	せ	13
	そ	14
	た	15
	ち	16
	つ	17
	て	18
	と	19
	な	20

（表2）

原本と影印本の対照②

影印本	内容	原本
3	に	21
	ぬ	
	ね	
	の	
	は	22
	ひ	23
	ふ	24
	へ	25
	ほ	
	ま	26
	み	27
	む	28
	め	
	も	
	や	29
	ゆ	
	よ	
	ら	30
	り	
	る	
	れ	
	ろ	
	わ	31
	ゐ	
	ゑ	
	を	

山田俊雄は、「稿本」が複製刊行された際の解説（以下、山田俊雄（一九七九））において、資料が所蔵された経緯を次のように記述している（七一二頁）。

しかしながら、今ここに覆製した稿本は、大槻文彦の養嗣子大槻茂雄の在世中、昭和二十五年にその特志をもつて、大槻文彦がかつて学業を修めた仙台藩の学校養賢堂と因縁深い宮城県図書館に大槻文彦の他の著作などと共に寄託せられたものである。

宮城県図書館には、昭和二十五年に大槻家から寄贈された大槻文彦の旧蔵書・和古書七十一点（二一五冊）を収蔵する「大槻文庫」がある。宮城県図書館のホームページでは、「大槻文庫」を「いずれも大槻家の学問を知るための貴重な資料であるが、中でも「言海」の自筆原稿は白眉である」と説明しており、「「言海」の自筆原稿」である「稿本」を特に評価する。[註2]

影印本では、「語法指南」のみ四色刷であり、他は単色刷である。「稿本」の「本文」には、朱筆による修正などがみられるが、影印本では印刷の濃淡から区別できる場合がある。そのため、「稿本」と『言海』を対照することで、どのような編纂過程を経て、「語法指南」や「本文」が作成されたかを知る手がかりとすることができる。山田俊雄（一九七九）は、「稿本「言海」と比較すべき刊本「言海」は、必ず私版「言海」であるべく、決して縮刷本ではありえない、といふのが今回の企ての中の、重要な一方針である」（七一四頁）と述べる。そのため、本章では、私版四冊本との対照を行なった。

原本の装幀について、山田俊雄（一九七九）は、「解体する前に全体を調査したところ、もとの装釘の行はれた際、天地を少し化粧裁ちして縮約した痕があり、時にそれは欄外にある書き込みの文字の一部を削り去つてゐる。それらの失はれた文字は、多くは、簡短な略号である。読者の判断によつてたやすく推しうるものである」（七一六頁）と述べる。しかし、風間力三が「稿本」の書評（『国語学』第一二四輯、一九八一年）において「書込が欄外下部に長くはみ出た場合、その一部が切れて読めない箇処があるのは、やむを得ないことながら、残念である」（四十六頁）と述べるように、「書込」の全容を確認できない場合がある。ところで、山田俊雄（一九七九）および風間力三（一九八一）は「書込」と称しており、『言海』の「本文」とのかかわりには触れていないが、実際には、語釈の後半がこの化粧裁ちによって確認できない場合がある。たとえば、「稿本」において追加された見出し「こくじん（黒人）」が該当する。「稿本」では、語釈の記述が原稿の下部にまで及んでいる。その上で、原稿が裁断されているため、語釈と覚しき「亜非利加、印度」「色黒」「色ノ」「種ノ」のみ判読できる。『言海』では、「亜非利加、印度等ノ、色ノ純黒《マックロ》ナル人種ノ稱。クロンバウ」とある。「稿本」にみられた「色黒」は棒引きで削除されており、修正されたことがわかるが、この箇所以外にも語釈の修正があったかどうかは不分明である。このように、語釈の変遷を追う場合には、確認できない箇所があることも念頭に入れておく必要がある。なお、本項目が、影印本の写真と原本とで同じ状態であることは、稿者（小野）が平成二十九年八月八日に原本の閲覧を通して確認した。

また、影印本の凡例には、「首巻をはじめ各冊すべて原装を解き、刪訂の際丁の両面の糊付けされたもの以外は、各丁展開して写真撮影を行つた」とある。同様の記述は、山田俊雄（一九七九）に次のようにある（七一七頁）。

今回の覆製のための写真撮影にあたつては、所蔵者宮城県図書館の良知良識に溢れた処置によつて、全冊を解体し、一丁づつ展開して、すべての皺曲を披いて、カメラアイを通すことができた。それは、原本がたまたま仮装釘に近いものであつた故に可能であつたからでもあるが、今後そのやうなことが再び可能かどうか。したがつて展開して見て発見された文字は、原本においては復原作業の結果再び綴ぢ目の奥深く姿を没し去つたのである。

現在、原本は仮綴がされており、山田俊雄（一九七九）の述べる「展開して見て発見された文字」を確認することは困難である。このような例として、風間力三（一九八一）が指摘した押印の存在がある。風間力三（一九八一）は、「稿本中一箇処、最初に筆跡の手の変った箇処に「大久保」の印も見える」（四十七頁）と指摘する。この押印は綴じ目にあり、現在の原本を閲覧しても確認することができない。しかし、この押印からは、助力者である大久保初男が該当する原稿から浄書を担当したか、あるいは校正を担当したかのいずれかの可能性がうかがえる。浄書を担当したことを示す押印であるならば、筆跡を判断する材料ともいえる。このような点からも、影印本の使用に一定の意義を認めることができる。

さて、「稿本」は浄書された手書きの原稿であるのに対し、『言海』は活字で印刷されている。そのため、「稿本」には、活字で組むにあたっての指示が散見する。次に、この点について述べたい。

山田俊雄（一九七九）は、「稿本」が私版出版用に浄書された原稿であることを認めた上で、これを国語辞書の成立を明らかにする資料であると述べる。また、「この覆製の企てによつて、世の人々に訴へようといふ要点」（七一四頁）を三点あげるが、その三点目には次のようにある（七一四〜七一五頁）。

また、さらに第三の点をいふならば、「言海」が稿本から私版に移行する時どのやうな変容を遂げたかを事実を以て示したいと考へた事を指摘しておきたい。稿本において、はじめ大槻が用ゐた和語漢語唐音外国語などの区別の示し方や、古語や稀にしか用ゐぬ語と、訛語俚語と、普通語との区別との示し方などは、印刷上は別の形に置き換へられたが、その置き換への事実については勿論、その他の細かい約物（印刷用語で、いろいろの約束を簡略に示す符号）についても、中形本・小形本ではその弁別はなかなか困難になつてゐる。（中略）大槻文彦は、その稿本から刊本への移行に当つて、内容上の改善をも行つたが、また体裁上の調整をも細かく工夫したものである。しかしその間に浄書完了といふ時機を迎へても、実は、巻末に近いところでは若干の語、ことに漢語はほ語釈を具備しないままに、他の要事に大槻は忙殺されてゐたらしい。（下略）

右の文章は、「辞書刊行の過程を示すもの」（七一五頁）として示唆に富んでいるといえる。

まず、活字の面から概観する。「はじめ大槻が用ゐた和語漢語唐音外国語などの区別の示し方」は、『言海』における活字を示すと推測される。銭谷真人「『言海』における仮名字体および仮名文字遣い」（『日本語学　研究と資料』三十五号、二〇一二年）は、これらの活字を築地体五号活字と推定する。[註3] 風間力三（一九八一）は、和語の活字に明朝体が、漢語の活字にアンチック体が使用されていることを指摘する（四十八頁）。「アンチック体」は、平仮名の肉太活字のことを指す。犬飼守薫「『[日本/辞書]言海』の校正刷について」(『日本近代語研究』1、一九九一年、ひつじ書房)は、これらの活字を区別する「ヒラゴマ」「フトゴマ」という呼称が使用されていることを注において述べる(三三三頁)。また、「語釈中に用いる細めの平仮名の活字はホソゴマという」と指摘する。これらの呼称は、「稿本」や校正刷にも確認できるため、『言海』の作成にあたっては、そのような呼称が使用されていたと推測される。

これらの活字の違いについて、風間力三(一九八一)は、「活字本では余程注意して見ないと気付かれぬ、諸種の語の区別や促音拗音表記が、印刷指定の傍線によって明瞭にわかるのは、原稿本なればこそである」(四十三頁)と述べる。また、「促音拗音表記」に注を附し、「稿本ではアンチック体にあたる部分は凡て語の左傍に傍線を引いてあって、その区別は明瞭である」(四十八頁)と述べる。前述のように、「アンチック体」は、見出しが漢語の場合に使用される。見出しが「和漢熟語」(和語と漢語の複合語)や「漢外熟語」(漢語と外来語との複合語)である場合も、漢語部分に傍線が附されている。そのため、一貫して、この区別が行なわれていたといえるが、原本を確認すると、線数や筆の色に多少の揺れがみられる。

・「あ」「い」部　　墨筆の一重線
・「う」部から「か」部　墨筆の上に朱筆を施した一重線
・「き」部から「こ」部　墨筆と朱筆の二重線
・「さ」部以降　　朱筆の一重線

なお、語釈が「～ニ同ジ」、「～ノ條ヲ見ヨ」のように、見出しの参照が可能な場合、該当する見出しにはアンチック体が使用されている。「稿本」において、語釈に傍線を引いて指示が行なわれる場合は、「あ」部から一貫して朱筆の一重線が使用されている。参照が可能な見出しは、漢語に限らず和語にもみられる。そのため、「稿本」における傍線から語種を判別する場合、見出しと語釈とを分けて考える必要がある。

また、「古語や稀にしか用ゐぬ語と、訛語俚語と、普通語との区別との示し方などは、印刷上は別の形に置き換へられた」とある。これは、「種稀ノ標」にみられる「⌒」、「+」で表されている符号を指すと思われる。これらの符号について、風間力三（一九八二）は、「稿本」には、「訛語俚語」の見出しの直上に「△」、「▽」のような符号が附されていることを指摘する。また、「△」は「⌒」と書かれている箇所もあって、印刷の「⌒」はそれに近い形をとったのであろうか。「▽」は「⌒」又「+」と書かれている箇所もあって、印刷の「+」はその「+」をとったものであろうか」（四十八頁）と述べる。

これまでの評価との相違点：漢語について・出典について

次に、「稿本」における語釈を確認する。山田俊雄（一九七九）は、「稿本」について、「大槻文彦が初めに浄書せしめた時の量と質とが、そのまま刊本に具現したものではないことが判明する」（七一二頁）と指摘する。「稿本」をみると、記述の修正や、印刷所へ送る直前に行なわれた訂正が確認できる。また、山田俊雄（一九七九）は、次のように指摘する。

> 大槻文彦は、その助力者中田邦行・大久保初男・文伝正興の三名の手を借りて浄書させた原稿に、自分の筆でさらに最後の刪訂を加へ、文選植字などに関する指示を書き込んで印刷に付したのである。その跡は歴々としてこの浄書本の紙上に明かであつて、この浄書本こそ、世に公刊された「言海」の生誕直前の姿を示すものといふことができる。

この他にも、「大槻自身のものは、首巻以外は殆ど常に加除訂正に限られる」（七一五頁）と述べる。「首巻」とは、「語法指南」を指すものと思われる。そのように考えると、「稿本」における語釈は、「大槻自身」が考案・作成した上で、浄書者によって記述されたと推測される。「稿本」には、後述するように見出しがある一方で語釈がなく、結果として削除された項目もある。そのため、語釈の作成は一挙に行なわれたのではなく、折々に追加・修正されていたといえよう。また、犬飼守薫（一九九九）は、「見出し項目を追加する時には文彦自身が記すのが通常の方式」（一五九頁）と述べ、「見出し項目の採否の決定」・「追加項目に関する欄外や行間の書き入れ、貼付されている記述」・「削除項目に関する記述」（以上一四九頁）は、いずれも大槻文彦の筆跡と判断する。

「稿本」の浄書は、助力者である中田邦行、大久保初男、文傳正興によって行なわれているが、浄書に参加した時期は個々人によって異なる。浄書に参加した時期と「稿本」の収録内容を対照すると、それぞれの浄書時期は次のように推測することができる。

中田邦行　　明治二十二（一八八九）年六月まで　　死去のため
大久保初男　明治二十三（一八九〇）年十一月まで　徳島県中学校赴任のため
文傳正興　　明治二十三（一八九〇）年十一月から　校正・浄写を引き継ぐため

・『言海』第一冊（あ—お）の浄書者　中田邦行・大久保初男
・『言海』第二冊（か—さ）の浄書者　大久保初男
・『言海』第三冊（し—ち）の浄書者　大久保初男・文傳正興
・『言海』第四冊（つ以下）の浄書者　文傳正興

分冊ごとに浄書者が異なるといえるが、具体的にどの部から浄書者が変わったかは右からは判然としない。部の途中から浄書者が交替している場合があるためである。風間力三（一九八二）は、注において、「稿本中一箇処、最初に筆跡の手の変った箇処に「大久保」の印も見える」（四十七頁）と指摘する。この「大久保」の印は、「か」部にみられる（図1）。該当する見出し「かしゆうだま」の頁と、その前の頁（か七六）を比較すると、見出しにある「し」字から、筆跡が異なることがわかる（図2・3）。そのため、該当部から大久保初男が浄書を行なった可能性がうかがわれる。

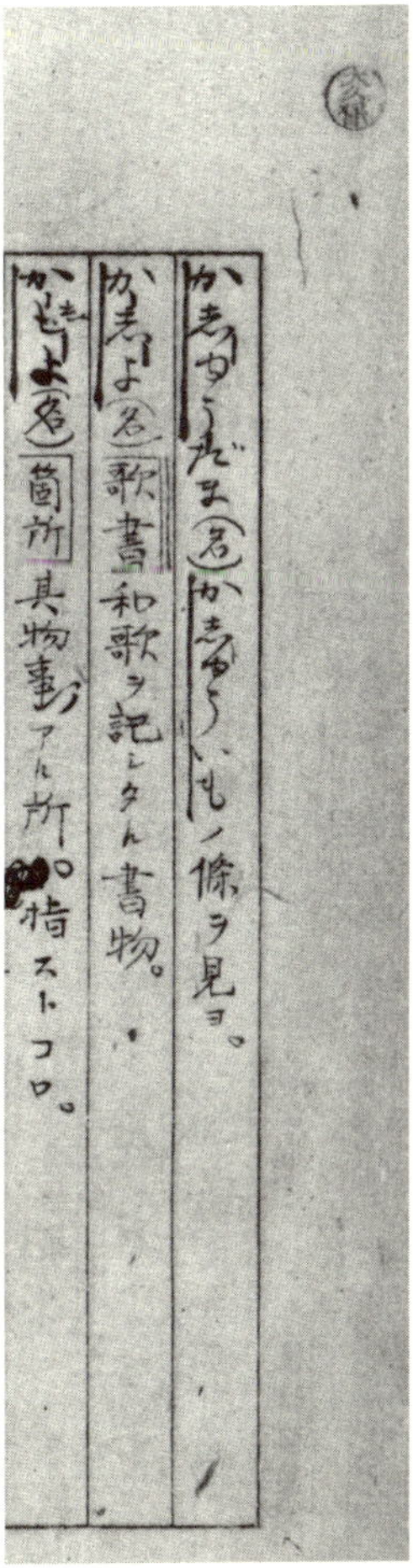

（図1）「稿本言海」　か七七
右上に「大久保」の印がある

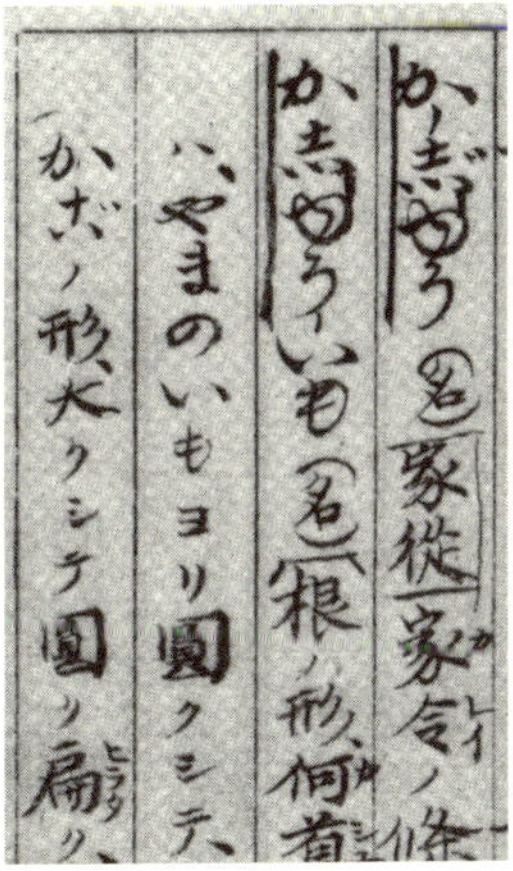

（図2）「稿本言海」　か七六

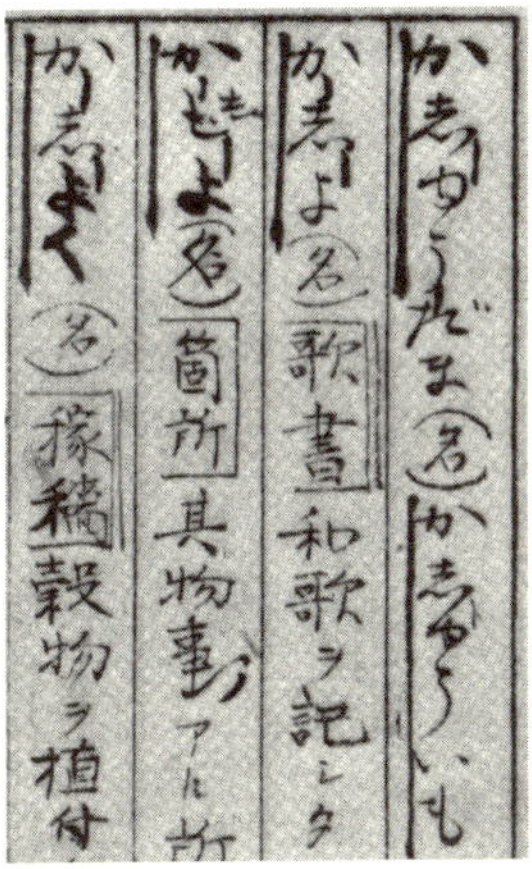

（図3）図1の拡大

・「し」（志）字
図2が連火のように書かれているのに対し、図3は下心が連綿している

ただし、「最初に筆跡の手の変った箇処」から大久保初男が浄書を担当したとするならば、第一冊に相当する「稿本」を中田邦行が単独で行ない、大久保初男が第二冊から浄書を行なったことになる。そのため、先の推測は修正する必要があろう。「ことばのうみのおくがき」には、「稿本（引用者補：文部省保管原稿）の浄書をはじめつるは、明治十五年九月にて、局中にて、中田邦行、大久保初男の二氏を、この編輯業につけられ、挍字寫字は、おほかたこの二氏の手に成れり」（三頁）とある。ここから、大久保初男は文部省保管原稿の作成時に中田邦行とともに浄書を行なっていたと推測する。私版出版用稿本の作成時にも浄書を担当したと想定することは自然と思われるが、なお検討の余地があるといえる。[註4] あるいは、単に校正を担当したことを表す押捺か。

また、規模の縮小について、山田俊雄（一九七九）は「辞書にとつては外的の事情といふべき困難を、みづからの力で乗り越える必要に迫られ」（七一二頁）、大槻文彦が「妥協の道」を選んだことに言及する。そのような意味でも、「正しくこの稿本「言海」は、辞書公刊の裏を物語る、すぐれたドキュメントである」（同前）と述べる。この点は、山田俊雄（一九七九）の「浄書完了といふ時機を迎へても、実は、巻末に近いところでは若干の語、ことに漢語はほ語釈を具備しないままに、他の要事に大槻は忙殺されてゐたらしい」という事情と関係するだろう。「語釈を具備しない」漢語の例をあげる。

図4は、見出し「てきす（適）」から「てきち（敵地）」を記載した「稿本」の版面である。見出し「てきたう（倜儻）」には語釈がない。また、見出し「てきたう（倜儻）」「てきち（敵地）」には二重傍線が引かれており、上部欄外には「削」という書入がみえる。ここから、見出しを削除するにあたって、このような処置が行なわれたことがわかる。いずれの見出しも校正刷に活字で組まれておらず、『言海』にも印刷されていない。

犬飼守薫（一九九九）は、この他にも、この「削」字があるが、傍線で削除されていない項目や、傍線で削除され

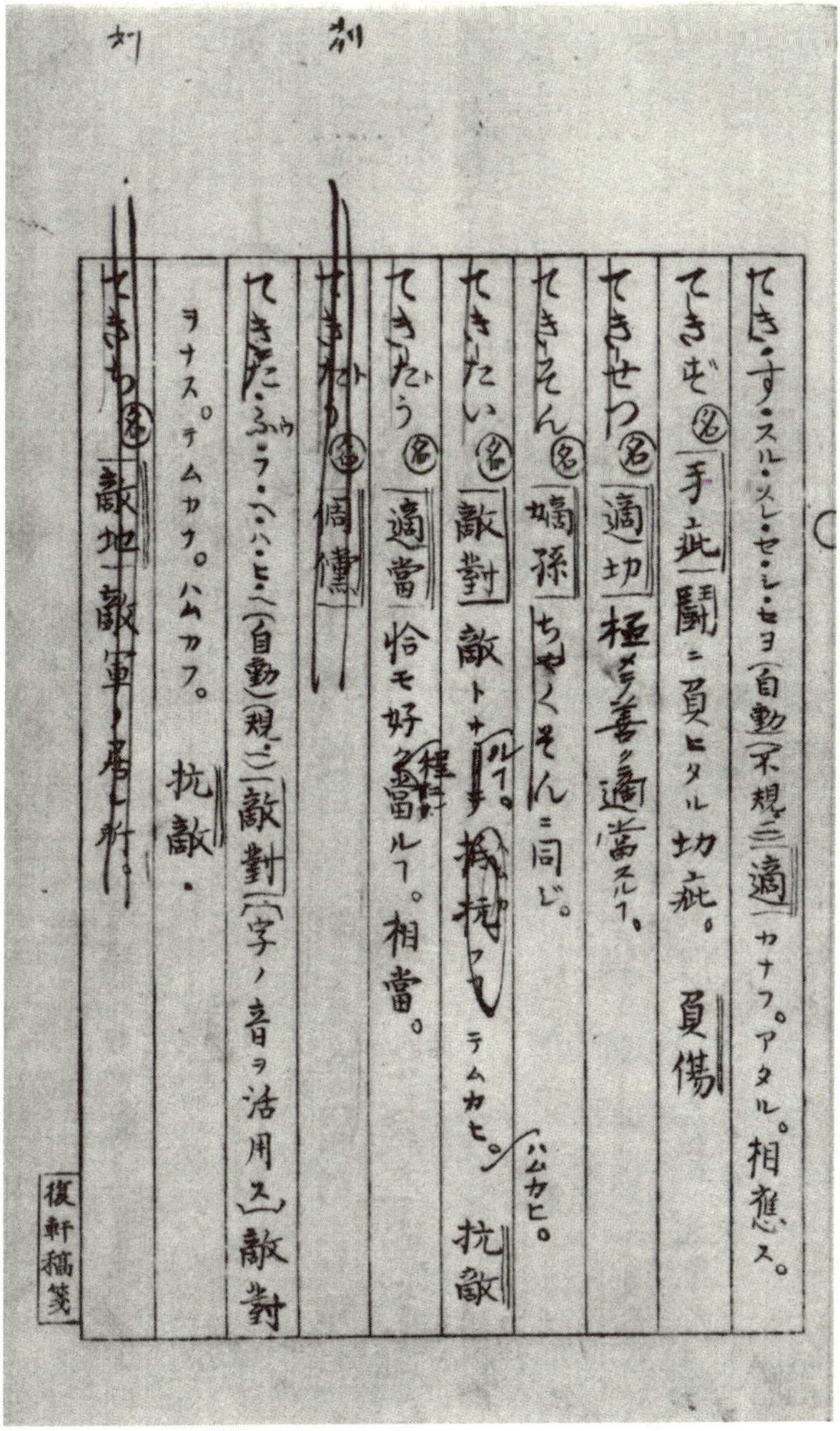
刈　削

てき・す・スル・スレ・セ・シ・セヨ（自動）（不規三）適 カナフ。アタル。相應ス。
てきず（名）手疵 鬪ニ負ヒタル切疵。負傷
てきせつ（名）適切 極メテ善ク適當ナルコト。
てきそん（名）嫡孫 ちやくそんニ同じ。
てきたい（名）敵對 敵トナルコト。拒抗 テムカヒ。ハムカヒ。抗敵
てきたう（名）適當 恰モ好ク當ルコト。相當。
てきたう（名）倜儻
てきた・ふ・フ・ヘ・ハ・ヒ・ヘ（自動）（規二）敵對（字ノ音ヲ活用ス）敵對
ヲナス。テムカフ。ハムカフ。抗敵。
てきち（名）敵地 敵軍ノ居ル所。
復軒稿箋

（図４）「稿本」 てニーウ
「てきす（適）」から「てきち（敵地）」

ているが、「削」字のない項目があることを指摘する。また、風間力三（一九八一）は、削除の指示がないにも関わらず、『言海』に立項されていない見出しとして、次の十三項目を指摘する。ただし、見出し「いはづす」は、『言海』や、その後続の版にも印刷されているため、本項目の指摘は単純な誤りと思われる。

いはづす（射外）　いひおとす（言落）　いひかた（言方）　いぶかしみ　うらめ（裏目）　おほせぶみ（仰文）
じいう（事由）　しばぶね（柴舟）　ジフテリア　せきせん（関銭）　にしめる（煮染）　にせる（似）　はいふ（肺腑）

風間力三（一九八二）が、「これらは印刷の過程で削られたのかもしれない」（四四頁）と述べるように、校正刷において削除されている項目もある。たとえば、見出し「じいう」「ジフテリア」「はいふ」には「此一行削ル」、見出し「にしめる」「にせる」には「削ル」という指示と棒引きがある。その一方で、見出し「せきせん」のように、傍線で削除されていない場合や、見出し「うらめ」「しばぶね」のように、活字で組まれていない場合もみられる。前者は、再校以降に削除されたと推測される。後者は、「稿本」において、見出し「うらめ」の左欄外に朱で記述されていること、「しばぶね」は、「イキル」の指示があり、また筆跡の異なる語義（二）があることから、第三冊の刊行後に記述されたことが推測される。

漢語の削除項目として、風間力三（一九八二）は、「さ」部以降の漢語（「ざいぶつ（財物）」～「をうせい（王制）」）から五十四項目を抜粋する。さらに、「一旦は削りながら「生キル」とされたものや、私版に載ってはいるが欄外に「削」「×」の印が書込まれているもの」があることを指摘する（四十四頁）。

山田俊雄（一九七九）は、「稿本」の罫線内に立項する見出しと、棒引きで削除した見出しについて、「ら」行を例に計測している。結果として、「稿本」から見出しを削減した割合は、「ら」行において二十八パーセントに及ぶことを明らかにした上で、次のように述べる（七一八頁）。

> 「ら」行の部のやうな削減は、前半ではあまり見られなかつたけれども、実は「さ」行「し」のあたりから次第にあらはれて来るのである。（中略）今、稿本から私版刊本への変容の間の、この種の削減が全体でいかほどに上るかは、すべて厳格な後日の調査に委ねることにして、ここでは、刊行の期日を予約して出発した大槻文彦が、進行の不順に悩み、分量の圧縮に苦しんで、「ら」行のやうな漢語・外国語の多い部分でことさらに多く削除を試みたものとすることができよう。

見出しの削減は、「「し」のあたりから次第にあらはれ」ているという指摘である。犬飼守薫（一九九九）は、「し」部以降に削減数が多い理由として、明治二十二年三月に起こった印刷工場の機構上の変更（編輯局から印刷局へ）をあげる。これらの時期に大槻文彦が「凡例の検討に入り辞書の基本理念をより確かなものにした上で本文の記述内容を再検討し、収録語数の大幅な見直しをする」（一七六頁）作業に方針を変更したのではないかという指摘である。また、「稿本」の「し」部以降の作成が当該時期に行なわれた可能性があることから、次のように述べる（一七六～一七七頁）。

> ところで、第三冊の校正作業の進度は後に明らかとなるが、一日約二頁前後であることからすると第三冊の校正作業は明治二十二年の夏の始めからなされ、明治二十三年五月まで行なわれていたと想定される。（中略）
> このように、し部以降の稿本の最終的な点検作業の時期に編集方針の大幅な変更がなされたと考えるならば、し部から急に見出し項目の削減が目立ち始めることに得心が行くのである。

そして、編輯局工場の廃止（明治二十三年三月）と、これに伴う「一私人の出版としての出願手続き」、「出版費用面でのやりくり」、助力者や度重なる家族の不幸等から、作業がはかどらず、結果として辞書の規模が縮小化されたのではないかと指摘する。

山田俊雄（一九七九）は、削減した見出しの全体数については言及していないが、以上の結果から、次のように結論づける（同前）。

もし稿本「言海」の全体が、大槻文彦自らの決裁によつて、かくまで削減せられることなく、原稿のすべてを具備したまま公刊せられたとしたら、当時の世評も、後の論評も、かなり変更のあつたことであらう。今回の稿本「言海」の内容の公開は、この点で、一般の認識を改めるに十分に役立つであらう。大槻文彦は、ただに古語にのみ執したのではなかつたのである。

「稿本」にみられる見出しがすべて採用されていたならば、「当時の世評も、後の論評も、かなり変更のあつたことであらう」とある。このような点から、従来は、「稿本」における削除項目、ひいては漢語の削除が注目されてきた。たとえば、岩崎攝子（一九九七）は、キリスト教用語に注目し、見出し「てんしゅ（天主）」に表記の修正と加筆が成されていること、『言海』では独立した項目として語義説明がなされていることを指摘する。また、今野真二（二〇一四a）は、「稿本『言海』から印刷出版された『言海』への「道」は規模縮小ということにほぼ尽きる。もちろん、さまざまな「手入れ」はなされており、それについても後にふれるが、やはり規模縮小が意識的になされたことは明らかである」（六十四頁）と述べた上で、見出し「めいい（名医）」「めいか（名歌）」「めいかく（明確）」「めいき

（名器）」「めいきよう（明鏡）」「めいく（名句）」「めいくん（名君）」「めいか（名花）」が削除されている点に触れる。また、漢語に注目し、次のように指摘する。

「にふしや（入社）」「にふせき（入籍）」「にんめい（任命）」「にんめん（任免）」「はいえん（肺炎）」「はいしよく（敗色）」「はうさく（方策）」「ばうゑい（防衛）」「はき（破棄）」「はくじやく（薄弱）」など、現在での「普通語」といえそうな漢語が削除されたことはどのようにみればよいか。明治二十四年の時点では、「普通語」の少し先にあって、見出し項目を絞り込むにあたって、結局は削除したとみればよいのか。あるいはそうではないのか。

ここでは判断を保留しているが、削除項目に関して「普通語」の視点から指摘されたものといえる。

さて、「稿本」で見出しが削除された背景としては、経費の問題、印刷所の事情による刊行期日の遅延の問題、助力者や身内の不幸などがあげられ、これらが辞書の規模の縮小化に至った原因として考えられている。これらの推測は、私版刊行にあたっての外部的要因といえる。しかし、外部的要因によって見出しが削除されたとしても、結果として、見出しの選定が行なわれていることには相違ない。また、見出しが追加された理由が、語相互の聯関を保つためであるならば、外部的要因はかかわりがないといえよう。外部的要因ではないとしてその要因を一様に「普通語」の基準であったと捉えることは難しいが、ひとまずそのように考える。

本節では、規模の縮小という外部的要因から注目される削除項目ではなく、そのような状況にありながら修正が行なわれ、新たに採用された項目（以下、追加項目）について検討する。「稿本」における削除項目が「普通語」の観点から外されたとするならば、「稿本」における追加項目は、「普通語」の観点から採用されたといえる。このことは、印刷する直前（校正刷）の段階で、検討すべき見出しが現れたかどうかについてを考えることに繋がってくるといえる。

犬飼守薫（一九九九）は、「稿本」の「そ」部を調査した結果、削除項目は六十語、追加項目は六語あることを明らかにする。この中には、一旦は削除されたものの、結果として追加された一項目（「そはん（粗飯）」）があり、数が重複している。一概に「追加項目」といっても、そのような項目もある。[註5] この結果を踏まえ、犬飼守薫（一九九九）は追加項目の特徴について、「他項目との類義関係を十全にする為になされた措置」（一五九頁）であり、「馴染みのある異形の同語を掲出する」（一六〇頁）と指摘する。その上で、「追加項目の選択基準についての明確な判断は下し難い」（一六一頁）とする。「明確な判断は下し難い」理由として、先にあげた指摘がそれぞれ一項目から導き出されていることがあげられる。また、追加項目は「そ」部以外にも確認できるため、他の部にもこの指摘が当てはまるとは限らない。そもそも、追加項目の総数がいくつであるか、削除項目のような偏りがないか、といったように、検討すべき課題は残されている。

この点について、稿者は、「稿本」における追加項目が一一五〇あることを指摘した。[註6] 分冊出版という点を鑑みると、「さ」部以前、すなわち第二冊までに多くの追加がみられる。これは、削除項目が「し」部から多くみられるという指摘と前後するといえる。

ところで、先述した外部的要因のひとつ、「刊行期日の遅延」は、第一冊からみられる。当該時期に予約者から発売書店の小林新兵衛に「大虚槻先生著／食言海」と始まる葉書が届いたことは、大槻文彦も「ことばのうみのおくがき」において言及する。また、第二冊以降には、「『言海』刊行遅延謝辞」がそれぞれ附されている。小岩弘明（二〇〇四）が報告する第三冊の謝辞の末尾には、次のようにある。

然るに一方には日々諸方よりの督促に堪へ兼因て第三冊は元来三百ページ程の見込之処丁数を減じ一先発刊如此に候（第四冊は余程厚く相成可申）

第三冊では、発刊することを優先し、予定していた頁数から削減したことが明記されている。第三冊を確認すると、冒頭の頁数は四二九頁、巻末は六五六頁とある。分量が二二八頁あり、当初見込んでいた三〇〇頁から七十二頁分減ったことがわかる。その上で、「稿本」から第三冊に相当する部分を確認すると、一二七の追加項目がある。また、第四冊の追加項目も一八〇を数える。これらの数は決して多くはないが、第三冊以降の大幅な削減に対しても、大槻文彦が認定した「普通語」があったことが確認できる。

追加項目の語種でもっとも多いのは漢語であり、六七七項目ある。つまり、漢語において一方的な削減が行なわれたわけではないことがわかる。山田俊雄（一九七九）は、「『言海』を稿本『言海』によつて再検すると、漢語の全体に対する割合は、かなり増大する。否、これは逆に、私版『言海』において、やむを得ず大幅に削減されたものと見るべきであらう」（七一八頁）と述べ、「稿本」において漢語の見出しが削減されていることを指摘する。しかし、漢語の追加項目があることがわかり、これは多く削減されはじめたという「し」部以降にもみられる。追加項目にも削除項目にも漢語が多いということは、私版刊行に際し、大槻文彦が漢語の採用を積極的に進めていた証左といえよう。

さて、漢語の追加項目の例として、見出し「ぎゐん」がある。見出し「ぎゐん」は、直下の漢字列が「議院」の場合と、「議員」の場合の二項目が追加されている。二項目は、『日本国語大辞典』第二版の「語誌」欄において「近代の新漢語」と称されており、見出し「ギイン（議員）」には、次のような記述がある。

西洋の政治制度の導入によって生じた近代の新漢語。明治初期から使われ、明治一〇年代の自由民権運動を経て、議院、議会、国会などの語と共に一般化した。↓代議士・議員。

「議院、議会、国会などの語と共に一般化した」とある。「稿本」では、いずれの見出しも上部欄外に追加されている。「議会」は見出しのみがあり、棒引きで削除されているため、『言海』に印刷されていないが、出版当時に使用されていた言語状況を反映したと思われる見出しを、追加項目から確認することができる。同様のことは、追加項目の一つである見出し「けんぱふ（憲法）」にもいえる。本項目は、棒引きで削除された見出しであるが、貼紙に書き改められ、追加されている。『言海』の出版が開始された明治二十二年は、大日本帝国憲法の公布年であることから、本項目が採用された可能性がうかがわれる。見出し「けんぱふ」を掲載する三二六頁の校正刷には、「九月十八日初校」とあることから、本項目は明治二十二年九月の初校段階でも削除されることなく、『言海』に印刷されたといえる。

また、追加項目の中には、見出し「こくくわい（國會）」を含め、「こく—（國—）」を含む漢語の見出しが、次の二十五項目ある。

こくうん（國運）　こくき（國旗）　こくきやう（國境）　こくくん（國君）　こくくわい（國会）　こくこ（國庫）
こくさい（國際）　こくし（國史）　こくじ（國事）　こくじはん（國事犯）　こくじやう（國情）　こくしよ（國

書）こくじよく（國辱）こくぜ（國是）こくせい（國勢）こくせい（國製）こくぜい（國税）こくたい（國體）こくてう（國朝）こくど（國帑）こくはふ（國法）こくむ（國務）こくよう（國用）こくろん（國論）こくゐ（國威）

『言海』に印刷された「こく―（國―）」を含む漢語の見出しは五十五項目あり、[註7]校正刷において追加された見出しはない。そのため、「こく―（國―）」を含む漢語の見出しが半数近く追加されたことが判明する。なお、見出し「こくはふ（國法）」は、「稿本」において、当初異なる仮名遣い（こくほふ）で立項されていたが、これを棒引きで削除し、仮名遣いを改めた上で右欄外に追加している。以上のように、『言海』における漢語を追加項目から観察すると、『言海』において採用された「普通語」の観点がより明確になると考える。

ここまで、「稿本」における見出しの追加と削除について検討した。次に、『言海』における「出典」の省略について検討する。

「本書編纂ノ大意」（八）には、「出典ニ至リテハ、淨書ノ際、姑ク除ケリ、簡册ノ袤大トナラムヲ恐レテナリ」とある。ここから、（文部省に保管したものか、私版出版用のものかは不分明であるが）原稿を浄書する際に「出典」を除いたことがわかる。同（八）では、先の文章に続けて、「其全備ノ如キハ、後ノ大成ニ讓ラムトス」とあり、大槻文彦は遺憾の意を示している。このことは、「ことばのうみのおくがき」においても、次のように述べる（六～七頁）。

おのれ、もとより、家道裕ならず、されば、資金の乏しきにこうじて、物遠き語とては漏しつる、出典の書名をはぶきつる、圖畫を加へざりつる、共にこの書の短所とはなりぬ、遺憾やらむかたなし。

ここでは、大槻文彦が、「物遠き」（遠く昔の）語で脱漏したもの、「出典の書名」を省略したこと、「圖畫を加」えなかったことを、『言海』の短所として挙げている。

このような「出典」の省略について、藤岡勝二「辭書編纂法并に日本辭書の沿革」（『帝國文學』第二巻第十号、一八九六年）は、次のように批判する。引用文は、諸外国の辞書の語釈について箇条書きしたうちの（六）にあたる（十九～二十頁）。

（六）辭書に例證を擧ることは甚必要なることなれどもこれを擧げざるもの甚多く遇々之を擧ぐるも充分の用をなさゞるもの多し。（中略）本邦從來の辭書に雅言集覽の外例證に富めるものなし。言海に例證なきは實に白璧の一瑕といふべし。

また、山田忠雄（一九八一）は、『言海』を「辞書界における理想を具現したものと言って憚らぬ」（五六二頁）と評した上で、「その欠陥としては纔かに、次の三点が算えられるに止まる」（五六三頁）と述べ、その三点目に「出典」をあげる。

（三）出典が殆ど無い。よし有っても其の名を具することは極めて稀である。その出典の存する例、

よばふ　をこ　ヲサ　をざし　をしね

山田忠雄（一九八一）は、『言海』には「出典」がほとんどなく、「よし有っても其の名を具することは極めて稀で

ある」として、その例を五項目挙げている。

一般的に、『言海』には「出典」がみられないという特徴があげられる。しかし、山田忠雄（一九八一）が「出典の存する」五項目をあげるように、『言海』には「淨書ノ際、姑ク除」いた「出典」がみられる。これらの五項目は、次の通りである。便宜的に、書名や典拠にあたる部分を四角で囲んだ。

よばふ（他動）（規．一）呼喚（一）（略）（二）男女互ニ呼《ヨバ》ヒ誘ヒテ情ヲ通ズ。古事記「將レ婚《ヨハバム》二高師國之沼河比賣一云云、歌曰、サ用婆比《ヨバヒ》ニ、在リ立タシ、用婆比ニ、在リ通ハセ」靈異記「伉儷《ヨバフ》」同ジ女ヲ、云云、年ヲ歴テヨバフ男アリケリ」婚　私通

〔をこ（名）痴〔可笑《ヲカシ》ハ、此語ノ轉ト云〕アハウラシキヿ。バカゲタルヿ。古事記、應神帝御歌「我ガ心シ、最袁許《イヤヲコ》ニシテ、今ゾ悔ヤシキ」冠ナド打チユガメテ走ラムウシロデ、思フニ、イトをこナルベシ」―ノ者」―ガマシ」―メク」―ガル」尾籠《ヲコ》ト當字シテ尾籠《ビロウ》ト音讀ニモセリ。（略）三代實録「内藏富繼、長尾末繼、伎善二散樂一令二人大咲一所レ謂鳴呼《ヲコ》人近レ之矣」本朝文粹、村上帝御文「烏滸來朝、自爲二解頤之觀一」

〔ヲサ（名）譯語通事〔韓語ナリト云、或云、辭ヲ修《ヲサ》ムル意カト〕他國ノ語ヲ國語ニ通ハスルヿ。通事《ツウジ》。通辨。姓氏録、日佐《ヲサ》、爲二三十九人之譯《ヲサ》一時人號曰二譯氏《ヲサ》一」崇神十二年紀「異俗重レ譯《ヲサヲ》來二海外一」推古十五年紀「以二鞍作福利一爲二通事《ヲサ》一」

〔をざし（名）魬〔魚刺《ヲサシ》ノ義〕魚ヲ竹串ニ刺シ貫キテ乾シタルモノ。又、ヨヂヲザシ。和名抄「魬、乎佐之、一云、與知乎佐之」延喜、主計式「與治魚刺《ヨヂヲザシ》」

〔をしね（名）小稲〔をハ發語、或云、食稲《ヲシイネ》ノ約〕（略）此語、遲稲《オソイネ》ノ約ニテ、晩稲《オクテ》ノ事ナリトモイフ、サレド

「晩稲《オクテ》ノ晩稲《オシネ》」早稲田《ワサダ》ノ晩稲《オシネ》」トイフベクモアラズ、俊頼朝臣ノ歌ノ「憂キ身ニハ、山田ノおしね、押シ籠メテ、世ヲヒタスラニ、恨ミワビヌル」ハ「押シ」ニ掛ケタレバ、おノ假名カトモ思ヘド、同朝臣ノ歌ニ「葛飾ノ、早稲田ノ―、コキタレテ」トアリ、假名遣亂レタル頃ナレバ、信ズベカラズ。

この五項目は、「稿本」や校正刷においても、記述の変更がない。つまり、「出典」がある項目といえる。「出典」を付す例は、この五項目に限ったことではなく、他にも指摘されている。たとえば、武藤康史は、ちくま学芸文庫版の『言海』の解説（二〇〇四）において、「『言海』の用例のほとんどは、古典から引いたものだ。しかし出典表示はない。原稿を浄書する際、省いてしまった——と「本書編纂ノ大意」の（八）に書いてあった（ごく一部、出典を挙げて用例を示した項目もないことはない。「はながつみ」「ひきゐる（率）」など）」（一二八三～一二八四頁）のように、二項目を挙げる。見出し「はながつみ」「ひきゐる」の語釈は次の通りである。

（はながつみ（名）古歌ニ詠メリ、諸説區區ナレド、菰《マコモ》ナリト云フ、當レルガ如シ。散木集、雑、下、中納言國信ノ長歌ニ「ハハカラヌマノ、花ガツミ、カツ見ル狀ハ、眞コモニテ、名ヲカヘケルモ、ウラヤマシ」著聞集ニ「五月頃、圓位上人、熊野ヘ參リケル道ノ宿リニ、菖蒲ヲバ葺カデ、かつみヲ葺キタリケルヲ見テ「かつみ葺ク、熊野詣ノ、宿リヲバ、菰クロメトゾ、言フベカリケル」今、上野下野ニ、菰ヲ、かちもトイヒ、陸前ニ、かつうトイフ、其訛ナリ、今ハ、常ニ、菰ノ實ヲ、はながつみトモイヘリ。（略）

ひきゐる（他動）（規・四）率|帥|將（引キ以《ヰ》ル、ノ義）引キ連ル。伴フ。新撰字鏡「擕、將行也、比支井天由久」今昔物語「蘇我ノ大臣、太子ニ申シテ、共ニ軍ヲ引將《ヒキヰ》テ、守屋ヲ討タムト爲ル」

また、今野真二（二〇一三）は、前述した「本書編纂ノ大意」（八）を示した上で、「それにもかかわらず、『和名類聚抄』を出典として示す見出し項目は少なくない」（七十二頁）と述べる。そして、「［亡］が附され、かつ『和名類聚抄』を出典として示したり、『和名類聚抄』の名を語釈中にだしている見出し項目」を四十六項目、『新撰字鏡』の書名がある四項目（「ままなき」「まよがき」「もとほし」「よこす」）を指摘する。『和名類聚抄』に関しては、明治十六年に出版された『箋注和名類聚抄』を指す可能性がすでに指摘されているが、これについては第五章第一節に詳述する。

ところで、一般的に「出典」というと、書名を明らかにすることや、書物から引用された使用例が掲載されていることを指すと覚しい。『日本国語大辞典』第二版では、「しゅってん（出典）」の語義を「故事、成語、引用句および事柄などの出所。また、それの出ている書物。典拠」とする。また、今野真二（二〇一三）が「『和名類聚抄』を出典として示す見出し項目」や、前引した「『和名類聚抄』を出典として示したり、」という記述からは、「出典」の語が、書名のみを指しているように思われる。同様のことは、犬飼守薫（一九九九）にもみられる。「稿本」の作成時にどのような編集作業が行なわれていたかを検討するにあたり、次に列挙する十三の観点から考察を加えている（一六一頁）。なお、犬飼守薫（一九九九）の調査範囲は「そ」部である。

見出し語形の区切り　見出し語形の発音注記　見出し語形の清濁　見出し項目の掲載順序の入れ換え　品詞　語種　語原　位相　検索注記　類義関係、対義関係　漢字表記　出典、用例　語釈

十二番目の観点に「出典、用例」があり、「用例の追加と削除」、「出典の追加と削除」がなされた項目があげられ

ている（一六八頁）。前者には、例えば、見出し「そう（奏）」における「鈴ノ―」や、見出し「そつくび」における「―引キ抜ク」などがあげられる。後者のうち、「出典の追加」には次の五項目が挙げられている。該当する「出典」は示されていないため、これを「稿本」で再検すると、次の傍線部が該当する。

そでまくり（名）袖捲 働クトキナド、袖ヲ捲《マク》リテ臂ヲアラハスヿ。マクリデ。ウデマクリ。「賤ノ女ガ、妻木採リニト、朝起キテ、イロイロ衣、―シツ」攘臂

そなる（自動）（規．二）磯馴〔副馴《ソヒナ》ル、ノ意カト云、或ハそハ發語カ〕枝、幹、傾キテ生ヒ延ブ。「荒磯ノ、波ニソナレテ、濱松ハ、ミサゴノヰルゾ、タヨリナリケル」三吉野ノ、北山陰ニ、立テル松、幾秋風ニ、ソナレ來ヌラム」

〔そばそばし（形．二）〔稜《ソバ》ヲ重ネテ活用ス〕（一）（略）（二）交リニ圭《カド》立テテ、ヨソヨソシ。「弘徽殿《コキデン》ノ女御、又、此宮トモ、御中ソバソバシキ故、打チソヘテ、モトヨリノ悪《ニク》サモ立出デ」常ハ少シソバソバシク心ヅキ無キ人ノ」圭角

〔そひ（名）傍岨 カタハラ。カタワキ。ホトリ。「伊香保呂ノ、蘇比《ソヒ》ノ榛原、ネモゴロニ」山田ノそひニ、男鹿鳴クナリ」籬《マガキ》ノそひノマル柳」

〔そびやかに（副）聳《ソビ》エ延《ノ》ビヤカナル状ニイフ語。「御状《サマ》、長《タケ》―ケダカキモノカラ」姫君ハ、マダ小クオハスルガ、貴《アテ》ニソビヤカナル御貌ノ、御髪《グシ》、丈ニ少シアマリタリ」

右にみるように、犬飼守薫（一九九九）が取り上げた「出典」の例には書名の記載がない。出典が削除された例と

して指摘された五項目（見出し「そうめい（聡明）」「そこもと（其許）」「そでくち（袖口）」「そばゆ」「そよ」）も同様である。そのため、犬飼守薫（一九九九）は、比較的短文な場合には「用例」、長文な場合には「出典」と判断していると覚しい。このことは、次にあげる『語彙』に関する記述からも明らかである（一一六頁）。

語釈の後には匡中に書名を記して（多出出典は略称）出典を引用する。出典の記されていないものは語釈のすぐ後に圏○を置いて通用の漢字漢名を記す。（なお、出典の記されている項目についても語釈の後や出典の後にそれぞれ圏を置いて漢字漢名を記しているものが散見される。）（後略）

しかし、大槻文彦は、「出典」に関して、「書名を含めた使用例」と考えていたと推測される。[註8] 前述したように、「出典」は、「本書編纂ノ大意」（二）で示された五種の一つであり、次のように記述されている。

其五。出典《Refernce.》。某語ノ某義ナルヿヲ證セムトスルトキ、其事ハ、某典ニ見エタリト、其出所ヲ擧グルヿ、是レナリ。

ここから、大槻文彦は、「出典」について、ある語の語義を明らかにするときに、いずれの典籍に書かれていたかを記すことと捉えていたといえよう。このことは、見出し「しゅってん（出典）」の語釈に「某事ハ某典籍《ショモツ》ニアリト其出處《デドコロ》ヲイフヿ」とあることからもわかる。つまり、大槻文彦は、「出典」に関して、「出所（出處）」を挙げることと捉えていたことが推測される。換言するならば、『言海』における「出典」とは、「書名を含めた使用例」という意味となる。このことは、前掲した「ことばのうみのおくがき」における「出典の書名をはぶきつる、」のように、「書名」と強調したことからも察せられる。そのため、「出典」とは、「書名（典拠）＋使用例」を指すといえる。なお、この点は、第六章第三節で述べるように、『大言海』においても同様である。

ここまで、大槻文彦の捉える「出典」の意味を考察したが、先行研究においては、「出典」の語が使用例のみを指す場合や、書名のみを指す場合があるのではないか。稿者も「出典」の語を書名のみを指すと考えていたが、厳密に定義されたことがなかったために、疑問が生まれたともいえる。

ところで、前述したように、山田忠雄（一九八一）の指摘する五項目は、「稿本」においても書名が削除されていない。武藤康史（二〇〇四）に指摘された二項目も同様である。つまり、文部省保管原稿を浄書した際に「出典」を除いたことが推測できる。「本書編纂ノ大意」の執筆は、その末尾にある年記から「明治十七年十二月」と判断される。これまでは、「稿本」の作成時期が曖昧であったこともあり、この点が言明されてこなかったと考える。

註1　山田忠雄（一九八一）の口絵に「ことばのうみのおくがき」の原稿の一部が掲載されている。附記として、「五ページ第一四行から第一九行に相当。刊行の分とは措辞が少異する」とある。また、「美濃判の罫紙を使用」した原稿であること、罫線の左欄外には「復軒稿箋」とあることが指摘されている。「稿本」にも同様に「復軒稿箋」の文字列がある。

註2　「自筆原稿」と断定する点については、多少の疑問が残る。「自筆」の表現から、すべての原稿を大槻文彦が浄書したように判断される可能性があるためである。実際には、山田俊雄（一九七九）が「大槻文彦は、その助力者中田邦行・

大久保初男・文傳正興の三名の手を借りて浄書させた原稿に、自分の筆でさらに最後の刪訂を加へ、文選植字などに関する指示を書き込んで印刷に付したのである」（七一二頁）と指摘したように、複数人によって浄書されており、筆跡の違いが確認できる。なお、大槻文彦は、『言海』の出版完了後、明治二十五（一八九二）年五月から宮城県図書館の前身である宮城書籍館の第八代館長に就任している。

註3　銭谷真人（二〇一二）十七頁。なお、「漢語に用いられる活字は明治九年の活字見本に、和語に用いられる活字は明治十八年の活字見本に見られるものと字形が一致するようである」（同前）と述べる。銭谷真人（二〇一二）の注には、板倉雅宣『活版印刷発達史—東京活字活版製造所の果たした役割—』（二〇〇六年、印刷朝陽会）があげられている。

註4　高田宏は、昭和五十四年一月二十六日の『日本経済新聞』において、「大久保初男は大槻文彦の遠縁で、『言海』の印刷がはじまった明治二十一年から二年間、文彦の校正助手をつとめた人である」と述べる。当該記事は、その著書『言葉の海へ』の新潮文庫版（一九八四年）、同時代ライブラリー版（一九九八年、岩波書店）において「幸福な平凡人—大槻文彦の助手大久保初男のこと　—文庫版（同時代ライブラリー版）あとがきに代えて——」という題で転載されているが、該当部に変更はない。これは、「ことばのうみのおくがき」における「刊行のはじめ、中田大久保の二氏、閑散なりしかば、家にやどして、活字の挍正せむことを托しぬ」（四頁）を根拠とした記述か。

註5　犬飼守薫（一九九九）は、「そ」部の追加項目を検討するにあたり、「稿本」に『言海』刊行後の記述があることから、見出しの候補というべき記述（たとえば、語義記述のない見出し）を含めた十七項目を掲出しているが、これらの記述は『言海』に掲載されていない。「そ」部にも同様の傾向が認められるため、本書ではこれらを掲出せずに検討を行なった。

註6　小野春菜「私版『言海』の見出し項目—稿本、校正刷を資料として—」（二〇一六年度日本語学会春季大会予稿集）。本書における「追加項目」とは、「稿本」において見出しや語別（品詞）、語義記述などを有し、特定の箇所（欄外〈上部または左右〉、項目間、貼り紙）にみられる書入を指す。これについて、「稿本」を作成する際に書き漏らした項目を

記入した場合は、新たに立項した項目とはいえないという見方も考えられる。ただ、そのような経緯があったとしても、「稿本」においては、書き漏らした項目と、新たに追加した項目を区別することは難しい。また、いずれにせよ、追加した項目であることに変わりはないため、「稿本」における追加項目は、「普通語」として立項する必要があった項目と解釈する。この他に、棒引きで削除した見出し項目を書き改め、再度立項した場合や、語義記述が二つ以上から成る一つの見出し項目を分割し、別掲にした場合も追加項目の対象とした。

註7　この場合の五十五項目は、見出し直下の漢字列に「國」とつく場合に限定した数である。そのため、これらのない「こくき〈〈國忌〉〉」「こくだい〈〈國内〉〉」「こくぼ〈〈國母〉〉」の見出しは省略した。

註8　ここでいう「使用例」とは、「使用（された実）例」と「使用（するための作）例」を指す。いわゆる作例を含めているのは、書名がない場合に引用であるか、あるいは作例であるか判断しかねるためである。短文であるから作例、長文であるから実例とはいえず、また、長文であっても、一部を（意図的ではないにせよ）変更した上で作成された可能性もある。第一章第一節の三で述べたように、大槻文彦は、ここでいう「使用例」を一様に「用例」という語で記述する。しかし、見出し「たまぢはふ」において、「其用例、萬葉集一處ノ外ニ見當ラズシテ」と記述された語釈からは、「用例」に「使用（された実）例」の意味があると理解できる。

＊図1・2・3・4　宮城県図書館所蔵、『稿本日本辞書言海』（一九七九年、大修館書店）より

第三節　校正刷からわかること

『言海』の成立過程を検討するにあたり、「稿本」と並ぶ重要な資料として、校正刷があげられる。校正刷とは、「稿本」をもとに活字が組まれた際の、校正用の印刷原稿であり、現在、慶應義塾大学附属研究所斯道文庫が蔵する資料を指す。この資料について、犬飼守薫（一九九九）は、「便宜上五冊に分けて製本し保存を意図したもの」（一八九頁）と述べる。校正刷に関する研究は、「稿本」と同様に、犬飼守薫（一九九九）に拠るところが多い。ただ、この二つの資料に関していえば、「稿本」は複製刊行されているが、「校正刷」はされていないという点で異なる。「校正刷」の写真を使用する資料もあり、[註1]校正刷に対する関心は一定数あるのではないかと思われるが、「稿本」に比べて、資料調査がいっそう十分に進んでいないといえよう。

『言海』の校正刷の欄外には、校数が記されている。ここから、犬飼守薫（一九九九）は、「極く一部を除きほとんどが私版の初校校正刷」（一八九頁）と指摘する。この「極く一部」は、再校以降の校正刷を表しており、たとえば、「語法指南」における「第一表　動詞ノ語尾変化……法」には「三校」とある。また、この校正刷には「本文」がほとんど全頁残されている。そのため、『言海』の出版時期と校正日を照応しながら、どのような校正が行なわれたかを確認することができる。[註2]ただし、西村茂樹による「言海序」や「言海採収語……類別表」、正誤表、奥付の「校正刷」は残されていない。また、「語法指南」や「凡例」、「ことばのうみのおくがき」の「校正刷」は欠く頁があるため、注意する必要がある。

犬飼守薫（一九九九）は、「稿本を刪訂しつつ、同時にそれを基に活字組みがなされ、校正作業が進められて行くという具合で、稿本作成と校正の作業が併せ行なわれたことは言うまでもない」（一八二頁）と述べる。これは、「稿本」が順次作成されていること、そして、「稿本」と並行して校正刷が作成され、校正が行なわれていることを指すと覚しい。すでに指摘されているように、「校正刷」にある校正日をみると、明治二十二年五月十一日に「語法指南」の六十七〜七十二頁の再校校正作業が行なわれていることがわかる。第一冊の奥付では、印刷日が「明治二十二年五月五日」とあり、出版は「同月十五日」とある。つまり、奥付にある印刷日までに修正が行なわれたとは言えない。「校正刷」からは、このようなことも明らかにできる。以下、初校や再校といった校正の諸段階を区別せず、単に「校正刷」と総称する。

校正作業について、犬飼守薫（一九九九）は、「墨筆、朱筆、青インク、赤インク、黒鉛筆などでなされ、かなりの手が加えられている」（一八九頁）と述べる。「校正刷」には「大久保」「中田」「文彦」「文傳」の捺印があり、それぞれ大槻文彦、大久保初男、中田邦行、文傳正興を指す。先にあげた「第一表　動詞ノ語尾変化……法」には、「大久保」「中田」の捺印がある。このように、校正を担当した人物を特定することができる。その上で、「大幅な書き換えが多量に存していたり、項目の入れ換えが相当数存する訳でもないので、辞書の校正刷としては異例と言っていい程の数の少なさ」（一九〇頁）と指摘する。この「数の少なさ」は、「校正刷」の量や校正の回数を指すと思われるが、校正の種類は細分されている。武藤康史（二〇〇四）は、「校正刷」について「誤字脱字を正すだけでなく、不鮮明な活字を取り換えさせたり、かなの書体を指定したり（フトゴマ、ホソゴマ、ヒラゴマなどと見える）、字間のアキも二分の一、四分の一、八分の一などと区別したり、読点のあとはツメさせたり……と細かく指示していることがわかる」（一三〇七頁）と解説する。校正にあたっては、「本文」の正誤だけではなく、使用する活字や（広義の）レイアウトにも注意が払われているといえる。本書が主に取り上げるのは記述内容であるが、具体的な紙面構成を含めて、辞書として見栄えが整えられていく過程を「校正刷」を通じて明らかにすることができる。

次に、「本文」における校正について確認する。たとえば、「校正刷」には、「稿本」と異なる記述が活字で組まれていた場合、その部分を修正する指示や、文面を書き改める書入がある。いずれの修正が行なわれていたとしても、「稿本」と『言海』の語釈とが一致しない場合があるのは、このためである。この一致しない語釈が誤植に起因するものか、または意図して訂正したものであるかは、「校正刷」を通して初めて明らかになる。

校正の例として、見出し「あづま」をあげる。本項目は、「稿本」の左欄外に見出し「あつぼつたし」とともに追加されている例である（図1）。図2の「校正刷」をみると、見出し「あづま」には、修正の指示が複数みられる。たとえば、見出し直下の漢字列が、「稿本」では「東國」「吾妻」とあるが、これを上下入れ替える指示がある。また、誤植である「朿」字を「東」字へ訂正する指示がある。これ以外にも、活字が転倒した「畿内」の「畿」字の修正や、いわゆる「ゲタ（〓）」の附された箇所に「嬬」字を組む指示がある。以上のように、微細な修正が行なわれている。そして、見出し直下の漢字列のように、「校正刷」において修正の指示を経ている例も確認できる。本項目は、第五章第三節でも取り上げる。

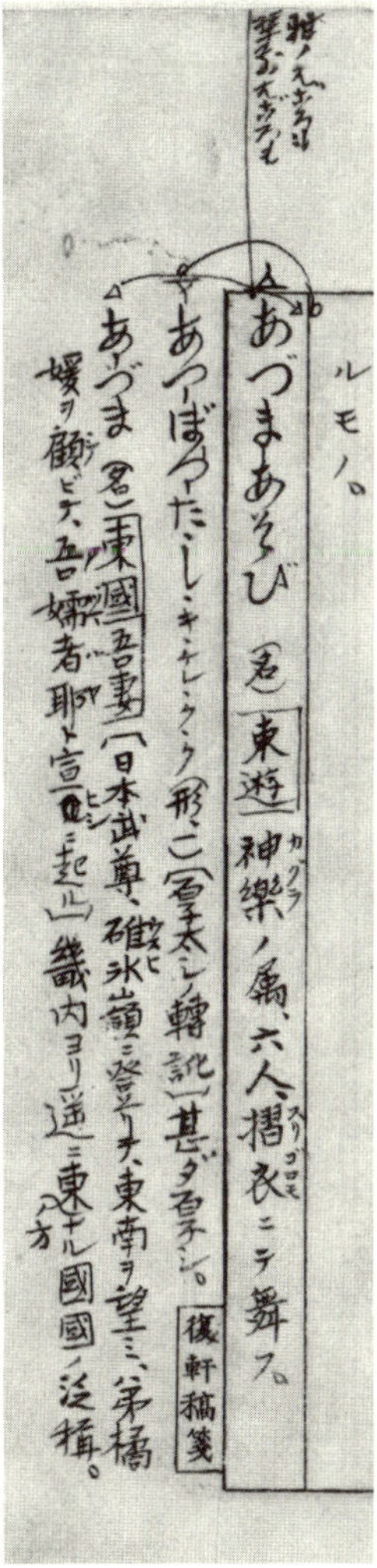

（図1）
「稿本」見出し「あづま」
罫線の左欄外に見出しが追加されている

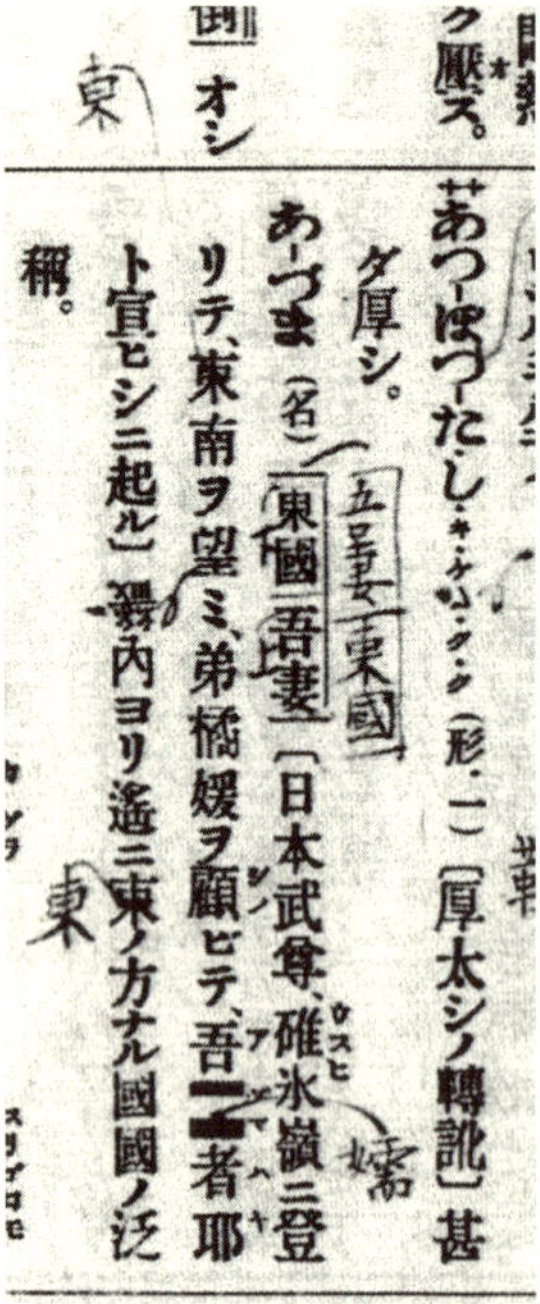
ク厭ス。
あつぼつたし（形・二）（厚太シノ轉訛）甚ダ厚シ。
あづま（名）〔東國〕〔吾妻〕（日本武尊、碓氷嶺ニ登リテ、東南ヲ望ミ、弟橘媛ヲ顧ヒテ、吾[redacted]者耶ト宣ヒシニ起ル）畿内ヨリ遙ニ東ノ方ナル國國ノ汎稱。

（図2）
「校正刷」見出し「あづま」
修正の指示が複数みられる

さて、「稿本」が複製された際に書評を行なった風間力三（一九八一）は、「稿本を私版と対校してみると、私版の印刷は稿本の誤りをそのままに印字する箇処もある程に忠実である一方、誤植もあることがわかる」（四十五頁）として、四項目を指摘する。風間力三（一九八一）では、「校正刷」が使用されていない。そこで、「校正刷」を使用し、対照すると、四項目のうち、見出し「たいさい（太歳）」は、「稿本」の記述が「校正刷」に正しく反映されていないため、誤植と判断できる。しかし、見出し「あまし（甘）」の使用例は、「校正刷」において、「意見」の「意」字を「異」字へ、また、見出し「ぐふう（颶風）」の語原にある漢文「具二四方之風一」の返り点は「具二四方一之風」と修正するよう、それぞれ朱筆が入れられている。このように、「校正刷」には、基本的な校正として、該当する箇所を修正する指示や、文面を訂正する指示がみられる。

残りの一項目「ねせ」は、使用例に「—オコシ」と活字が組まれている。ここには、「稿本」の記述と齟齬がない。しかし、『言海』では「オコシ—」とあり、見出しが挿入されることを表す「—」の記号の位置が異なる。『言海』には、「ねせおこし（寝起）」の見出しがあり、「ねせ」の使用例は不自然にもみえる。以上のことから、「稿本」と『言海』のみを対照して、「誤植」と断定することはできないことがわかる。

右にあげた見出し「ねせ」のように、「校正刷」を使用しても、どのような修正が行なわれたかを明らかにし得ない場合がある。その例として、風間力三（一九八一）が「補訂後の稿本の記述は全く私版と一致するかというように、私版の記述と大きく異なる箇所が見られる」（四十三頁）と指摘した九項目のうちの二項目（「あらぶ（荒）」「いちゐ」）があげられる。該当する二項目は、「稿本」と「校正刷」の記述が一致しており、「校正刷」では修正が行なわれていない。それにも関わらず、『言海』では、見出し「あらぶ」に使用例が追加され、「いちゐ」は語原が異なるという違いがある。「校正刷」では、該当する頁が初校であるため、いずれの項目も再校以降に修正が行なわれたと推測される。風間力三（一九八二）は、「稿本」と『言海』の記述に違いがあることから、「それらを見ると、この稿本のほかに何らかの原稿があったのかと思われる程であるが、恐らくこれは原稿を印刷所に送った後更に補訂が加えられたことを示すのであろう。このような、かなり異なる記述の箇処は、二百箇処以上にも及ぶ」（四十四頁）と述べる。[註3] この「印刷所に送った後更に補訂が加えられた」ものが、「校正刷」には表れている場合がある。また、前掲した項目のように、明確な時期がわからなくとも、一定の推測が可能である。そのため、『言海』の成立過程を考える際に、「稿本」のみを使用するのではなく、併せて「校正刷」を使用することが必要であると考える。

　犬飼守薫（一九九九）は、「稿本」と「校正刷」に異同のある項目がないか、見出し「あがなふ」から「あひしらふ」を対象に取り上げており、特に、「凡例」（二十六）にある見出し「あがなふ」に注目する。本項目は、「凡例」（二十六）が実際の発音（音便形）を示さないことを述べているにもかかわらず、音便形が残されている見出しである（一九七～一九九頁）。

　即ち、時期は不明であるが、『言海』刊行の業を起した明治二十一年十一月に程近い頃、初稿稿本の記述を基に一頁から四頁までを活字に付した。まだこの段階では、さきの記述方式を問題にしていなかった。そこで、活字組み時に間もない校正作業時にも何の訂正も施さなかったのである。稿本と校正刷に音便表記がともに見られ、

それを削除していないのはこのような事情によるものと考えられる。（中略）

即ち、一頁から四頁は刊行の業を起した草々の明治二十一年十一月から十二月初旬にかけてのある時期、五頁から九頁は、音便表記を削除する校正作業がなされる前の十二月上旬か中旬迄のある時期、一三頁から二四頁までは、変更が生じる直前の十二月中旬、二五頁以降は十二月下旬以後に稿本の記述がなされたと考えれば、二五頁以降の対象項目が稿本で最初から「凡例」による記述がなされているという事実に説明がつくのである。

そして、初めから「「凡例」（二十六）の方針の下に稿本の作成作業が進められていったのではなかった」（二〇〇頁）と述べる。このように指摘した上で、「ところが、訂正の手が後に加わってはいるものの、依然として音便表記がなされている項目が、い部以降に五十余例見られるという事実が存する」ことを指摘し、次のように述べる（同前）。

音便表記を付す記述が稿本の、い部以降にも見られる理由については、該当項目の記述を作成する際に参考にした文献の性格、稿本作成時の特別な事情等が考えられるが、正直なところ全く不明と言わざるを得ず、明らかにし得ない。後考を俟つことにする。

また、「校正刷」における活字の組み方について、次のように述べる（二〇八頁）。

ところで、一五八頁から一六三頁までの校正刷は、枠や頁数が組まれず、一段二十六行で構成されているのを全く無視して三十行や二十行で組んだり、さらにひどいものについては項目が分断されてどこにつなげていったらよいのかわからないものも存するという具合で、強引な組み方のため錯綜した状態となっている。これに対して、校正作業としては、必死になって行数の調整を図るということがなされているのである。一五三頁から通算すると、（引用者補：第一冊）最終頁の一六三頁までに実に一割にもあたる八一行も減らすという作業がなされているのである。

一五八頁から一六三頁は「お」部にあたる。ここから、第一冊終盤の「校正刷」では、活字が匡郭に収まっていない仮の状態で組まれていたことがわかる。すでに指摘されているように、ここでは三十二項目が削除されている。このうち、五項目は「稿本」において傍線で削除されている。また、「校正刷」において削除された見出し「おや（祖）」のように、別項目である「おや（親）」の語義（三）に、本項目の語釈を組みいれるといった処置が行なわれた例もある。

この他にも、犬飼守薫（一九九九）は、初校における追加記述と削除項目、そして再校における追加記述と削除項目、項目の差し替えについて述べる。また、「稿本」と「校正刷」、『言海』の記述の異同をあげ、八十一項目について説明が行なわれている。この内、「稿本」に記されていない項目が八項目、『言海』に掲出されていない項目が四十一項目（このうち、二十八項目は「お」部）あることを指摘する。さらに、見出しの仮名遣いや語形、品詞の変更といった修正があり、品詞の変更は、三十二項目に行なわれていることを指摘する。

以上の指摘のなかから、見出し語形が変更された例にあげられた見出し「なかつかさ（中務省）」に注目する。本項目は、「稿本」において「なかつかさしやう」とあり、「校正刷」においてもそのように活字が組まれている。しかし、「しやう」には傍線が引かれ、「トルクリアゲル」という指示がある。また、「此処一行減ル」という書入があり、同段にある見出し「ながつぼね（長局）」の語釈末に「（後宮ニ云）」が追加されている。見出しが「なかつかさ」となったのは、このための処置であったと推測される。本項目に関して、犬飼守薫（一九九九）は、「取り立てて差し替え項目として問題にするまでもないと思われるのである」（二〇九頁）と述べる。しかし、「なかつかさ」の見出し直下の漢字列は「中務省」とあり、「省」字が残存していることには注意したい。それは、八省のうち、「中務省」を除いた七項目（大藏、刑部、宮内、式部、治部、民部、兵部）を確認すると、いずれにも見出し直下の漢字列に「—省」とあり、これに対応するように見出し「しやう」があるためである。ここからは、中務省の場合のみ、「なかつかさ」のように、「しやう（省）」の語形を省略できたという様にもみえる。見出しと、その直下にある漢字列がどのように対応しているのかをうかがう必要があるといえる。

結論として、犬飼守薫（一九九九）は、「校正作業時の見出し項目の追加、削除、差し換えについて検討を加えた。それによれば、約四万項目のうち百項目にも満たない全く問題にならない数の変更であることが明らかになった」（二〇九頁）と述べる。また、「全体で四万項目近くに上るうちで、何らかの問題点を存しているものが百十数項目程度しか見られない事実からすると、語種については校正作業時にほとんど問題にならない程度のものであったと言える」と述べ、次のように指摘する（二五六頁）。

> 以上、主として見出し項目部分を対象に、見出し項目の追加と削除や見出し語形、語種、品詞等の変更が校正刷の中でどのように見られるかを考察した。
> その結果、校正刷の段階での見出し項目部分の変更は数量的にはほとんど問題にならない程度であり、稿本の

記述をそのまま引き継いでいることが明らかになった。即ち、校正作業時での大幅な変更は存しなかったことを明らかにし得たと思う。

確かに、「大幅な変更は存しなかった」とあるように、語釈がすべて書き換えられる例が多数みられるわけではない。しかし、見出しや語釈に関する変更はなされており、これらは見逃せない点であると考える。後述する活字字形も、「校正刷」においては見逃せない点のひとつである。

稿本の字体と印刷

『言海』巻頭の「索引指南」（十二）には「活字ノ用ヰ方」とあり、見出しが「和語」の場合、平仮名の明朝体（フトゴマ）が使用されていること、「漢語」にはアンチック体（ヒラゴマ）が、「唐音ノ語、其他ノ外國語」には片仮名の明朝体（ホソゴマ）が使用されていることが記述されている。前述したように、「稿本」には、漢語や「〜ニ同ジ」の該当する見出しの左に傍線が引かれている。これらは、校正にあたって語種を確認する際の指針になっていたと推測する。実際に、「校正刷」の「本文」二十八頁の右欄外には、この傍線について、「ケ様ニ引出シノ言葉ニ墨筋アルハヒラゴマ」「ケ様ニ注ノ中ニ朱筋アルハフトゴマ」「スベテ此ノ如クニ願上候」と説明する書入がみえる。「校正刷」において、活字が誤って組まれていた場合には、これを修正する指示がある。

『校正刷」には、「本文」八十三頁（見出し「いへなみ」から「いぼゆひ」）の左欄外に次のような記述がある。

コマニ　フト‖　ヒラ‖　ホソ‖　ノ名称ヲイヒタルハコマヲツカヒワクルニタヨリヨカラン／トテナリ　ソノフトト‖

云フハいへもちノ如キコマヲ云フ　ヒラト云フハいへんノ如キ／コマヲイフ　ホソト云フハまながつをノ如キコマヲ云フナリ　ホソゴマト朱書シタルハ皆此コマナリ　又云フツ〈メ〉コマト云モノアリ　コレハ肩ニ―アルモノニテ即チし-やノ如シ

ここから、校正に際しては、「フトゴマ」「ヒラゴマ」「ホソゴマ」の名称を使用していたことが改めてわかる。「ツメコマ」は、促音や拗音を表す字の右肩に置かれている傍線を指す。すでに風間力三（一九八一）が指摘するように、「稿本」には、「-つ」や「-ツ」といった活字を「木刻ニテモ」（首巻・二ウ）新調するように求める指示があり、活字の区別を重要視していたことがわかる。[註4] 右に引用した「本文」の八十三頁は、八十二頁とともに校正が行なわれていると覚しい。八十二頁には「三月廿六日初校」の書入と、「中田」「大久保」の捺印がある。同様に「ヒラゴマ」「フトゴマ」に関して指示がある例は「本文」二十七頁（見出し「あぶ」から「あふみざらし」）にみられる。ここには「初」「一月十八日校」の書入と、「文彦」の捺印がある。そのため、第一冊の刊行にあたって、活字の種類は再三注意されていたことが推測される。

ただし、すでに指摘されているように、語種は変更される場合がある。たとえば、見出し「アダン（阿旦）」は、『言海』では外来語として登載されている。しかし、「稿本」では漢語として扱われ、見出しの左に傍線が付されている。「校正刷」では、見出しを片仮名に変更するよう指示がある。これは、「校正刷」において、語原に「(琉球語ナラム)」を追記したために行なわれた変更と推測される。また、見出し「やうやう」は、『言海』では和語として登載されているが、「稿本」、「校正刷」では漢語である。この点について、犬飼守薫（一九九九）は、「このような状況が判明すると、稿本の語原欄の記述変更は稿本作成時に、斜線で傍線を消す語種記述の変更は再校校正時か初校校正作業終了後のいずれかの時期ということになろう」（二〇二頁）と指摘する。このときの「傍線」は、見出しが漢語であることを示す傍線を指す。つまり、「校正刷」では、「稿本」の段階で決定されていた語種が活字で組まれ、修正される過程が表れているといえる。

さて、語種の活字は、当然のことながら、平仮名あるいは片仮名の活字が使用されている。また、「ことばのうみのおくがき」には、「さて着手となりてみれば、假名の活字は異體別調のものなれば、寸法一々同じからず、その外、くさ〴〵の符號など、全版面に、およそ七十餘とほりのつかひわけあり」（四頁）とあるように、複数の活字が使用されている。たとえば、「し」字には、「志」を字母とした、いわゆる変体仮名が使用されている場合も認められる。

銭谷真人（二〇一二）は、「『言海』に使用される仮名の字体の選択が、全て大槻によるものであるのかどうかは判断のしようがない。だがそこに用いられている字体は、大槻自身が全て目を通し、認めたものなのである。それらは大槻の字体意識がそのまま反映されたものではなく、大槻自身が「規範」と考える辞書として相応しい字体が反映されたものであると考えられるのである」（十八頁）と述べる。結論として、「し」「に」「は」には二種類の字体が使用されていたこと、「に」字の仮名文字遣いは首尾一貫としているが、「し」「は」は出版が進むにつれて「使い分けを徹底している」（三十六頁）ことを指摘する。その上で、「だがそもそも仮名文字遣いに絶対的な規範はなく、各個人がある程度自由に行える。使い分けても良いし、使い分けなくても良いのである。多種の字体を用い、その使い分けを辞書で示してしまうと、却って混乱を招くおそれがある。あえて多様な仮名文字遣いは省略し、最大公約数的なものに絞った―『言海』における仮名文字遣いの「規範」とはそういった性質のものであったと考えられる」（三十七頁）とも述べる。ここからは、『言海』における仮名文字遣いがどのように規定されていたかという問題が存する。ここで注意したいこととして、銭谷真人（二〇一二）の指摘は、印刷された『言海』における仮名字体を対象としている点がある。「稿本」は複数の人物によって記述されているため、仮に、大槻文彦が『言海』において仮名文字遣いの「規範」を示したとするならば、浄書の際には、仮名文字遣いを統一する必要があるように思われる。つまり、出版が進むにつれて、「使い分けを徹底」するという事態は、むしろ忌避されるのではないか。または、そうではなく、前述したような「出典」と同様の傾向が仮名文字遣いにもみられるのであろうか。すなわち、出版を進めるにつれて「出典」を追補する方針となったように、仮名文字遣いを統一、あるいは修正したということである。この点については、これ以上踏み込まないことにする。[註5]

前節で述べたように、「稿本」は中田邦彦、大久保初男、文傳正興によって浄書され、大槻文彦が追加の記述を行なったとされる。それぞれの筆跡をみていくと、各人によって康熙字典体と通用字体が混在している例が散見する。次に、この点に注目する。

「漢字字体／字形」については、「ことばのうみのおくがき」において、「又、辭書のことなれば、母型に無き難字の、思ひのほかに出できて、木刻の新調にいとまをつひやせる事、甚だ多し」(四頁)とある。このことから、使用する「漢字字体／字形」を新調する機会があったことがわかる。『言海』の印刷が行なわれた印刷局活版科の活字について、島屋政一『印刷文明史』(一九三三年、印刷文明史刊行会)は、官報の印刷に分合活字が使用されたこと、そして分合活字は「民間の鋳造業者にては曾て試みし者なく、全く印刷局独特の活字と称すべきである」(一九八〇年の五月書房複製版を使用。第四巻二六六四頁)と述べる。この分合活字がいつごろ製造され、使用されていたかは明言されていないが、明治十六年五月と同十八年二月の記事に挟まれた形で記述されていることから、『言海』の印刷が行なわれていた明治二十年代には印刷局において使用されていたことが推測される。また、『言海』において、この分合活字が使用されていた事実は確認されていないが、仮に使用されていたとするならば、それでも補うことができなかった活字があったといえる。

さて、「校正刷」の欄外には、「此字ハナキカ」のように、漢字字体を指定する書込がみられる（図3）。

この書込は、「荒」字に対して指示が入っている。「校正刷」では、「荒」字で活字が組まれているが、これに対して「荒は荒ナリ」と書かれている。大槻文彦が想定する漢字字体が活字にあるかどうかの確認ともいえる。このことから、「荒」字の字形の認識が、大槻文彦と活字組を担当した印刷局とで異なっていたといえる。

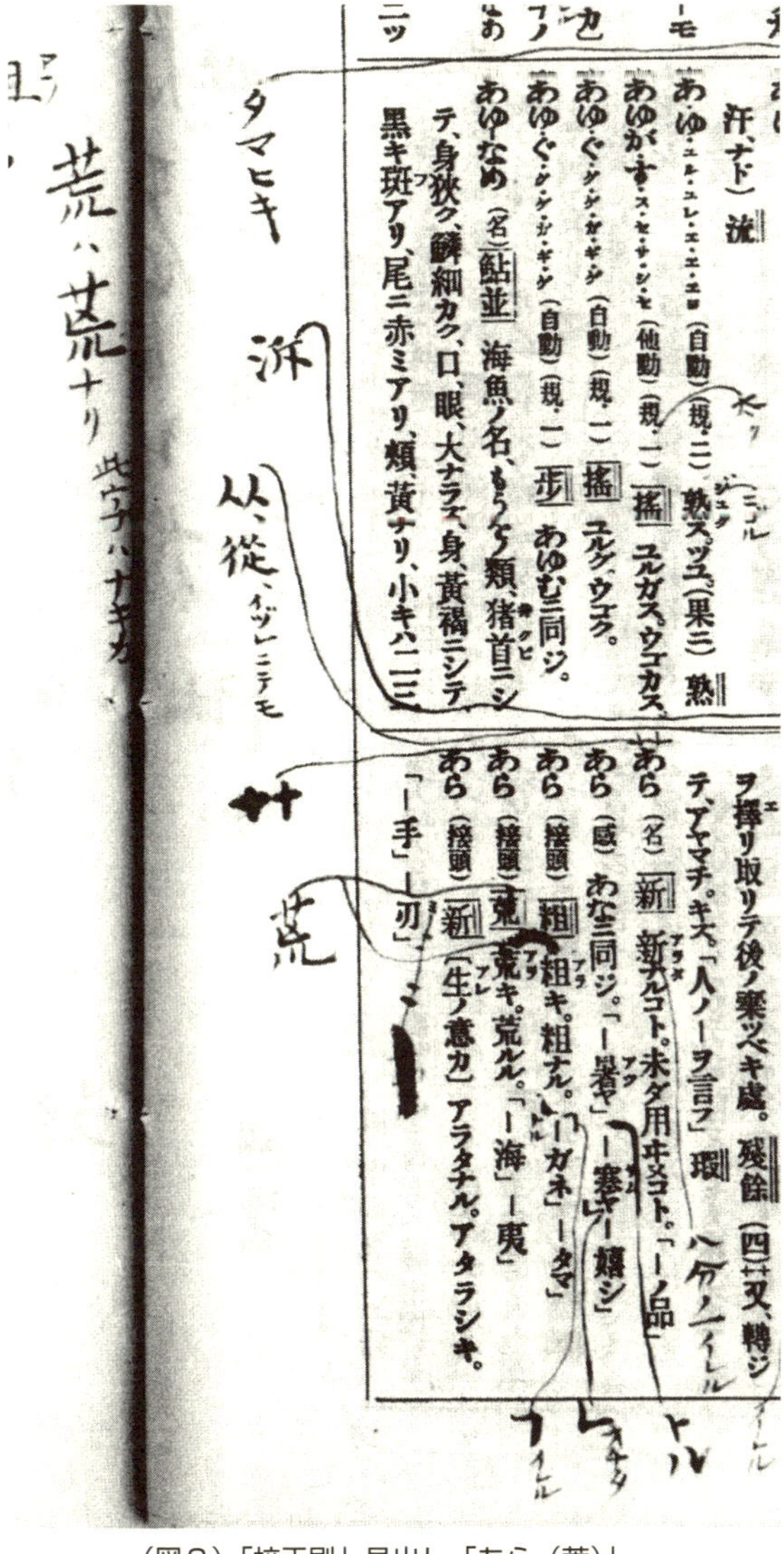
あゆがす（他動）（規・二）搖 ユルガス、ウゴカス。

あゆ・ぐ（自動）（規・二）搖 ユルグ、ウゴク。

あゆなめ（名）鮎並 海魚ノ名、……猪首ニシテ、身狹ク、鱗細カク、口、眼、大ナラズ、身、黃褐ニシテ、黒キ斑アリ、尾ニ赤ミアリ、頰、黃ナリ、
あら（名）新 新タルコト。未ダ用ヰヌコト。「－ノ品」

あら（感）あなニ同ジ。「－畏や」「－寒ナ」「－嬉シ」

あら（接頭）粗 粗キ。粗ナル。「－カネ」「－タマ」

あら（接頭）荒 荒キ。荒ルル。「－海」「－夷」

あら（接頭）新（生ノ意カ）アラタナル。アタラシキ。

「－手」「－刃」


（図3）「校正刷」見出し「あら（荒）」

本項目は、「稿本」に貼紙で追加された見出しである。「稿本」には、貼紙と、罫線内にある見出し項目「あら（粗）」「あら（新）」の間に○印がある。これは、「あら（荒）」の項目を間に組み入れるよう指示したものと推測される。「校正刷」では、「あら（粗）」「あら（荒）」「あら（新）」の順に活字が組まれている。

それでは、「荒」字の異体字の活字は当時作成されていたのか。文政三（一八二〇）年から昭和二十一（一九四六）年までに作成された二十三種の活字が一覧できる『明朝体活字字形一覧』をみると、万延元（一八六〇）年の『アムステルダム活字鋳造所活字見本』（S．ダイア、R．コールの十三．五ポイント）や、明治二十（一八八七）年の「明朝四号活字総数目録」（『活版花形見本』大阪国文社）に異体字の活字を確認できる。なお、「明朝四号活字総数目録」と同年の五号活字（明朝五号活字総数目録）では、異体字ではなく「荒」字が置かれている。そのため、異体字の活字が存在していなかったとはいえないが、印刷局で使用していた活字セットには、異体字の活字がなかった可能性が考えられる。結果として、『言海』では、「荒」字で印刷されている。

このように、特定の漢字字体を統一しようとしていた経緯が明らかになるが、「稿本」においては、前述したように康熙字典体と通用字体が混在している場合がある。例として、「稿本」における見出し「あぶらぎる」「あぶらけ」の語釈にある「（動物ノ体ニ）」の「体」字をあげる（図4）。

「校正刷」では、「体」字で活字が組まれている。しかし、これを「體」字に変更するよう求める指示がある（図5）。『言海』は、当該項目が「體」字で印刷されている。同様の例は、見出し「あざらし」「あし」にもある。やはり、「稿本」では「体」字とあり、「校正刷」では「體」字へ修正する指示がある。「校正刷」には、「大久保」「文彦」の捺印がある。このことから、「體」字を「体」字で書く浄書者がいた可能性がうかがえる。校正が大久保初男と大槻文彦で行なわれたのならば、浄書を行なったのが中田邦彦の可能性もある。

また、「青」と「靑」字を例にあげる。「稿本」において、見出し「あきめくら（明盲）」の漢ノ通用字には、「青盲」とある。その一方で、見出し「あげや（揚屋）」の漢ノ通用字には「靑楼」と、「靑」字が使用されている。「校正刷」をみると、どちらも「靑」字で活字が組まれており、修正の指示がない。つまり、「靑」字で統一されているといえる。同様の例は、見出し「せめて」にもみられる。「稿本」では、語義（二）にある使用例に「―青カリケレバ、青ツネノ君トゾ」のように、「青」「靑」字が併用されている。これらは、「校正刷」において、いずれも「靑」

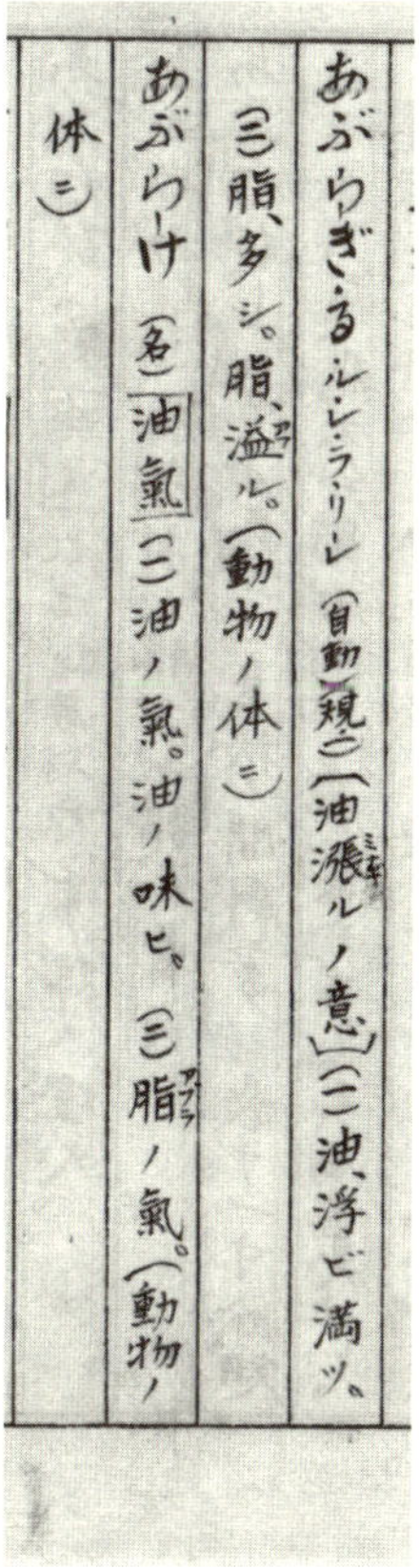
あぶらぎる ル・レ・ラ・リ・レ (自動)(規二)(油漲ル ノ意)(一)油、浮ビ満ツ。
(三)脂、多シ。脂、溢ル。(動物ノ体ニ)
あぶらーけ (名) 油氣 (一)油ノ氣。油ノ味ヒ。(三)脂ノ氣。(動物ノ
体ニ)

（図4）「稿本」
見出し「あぶらぎる」
「あぶらけ（油気）」

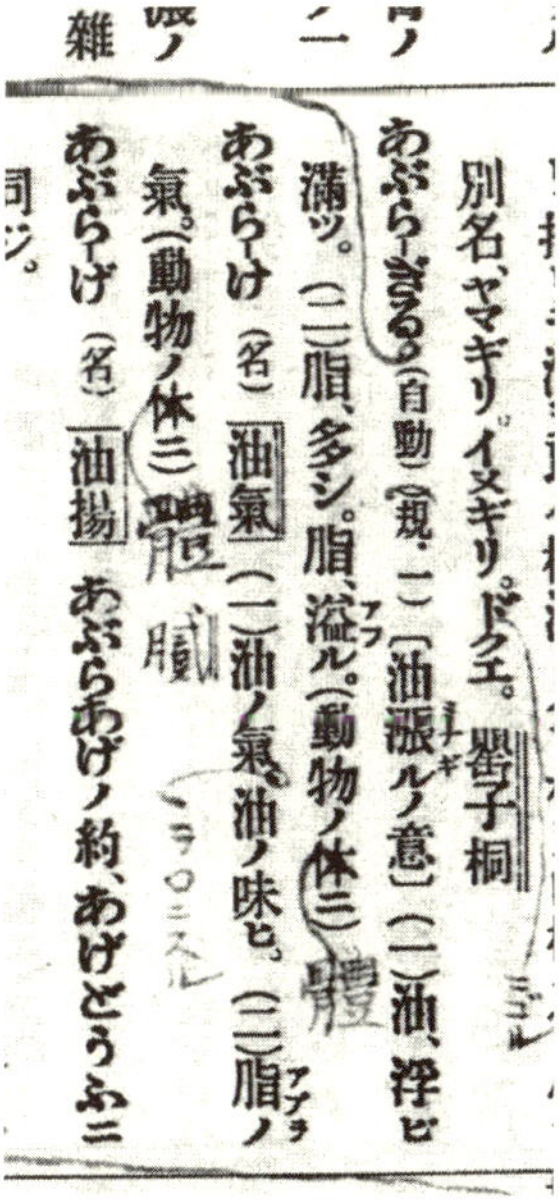
別名、ヤマギリ。イヌギリ。ドクエ。罌子桐
あぶらーぎる (自動)(規・二)(油漲《ミナギ》ルノ意)(一)油、浮ビ
満ツ。(二)脂、多シ。脂、溢《アフ》ル。(動物ノ体ニ)
あぶらーけ (名) 油氣 (一)油ノ氣。油ノ味ヒ。(二)脂《アブラ》ノ
氣。(動物ノ体ニ)
あぶらーげ (名) 油揚 あぶらあげノ約。あげどうふニ
同ジ。

（図5）「校正刷」
見出し「あぶらぎる」
「あぶらけ（油気）」

字で活字が組まれている（なお、語義（三）の使用例には「青葉モ花ノ、跡ナラヌカハ」のように、「靑」字で記述されている）。さらに、顕著な例として、「せい―（青―）」の熟語がある。ここでは、浄書者が交替した頁によって、「青」字で記述されている場合と、「靑」字で記述されている場合が混在する。「校正刷」では、いずれの場合も「靑」字で活字が組まれており、「青」字へ修正する指示もない。『明朝体活字字形一覧』を確認すると、「青」字の活字がみられないため、「稿本」において、「青」字を記述しても、「靑」字で活字が組まれることを想定して浄書を行なった人物がいたことがわかる。また、項目の追加や訂正に関しては基本的に大槻文彦によるものとされているが、追加項目の中には「あをはだ（青肌）」「げんせい（芫青）」「せいがいなみ（青海波）」がある。「稿本」では、前二項目が「青」字、見出し「せいがいなみ」が「靑」字で記述されている。そのため、大槻文彦は「青」と「靑」を区別せずに併用していたとみられる。以上の点から総合すると、浄書者によって「青」「靑」字の漢字字体の認識が異なっていたこと、あるいは「青」「靑」の漢字字体を混用していたことがうかがえる。

文部省印刷局とのやりとり

ところで、「稿本」にも印刷局へ指示する書込が散見する。たとえば、「語法指南」の冒頭にある五十音図には、標題の「假名」「音」には「三号」、副題の「五十音図」「平假名」「片假名」には「四号」、五十音図の表には「五号」という指示がある。いずれも朱筆であり、「五号」の指示は六箇所にわたる。活字を組むにあたっての細かな指示が看取される。また、「校正刷」の一三一頁（見出し「えに」から「えびすね」）の左欄外には、「○原稿ニ「一字アキ」ニ認メテアル所、必ズ「二分一アキ」ニ願フ」とある。「校正刷」には字間を調整する指示があり、文字列の間に「八分一」「四分一」「二分一」のような書入がみられる。これは、そのことを示す指示ともいえる。活字を組む印刷局に対して、十分な配慮がなされていたといえる。

「校正刷」は、校正のために印刷されており、修正や指示の類は、基本的には校正者によって書かれている。しかし、中には、印刷局による書込も含まれていると覚しい。

先に『言海』における漢字字体に言及したが、漢字字体が統一されていない例がある。「壺」と「壷」字が該当する。『言海』の第一冊では、見出し「あゐつぼ」に対し、直下の漢字列が「藍壺」とあり、「壺」字が使用されている。これに対し、見出し「いはつぼ」には、直下の漢字列が「岩壷」とあり、「壷」字が使用されている。「稿本」ではこれを「壷」字で浄書する。その一方、「校正刷」では、いずれも「壺」字で活字が組まれている。つまり、見出し「いはつぼ」の場合、「稿本」から「校正刷」、「校正刷」から『言海』と、漢字字体が変化しているのである。「稿本」と「校正刷」のいずれにも修正がないため、初校以降に修正された可能性がうかがえる。

見出し「うめつぼ」は、「校正刷」において、「壷」字で活字組されている。これに対し、「壺〔此字ガアラバ／改メタシ〕」という指示がある。また、第三冊にある見出し「しげいさ（淑景舎）」の語釈「桐壺」を「校正刷」で確認すると、「壷」字から「壺」字へ変更する指示がある。『言海』には「壺」字で印刷されている。「校正刷」には、見出し「きりつぼ」のように修正が行なわれず、「壷」字で印刷された場合もあり、『言海』において漢字字体が混在していることがわかる。しかし、「此字ガアラバ／改メタシ」とある点からは、「壺」字の活字を使用する方針がうかがわれる。

このことを象徴する例として、「校正刷」の六七五頁（見出し「つべたし」から「つまがけ」）では、やはり「壷」から「壺」へ修正する指示がある。また、この頁の左欄外には、次のような書込がある（図6）。

壷ハ壺ニ改ム

壷、壺、同字ナレトモ字典ニヨレハ壷ノ方正キヤト御考ヘラレ候如何、当課ニハ壺ノ字無之候ニ付壷ノ字ニテハ間ニ合兼候ヤ　一寸御問合マデ

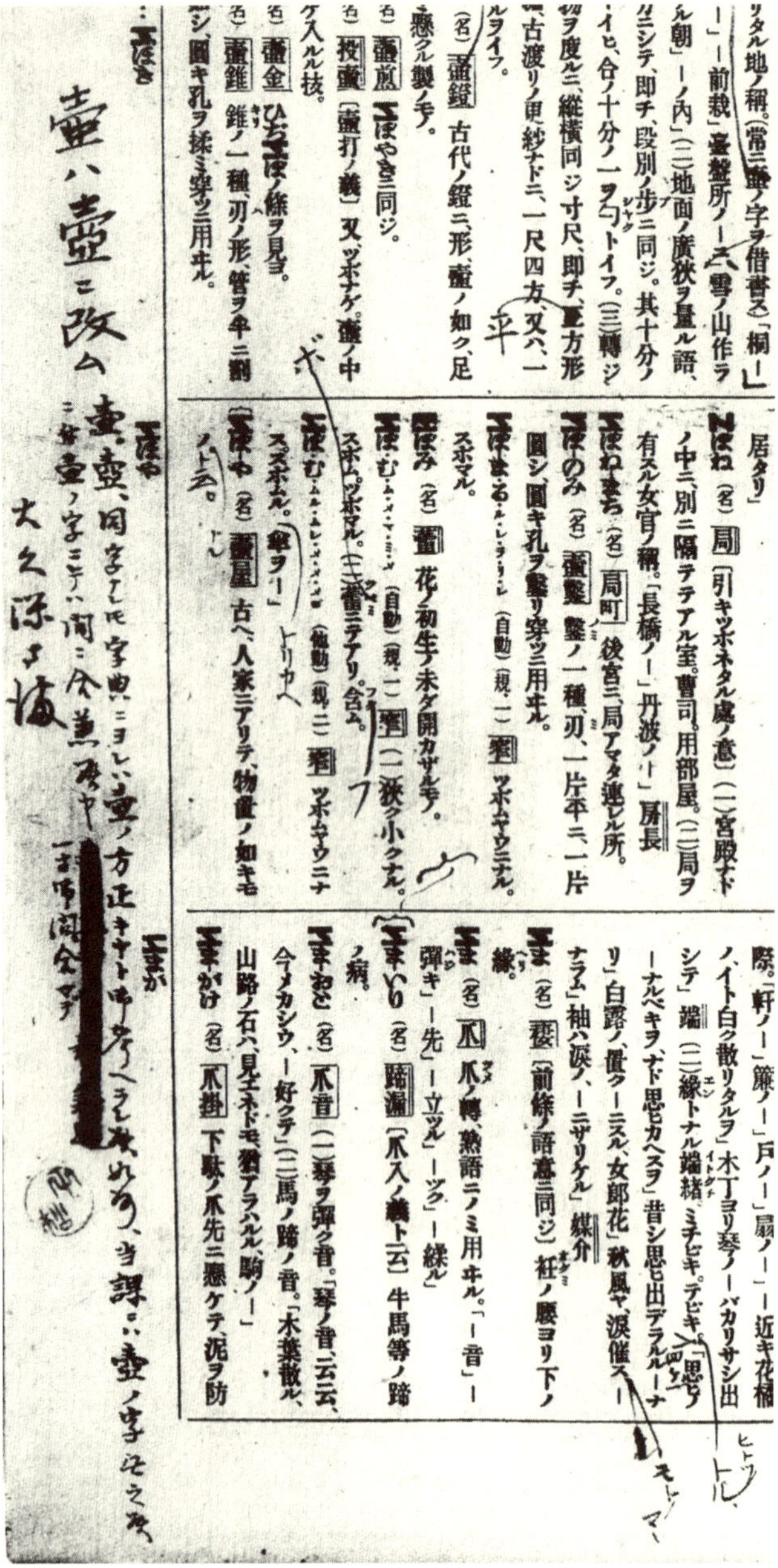

（図６）「校正刷」　六七五頁

文脈から、「壷ハ壺ニ改ム」と「壷、壺、同字ナレトモ」以下の書込は、別の人物によって行なわれたと考える。また、「大久保さま」とあることから、後者の書込は校正者の大久保初男にあてたものであろう。「当課ニハ」とあることから、明治二十二年八月十五日に「活版科」から「活版課」へ名称を改めた印刷局活版課によるものと推測される。[註6] 図6には捺印がみえるが、校正を担当した大久保のものとは異なる。また、「字典ニヨレハ壷ノ方正キヤ」とあり、大久保初男へ「壷」字の活字を具申している。結果として、この書込のある六七五頁以降には、「壷」と『言海』に印刷されている。しかし、語釈に「壺」字を有する見出し「やなぐひ」「ろうこく」には、「壺壷〔イヅレニテモ／ヨロン〕」という記述がある。つまり、『言海』には「壺」「壷」両方の字体が存在することになる。なお、「稿本」では、いずれの場合も「壺」字で浄書されている。当初混在していた活字が、第三冊において「壺」字へ修正したにも関わらず、[註7] 第四冊において活字の都合で「壷」字へ交替した例といえる。同様の例として、統一がなされなくなり、『言海』において混在する「記」字もある。

　前引した銭谷真人（二〇一二）は、『言海』における仮名字体あるいは仮名文字遣いの「規範」を論じていたが、漢字字体のように、該当する字形を使用できない場合もみられる。そのような場合には、校正に対して、印刷局からの返答が校正刷に記述される場合がある。このような例は稀であるが、十分に検討を重ねて『言海』が作成されているといえる。

註1　次に記す三点の資料が該当する。

・『辞書の世界―江戸・明治期版本を中心に―』（二〇〇二年一月、慶應義塾図書館）。「本文」六十八頁（見出し「いつか」から「いつこ」）、「ことばのうみのおくがき」冒頭一頁を掲載。

・武藤康史解説『言海』（二〇〇四年四月、筑摩書房）。「本文」一三六頁（二十六行三段組のうち二段目まで。見出し「おいらかに」から「おかまこほろぎ」）を掲載。

・一関市博物館『ことばの海』（企画展「『言海』誕生一二〇周年」〈二〇一一年七月三十日―九月十一日開催〉展示図録）。表紙、語法指南二頁、「略語ノ解」・「種種ノ標」・「本文」一頁（見出し「あ」から「あいらし」）の計三枚を掲載。

註2　犬飼守薫（一九九九）は、初校を行なった日付の一覧を表にして提出する。併せて参照されたい。

註3　「二百箇処以上」の項目は明らかにされていないが、注において、「第三巻に少いのは、次に述べる、同巻に原稿の見出語項目の削除が多いことと裏表をなしていよう」（四十八頁）という指摘がある。

註4　本書では、拗音や促音と思われる場合も大文字で表記している。これまでの『言海』研究をみても、小文字で表記しなおすような例は多くない。「はじめに」の註4では、豊島正之氏が作成するデータベース「Japanese pre-modern dictionaries　日本近代辞書・字書集」をあげるが、ここでは小文字で表記されている（平成二十九年十一月十日参照）。大槻文彦が拗音や促音を『言海』において区別していたのであれば、これらを小文字で表記することは許容されるのではないかと稿者は考える。

註5　銭谷真人（二〇一二）は「はじめに」において「「国語辞書」は一つの「規範」であり、国語を学ぶ上での拠り所となる」と述べる。ごく一般的、常識的なみかたとしては成り立たなくはないであろうが、こうしたみかたを、日本語学という枠組みの中で具体的な辞書にあてはめる場合には、そうであることの証明がまず必要になる。そして「規範」という表現を使うのであれば、どのような「規範」となることを目途して編まれたか、ということについても言及する必要

がある。こうしたことなく「規範」という表現を使うことは疑問である。また、それに続く「国語を学ぶ上での拠り所」はどのような人々が「国語を学ぶ上での拠り所」として『言海』を使用していたか、という実際的な裏付けが必要になる。この「はじめに」の末尾では、「辞書の「規範性」という点に着目しながら、調査を行いたい」とあり、「はじめに」はいわば前提となっていると覚しい。裏付けを欠く前提が論文の問題設定となっていることは疑問であるといわざるをえない。同論文は「仮名字体の規範意識について」という節の冒頭において「仮名字体や仮名文字遣いを研究する上で、問題となるのが、それが誰の意思によって決定されたものかということである」と述べる。この言説からすれば、銭谷真人（二〇一二）は、「書き手」は、自身が使う「仮名字体や仮名文字遣い」を意思的にコントロールしている、とみていると思われるが、そのことは「証明」されているのだろうか。また「使っている」ということと「意思によって決定した」ということは必ずしも同じことではない（と稿者（この註のみ今野）は）考える。本書でもふれているる、当該の節の末尾ちかくの「『言海』に使用される仮名の字体の選択が、全て大槻によるものであるかどうかは判断のしようがない。だがそこに用いられている字体は、大槻自身が全て目を通し、認めたものなのである。それらは大槻の字体意識がそのまま反映されたものではなく、大槻自身が「規範」と考える辞書として相応しい字体が反映されたものであると考えられるのである」はきわめて理解しにくい。印刷された『言海』に使われている活字字体のすべてに大槻文彦が目を通し、認めたということをどうやって確認しているのだろうか。これもさまざまな状況から、そうだろうと推測しているということではないか。そしてその推測は限りなく常識的な見通しにちかい。仮に大槻文彦がすべて確認したことを認めるとして、しかしそれが大槻文彦の字体意識をそのまま反映したものではなく、大槻文彦が「規範」と考える辞書としてふさわしい字体意識に基づくものに整えられていた、とすれば、大槻文彦の字体意識は当該時期には規範的なものではなかった、規範的な字体意識から乖離したところがあった、ことになる。そのように判断している根拠は銭谷真人（二〇一二）には示されていない。『言海』は「コジリ」を見出しとして取り上げ、「こじり（名）［璫］〔小後《コジリ》ノ義カ〕榱《タルキ》ノ端ノ飾。華榱」というかたちで項目とする。「こじり」の「こ」には「古」を字源とする異体仮名が使われ、「じ」には「志」を字源とする異体仮名に濁点がふされたものが使われ、「こ‐じり」のようにハイフンで切られている。このことからすれば、「熟語」（凡例（三）（五））とみなしていると思われる。この見出し「こじり」について、銭谷真人（二〇一二）は「通常では複合語と意識されないような語」（二十四頁）と述べている。『言海』ははっきりと「熟語」として見出しを表示しているにもかかわらず、「通常では複合語と意識されない」と述べる、その「通常」は現代日本語使用者の内省に基づく「通常」であろうし、「意識されない」は銭谷真人自身が「意識しない」ということであろう。そのように、銭谷真人（二〇一二）は極度に現代日本語寄りの内省を背景にして判断および論が展開しているといわざるをえない。

註6　大沼晴暉『慶應義塾大学／附属研究所斯道文庫蔵浜野文庫目録―附善本略解題』（二〇一一年、汲古書院）は、この書込について、「印刷所側の書入れも存する」（一四七頁）と指摘する。

註7　第三冊において、見出しや語釈に「壺」字を使用する例が十二項目ある。ただし、見出し「ちやつぼ」は、「校正刷」において、見出し直下の漢字列「茶壷」の「壷」字から「壺」字へ修正するよう指示がある。それにも関わらず、『言海』では「壷」字で印刷されている。また、「校正刷」では、語釈に「壺」字が使用されており、修正の指示がないにも関わらず、『言海』では、「壷」字へ変更されている。再校以降に変更したか。

＊図1・4　宮城県図書館所蔵、『稿本日本辞書言海』（一九七九年、大修館書店）より
＊図2・3・5・6　慶應義塾大学附属研究所斯道文庫所蔵

第三章　『言海』はどのような辞書か

第一節　「本書編纂ノ大意」「凡例」から探る

「本書編纂ノ大意」から探る

『言海』は冒頭に「文部省編輯局長正五位勲三等西村茂樹」の漢文の序を置き、それに続いて「本書編纂ノ大意」を置く。第三章においては、「『言海』はどのような辞書か」ということについて述べていきたい。「本書編纂ノ大意」は十一條にわたって箇条書きされているので、その幾つかを摘記しておく。

（一）此書ハ、日本普通語ノ辭書ナリ。凡ソ、普通辭書ノ體例ハ、專ラ、其國普通ノ單語、若シクハ、熟語（二三語合シテ、別ニ一義ヲ成スモノ）ヲ擧ゲテ、地名人名等ノ固有名稱、或ハ、高尚ナル學術專門ノ語ノ如キヲバ收メズ、又、語字ノ排列モ、其字母、又ハ、形體ノ順序、種類、ニ從ヒテ次第シテ、部門類別ノ方ニ據ラザルヲ法トスベシ。其固有名稱、又ハ、專門語等ハ、別ニ自ラ其辭書アルベク、又、部門ニ類別スルハ、類書ノ體タルベシ。此書編纂ノ方法、一ニ普通辭書ノ體例ニ據レリ。

（二）辭書ニ擧ゲタル言語ニハ、左ノ五種ノ解アラムヿヲ要ス。

（三）日本語ヲ以テ、日本語ヲ釋キタルモノヲ、日本辭書ト稱スベシ。

（四）辭書ハ、文法ノ規定ニ據リテ作ラルベキモノニシテ、辭書ト文法トハ、離ルベカラザルモノナリ。而シテ、文法ヲ知ラザルモノ、辭書ヲ使用スベカラズ、辭書ヲ使用セムホドノ者ハ、文法ヲ知レル者タルベシ。

（八）今、此篇ハ、簡約ヲ旨トシテ、凡ソ收メシ所ノ言語ノ區域、及ビ、解釋等ノ詳略ハ大約、米國ノ碩學エブスター氏ノ英語辭書中ノ「オクタボ」ト稱スル節略體ノモノニ倣ヘリ。故ニ、發音、語別、語原、語釋（東西同事物ノ釋ノ如キハ、洋辭書ノ釋ヲ譯シテ挿入セルモノ多シ）等ハ微具セシメタレトモ（合字）、出典ニ至リテハ、淨書ノ際、姑ク除ケリ、簡冊ノ袤大トナラムヲ恐レテナリ。其全備ノ如キハ、後ノ大成ニ讓ラムトス。

（九）此篇ニ引用參考セル和漢洋ノ典籍ハ、無慮、八百餘部、三千餘卷ニ涉レリ。其他、或ハ耳聞セル所ヲ取リ、或ハ諳記セル所ヲ筆シ、或ハ自ラ推考セル所ヲモ記セリ。其一一出所ヲ擧ゲザルハ、前述ノ如シ。各語ニ當テタル漢名ノ出所モ、亦然リ。

（十）各語ヲ、字母ノ順ニテ排列シ、又、索引スルニ、西洋ノ「アルハベタ」ハ、字數、僅ニ二十餘ナルガ故ニ、其順序ヲ諳記シ易クシテ、某字ハ、某字ノ前ナリ、後ナリ、ト忽ニ想起スルヿヲ得。然ルニ、吾ガいろはノ字數ハ、五十弱ノ多キアルガ故ニ、急ニ索引セムトスルニ當リテ、某字ハ、何邊ナラムカ、と瞑目再三思スレトモ（合字）、遽ニ記出セザルヿ多ク、ソノ在ラムト思フ邊ヲ、前後數字、推當テニ口ニ唱ヘテ、始メテ得ルヿトナル。（略）扨、又、五十音ノ順序ハ、字數ハ、いろはト同ジケレトモ（合字）、先ヅ、あかさたな、はまやらわノ十音ヲ記シ、此十箇ノ綱ヲ擧グレバ、其下ニ連ルかきくけこ、さしすせそ等ノ目を提出スルヿ、甚ダ便捷ニシテ、いろは順ハ、終ニ五十音順ニ若カズ。因テ、今ハ五十音ノ順ニ從ヘリ。

（一）では「此書ハ、日本普通語ノ辭書ナリ」といわば「言挙げ」をする。「普通語」については本章第三節で改めて検討する。「收メズ」と述べられているのは、「地名人名等ノ固有名稱、或ハ、高尙ナル學術專門ノ語」で、まず地名人名等の「固有名稱」を見出しとしないことを謳う。「固有名稱」は現在いうところの「固有名詞」とみてよいであろう。「高尙ナル學術專門ノ語」には「高尙ナル」が附されているが、すぐ続く箇所では単に「專門語」と述べており、「高尙ナル」に拘泥する必要はあるいはないか。「専門語」と「普通語」とは概念としては区別できようが、実際に一つ一つの語に関して、当該語をどちらとみなすかを「判断」することは難しいことが推測される。両者を分ける誰にでもわかるような「基準」を設けることも難しいであろう。

『言海』出版後のことになるが、明治三十八（一九〇五）年には徳谷豊之助『普通術語辭彙』（敬文社）が出版されている。その「序」には「各專門の術語中、如何なる術語が最も普通に使用せられつヽありや。之れ取捨統一の甚だ困難なる問題にして、縱し之を能くすること（合字）あるも、各專門の術語數に比すれば、大海の一葉にも足らざる小冊子を以て、殊に其の說明を詳細ならしめ、之に其の全體を包容せんこと（合字）は、到底望多くして實之に添ふ能はざる所なり。されば同じく普通に使用せらるべき術語なりと思ふものに於ても、更に何等かの標準に從ひ、冊子に適當すべき語數に削減を加へざるべからず、然るに一切の術語中、人類一般に涉りて、其思想の根蔕となれるものは、比較的心意に關する規範的又は說明的科學中に含まるゝ思想是なり、されば本書は削減の標準を更に爰に覓め、以て狹義の自然科学の術語、又は社会的乃至國家的現象に關する術語、又は醫學に關する術語等は多く之を削除せり、之れ本書の蒐集せる術語が、主として哲學、倫理學、心理學、論理學、美學等の部門に屬する術語を以て充たさるゝ所以なり」と述べられている。

右の「序」によれば、『普通術語辭彙』は「哲學、倫理學、心理學、論理學、美學等の部門に屬する術語」を比較的「普通」とみなしていることになる。『普通術語辭彙』の出版は、『言海』が完結した明治二十四年から十四年後のことで、その間に日本語の語彙体系にも変化が生じている可能性がたかいので、両者をそのまま重ね合わせることはもちろんできない。しかし、例えば『普通術語辭彙』が見出しとして取り上げている、「異端」「破壊」「判断」「反動」「反射」「反省」「保守」「統計」「動作」「道徳」「独断」などは『言海』において見出しとなっているが、その一方で、『普通術語辭彙』が見出しとして取り上げている「意識」「印象」「博愛主義」「派生」「範疇」「判定」「認識」「認知」「方法」「法則」「包摂」「本体」「本質」「本能」「統一」「統括」「統覚」「動的」「動向」「道義」「独創」「特殊」などは見出しとなっていないということが両書の対照によってわかる。

『言海』の「普通語」は〈ひろくゆきわたっている＝広通している〉ということとまずは考えられよう。そのように前提した時に、『言海』が見出しとして採用せず、かつ（一）で言及した「固有名稱」と「專門語」とは、いずれも、ひとまずは（大槻文彦いうところの）「普通語」と排他的な存在であった、とみることができよう。それは「其固有名稱、又ハ、專門語等ハ、別ニ自ラ其辭書アルベク」と述べていることからも推測できる。

（二）で述べられている「五種の解」は「發音《Pronunciation.》」「語別《Parts of speech.》」「語原《Derivation.》」「語釋《Definition.》」「出典《Reference.》」である。特に「語釋」については「語ノ意義ヲ釋キ示スヿ、是レ辭書ノ本分ナリ」と述べ、重視していることがわかる。これは「日本語ヲ以テ日本語ヲ釋キタルモノヲ、日本辭書ト稱スベシ」と述べている（三）と重なる。

明治四年から刊行が始まり明治十七年に刊行が途絶した『語彙』、明治十八年に出版された近藤真琴の『ことばのその』、明治二十一年に刊行された物集高見の『ことばのはやし』、同年に刊行された高橋五郎の『〔漢英／対照〕いろは辞典』は、いずれも「日本語ヲ以テ日本語ヲ釋」いた辞書といってよい。しかし江戸期に編まれた辞書を考え併せた場合は、必ずしも「日本語ヲ以テ日本語ヲ釋」いたとはいえないものがあったのであり、そうしたことに対しての言説とみることができる。

（四）においては、辞書は文法的な裏付けのもとに編まれるべきだという「みかた」が明白にうちだされている。『言海』は第一冊に「語法指南（日本文典摘録）」を附載している。

（八）において、『言海』が「簡約ナラムヲ旨ト」して編まれていることを述べている。そしてその規模は「ヱブスター氏」の「オクタボ」に倣ったという。この「オクタボ」が『*Webster's Royal Octavo Dictionary*』という中辞典であっただろうことを早川勇が『ウェブスター辞書と明治の知識人』（二〇〇七年、春風社、三二四頁他）において指摘していることについては先に述べた。

（八）には「東西同事物ノ釋ノ如キハ、洋辭書ノ釋ヲ譯シテ挿入セルモノ多シ」とあり、第四冊末尾に置かれた「ことばのうみのおくがき」には「初め、編輯の體例は、簡約なるを旨として、收むべき言語の區域、または解釋の詳略などは、およそ、米國の「ヱブスター」氏の英語辭書中の「オクタボ」といふ節略體のものに傚ふべしとなり。おのれ、命を受けつるはじめは、壯年鋭氣にして、おもへらく、「オクタボ」の注釋を翻譯して、語ごとにうづめゆかむに、この業難からずとおもへり」と述べられている。しかし「ことばのうみのおくがき」においては、右の言説に続いて、編輯の困難さが述べられており、「壯年鋭氣」の時には右のように考えていたが、実際にはなかなかそうはいかなかった、という「文脈」で理解すべきではないだろうか。

（九）には「此篇ニ引用參考セル和漢洋ノ典籍ハ、無慮、八百餘部、三千餘巻ニ渉レリ。其他、或ハ耳聞セル所ヲ取リ、或ハ諳記セル所ヲ筆シ、或ハ自ラ推考セル所ヲモ記セリ」とある。これをそのままうけとるならば、『言海』の「引用」文の中には、大槻文彦の「耳聞セル所」「諳記セル所」が含まれていることになる。となれば、「引用」文によって、大槻文彦が使用していたテキストを特定することはできない場合があることになろう。

（十）には見出しを「五十音ノ順」に排列したことが記されている。明治十八年に出版された近藤真琴の『ことばのその』、明治二十一年に出版された物集高見『ことばのはやし』がいずれも五十音順排列であることからすれば、見出しの五十音順排列を『言海』固有のものとすることはできない。従来は、福沢諭吉の「下足札でもいろは順」といった発言とともに喧伝され過ぎているともいえよう。

「凡例」から探る

『言海』の「本書編纂ノ大意」に続いて、「語法指南（日本文典摘録）」（以下、「語法指南」とのみ記す）が掲載されている。前述したように、「語法指南」は附録の一つであり、本書では多く取り上げないが、その大枠をここに述べる。

「語法指南」は、全七十九頁ある。この七十九頁の間には、「動詞ノ語尾變化……法」（第一表）や「形容詞ノ語尾變化……法」（第二表）といった表が五つ挿入されている。第二表は二十二頁にあたるが、これ以外の表には頁数が振られていない。前述したように、「本書編纂ノ大意」（四）の冒頭には、「辞書は文法的な裏付けのもとに編まれるべきだという「みかた」」が示されている。また、その末尾には、「此書ノ篇首ニ、語法指南トテ掲ゲタルハ、其文典中ノ規定ノ、辭書ニ用アル處ヲ摘ミタルモノナレバ、此書ヲ覽ム者ハ、先ヅ之ニ就キテ、其規定ヲ知リ、而シテ後ニ本書ヲ使用スベシ」とある。附録である「語法指南」が、第一冊に掲載されているのは、「文典中ノ規定」を踏まえた上で、「此書ヲ覽ム」ことが期待されたためと推測する。

さて、「語法指南」に続いて、「凡例」が掲載されている。「凡例」は五十五條にわたって箇条書きされている。犬飼守薫（一九九九）は、これを次の七つに分類し、説明を行なう。

Ⅰ（一）～（八）……………見出し項目に関する事項
Ⅱ（九）～（廿七）……………見出し語形と排列に関する事項
Ⅲ（廿八）～（卅七）…………文法に関する事項
Ⅳ（卅八）……………………漢字表記に関する事項
Ⅴ（卅九）……………………語原に関する事項

Ⅵ（四十）～（五十四）……語釈に関する事項
Ⅶ（五十五）………………図画に関する事項

Ⅰの「見出し項目」は、本書における「項目」を指す。また、Ⅱの「見出し語形」は、本書における「見出し」を、Ⅳの「漢字表記」は、見出し直下の漢字列と「漢用字」をそれぞれ表す。

「凡例」のうち、もっとも行数が割かれているのは、「凡例」（卅四）であり、十頁から十三頁にかけて記述されている。この他の條は、その配置から二頁にまたがって記述される場合もあるが、それだけに（卅四）は例外といえる。（卅四）は、和語「モチヰル（用）」の語尾変化に関して、諸説を挙げて論じられている。これは、大槻文彦が明治十五年一月に『洋々社談』八十三号に発表した論考「モチヰルといふ動詞の活用」と対応する部分が多い。[註1]そのため、大槻文彦が「凡例」を記述するに際して、採用したことが考えられる。本論考は、東洋文庫において二〇〇二年に復刻された『復軒雑纂』にも収録されており、これを解説した鈴木広光は、「公にされた年は、『言海』のほうが後であるが、おそらくこの論文は『言海』凡例に記された考証をもとに、抜粋要約して読み物風にまとめられたものであろう」（二九九頁）と述べる。しかし、（卅四）には、明治二十年に出版された中島廣足増補の『増補雅言集覧』が採用されているため、本論考から加筆を行なない、「凡例」に組み入れたと推測される。

次に、「凡例」から、「『言海』はどのような辞書か」ということを改めて確認していきたい。具体的には、「凡例」に使用されている用語や、その他の頁とのかかわりをみていく。

まず、「凡例」（一）（二）には、次のようにある。

（一）此篇ニハ、古言、今言、雅言、俗言、方言、訛言、其他、漢語ヲ初トシテ、諸外國語モ、入リテ通用語トナレルハ、皆収メタリ、然レトモ（合字）、甚シキ古言ハ、漏ラセルモアリ、且、漢語ハ、普通和文ニ上ルモノヲ限リトセリ、方言ハ、大抵、東西兩京ノモノヲ取リテ、諸國邊土ノモノハ、漏ラセルモ多シ、

（二）篇中、高尚ナル學術ノ專門語、又ハ、地名、人名、等ノ固有名稱ハ取ラズ、但シ、固有名ナレトモ（合字）、神佛ノ名、禁闕、宮殿ノ稱、官署ノ號、其他、器物ノ名等ノ、常ニ書册ニ見ハルルガ如キハ取レリ、

（一）および（二）では、『言海』における見出しの選定基準について記述されている。（一）には、「古言、今言、雅言、俗言、方言、訛言、其他、漢語ヲ初トシテ、諸外國語モ、入リテ通用語トナレルハ、皆収メタリ」とある。「本書編纂ノ大意」（一）とも対応するが、ここでは、『言海』に掲載されている項目が何であるかを表明しているといえる。また、「漢語ハ、普通和文ニ上ルモノヲ限リトセリ」とあることから、漢語については、「通用語」であり、「普通和文ニ上ルモノ」に限定して掲載したことがわかる。この点について、今野真二（二〇一四a）は、『言海』が「書きことば」に配慮した辞書であるという見方を提示する（五十八頁）。

『言海』は、固有名詞を除いて、ひろく一般的に使われている語を（辞書の規模に応じてではあるが）できるだけ網羅することを目指していたのではないか。印刷出版にあたって、草稿にあった漢語を見出し項目からかなり削ったため、『言海』が成った明治二十年頃の日本語の語彙体系を考えれば、見出し項目に占める漢語の割合はかなり少ない。しかし、それでも、「話しことば」に傾斜するわけではなく、適度に「書きことば」を配慮したバランスのとれた辞書であったと考える。

このときの「草稿」は、「私版出版用稿本」を指すかと思われるが、『言海』において、漢語の選定に十分な配慮がなされていることが指摘されている。そうであれば、このことは、(二)において、固有名称の選定基準を示したことにも通じる。

(三)〜(八)は、熟語や句を掲載する際の語形について記述されている。(七)では同音異義語について、次のように取り上げられている。

(七)同語ナレドモ、其意義甚シク變ジテ、別語ノ如クナレルハ、別條ニ擧ゲタルモアリ、例ヘバ、鐘モ、鉦モ、金ト同語ナレド、五金ノ總名ト、つりがねト、たたきがねトハ、義甚ダ同ジカラズ、又「合フ」ト「逢フ」トハ、同語ナルベケレド、一ハ「共ニナル」意ニテ、一ハ「相見ル」意トナル、此類ハ、皆、別條トシテ掲ゲタリ、

(七)に例として挙げられた和語「カネ(金・鐘・鉦)」と「アフ(合・逢)」の同音異義語は、いずれも『言海』において立項されている。「皆、別條トシテ掲ゲタリ」という記述が、実際に『言海』において行なわれているといえる。

(九)には、「和語、漢語、諸外國語ノ別ナク、スベテ、假名ニテ記シテ擧ゲタリ、其音ノ順序ニ據リテ採グルニ便ニセムトテナリ、而シテ、其頭字ヲ、五十音ノ順ニテ列ネ、其第二字、第三字第四五字以下モ、スベテ五十音順ニテ列ネタリ」とある。前掲した「本書編纂ノ大意」(十)と同様の文言である。しかし、その違いとして、「本書編纂ノ大意」(十)では、「西洋ノ「アルハベタ」」の索引と「いろは」の索引を比べた上で、五十音順の排列の利便性を述

べているのに対し、「凡例」（九）では、五十音順であることを断言しているという点がある。「本書編纂ノ大意」と「凡例」には、同じような事柄が記されているようにも思われる。しかし、「本書編纂ノ大意」では「経緯」を、「凡例」では『言海』における「規則」を簡潔にまとめているという点が異なるのではないか。

さて、「凡例」（十）〜（十三）では、具体的な排列方法について記述されている。また、（十四）では、「假名遣ノ確定シガタキ」語について、（十五）〜（廿七）では、音便や発音といった、音韻と表記を中心に挙げる。このうち、先に挙げた（七）のように、異なる語形について配慮し、見出しを二つにわけ、それぞれ立項したという記述は、十五（音便が異なる語）・廿二（「尾韻」の「を」の用法）・廿五（漢音・呉音）にみられる。

ところで、（十三）には、「委シクハ、後ノ索引指南ニ擧ゲタルヲ見ヨ」のように、「索引指南」の参照を促す記述がある。また、（廿三）には、「以上、スベテ漢字音ノ紛レ易キモノハ、後ノ索引指南ノ條ニ、類ヲ以テ集メテ示セリ」とあり、（廿三）までの音韻と表記の区別について、「索引指南」に一括して記述したことが述べられている。（廿七）にも「字音ノ發音」について、「（後ノ索引指南ヲ見ヨ、）」とある。そして、「索引指南」の（八）には、「次ニ、音ハ同ジヤウニテ、假名ノ異ナルモノヲ、左ニ出ダス」のように、その一覧が掲げられている。先に、「本書編纂ノ大意」と「凡例」の違いを述べたが、「凡例」と「索引指南」にも同様のことが看取される。また、「凡例」には、「語法指南」や「本書編纂ノ大意」の参照を促す記述もある。これについては後述する。

（廿八）（廿九）では、「動詞、形容詞、助動詞」の「基本體」、つまり、見出しの標示について記述されている。（三十）（卅一）では、規則動詞第二類（下二段活用）・第三類（中二段活用）における活用語を、規則動詞第四類（一段活用）、あるいはその「變體」（下一段活用）としたことが記述されている。（卅二）（卅四）には、個々の語の品詞の判定について述べられている。なお、（卅六）では、見出しの下に付す品詞の略号について記述し、「凡ソ、是等ノ事ノ詳ナルハ、前ノ語法指南ヲ見ルベシ、又、其畧語符號等ノ解ハ、スベテ後ノ索引指南ニ委シ」とある。このことから、「凡例」を作成した時点で、その掲載順序が「語法指南」「凡例」「索引指南」と定まっていたことが推測される。

先にふれたように、「凡例」が「語法指南」と対応する箇所もある。たとえば、「凡例」の（三十）では、次のように「語法指南」に触れている。

（三十）規則動詞第二類ニテ、「うく、うくる、うくれ、うけ、」（受）「やす、やする、やすれ、やせ、」（痩）ナドト語尾ヲ變化スルモノヲ、口語ニテハ、「うける、うける、うけれ、うけ、」又ハ「やせる、やせる、やせれ、やせ、」トイフガ定マリナリ、（中略）而シテ、斯ク語尾ヲ變化スル語、今世普通ニ使用シテ、用アルモノ甚ダ多クレバ、辭書ニ收メザルベカラズ、因テ、今ハ姑ク規則動詞第四類ノ變體トシテ、卽チ、きる、きれ、き（着）にる、にれ、に（似）等ノ同類ニ收メタリ、コハ、韻ハ異ナレド、變化ノ狀ハ、全ク同ジケレバナリ、（此事、篇首ノ語法指南ノ動詞ノ變化ノ條ニモ說ケリ、就キテ見ルベシ、次項ノ事モ然リ）

ここでは、「規則動詞第二類」における語尾変化の分類について記述されている。「次項ノ事モ然リ」とあるが、次項の（卅一）は、「規則動詞第三類」（「おく、おくる、おくれ、おき、（起）」など）を挙げる。「語法指南」の「動詞」から、該当部（十三頁）を確認すると、次のようにある。

然レドモ、口語ニアリテハ、規則動詞第三類ノいく、（生）おつ、（落）しふ、（强）等ヲ、いきる、おちる、しひる、ナドトスルガ、定マリナリ。（關東、近畿ヲ初トシテ、全國六七分ハ然リ、次ノ變體モ同ジ、）（略）

變體　又、規則動詞第二類ノう、(得)うく、(受)まかす、(任)等ヲモ、口語ニテハ、える、うける、まかせる、トセリ。此口調ニ従ヒテ、別ニ出來レルける、(蹶)いせる、(摺縫)はぜる、(裂)はねる、(放場)もめる、(所揉)ナドモアリテ、其語、亦多シ。此類ノ語尾ノ變化ハ、「ける、ける、けれ、け、け、けよ、」せる、せる、せれ、せ、せ、せよ、」ねる、ねる、ねれ、ね、ね、ねよ、」ナドトナリテ、其韻ニいトえトノ差ハアレド、其變化ノ状ハ、不規則動詞ノ第四類ニ似タリ、因テ、其類ノ變體トス。

取り上げた語が「凡例」と「語法指南」で異なるものもあるが、「語法指南」を踏まえて「凡例」が記述されていることがわかる。(卅三)(卅五)にも「語法指南」の参照を促す記述がある。

(卅八)には、「篇中、毎語ノ下ニ、直ニ標出セル漢字ハ、雅俗ヲ論ゼズ、普通用ノモノヲ出セリ」とある。これは見出し直下の漢字列を指す。また、「語釋ノ末ニ、別ニ漢用字ヲ掲ゲテ」と、「漢用字」に言及する。「漢用字」の語が、「索引指南」の「種種ノ標」では「漢ノ通用字」と異なるが、この点については、第二章第一節でも取り上げた。(卅九)には、「語原」と「語釋」を分けて記述したことが記述されている。また、「但シ、近古、西班牙人、葡萄牙人、蘭人等ノ傳ヘタルモノト覺シクテ、詳ナラザルハ、姑ク南蠻語、或ハ洋語ナドト記シ置ケリ」という記述がある。「詳ナラザルハ、姑ク南蛮語、或ハ洋語ナド」と記述し、具体的な国名を挙げないという指針である。『言海』において、語原や語釈に「洋語」と記述する項目は八つある。[註2] ここで、「凡例」(十六)をみると、「洋語ノ「ウニコオル」(一角)「メエトル」(佛尺)「フウト」(英尺)ノ如キハ、(略)今ハ、假名ニ記セリ」とある。「洋語」を三項目挙げるが、これらは『言海』において、それぞれ「羅甸語」(見出し「ウニコオル」)、「仏語」(見出し「メエトル(米突)」)、「英語」(見出し「フウト(英尺)」)と印刷されている。いずれの場合も、「稿本」における修正がない。また、見出し「ウニコオル」は、大槻文彦の「外来語原考」においても「羅甸語」とある。そのため、「凡例」においては、「洋語」を外来語の総称として使用する場合があることには注意したい。

（四十）以下には、語釈や見出しの立項について記述されている。（四十二）には訳語について記述があり、また、「本書編纂ノ大意」の参照を促す記述がある。これに対応する記述を「本書編纂ノ大意」（七）と判断し、併記すると、次の通りである。

（四十二）洋語ノ翻譯ニ出デタル語ハ、譯者ノ筆ニ因リテ、譯語區區ナルモノモアレバ、篇中多ク收メズ、後ノ一定ノ時ヲ待タムトスルコト、篇首ノ編纂大意ニモ述ベタルガ如シ、又、熟ラ思フニ、外來事物ノ新語ノ如キハ、洋書ノ全備セルモ多ケレバ、就キテ求メムニ、其道ヲ得ムコト、容易カルベシ、内國舊來ノ事物ノ如キニ至テハ、辭書類書ノ全書ニ乏シクテ、一二事物ノ解ヲ得ムトスルニモ、數書ヲ渉獵セザルベカラザルガ如キコト多シ、此ノ故ニ、此篇ハ内國從來ノ事物ヲ網羅スル方ニ、力ヲ專ラニセリ、看ル者、中外ノ事物ニ於テ、偏重スル所アルガ如キヲ咎ムルコト勿レ、尚大成ノ如キハ、後ノ增補ヲ期スベシ、

（七）近年、洋書翻譯ノ事、盛ニ起リテヨリ、凡百ノ西洋語、率ネ譯スルニ漢語ヲ以テセリ、是ニ於テ、新出ノ漢字譯語甚ダ多シ。然レトモ（合字）、其學術專門語ノ高尚ナルモノハ收メズ、普通ノ語ニ至リテモ、學者ノ譯出新造ノ文字、甲乙區區ニシテ、未ダ一定セザルモノ多シ。故ニ、是等ノ語モ、篇中ニ收メタル所、甚ダ多カラズ、應ニ後日一定ノ時ヲ待ツベシ。其他、新官衙、職制等ノ、倏忽ニ廢置變更セルモノ、亦然リ。

「凡例」（四十二）には、「後ノ一定ノ時ヲ待タムトスルㇰ、篇首ノ編纂大意ニモ述ベタルガ如シ、又、熟ラ思フニ、外來事物ノ新語ノ如キハ、洋書ノ全備セルモ多ケレバ、就キテ求メムニ、其道ヲ得ムㇰ、容易カルベシ」とある。「本書編纂ノ大意」（七）を踏まえた上で、「又、熟ラ思フニ」と展開していることがわかる。永嶋大典（一九六六）は、「『言海』の収録語は、純日本的・保守的性格が強く、それだけ、英語辞書の利用もまたむずかしくなったわけである」（七十六頁）と指摘する。また、山田忠雄（一九八一）は、「アタマならずカウベ（カシラ）を主出する言海の古さは、heaven に対する空・天《テン》ならず天《アメ》によっても象徴される。口語がより卑い価値しか持たず俗語とされていた時代の産物であるから已むを得ないであろうが、これは同時に全巻を蓋う古語色の代表と見てよい」（五五七頁）と述べる。いずれの指摘も、この「本書編纂ノ大意」（七）と「凡例」（四十二）を踏まえた上での指摘と推測される。

語釈に関しては、四十四（「某語ニ同ジ」など）、四十五（和語と漢語で通用している方を本語とする）、四十七（「某語ノ條ニ注ス」など）條において、他の項目の参照を促す記述について示されている。（四十四）には、次のようにある。

（四十四）同義ノ語數種アルトキ（合字）ハ、其正語又ハ普通語ト覺シキ方ニ釋シテ、其古言、俗言、方言、訛言ナドノ方ニハ、「某語ニ同ジ、」又「某語ノ古言、又ハ俗言、」ナドト記セリ、にはとり（鷄）にはつとり、ながなきどり、ゆふつけどり、うすべどり、かけ、ナドハ、にはとりニ注シ、さけ（酒）き、ささ、ごしゆ、ナドハ、さけニ注シ、めし（飯）いひ、まま、はん、ごぜん、ナドハ、めしニ注セルガ如シ。

「其古言、俗言、方言、訛言ナドノ方ニハ、「某語ニ同ジ、」又「某語ノ古言、又ハ俗言、」ナドト記セリ、」とある。

このことから、『言海』では、同義の語でも、特に古言、俗言、方言、訛言には配慮していたことがわかる。「某語ニ同ジ」という表現については、次節で取り上げる。(四十四)に取り上げられた項目は、次のとおりである。

にはとり(名)[鶏]〔鶏《カケ》ノ枕詞ナル「庭ツ鳥」ヨリ轉ズ〕本名、カケ。又、クタカケ。異名、ナガナキドリ。ユフツケドリ。ウスベドリ。鳥ノ名、常ニ人家ニ畜フ、人ノ知ル所ナリ、(略)

〔にはつとり(枕)[庭津鳥]〔人家ノ庭ニ捿メバイフ〕鶏《カケ》ノ枕詞。「―、迦祁《カケ》ハ鳴ク」庭津鳥、可鶏《カケ》ノ垂尾ノ」此語、後ニ、庭鳥トノミモイヒ、直ニ、鶏ノ名トス。

〔ながなきどり(名)[長鳴鳥]〔他鳥ヨリハ鳴ク聲勝レテ長ケレバイフトゾ〕にはとりノ異名。「常夜ノ―」鶏‖

〔ゆふつけどり(名)[木綿着鳥]鶏ノ異名。世ノ中ニ騒亂アル時ニ、四境ノ祭トテ、鶏ニ木綿ヲ着ケテ、京城四境ノ關ニ至リテ祭ラセラルト云。

〔うすべどり(名)[臼邊鳥]にはとりニ同ジ。

〔かけ(名)[鶏]〔鳴聲ヲ以テ名トス、かけろノ條ヲ見ヨ、家鶏《カケ》ノ音ナリトイフハ、誤レリ〕にはとりノ古名。「庭ツ鳥、―ハ啼ク」庭ツ鳥、―ノ垂尾《タリヲ》ノ」

さけ(名)[酒]〔(略)〕古言、酒《キ》。異名、ササ。米ニテ釀シ作ル飲物。淸酒、濁酒アリ、淸酒《セイシュ》ハ、白米ヲ蒸シテ、麴ト水トヲ加へ、掻キマゼテ貯フルヿ數日ナレバ、泡ヲ盛リ上グ、以上ヲもとトイフ、(略)。其他濁《ニゴリ》―、甘《アマ》、古酒《コシュ》等、種種アリ、各條ニ注ス。

〔き(名)[酒]さけニ同ジ。「白《シロ》―」黒《クロ》―」御《ミ》―」

ささ(名)[酒]〔支那ニテ、酒ノ異名ヲ竹葉《チクエフ》トイフニ起ル、或云、さけヲ略シテ重ネタル語カト〕酒《サケ》ニ同ジ。〔婦

人ノ語）
ごしゅ（名）御酒 酒《サケ》ノ敬語。
めし（名）飯〔(略)〕（一）飯《イヒ》。米穀ヲ炊ギタルモノ。「米ノ―」麥―」粟ノ―」（二）食《ケ》。日日、時ヲ定メテ、飯ヲ食フヿ。食事。「―時」朝―」晝―」夕―」餐
いひ（名）飯（一）古ヘハ米ヲ蒸シタルモノ。（二）後ニ、米ヲ水ニテ炊ギタルモノ。固粥《カタカユ》。メシ。（麥、粟等ニモイフ）
まま（名）飯〔旨旨《ウマウマ》ノ約〕小兒ノ語、飯《メシ》ニ同ジ。マンマ。
はん（名）飯 イヒ。メシ。「―ヲ喫ス」
ごぜん（名）御膳 食事《ショクジ》、飯《メシ》、ノ敬語。

（四十四）には、「にはとりニ注シ」とある。見出し「にはとり」「さけ」には、「同義ノ語」の見出しが記述されているが、見出し「めし」には、「まま」「はん」「ごぜん」が見られないという違いがある。いずれの場合にも、「同義ノ語」の見出しには、その元となる見出し（本見出し）が掲載されている。このことから、「〇〇ニ注」するとは、本見出しに掲載するのではなく、それぞれの「同義ノ語」に掲載することを指すと推測される。「同義ノ語」に掲載された本見出しは、見出し「にはつとり」「ながなきどり」のように、漢字列「鷄」を配する場合や、見出し「ゆふつけどり」「うすべどり」のように、各語から見出し「にはとり」を想起させる場合がある。漢字列を表す場合と見出しを表す場合に差があるかどうかは不分明である。[註3] さらに、本見出しに「本名」「異名」「古言」とある場合に、「同義ノ語」の見出しには「亠」の符号がみられる。この符号は、「索引指南」の「種種ノ標」において、「古キ語、或

ハ、多ク用ヰヌ語、又ハ、其注ノ標」と説明されている。「本名」や「異名」を、「古キ語、或ハ、多ク用ヰヌ語」に該当すると即断することは難しいが、ひとまずそのようにみられる。

以上のように概観すると、すでに指摘されているように、「本書編纂ノ大意」の（二）における「五種ノ解」のそれぞれが、Ⅱ（發音）・Ⅲ（語別）・Ⅴ（語原）・Ⅵ（語釋）において詳述されていることがわかる。「出典」に関する記述はないが、これは「本書編纂ノ大意」の（八）に「出典ニ至リテハ、淨書ノ際、姑ク除ケリ、簡冊ノ袤大トナラムヲ恐レテナリ」とすでにあるためかと推測する。

註1　第五章第一節の註1を参照されたい。また、平成三十年四月二十二日に行なわれた第三十五回鈴屋学会大会において、兒島靖倫「大槻文彦と近世国学――「もちゐる」に見られる出典の扱いについて――」が発表された。「凡例」（卅四）と各引用書と対照を行なった結果、『古言梯』については、『古言梯再考増補標注』からの引用であることが明らかにされている。

註2　八項目のうち、「洋語」とされているのは、「カバン（鞄）」「カルメラ（浮石糖）」「ひくひどり（火食鳥）」「ミイラ（木乃伊）」「レダマ（連玉）」の五項目である。「テンプラ（天麩羅）」「パッチ」「やぎ（野羊）」の三項目は、判断が保留されている。なお、見出し「よう（洋）」の使用例に「―語」とある。

註3　なお、見出し「にはつとり」「かけ」には同一の使用例があるが、そこに記述された「垂尾」の「垂」の字体は、見出し「にはつとり」では「埀」、見出し「かけ」では「垂」のように異なる。

第二節　『言海』の体例（組織）について

「本書編纂ノ大意」（一）の末尾には「其固有名稱、又ハ、專門語等ハ、別ニ自ラ其辭書アルベク、又、部門ニ類別スルハ、類書ノ體タルベシ。此書編纂ノ方法、一ニ普通辭書ノ體例ニ據レリ」と述べられている。ここに「體例」（体例）という用語がみられる。本書では、辞書（体資料）の組織を「体例」と呼ぶことにする。したがって、本節においては、『言海』が辞書として、どのような組織を有しているかということについて述べることになる。

「本書編纂ノ大意」中では、（三）に注目したい。（三）においては、まず「日本語ヲ以テ、日本語ヲ釋キタルモノヲ、日本辭書ト稱スベシ」と述べられ、『和名類聚抄』から『名物六帖』『雜字類編』に至るまで、日本で編まれた辞書が「漢字ニ和訓ヲ付シ、或ハ和語ニ漢字ヲ當テタルモノ」で「漢和對譯、或ハ和漢對譯辭書」という趣きをもち、「純ナル日本辭書ナラズ」と述べられている。ここにまず『言海』の辞書としての体例の根幹がある、と考える。あげられている辞書体資料は十二に及び、中には『新撰字鏡』『類聚名義抄』『和玉篇』『會玉篇』といった、漢字辞書も含まれているが、これらが「漢和」あるいは「和漢」の対照を軸として編まれていることを述べていると考える。『和名類聚抄』、『類聚名義抄』の記事をあげてみる。

矛　釋名云手戟曰矛人所持也字又作鉾〔和名天／保古〕（二十巻本『和名類聚抄』巻十三征戦具第百七十五）

裁　音財　ワツカニ　タツ　コロモタツ　劣也暫也節也裂也　ト、ム　ヿハル　タツツクル（観智院本、僧中二十三丁表一行目）

『和名類聚抄』は漢語「ボウ・ム（矛）」を見出しとし、それに「和名」「天保古（テホコ）」を配している。観智院本『類聚名義抄』は見出しとしている漢字「裁」に「ワツカニ」「タツ」「コロモタツ」「ト、ム」「コトハル」「ツクル」という和訓を配している。「和名」「和訓」はひいては、和語ということであり、結局『和名類聚抄』『類聚名義抄』は「漢」を見出しとして、それに（語釈として、といっておくが）「和」を対置していることになる。『言海』は、こうしたことを「漢和對譯」と呼んでいると覚しい。

漢字あるいは漢語を見出しとしていても、その漢字、漢語が日本語の中でどのように使われているかを日本語で説明すれば、それは『言海』いうところの「日本辭書」ということになろう。

『言海』は見出し直下に「普通用ノ漢字」（「本書編纂ノ大意」（三））を置く。それはあたかも、見出しに対する「漢」のようにみえるが、このことについては、「日本普通文ノ上ニハ、古來、假名、漢字、并用シテ、共ニ通用文字タレバ、日本辭書ニハ、此一種異様ノ現象ヲ存セザルヲ得ズ」と述べ、見出し直下の漢字列が表記のために示されていることをはっきりと述べている。『いろは辞典』がそうしたことを述べていないことからすれば、このような点においても『言海』を評価することができよう。

結局、『言海』の体例の根幹には、「見出しとして採用した日本語を、日本語によって説明する」ということがあるとまずはいえよう。

次に「凡例」を検証する。体例にかかわると思われる條を次に示す。

（四十）語釋ハ、一二語ヲ以テセルアリ、數語ヲ以テセルアリ、或ハ、同意ノ異語ヲ用ヰ、或ハ近似セル他語ヲ用ヰ、或ハ、古言ヲ今言ニ易ヘ、雅言ヲ俗言ニ當テ、或ハ、今言俗言ヲ古言雅言ニテ釋キ、種種ニ說キ、迂廻ニ述べテ、一ニ意ノ融クルヲ期シテ已メリ、

（四十四）同義ノ語數種アルトキ（合字）ハ、其正語又ハ普通語ト覺シキ方ニ釋シテ、其古言、俗言、方言、訛言ナドノ方ニハ、「某語ニ同ジ、」又「某語ノ古言、又ハ俗言、」ナドト記セリ、にはとり（鶏）にはつとり、ながなきどり、ゆふつけどり、うすべどり、かけ、ナドハ、にはとりニ注シ、さけ（酒）き、ささ、ごしゅ、ナドハ、さけニ注シ、めし（飯）いひ、まま、はん、ごぜん、ナドハ、めしニ注セルガ如シ、

（四十五）けふ、こんにち、（今日）ことし、たうねん、（當年）みづかね、すゐぎん、（水銀）はらわた、ちやう、（腸）かり、がん、（雁）ナド、和語、漢語、同義ニシテ、通用ニ差別ナキハ、和語ノ方ニテ釋キ、やまびと、せんにん、（仙人）ふくふくし、はい、（肺）なゐ、ぢしん、（地震）にはくなぶり、せきれい、（鶺鴒）ナドハ、一方、和語ナレドモ、今ハ不通ナレバ、通用ノ漢語ノ方ニテ釋キタリ、

（四十六）同意語（Synonyme.）ハ語釋ノ末ニ列ネタリ、例ヘバ、くふ、（食）ノ注ノ末ニ、クラフ、ハム、タブ、タウブ、ナド列ネ、あふのく、（仰）ノ末ニ、アフヌク、アフムク、アヲノク、アヲムク、ナド列ネタルガ如シ、ワラグツ、ワラウヅ、（藁沓）ワランヅ、ワランヂ、ワラヂ、（草鞋）ナドハ、畢竟同語ニテ、唯音便ノ差アルノミナレド、亦同意語トシテ列ネタリ、其他ノ事物、殊ニ動植物ノ名ニハ、諸國ノ方言等ニ、同意語多シ、其著シキモノハ、皆此例ニ從ヘタリ、

右の諸條では、「同意ノ異語」「近似セル他語」（四十）、「同義ノ語」（四十四）、「和語、漢語、同義ニシテ」（四十五）、「同意語」「同語」（四十六）といった用語が使われており、「同意語」に留意していることがうかがわれる。な

お、厳密な意味合いでの「同意語」は存在しないのであって、以下（『言海』の引用ではなく）稿者自身の用語としては「類義語」を使うことにする。

また、「古言」「今言」「雅言」「俗言」「正語又ハ普通語」「訛言」という用語もみられ、語形によって、それがどのようなものであるかが（当然といえば当然のことであるが）大槻文彦には明確にとらえられていたことをうかがわせる。「同義ノ語数種アルトキ（合字）ハ、其正語又ハ普通語ト覺シキ方ニ釋」き、「和語、漢語、同義ニシテ、通用ニ差別ナキハ、和語ノ方ニテ釋キ」、「和語ナレドモ、今ハ不通ナレバ、通用ノ漢語ノ方ニテ釋キタリ」と述べていることからすれば、「正語又ハ普通語」と「通用」とが概念上重なり合いをもっている可能性がある。

（四十六）を検証してみる。

1 いさかひ（名）諍 イサカフコト。イヒアヒ。口論。
2 いさを（名）功 （勇雄《イサヲ》ノ義）事ヲ遂ゲテ、善ク成リタルコト。テガラ。功《コウ》。コウミヤウ。
3 いし（名）醫師 醫ヲ業トスル人。クスシ。醫者。
4 いしん（名）異心 フタゴコロ。野心《ヤシン》。
5 いしや（名）醫者 醫師《イシ》。クスシ。
6 いそがし（形．二）閙 事《ワザ》繁クシテ閑《ヒマ》ナシ。セハシ。繁劇
7 いふく（名）衣服 コロモ。キモノ。衣裳《イシヤウ》。
8 うすぐらし（形．一）薄暗 微《ホノカ》ニ暗シ。ヲグラシ。微明

9　うはさ（名）噂〔表様《ウハサマ》ノ略カ〕事事ニツケテ、世上ニ言觸ラス話。風説。世評

10　うりかひ（名）賣買　賣《ウ》ルト買《カ》フト。バイバイ。アキナヒ。

1では、「イサカフコト」が見出し「いさかひ」の説明的な語釈で、和語「イイアイ」と漢語「コウロン（口論）」とが語釈の一部として類義語として置かれていると思われる。2では見出しとなっている和語「イサオ（功）」を、まずは説明的に「事ヲ遂ゲテ、善ク成リタルコト」と説き、和語「テガラ」、漢語「コウ（功）」「コウミョウ（功名）」を類義語として掲げている。「類義」ということの「類」を考えれば、見出しが漢語であれば、漢語の類義語が、見出しが和語であれば、和語の類義語がまずは配置されることが推測されるが、3では漢語の見出し「いし（医師）」にまず和語「クスシ」が配され、続いて漢語の類義語「イシャ（医者）」が置かれており、つねにそのように配置されるとは限らないと思われる。

6「いそがし」、8「うすぐらし」はいずれも和語の形容詞が見出しとなっているが、前者においては「セハシ」、後者においては「ヲグラシ」が和語の類義語として置かれていると思われる。前者ではそれに続いて「漢用字」「繁劇」が、後者ではそれに続いて「微明」が置かれている。『日本国語大辞典』第二版は漢語「ハンゲキ（繁劇）」の、一八六八年以前の使用例を挙げていない。しかし、『漢語大詞典』は晋の郭璞の使用例をあげており、語義の重なり合いについてはなお慎重に確認する必要があるが、ひとまずは漢語「ハンゲキ（繁劇）」の中国での使用は確認することができる。また「ビメイ（微明）」は古典中国語としての使用を確認することができる。漢語「ハンゲキ（繁劇）」、漢語「ビメイ（微明）」はそれぞれ、見出し「いそがし」、見出し「うすぐらし」の漢語の類義語として語釈末に置かれる可能性はあったのではないか。しかし、これらは「漢用字」として置かれている。『言海』において、「漢

用字」がどのような位置づけになっているか、必ずしも明らかにはなっていないが、右のようなことは、「漢用字」が見出しの漢語類義語である可能性を示唆すると考える。

右の1～10は語釈末に、類義語が置かれている。『言海』には次のような見出しが少なからず存在している。見出し「くわうらい」も併せてあげておく。

くわうらい（名）光來 來ルヿ、ノ敬語。オイデ。光臨。光駕。
くわうりん（名）光臨 光來《クワウライ》ニ同ジ。

見出し「くわうらい」の和語の類義語が「オイデ」、漢語の類義語が「コウリン（光臨）」「コウガ（光駕）」と思われる。そうであれば、「コウライ（光来）」と「コウリン（光臨）」とは類義語同士ということになる。見出し「くわうりん」には「光來《クワウライ》ニ同ジ」と記されており、「同ジ」とあるが、右のことからすれば、この「同ジ」は類義語であることを示していることになる。「光來《クワウライ》ニ同ジ」の「光來《クワウライ》」の部分に「くわうらい」の語釈を入れれば、見出し「くわうりん」は次のようになる。

くわうりん（名）光臨 來るヿ、ノ敬語。オイデ。

そして、和語の類義語に続いて、漢語の類義語「光来」「光駕」を置けば、次のようになる。実際の見出し「くわうらい」と並べてみよう。

くわうらい（名）光來 來るヿ、ノ敬語。オイデ。光臨。光駕。
くわうりん（名）光臨 來るヿ、ノ敬語。オイデ。光來。光駕

見出し「くわうらい」と見出し「くわうりん」とは、この順で隣り合っているので、右のように記述することはしにくい。しかし「～ニ同ジ」という語釈は、「原理」としては右のようなことであろう。

ところで、（四十四）には「同義ノ語數種アルトキ（合字）ハ、其正語又ハ普通語ト覺シキ方ニ釋シテ、其古言、俗言、訛言ナドノ方ニハ、「某語ニ同ジ、」又「某語ノ古言、又ハ俗言、」ナドト」記すとある。実際の見出し「くわうりん」の語釈には「光來《クワウライ》ニ同ジ」とあるので、この場合、見出し「くわうらい」が「正語又ハ普通語」ということになる。「くわうらい」が「正語又ハ普通語」であり、「くわうりん」はそうではないことの理由を明らかにすることが難しい場合もあろう。

そしてまた、どのような場合には「～ニ同ジ」という語釈形式を採り、どのような場合には、語釈末に類義語を置くのみで、「～ニ同ジ」という形式を採らないか、ということの「識別」も必ずしも容易ではない。ここでは、見出しが和語の場合、見出しが漢語の場合に分けて、「～ニ同ジ」という語釈形式を採っている見出しをそれぞれ十ずつあげておくことにする。

［見出しが和語の場合］

1 +けつね（名）狐 きつねニ同ジ。

2 〔こおよび（名）小指 こゆびニ同ジ。
こゆび（名）小指 手足ノ最モ小キ指。季指
3 ＋こぎる（他動）（規．一）小切 ねぎるニ同ジ。
＋ねぎる（他動）（規．一）直切 價ヲ減ゼヨト望ム。直段ヲマケサス。擢直
4 こけもも（名）苔桃 いはなしニ同ジ。
いはなし（名）岩梨 灌木、富士、日光等ノ高山ニ生ズ、高サ二三寸、地ニ敷キテ密生ス、葉ハ柞《ツゲ》ニ似テ、對生シ、實、秋ニ熟シテ赤ク、なんてんノ實ニ似タリ、食フベシ。ハマナシ。コケモモ。越橘
5 〔ここぬか（名）九日 ここのかニ同ジ。
ここのか（名）九日（一）月ノ第九ノ日。（二）日數《ヒカズ》、ココノツ。
6 こそぐつたし（形）こそはゆしニ同ジ。クスグツタシ。
こそはゆし（形．一）身ニコソグラルルガ如キ感ジヲ起ス。コソグツタシ。クスグツタシ。コソツパシ。羞痒
くすぐつたし（形．一）こそはゆしニ同ジ。
＋こそつぱし（形）こそはゆしノ訛
7 こな（名）粉《コ》トイフニ同ジ。
8 こはる（自動）（規．一）强 こはばるニ同ジ。
こはばる（自動）（規．一）强張 强《コハ》ク固クナル。シナヤカナラズ。コハル。强直
9 こひわづらひ（名）戀煩 こひやみニ同ジ。
こひやみ（名）戀病 戀フル思ヒニ堪ヘズシテ、病トナルヿ。コヒノヤマヒ。コヒワヅラヒ。相思病

ころがる（自動）（規．一）轉　まろぶニ同ジ。
+ころげる（自動）（規．四．變）轉　ころがるニ同ジ。マロブ。
まろぶ（自動）（規．一）轉〔圓ヲ活用ス〕圓ク廻リ行ク。コロガル。

〔見出しが漢語の場合〕

11 くわんり（名）官吏　官人《クワンニン》ニ同ジ。
くわんにん（名）官人　官ニ仕フル人。官員。官吏。有司。役人。
くわんゐん（名）官員　官人《クワンニン》ニ同ジ。
いうし（名）有司　官吏。役人。
やくにん（名）役人　役目アル人。官人。官員。有司　吏
やくゐん（名）役員　役人ニ同ジ。

12 けいび（名）輕微　輕少《ケイセウ》ニ同ジ。
けいせう（名）輕少　ワヅカナルヿ。スコシナルヿ。イササカナルヿ。輕微。些

13 げかん（名）下澣　下旬《ゲジユン》ニ同ジ。
げじゅん（名）下旬　旬《ジユン》、ノ條ヲ見ヨ。

14 けんしよく（名）顯職　高官《カウクワン》トイフニ同ジ。
かうくわん（名）高官　タカキツカサ。「高位―」

15 けんぷ（名）賢婦　賢女《ケンヂヨ》ニ同ジ。

けんぢよ（名）賢女 賢徳アル女。
16 こうえい（名）後裔 後胤《コウイン》ニ同ジ。
こういん（名）後胤 數代ノ後ノ子。子孫。後裔
17 ごし（名）互市 交易《カウエキ》ニ同ジ。
かうえき（名）交易 品ト品トヲ互ニ易《カ》ヘテ商ヒスルヿ。
18 こと（名）古渡 こわたりニ同ジ。（新渡《シント》ニ對ス）
こわたり（名）古渡 舶來ノ布帛、器物、藥品、ナドニ、古ク渡リシモノノ稱、質、良トシテ貴ブ。古渡《コト》。（新渡《シント》
ニ對ス）
19 こんぎ（名）婚儀 婚禮ニ同ジ。
こんれい（名）婚禮 婚姻ヲ結ブ時ノ儀式。
20 さいだん（名）裁斷 裁決《サイケツ》ニ同ジ。
さいけつ（名）裁決 裁判シテ決定スルヿ。

「凡例」「（四十五）」には「和語、漢語、同義ニシテ、通用ニ差別ナキハ、和語ノ方ニテ釋」くとあるので、見出しになっている和語と「同義」の漢語が見出しとして採用されていたとしても、和語の見出しの語釈に「漢語Xニ同ジ」とは記さないことになる。逆に、漢語の見出しの語釈に「和語Xニ同ジ」と記すことはある。18の見出し「こわたり」は「コ」が漢語で「ワタリ」が和語であるので、混種語であるが、字音語「コト」を混種語「コワタリ」と「同ジ」としている。

見出しが和語の場合、2・5のように、「古キ語」を示す標が附された見出しに「Xニ同ジ」とあり、見出しXにはそれが附されていないということが少なからずある。これは「古キ語」を見出しに採用し、語釈はそうではない語、すなわち当該時期の「普通語」に記すという「方針」といえよう。あるいは1・3・10のように何ほどか「訛語《ナマリ》」である語に「Xニ同ジ」とあり、見出しXにはそれが附されていないということもある。4は植物であるが、指示物がある場合には、実態として「同ジ」ということもある。

見出しが漢語の場合、もともとの中国語においては語義に差があったとしても、日本語の語彙体系内に受け入れた時点では、その差がさほどでなくなっていた場合、日本語によっては、その差が結局は説明できない場合など、さまざまな場合があろうが、『言海』が編まれた時期に語義差が「（ほとんど）なかった」漢語が「ニ同ジ」で結びつけられていると考えることができよう。

11では「カンリ（官吏）」「カンイン（官員）」いずれもが「カンニン（官人）」「ニ同ジ」と記され、見出し「くわんにん」の語釈中には、「カンリ（官吏）」「カンイン（官員）」いずれもがみられる。このように、「ニ同ジ」で結びつけられている漢語は二つには限らない。

11は語釈の「ニ同ジ」という表現に着目すれば、「カンニン（官人）」を軸にして、類義語「カンリ（官吏）」「カンイン（官員）」が結びつけられていることが、（表現）形式上明白であるが、「ニ同ジ」という表現が語釈で使われていない次のような見出しはどうであろうか。

くわさい（名）火災 火《ヒ》ノワザハヒ。火事。火難。

くわじ（名）火事 火、發リテ、家、船ナドノ焼クルヿ。火災

くわなん（名）[火難] 火《ヒ》ノワザハヒ。火事。「―盗賊」火災‖

「カサイ（火災）」の語釈中に「カジ（火事）」「カナン（火難）」が置かれ、「カナン（火難）」の語釈中に「カジ（火事）」が置かれている。「カナン（火難）」は『漢語大詞典』にみられず、漢語ではない可能性がたかい。「カジ（火事）」は漢語「カサイ（火災）」、「カナン（火難）」の語釈中に使われていることからすれば、もっとも理解しやすい語であったと思われる。それは現代日本語における「内省」とも重なる。『言海』で使われている活字をみると、「くわじ」「くわなん」いずれも「漢語（字ノ音ノ語）」（「索引指南」（十二））に使う活字が使われており、そのことからすれば、（そして当然のことではあるが）これら二語を和語とはみていなかった。もしも「くわじ」「くわなん」を和語とみなしていれば、「くわさい」「くわなん」の語釈に「くわじニ同ジ」と記すということもあったか。「くわさい」「くわなん」の語釈「火《ヒ》ノワザハヒ。火事」は共通しており、「くわじ」を軸とした結びつきを前提として語釈が記述されているようにみえる。

見出しXにみられる「Yニ同ジ」という語釈は語Xと語Yとをいわば積極的に結びつけており、見出しとして収めた語相互を結びつけることによって、辞書全体を緊密な連続性の枠内に収めようとしているように思われる。語と語とが結びついて語彙を形成していると考えた場合、『言海』の目指したものは、まさにそうした語彙体系にちかい辞書であったのではないだろうか。

（四十）の冒頭には「語釋ハ、一二語ヲ以テセルアリ、數語ヲ以テセルアリ」とある。「一二語」の語釈もあれば、「數語」の語釈もある、のは当然といえば当然であるが、このいわばさりげない出だしは、「一二語ヲ以テセルアリ」に着目すべきではないか。語釈が『一二語』である見出しをあげてみよう。

1 ふうし（名）風姿 スガタ。ナリフリ。

ふうてい（名）風體 ナリフリ。スガタ。風姿

2 ふがう（名）富豪 カネモチ。モノモチ。

3 ふくしう（名）復讎 アダウチ。カタキウチ。

4 ふしやう（名）負傷 テオヒ。ケガ。

5 ふせい（名）賦性 ウマレツキ。生得。

6 ふんまん（名）忿懣 イキドホルヿ。

7 へいき（名）兵器 イクサダウグ。武器。

8 へうじゅん（名）標準 メジルシ。メアテ。

9 へうめん（名）表面 オモテ。ウハツラ。

10 へんど（名）邊土 カタヰナカ。邊鄙。

へんぴ（名）邊鄙 カタヰナカ。邊土。

11 べんべつ（名）辨別 ワキマヘ。差別。

12 ほんしよく（名）本色 モチマヘ。

13 まいさう（名）埋葬 ハウムルヿ。

14 まんえん（名）蔓延 ハビコルヿ。

15 まんてう（名）滿潮 ミチシホ。

16 もんち（名）門地 イヘガラ。門閥。
もんばつ（名）門閥 イヘガラ。門地。
17 やうさん（名）養蠶 コガヒ。
18 やくなん（名）厄難 ワザハヒ。サイナン。
19 やくろう（名）藥籠 クスリバコ。
20 ようばう（名）容貌 カホカタチ。

「ミチシホ」は見出しとはなっていないが、これを見出しにして、見出し「まんてう」の語釈に「みちしほニ同ジ」とする可能性はなかったのだろうか。原理的にはあったと考えるが、この場合、和語「ミチシホ」にあてる漢字列としてもっとも自然なものが「満潮」であることがかかわっているのではないか。結局、漢語「マンチョウ（満潮）」を見出しにして、「ミチシホ」をその語釈に置けば、改めて和語「ミチシホ」を見出しにする必要はない、という「判断」があるいはあったか。ただし、和語「コガヒ」は見出しとなっており、「蠶《コ》ヲ養《カ》フヿ」という語釈が置かれているので、すべてをひとしなみにみなすことはできないことはいうまでもない。

一語で説明されている見出しは、例えば漢語「フンマン（忿懣）」は和語「イキドオル（コト）」と（ほぼ）同じ語義と理解されていることを示しており、「Xニ同ジ」のいわば「隣り合わせ」にはこのような見出しがある、といってよいだろう。右の1～20の中には、見出しとなっている語を和語一語、漢語一語の二語で説明している場合が少なからずみられる。これは、その三語がつよく結びついていることを推測させる。

『『言海』と明治の日本語』（二〇一三年、港の人）において、山田忠雄（一九八一）が『言海』の語釈について、「各見出しに、文の形を取った語釈を与えることを宗とした」(五六〇頁)と述べていることに関して、「しかしそれは、大槻文彦の意識、あるいはできあがった『言海』の実状と照らした場合、そうであるのだろうか」(三十四頁)と疑問を示したが、その疑問は変わらない。むしろ、語と語とを結びつけることによって、語義の異同を示すということが『言海』の根幹にあるのではないだろうか。

さて、『言海』の「凡例」に、語釈に関して記述された箇条があることは、前述したとおりである。これを改めて確認すると、「凡例」(四十四)では、「某語ニ同ジ」、「某語ノ古言、又ハ俗言」などの形式を採る語義記述について触れている。また、「凡例」(四十七)では「某語ノ條ニ注ス」、「某語ノ條ヲ見ヨ」などの形式を採る語義記述に言及する。前者は、「同義ノ語數種アルトキハ、其正語、又ハ普通語ト覺シキ方ニ釋シテ、其古言、俗言、方言、訛言ナドノ方」に語釈を置くこと、後者は「數種ノ語ヲ、類ヲ以テ、一語ノ下ニ集メテ、其意ヲ釋クトキハ、大ニ説明スニ便ナルヿアリ、然ルトキハ、餘ノ各語ノ下」に前述した形式を採る語義記述を置き、「又密ニ相關ハル語ドモニハ、條毎ニ注シテ、互ニ「某語ノ條ヲ見合ハスベシ」ナドト記シタリ」という記述があることから、『言海』における、語釈の記述にかかわる「規則」が示されているといえる。

「稿本」や「校正刷」を確認すると、『言海』における語釈を作成するにあたり、修正が施されている場合がある。前掲した見出し「うすぐらし」の「漢用字」は、「稿本」において「朦朧」と記述されており、これを見せ消ちして、「微明」と書き改めている。これらは「漢用字」の「認定」に揺れがあった例とみることができる。

このような修正は、私版刊行にあたっての細かな手入れといえる。しかし、似たような修正が頻発している場合、そこには、私版刊行にあたって設けられた「規則」が介在しているようにもみえる。いくつかの見出しを掲げる。

うららけし（形．二）天麗《ウララカ》ニテアリ。

ウヰラウぐすり（名）外郎薬〔うゐらうハ、外郎ノ唐音〕透頂香《トウチンカウ》ノ條ヲ見ヨ。

きざい（名）木材　材木《ザイモク》ニ同ジ。

けきらずビロウド（名）天鵞絨《ビロウド》ノ條ヲ見ヨ。

これらの例は、「稿本」において語釈の漢字列に一定の修正がなされている。すなわち、「天麗《ウララカ》」「透頂香《トウチンカウ》」「材《ザイ》木《モク》」「天鵞絨《ビロウド》」が、平仮名から漢字列へ変更されるという修正である。これらの漢字列は、見出し「うららかに」、「トウチンかう」の直下に和の通用字として、あるいは見出し「ざいもく」「ビロウド」直下の和漢通用字として存在する。そのため、立項されている見出しと対応させるための処置であったとも考えられる。ただ、和語「ウララカ」、和外熟語「トウチンコウ」、漢語「ザイモク」、外来語「ビロウド」のように、どのような語種であっても同様の処置が行なわれているのは注目に値するであろう。

第二章第三節で述べたように、「稿本」では、語釈にある平仮名の単語に対して、活字を修正するように指示する朱線が左傍に付されている。例にあげた項目は、見出し「うららけし」を除いて朱線があり、その上で修正が行なわれている。そのため、「稿本」の浄書と朱線を施す作業が平行して行なわれたようにも思えるが、これについてはさらに慎重に考えてみたい。また、見出し「ウヰラウぐすり」は、「稿本」において「とうちんかうヲ見ヨ」と記述されていた語釈に棒引きが行なわれ、上部欄外に「透頂香《トウチンカウ》ノ條ヲ見ヨ」と「ノ條」を追加した上で記述されている。このような語義記述の異同にも、こうしたことにかかわる細かな「規則」があったのであろうか。子細にみていくことで、『言海』における語義記述を体系化する、すなわち「規則」を明らかにすることが可能にもなると考える。

ただし、前章で述べたように、分冊出版であるが故に、冊によって漢字字体が同一ではない例も存する。そのため、語釈の修正は、冊によって異なる「規則」で行なわれた可能性もある。そして、それは『言海』の中で改善されていった点とも言い換えられる。このことは、「稿本」において、見出しの追加や削除が行なわれたこととも直結する点であろう。

前掲した挙例のうち、漢語の見出しで、かつ語釈に「〜ニ同ジ」とある14「けんしよく」、16「こうえい」、17「ごし」、18「こと」は、「稿本」における追加項目である。見出し「こうえい」は右欄外に、他の三項目は上部欄外に記述されている。第二章第二節で述べたように、「稿本」における追加項目には「〜ニ同ジ」や「〜ノ條ヲ見ヨ」という形式の語義記述が散見する。このことから、大槻文彦には、語釈中に使われた語を立項することで、辞書全体を整えようとする意識があったように思われる。犬飼守薫（一九九九）が、「稿本」における追加項目に対して、「他項目との類義関係を十全にする為になされた措置」（一六〇頁）とした指摘にあてはまるであろう。このときの「類義関係」は、本書で設定する「類義語」と同義と捉える。

ところで、追加項目を個々に検討すると、次のような例もみられる。たとえば、見出し「けんしよく」は、「稿本」では「高官《カウクワン》ニ同ジ」とある。そして、「校正刷」において「トイフ」を補っている。ここから、先ほどと同様に「〜ニ同ジ」と「〜トイフニ同ジ」の語義に異なりがあるように看取される。

さらに、見出し「こと」の語釈末には、見出し「こわたり」と同じく「（新渡《シント》ニ對ス）」とある。しかし、見出し「しんと」には、語釈末に「（古渡《コワタリ》ニ對ス）」のように「コワタリ」の振仮名がある。つまり、「コワタリ」「シント」の語形が対義語であるとわかる。それでは、「稿本」における追加項目「こと」を『言海』へ収録する必要があると

「判断」された理由は、どのような点にあるのだろうか。まず、『言海』を「日本普通語ノ辞書」と考え、「普通語」が収録された国語辞書と捉えたとき、出版された当時に「コト」の語形が通用していた可能性があげられる。『日本国語大辞典』第二版には、「コト」の語形が収録されているが、「コワタリ」と同義の場合には使用例が示されておらず、「辞書」欄にも『言海』のみがあげられている。また、『日本語歴史コーパス』では、『太陽』から明治二十八（一八九五）年と大正十四（一九二五）年の例が示されているが、いずれも語形が「コワタリ」である。そのため、「コト」という語形の使用実態を明らかにすることはできない。

次に、辞書の使用者が「コワタリ」ではなく「コト」と漢音で訓読した場合の配慮が『言海』においてなされた可能性があげられる。「～ニ同ジ」の語義記述を有する「稿本」における追加項目には、一つの漢字列を異なる音でよむ見出し「あまごろも（雨衣）」「きそひうま（競馬）」「こなみぢん（粉微塵）」などがある。「古渡」も「新渡」も、外国から渡来した品物を指す。そのため、「古渡」を「ト」とよむことは、自然である。つまり、「普通語」の範疇には、単一の語形のみではなく、複数の語形が想定されているのではないだろうか。

さて、「凡例」（四十）にあるように、語釈が「一二語」の見出しがいくつかみられる。前掲したなかには、「稿本」において「一二語」ではなかった例があり、3「ふくしう」が該当する。「稿本」では、次のように記述されている。

ふくしう（名）［復讎］~~アダヲカヘスヿ~~。アダウチ。カタキウチ。

語釈の「アダヲカヘスヿ」に棒引きがなされたことで、語釈が「一二語」となった経緯がわかる。この他にも、見出し「こはん」が例にあげられる。「稿本」と『言海』での語釈を併記する。

稿本　こはん（名）枯礬　~~明礬ヲ焼キカヘシタルモノ。~~ヤキミヤウバン。

言海　こはん（名）枯礬　ヤキミヤウバン。

さらに、見出し「やきみやうばん」には、次のようにある。

やきみやうばん（名）焼明礬　明礬ヲ焼キカヘシタルモノ。枯礬

つまり、「稿本」における見出し「こはん」の語釈が、見出し「やきみやうばん」へ移された例といえる。見出し「やきみやうばん」の語釈は、「稿本」において修正がみられない。そのため、見出し「こはん」における修正が、見出し「やきみやうばん」の語釈と重複したためか、あるいは見出し「やきみやうばん」へ移行したためかは判然としない。見出し「やきみやうばん」の語釈「明礬ヲ焼キカヘシタルモノ」は、語構成をそのまま説明したものともいえる。このようなことから、見出し「こはん」において語釈を記述する必要がないと判断された可能性もある。

また、15「まんてう」には、語釈に「ミチシホ」が置かれている。前述したように、「ミチシホ」は見出しになっておらず、「稿本」においても見出しが立てられていない。しかし、「稿本」では、次のような記述がみられる。

うしほ（名）（海鹽《ウミシホ》ノ約ニテ、乾鹽《ヒシホ》ニ對シテイヘル語カ）（一）海ノ水ノ、日月ノ引力ニテ、高クナリ、又、低クナルコト、大抵、一晝夜ニ、二度高低ス、略シテ、しほトノミモイフ。陸ニ寄スルヲ、あぐ、又、さすト云。

イデシホ。アゲシホ。サシシホ。上潮 最モ高クナルヲ、みつトイフ。ミチシホ。滿潮 沖ニ退クヲ、ひくトイフ。イリシホ。ヒキシホ。退潮 最モ低クナルヲ、ひるトイフ。ソコリ。乾潮 朝ニサスヲ、あさしほトイフ。潮夕ニサスヲ、ゆふしほトイフ。汐朔、望ニ、特ニ高クサスヲ、おほしほトイフ。（二）（三）（略）

~~みち（名）滿（一）滿ツヿ。（二）潮ノ十分ニ來ルヿ。（うしほノ條ヲ見ヨ）~~

みつ・ツ・テ・タ・チ・テ（自動）（規・二）滿充盈實 十分ニナル。一杯ニナル。足《タラ》フ。~~ユキウタル。~~「年頃ノ願ヒ、みつ心チシテ」~~みつ潮ノ、流レ乾ル間ヲ~~」胸ニみつ、思ヒヲダニモ、ハルカサデ」~~潮みたヌ、海ト聞ケバヤ~~」願ヒみたジヤハト」~~秋みたムトキ~~」~~潮みてル程ニ行キ交フ~~」

見出し「うしほ」の語義（一）には、語釈内に多くの「漢用字」が確認される。その中には「滿潮」もある。「滿潮」の前に記述された語釈には「最モ高クナルヲ、みつトイフ。ミチシホ」とある。そのため、和語「ミツ」に対して、潮の「最モ高クナル」状態が説明されているのが望ましいようにも思われる。しかし、「稿本」で見出し「みつ」を確認すると、「潮」を扱った使用例が削除されていることがわかる。また、見出し「みち」が削除されている。見出し「みち」の語義（二）には、「潮ノ十分ニ來ルヿ。（うしほノ條ヲ見ヨ）」と記述されている。つまり、「ミチシホ」の「ミチ」を見出しに立てていたことがわかる。その証左として、語釈末に「（うしほノ條ヲ見ヨ）」とあることがあげられる。「稿本」において、見出し「うしほ」には修正が施されていない。また、見出し「ミチ」が削除されていることから、この結びつきは『言海』において確認することができない。しかし、「ミチシホ」を軸に検討することで、新たな語と語の結びつきが確認できる。

「稿本」において見出し「みち」が削除され、見出し「みつ」から「潮」の使用例が削除されたことによって、『言海』内における語と語の結びつきが分断されたかといえば、そうではない。結果として、和語「ミチシホ」や「満潮」の漢字列から、意味を把握することができるという「判断」が、『言海』を成立するにあたって行なわれたといえる。

項目や語釈の削除にあたっては、時間的制約といった外部的要因も考えられる。しかし、このように相互に検討することによって、「稿本」における削除や追加の理由がさらに明確になるといえる。

第三節　「普通語」について

『言海』が「本書編纂ノ大意」の（一）において「此書ハ、日本普通語ノ辭書ナリ」と謳っていることについてはすでに述べた。本節では、この「普通語」をどのようにとらえればよいかについて検討してみたい。

◇内部徴証からみた「普通語」

「本書編纂ノ大意」の（三）には次のように述べられている。

其他、東雅、日本釋名、冠辭考、和訓栞、物類稱呼、雅言集覧等、尙アレド、或ハ專ラ枕詞ヲ論ジ、又ハ方言ヲ說キ、或ハ語原ヲ主トシテ、語釋ヲ漏ラシ、或ハ雅言ノ出典ノミヲ示セリ。（語彙ハ、阿、伊、宇、衣ノ部ニ止ル、惜ムベシ）以上數書ノ外ニ、尙許多アル辭書體ノモノヲ、遍ク集メテ其異同ヲ通考スルニ、尙、全ク發音ト語別トノ標記ヲ欠キ、固有名ヲ普通語ニ混ジ、且、多ク通俗語ノ採輯ヲ闕略セリ。之ヲ要スルニ、普通辭書トシテ、體裁具備ノ成書ヲ求メムトスレバ、遺憾ナキ〻能ハズ。

右においては多くの「辭書體」資料が、「固有名ヲ普通語ニ混ジ、且、多ク通俗語ノ採輯ヲ闕略」していることが大槻文彦によって慨嘆されている。右の言説からすれば、「固有名」と「普通語」とは区別すべきで、「通俗語」は「普通語」に含まれる、と大槻文彦が考えていた、とも理解できそうであるが、右の言説が「普通語」ということをめぐってのものかどうか、が不分明である以上、そのように推測することに関しては慎重でありたい。ただし、「通俗語」が「闕略」していることを話題としていることからすれば、「通俗語」は「普通辭書」の見出しとなっていてよい、と大槻文彦が考えていたことはいえよう。

そう考えてよいとすれば、（当然のことであるが）「通俗語」がどのような語群についての謂いであることを考える必要があるが、推測が循環する可能性もあり、今ここではそのことについて正面から話題にすることは措くことにする。大槻文彦のいうところの「普通語」にしても「通俗語」にしても、ある語に関して、「普通語」である、あるいは、そうではないという「判断」を（大槻文彦以外の）第三者誰でもがなし得るような「基準」を提示することは難しいことが当然推測される。そうであれば、「普通語」「通俗語」がどのあたりの語群の謂いであるかを「群＝グループ」として、あるいは「範囲＝ゾーン」として示すということを目標とするしかないのではないか。『言海』について何かを述べるのであれば、まず「普通語」とは何かがわかっていなければならないという「みかた」ではあろうが、その一方で、どのようなかたちで「わかる」のか、どのようなことが提示できれば「わかった」ことになるのか、という点が付帯していない、つまり、保留されていることにおいて、現実的な「みかた」ではないともいえよう。証明方法についての吟味がなされていない点において、きわめて不十分であり、ごく一般的な「疑問」にちかいのではないだろうか。

ところで、「普通辭書」は〈普通語を見出しとした辞書〉とみることができそうではあるが、これも、より慎重に考えれば〈普通している辞書〉あるいは〈普通の辞書〉とまずはみるべきであろう。

「本書編纂ノ大意」の（五）には次のように述べられている。

従來、語學家ハ、概シテ、古クヨリアル語ヲ雅言ト稱シ、後世出來レル語ヲ俗言ト稱スルガ如シ、是レ、其謂ハレ無キガ如キヲ覺ユ、年代ヲ以テ別ヲ立テムニハ、中古言モ上古言ニ比ベバ、俗言ト謂ハザルヲ得ザラム。蓋シ、雅俗ノ別ハ、年代ニ因リテ起ルニハアラズシテ、貴賤、都鄙、文章、口語ノ上ノ所用ニ因リテ起ルナルベシ、古言中ニモ雅俗アラム、今言中ニモ雅俗アラム、古クハ雅言ナルガ、後ニ俗言トナレルモアラム、古クハ俗言ナルニ、後ニ雅言トナレルモアラム。又、古雅ナリトテ、今世普通ニ用ヰラレザルモノハ、死言トイフベク、今俗ナリトテ、日常ニ用ヲナスモノハ、活言トイフベシ。此篇古今ノ衆語ヲ網羅シタレドモ、其雅俗、死活ノ別ハ、スベテ此義ニ據レリ。

右には「此篇古今ノ衆語ヲ網羅シタ」とあり、「衆語」という用語が使われている。『日本国語大辞典』第二版は見出し「しゅうご」を「多くの人の言葉。衆言。衆口」と説く。自然な理解といってよい。『言海』内においては、漢字列「衆語」は見出し「はふ」の語釈中に次のように使われている。

はふ（名）法（此字、漢音、はふ、呉音、ほふナリ、衆語ノ此字ヲ冠スルモノ、其慣呼ノ音ニ因テ兩部ニ分チ收ム、はふニ無キ語ハ、ほふヲ見ルベシ）ノリ。サダメ。オキテ。法度。法律。テダテ。（法《ホフ》ノ條ヲ見ヨ）（傍線稿者）

右の「衆語」は〈多くの人の言葉〉ではなく、（『言海』が）〈見出しとして集めた語〉というほどの語義の可能性がある。『言海』内で使われた「衆語」はこの一例のみ。この例はひとまず措くことにしたいが、（五）「衆語」は『言海』の見出しとなっている語であるはずで、「衆語」が〈多くの人の言葉〉であるならば、それは「普通語」にもあてはまることになる。

「本書編纂ノ大意」（六）には次のようにある。

> （六）漢土ノ文物、盛ニ入レバ、漢語、遍ク行ハレ、佛敎、勢ヲ得レバ、梵語、佛經語用ヰラレ、西洋ノ交通、大ニ開クレバ、洋語隨ヒテ來ルヿ、自然ノ勢ニシテ、又、從來、我國ニ無カリシ事物ノ、其國國ヨリ來レルニハ、隨ヒテ其國國ノ名稱ヲ用ヰルヿ、亦理ノ當然ニシテ、且、便利ナリトスベシ。此篇中、諸外國語モ、入リテ日常語トナレルハ、皆取レリ。近頃入レル洋語ノぴすとる（短銃）がす（瓦斯）めしん（裁縫機）ノ如キ、既ニ略定マリテ用ヰラルルハ、皆收メタリ。

右では「此篇中、諸外國語モ、入リテ日常語トナレルハ、皆取レリ。近頃入レル洋語ノぴすとる（短銃）がす（瓦斯）めしん（裁縫機）ノ如キ、既ニ略定マリテ用ヰラルルハ、皆收メタリ」と述べられており、見出しとして採用するかどうかの「基準」が「日常語トナ」っているかどうか、「定マリテ用ヰラ」れているかどうか、であったことがうかがわれる。ここでの「日常語」も「普通語」と重なり合いがあるとみてよいだろう。（六）に呼応するように、（七）には次のようにある。

（七）近年、洋書翻譯ノ事、盛ニ起リテヨリ、凡百ノ西洋語、率ネ譯スルニ漢語ヲ以テセリ、是ニ於テ、新出ノ漢字譯語、甚ダ多シ。然レトモ（合字）、其學術專門語ノ高尙ナルモノハ收メズ、普通ノ語ニ至リテモ、學者ノ譯出新造ノ文字、甲乙區區ニシテ、未ダ一定セザルモノ多シ。故ニ、是等ノ語モ、篇中ニ收メタル所、甚ダ多カラズ、應ニ後日一定ノ時ヲ待ツベシ。其他、新官衙、職制等ノ、條忽ニ廢置変更セルモノ、亦然リ。

右では「其學術專門語ノ高尙ナルモノハ收メズ、普通ノ語ニ至リテモ、學者ノ譯出新造ノ文字、甲乙區區ニシテ、未ダ一定セザルモノ多シ。故ニ、是等ノ語モ、篇中ニ收メタル所、甚ダ多カラズ」と述べられており、単に「學術專門語」と「普通語」とが排他的な概念ではないことが明らかである。すなわち、「學術專門語ノ高尙ナルモノハ收メ」ないと述べているのであって、この「高尙ナルモノ」と「普通」とが対立的な用語として使われている。「普通」かつ「一定」した使用、が見出しとして採用する「基準」であることがうかがわれる。

そして「本書編纂ノ大意」の末條である十一條では「此書、明治八年二月、命ヲ奉ジテ起草シ、十七年十二月ニ至テ成稿セリ。初メ、先ヅ、古今雅俗ノ普通語ヲ、假名ノ順序ヲ以テ、蒐輯分類セルヿ四萬許、次ニ之ガ解釋ニ移レリ」と述べられている。ここにも「普通語」とある。「假名ノ順序」はいろは順ということの謂いと思われる。

ここまで「本書編纂ノ大意」の記事を検証することによって、「普通語」がどのようなものであるかについて考えてきた。その結果、「普通語」とちかい用語として、「通俗語」「衆語」「日常語」があることがわかった。そのことからすれば、『言海』の「普通語」は「広く安定的に使われている語」であると前提できるのではないだろうか。[註1]

◇非辞書体資料との対照による検証

明治期の出版物には、文あるいは語に傍点が附されていることがある。傍点は「強調」あるいは「注意喚起」のために附されているとみるのが自然であろう。次に夏目漱石『虞美人草』（一九〇八年、春陽堂）から引用する。引用にあたって振仮名は省いた。漢字字体は保存しなかった。


「あの令嬢がね、小野さん」

「えゝ」

「あの令嬢がねぢやいけない。あの令嬢をだ。―見たよ」

「宿の二階からですか」

「二階からも見た」

　もの字が少し気になる。春雨の欄に出て、連翹の花諸共に古い庭を見下された事は、とくの昔に知つてゐる。今更引合に出されても驚きはしない。然し二階からもとなると劔呑だ。其外に未だ見られた事があるに極つてゐる。不断なら進んで聞く所だが、何となく空景気を着ける様な心持がして、どこでと押を強く出損なつた侭、二三歩あるく。（三六四～三六五頁）

右では「も」「どこで」に傍点が附されているが、それは話柄の展開上の「注意喚起」のためといってよいだろう。しかし、同書には次のような例もみられる。振仮名は必要なもののみ附した。

1 下界萬丈の鬼火に、腥さき青燐を筆の穂に吹いて、会釈もなく描き出せる文字は、白髪をたわしにして洗つても容易《たやす》くは消えぬ。（二十九頁）

2 我等は昔し赤ん坊と呼ばれて赤いべゝを着せられた。（八十七頁）

3 土を捏ねて手造りにしたものか、棚三段を尽して、あるものは悉くとぼけて居る。「そんなとぼけた奴は、いくら血で洗つたつて駄目だらう」と宗近君は猶まつはつて來る。（一一五頁）

4 「夫はのらくら坊主だらう」
「すると僕等はのらくら書生かな」
「御前達はのらくら以上だ」
「僕等は以上でもいゝが――坂本迄は山道二里許りありますぜ」

「あるだらう、其位は」

「それを夜の十一時から下りて、蕎麥を食つて、それから又登るんですからね」

「だから、どうなんだい」
「到底のらくらぢや出来ない仕事ですよ」（一九〇頁）

5 いぢらしいのと見縊るのはある場合に於て一致する。小野さんは慥に眞面目に礼を云つた小夜子を見縊つた。然し其うちに露いぢらしい所があるとは気が付かなかつた。（二〇〇頁）

6 「さうぢやないわ。書生の癖に西洋菓子なんぞ喰ふのはのらくらものだつて仰しやつたんでせう」（二七五頁）

7 我《が》は愛の水に浸して、三日二晩の長きに渉つてもふやける氣色を見せぬ。（二九二頁）

8 昨日迄舞台に躍る操人形の様に、物云ふも嬾きわが小指の先で、意の如く立たしたり、寐かしたり、果は笑はしたり、焦らしたり、どぎまぎさして、面白く興じて居た手柄顔を、母も天晴れと、うごめかす鼻の先に、得意の見栄をびくつかせてゐたものを、—あはれ、ほんの表向で、内実の昨夕を見たら、招く薄は向ふへ靡く。（三一八頁）

9　黒い影は折れて故の如く低くなる。えがらっぽい咳が二つ三つ出る。（三七八頁）

これらは語そのものに「注意喚起」をしていると思われる。それは、使われている語が、何ほどか標準的ではないためではないだろうか。「標準的ではない」は曖昧さを含む表現であるが、「書きことばとして広く使われる語ではない（が通用はしている）」ぐらいの意味合いでひとまず考えておくことにする。

『虞美人草』は『東京朝日新聞』と『大阪朝日新聞』に発表されている。連載の回数は両新聞とも一二七回で、連載の期間はほぼ同じである。『東京朝日新聞』でいえば、明治四十年六月二十三日に第一回が掲載され、同年十月二十九日に終了した。『東京朝日新聞』に連載された『虞美人草』の、漱石自身による切り抜き帳が存在し、そこには漱石によると推測されている、わずかな書き込みがある。この切り抜き帳では、第一二六回（十九の二）の末尾が欠落しており、明治四十一（一九〇八）年一月一日に春陽堂から刊行された単行本においてもこの箇所が欠落している。『言海』が完結した明治二十四年からは十六年の隔たりがあり、その間に日本語の「状況」にも変化があったとみるのが自然であるが、ここでは、漱石が自身の作品を新聞に発表するにあたって、傍点を施した、右の語を手がかりにしてみる。

1　たわし　　見出しなし

2　べべ　（名）衣服《キモノ》。（畿内、東海道、小兒語）

3　とぼける　＋（自動）（規　四．變）恍惚〔遠恍《トホホ》ク、ノ略訛カ〕（一）恍《ホ》ク。シレジレシクナル。（二）恍ケタル風《フリ》ヲシテ戯ル。

4　のらくら　見出しなし

5　いぢらしい　＋（形．二）傷《イタ》ハシ。カハイサウナリ。（小兒ナドニ）

6　ふやける　見出しなし（見出し「ふやく」はあり）

7　どぎまぎ　見出しなし

8　ちん　見出しなし

9　ゑがらつぽい　＋ゑがらぽし（形）蘞　ゑぐしノ訛。（東京）

＋いがらつぽし（形）ゑがらつぽしノ轉、ゑぐしノ訛。

ゑぐし（形．一）蘞蘝醶〔ゑぐる意カト云〕苦シク喉ヲ突クガ如キ味、卽チ、芋莖ノ生ナルガ如キ味アリ。ヱゴシ。ヱガラポシ。

ゑごい（形）蘞　ゑぐしノ訛。

ここで取り上げているのは、わずか九語であるが、うち五語は『言海』が見出しとして採用しておらず、見出しとなっている四語のうち三語には「訛語《ナマリ》或ハ、俚語《サトビコトバ》」の「標」が附され、残る一語には「小兒語」という説明が附されている。夏目漱石が傍点を附した理由は推測するしかなく、それは広い意味合いでは「注意喚起」であったと推測するが、さらにいえば、標準的な語からは何ほどか「距離」があることについての「注意喚起」であっただろう。

「この傍点を附したくなる語のあたり」に『言海』の「普通語」の境界線があるのではないだろうか。

「フヤケル」の場合、見出しとして採用されてはいないが、語釈中では次のように使われている。つまり「フヤケル」は見出しにはならないが、語釈中では使うことができるような語であったことになる。辞書体資料を「見出し＋語釈」という枠組みでとらえた時、改めていうまでもなく、「語釈」は「見出し」を説明しているのであって、「説明」ということからすれば、それはわかりやすい語で構成されるとみるのがもっとも自然であろう。


＋うるける（自動）（規・四・變）潤ウルホフ。フヤケル。

〔ほとぶ（自動）（規・二）潤〔太《フト》ブ、ノ轉カ〕潤ヒテ脹ル。フヤケル。（略）

「エガラシ」の古典かなづかいは、現在は「ゑがらし」と考えられているが、漱石は「えがらつぽい」と書いている。それはそれとして、『言海』は見出し「ゑぐし」の語釈末に（おそらく類義語として）「ヱゴシ」「ヱガラポシ」と示す。「ヱゴシ」は見出しとなっておらず、「ゑごい」が見出しとなっている。稿本において見出し「ゑごし」の「し」が「い」に修正されている。また4「のらくら」は「＋のらくら（副）撿束《シマリ》ナキ狀ニイフ語。ヌラクラ」とあったものが稿本において棒引きで削除されている。見出しとするにあたって、どのような語形で見出しとするか、あるいは見出しにするかしないかについて、大槻文彦の判断にも「揺れ」があることがうかがわれる。これにかかわることがらについては、すでに第二章第二節で述べた。

「ヱガラポシ」は＋を附されて見出しとなっている。同じように＋を附された見出しとして「いがらつぽし」があるが、そこには「ゑがらつぽしノ轉」とある。しかし「ゑがらつぽし」は見出しとなっていない。「ゑがらつぽしノ転、ゐぐしノ訛」のように平仮名表記されている場合は、そのかたちの見出しがあることが予想されるが、ここでは「ゐがらつぽし」が見出しとなっていないので、あるいは項目間の「整理」が不十分であるか。

辞書体資料との対照は後に行なうが、一つの試みとして、「俗語」を書名に冠する辞書体資料『俗語辞海』を検してみる。右の九語について、明治四十二（一九〇九）年に刊行されている『俗語辞海』（集文館）を調べてみると次のように記されている。『俗語辞海』の「凡例」には「本書は、今、世の中一般に行はれて居る俗語の意義を解きあかし、併せて文を作る時に必要な言葉を、俗語で引いて、其れに適當な和漢の文語を求められるやうに編纂したものである」と記されているが、示されている「和漢の文語」[註2]を「↓」の先に置いた。また9は「えがらつぽい／ゐがらつぽい」が見出しとなっていないので、準じる語として「いがらつぽい」をあげた。

1　たわし（名）器物をあらふときにつかふ、藁たば。しゅろの毛、または、へちまなぞもつかふ。たわら。↓洗箒《センサウ》手藁《タワラ》

2　べべ（名）「きもの」をいふ。兒供の語。

3　とぼける（恍）（動）一しれじれしくなる。↓恍惚《クワウコツ》す、恍默《クワウモク》す、耄老《マウラウ》す　二しらぬふりをする。↓假忘《カバウ》す、白飾《ハクシヨク》す、素飾《ソシヨク》す、痴癡《チギ》す、僞爲《ギヰ》す、佯爲《ヤウヰ》す　三滑稽なまねをする。↓戯謔《ギギヤク》す、嬉謔《ギギヤク》す、諧謔《カイギヤク》す

4　のらくら（怠惰）（副）何ごともせずなまけて、空しく時日を送るさま。↓怠惰《タイダ》懶惰《ランダ》

5　いぢらしい（可憐）（形）一あはれな。いたはしい。気の毒な。↓惨《イヂラ》し、不憫《フビン》なり、可憫《カビン》なり、あはれなり、いとほし　二「かはゆらしい」。愛らしい。いとほしい。↓可憐《カレン》なり、可愛《カアイ》

なり、いとほし、らうたし、いたいけ

6　ふやける（潤）（動）水にひたって膨れる。→潤（ヤフ）く、膨脹（バウチヤウ）す

7　どぎまぎ（副）うろたへ、あわてるさま。→周章（シウシヤウ）狼狽（ラウバイ）慌忙（クワウバウ）周章狼狽（シウシヤウラウバイ）

8　ちん　見出しなし

9　いがらつぽい（蘝）いがらい、えぐい、いがらっこい→蘝（イガラ）し、薟（イガラ）し、醶（イガラ）し、いがらし、ゑぐし

夏目漱石『道草』は大正四（一九一五）年六月三日から九月十四日まで、『東京朝日新聞』と『大阪朝日新聞』とに連載された。単行本『道草』は大正四年十月十日、岩波書店から刊行されている。大正四年は『言海』完結の明治二十四年から、さらに隔たるが、一つの手がかりとして、同様に傍点が附されている語を抜き出してみる。

10　其落付のないがさつな態度が建三の眼には如何にも気の毒に見えた。（十三頁）

11　でも矢張り年が年だからね。とても昔の様にがせいに働く事は出来ないのさ。（十五頁）

12　「然しかつかつ位には行きさうなものだがな」（八十頁）

13　「私や本當に損な生れ付でね。良人とは丸であべこべなんだから」（二七七頁）

14　此ぶつきら棒な健三に比べると、細君の父は余程鄭寧であつた、（三〇三頁）

15　自分より困つてゐる人の生活などはてんから忘れてゐた。（三六二頁）

16　島田に遣る百円の話が、飛んだ方角へ外れた。さうして段々こんがらかつて来た。（四一五頁）

右の七語のうちで、『言海』に見出しがあるのは次の三語である。

10　がさつな　＋がさつ（名）擧動《フルマイ》ノアラアラシキヿ。粗暴

11　がせいに　＋がせいに（副）[我精]骨ヲ惜マズ勵ミ勉ムルニイフ語。（使用例略）

12　かつかつ　（かつかつ（副）〔且且ノ義ニテ、定不定ノ中間ニ亙ル意ト云〕ハツハツニ。マヅコレヲダニ。マアマア。（使用例略）

二語には「訛語《ナマリ》或ハ、俚語《サトビコトバ》」の標が附され、一語には「古キ語、或ハ、多ク用ヰヌ語」の標が附されている。

やはり、漱石が傍点を施している語の中には、こうした何ほどか「標準語」と「距離」がある語が含まれていると覚しい。つまり、（奇妙な表現であることを承知の上でいえば）「漱石が傍点を附したくなるような語」の幾つかを含んだものが『言海』の「普通語」であることになる。一つ一つの語に関しての「語性」の「判断」は同じ時期の日本語使用者間でも揺れていることがむしろ自然であろう。そうであれば、この語は「普通語」、この語は「非普通語」というような個別的な「判断」を示すことよりは、語群をもってそれをつかむことがふさわしいのではないだろうか。そうなった時に、「漱石が傍点を附したくなるような語」は「漱石が傍点を附した語」として把握できる語群であるという点において、奇妙な表現ではあっても、指摘としては有効な面をもつのではないかと考える。

◇夏目漱石が使用した漢語

『それから』に次のような行りがある。

「先生、大変な事が始まりましたな」と仰山な声で話しかけた。此書生は代助を捕《つら》まへては、先生々々と敬語を使ふ。代助も、はじめ一二度は苦笑して抗議を申し込んだが、えへゝゝ、だつて先生と、すぐ先生にして仕舞ふので、已を得ず其侭にして置いたのが、いつか習慣になつて、今では、此男に限つて、平気に先生として通してゐる。（五頁）

この「コウギ（抗議）」について『日本国語大辞典』第二版は次のように記している。

こうぎ〔抗議〕〔名〕（一）反対の意見や苦情を、相手に対し主張すること。異議を唱えること。＊不如帰〔1898〜99〕〈徳富蘆花〉中・四「今更抗議（カウギ）する訳にも行かず〈略〉阿容（おめ）々々と練兵行軍の事に従ひしが」＊坊っちゃん〔1906〕〈夏目漱石〉九「大賛成だが一ケ所気に入らないと抗議を申し込んだら、どこが不賛成だと聞いた」＊忠経 - 忠諫「夫諫始於順辞、中於抗議、終於死節」（二）ある国が、他国の行為に対して反対であることを正式に通知すること。また、その通知。＊新西洋事情〔1975〕〈深田祐介〉「民主主義」夫人、南アにゆく「日本大使館の高官がＳＡＡの後部座席にのせられてしまって、抗議問題にまで発展したことがあるし」

『忠経』は中国の経書ではあるが、今文『孝経』に擬して編まれたもので、中国においても日本においても広通していたとはいいにくい。『大漢和辞典』は『忠経』の使用例とともに『後漢書』の使用例をあげる。また、『漢語大詞典』は、唐の陳子昂の使用例もあげており、そのことからすれば、古典中国語といってよいが、『日本国語大辞典』があげる日本における使用例としては明治三十一年の『不如帰』が最初に置かれている。この「コウギ（抗議）」が『言海』においては見出しになっていない。また語釈中でも使われていない。

『日本国語大辞典』は「シュウカン（習慣）」について次のように記す。

しゅうかん〔習慣〕〔名〕（一）いつもそうすることが、ある人のきまりになっていること。ならわし。くせ。慣習。＊嚶鳴館遺草〔1858〕三「人君の尊貴なるより衆庶の卑賤なるに至るまで、その習慣する処を慎むこと、人を教るの極意なり」＊西国立志編〔1870～71〕〈中村正直訳〉二・七「惹迷士・瓦徳（ジェムス・ワット）の勤勉并びにその心思を用ひて習慣〈注〉ナラヒ）となれる事」＊改正増補和英語林集成〔1886〕「Shukwan シフクヮン 習慣（ナライ）」＊吾輩は猫である〔1905～06〕〈夏目漱石〉四「三度以上繰返す時始めて習慣なる語を冠せられて」＊大戴礼・保傅「孔子曰、少成若ㇾ性、習貫之為ㇾ常」（二）ある国、地方、団体などで、その中の人々があたりまえの事として行なっている事柄、やり方など。社会的、共同体的なしきたり。風習。慣例。慣習。＊文明論之概略〔1875〕〈福沢諭吉〉緒言「其天然と思ひしもの、果して習慣なることあり」＊河童〔1927〕〈芥川龍之介〉一一「最も賢い生活は一時代の習慣（シフクヮン）を軽蔑しながら、しかもその又習慣（シフクヮン）を少しも破らないやうに暮すことである」（三）（─する）ある事柄になれること。なれ親しむこと。

＊新撰字解〔1872〕〈中村守男〉「習慣 シフクヮン ナレル」 ＊米欧回覧実記〔1877〕〈久米邦武〉二・三九「四馬を御するは、家に多く馬を蓄ふものに非れば、其術に習慣し難きゆへ、士君子の殊に栄とする馭術なり」 ＊応劭・風俗通序「至於俗間行語、衆所共伝積、非習慣、莫能原察」〔四〕心理学で、ある刺激とそれに対する反応との系列がしばしば反復され、その結果として獲得された刺激と反応の自動的な連合をいう。反応は反射的に引き起こされ、かつ比較的に不変性をもつ。

明治期以前の使用例があげられており、明治期の使用例も幅広く存在していることがわかる。中村守男『新撰字解』は五五三四語を見出しとしている、あまり大規模な漢語辞書ではないが、そうした漢語辞書にも載せられているような漢語である。漢字列「習慣」は『言海』内で次のように使われている。

いひならはす（他動）（規．一）言習 習慣《ナラハシ》ニテ言ヒ傳フ。

きうへい（名）舊弊 年歴タル悪シキ習慣《ナラハシ》。

きえん（名）棄捐（略）（二）（略）此令出ヅレバ、隨テ、貴賤共ニ、亦、スベテ互ニ債《オヒメ》ヲ責メザルヲ習慣《ナラハシ》トシ、其弊、猶、足利氏ノ徳政ノ如シ。（徳政ノ條ヲ見ヨ）

くせ（名）癖 偏リテ物事ヲ好ム病。固ク泥《ナツ》ミタル悪シキ習慣《ナラハシ》。

しふくわん（名）習慣 ナラハシ。ナラヒ。シキタリ。クセ。

しゆくへい（名）宿弊 悪シキ習慣《ナラハシ》。

ならはし（名）習（一）習ハスヿ。馴レシムルヿ。（使用例略）習慣（二）（略）

ならひ（名）習（略）（二）ナラハシ。シキタリ。習慣

ほしゆう（名）保守 習慣《ナラハシ》ヲ保チ行クヿ。ハウシユウ。

よみくせ（名）讀癖 其物事ニ限リ、習慣《ナラハシ》ニテ、一種異ナル讀法《トナヘ》アルモノ、（以下略）

見出し「ならはし」の「漢用字」に漢字列「習慣」が置かれ、見出し「しふくわん」はまず和語「ナラハシ」によって説明されている。このことによって、当該時期においては和語「ナラハシ」と漢語「シュウカン（習慣）」との結びつきが強いことがうかがわれる。そのことを裏付けるように、『言海』の語釈中において、和語「ナラハシ」に漢字列「習慣」があてられている。このような漢語は『言海』において見出しとなっているといえよう。

先に「本書編纂ノ大意」の（七）をあげた。そこには「洋書翻譯」にあたって「新出ノ漢字譯語」が多いけれども、見出しにはしていないことが述べられている。それは翻訳に関してのことではあるが、そこで使用されている「一定」がキーではないだろうか。つまり「安定的に用いられていない漢語」は見出しにしなかった。では「安定的に用いられている漢語」とはどのような漢語か、といえば、明治期以前に使用されていた漢語で、明治期にももちろん少なからず使用されている。そして、見出し数が五千程度の「漢語辞書」にも載せられているような漢語で、場合によっては和語を書く時にも使われるような漢語、とみることができるのではないだろうか。

特に、『言海』の語釈内において、見出しとのかかわりということではなく、和語を書くために使われている漢語漢字列（＝漢語を書くのに使われている漢字列）は、和語と漢語との強い結びつきを背景にして使われ、また語釈としての機能を付与されていると覚しい。見出しとなっている和語Xの語釈末尾に（漢用字としてではなく）漢語の類義語として漢語Yが置かれ、漢語Yを書く漢字列yが、他の見出しの語釈中で和語Xや、その他の和語にあてられてい

るような場合、この漢語Yは見出しになっていることが多い、と憶測する。そうであるならば、『言海』という辞書体資料から引き出すことができる「知見」の幅は相当に広いといえよう。

◇辞書体資料との対照による検証

『俗語辞海』「し部」の末尾の見出し百を抜き出し、それらのうち『言海』が見出しとしているものに○を附した。さらに山田美妙『日本大辞書』（一八九二年）が見出しとしているかどうかについても調べた。また『東京語辞典』（一九一七年）にもあたった。

なお『日本大辞書』の「符號の解」によれば、各々の符号は次のように使われている。

○……文専用
●……言専用
△……古語、癡語
▲……方言、俚語

『俗語辞海』	『言海』	『日本大辞書』	『東京語辞典』
1　しらべ（調）	○	○	×
2　しらべいと（調糸）	×	×	×
3　しらべる（調）	＋○	●○	×
4　しらべやく（調役）	○	○	×

5	しらぼし（白乾）	○	○	×
6	しらむ（白）	○	○	×
7	しらをもやす（句）	×	×	×
8	しり（臀）	○	○	×
9	しりあし（後足）	×	△○	×
10	しりあひ（知合）	○	○	×
11	しりあふ（知合）	○	○	×
12	しりうど（知人）	︵○	△○	×
13	しりうま（尻馬）	○	▲○	○
14	しりおし（尻押）	+○	▲○	○
15	しりおも（尻重）	×	▲○	×
16	しりがおもい（尻重）（句）	×	×	○
17	しりがかるい（尻軽）（句）	×	×	○
18	しりがくる（尻来）	×	×	○
19	しりがすわらぬ（句）	×	×	○
20	しりがすわる（句）	×	×	×
21	しりがはげる（尻剥）（句）	×	×	○
22	しりがはやい（尻早）（句）	×	×	×

23	しりからげ（尻絡）	×	▲ ○	×
24	しりがる（尻軽）	×	▲ ○	×
25	しりがわれる（尻割）（句）	×	×	○
26	しりきれざうり（尻切草履）	×	○	×
27	しりごみ（後込）	+ ○	○	×
28	しりごむ（後込）	×	○ ○	×
29	じりじり	○	● ○	×
30	しりすぼまり（尻窄）	×	×	×
31	しりぞく（退）	○	○	×
32	しりぞける（退）	+ ○	● ○	×
33	しりっぽ（尻尾）	×	×	×
34	しりたがる	×	×	×
35	しりつまみ（尻攫）	×	×	×
36	しりて（知手）	×	×	×
37	しりにしく（敷尻）（句）	×	×	○
38	しりにつく（尻附）（句）	×	×	×
39	しりぬく（知抜）	×	×	×
40	しりぬぐひ（尻拭）	×	▲ ○	×

41	しりぬけ（尻抜）	×	×	×
42	しりびと（知人）	○	○	×
43	しりぼね（尻骨）	×	×	×
44	しりめ（後目）	○	○	×
45	しりめづかひ（後目遣）	×	×	×
46	しりを（尻尾）	○	○	×
47	しりをすゑる（据尻）（句）	×	×	×
48	しりをぬぐふ（句）	×	×	○
49	しりをはしょる（句）	×	×	○
50	しりをわる（割尻）	×	×	○
51	しる（汁）	○	○	×
52	しる（知）	○	○	×
53	しるがゆ（汁粥）	×	△○	×
54	シルクハット	×	×	×
55	しるし（印）	○	○	×
56	しるし（兆）	○	○	×
57	しるしばかり	︷○	△○	×
58	しるす（記）	○	○	×

59	しるべ（知邊）	○	○	×
60	しるもの（汁物）	×	×	×
61	しるわん（汁椀）	×	×	×
62	じれったい	+○	●○	○
63	じれったがる	×	×	×
64	しれもの（痴者）	○	○	×
65	じれる（自烈）	×	●○	○
66	しろい（白）	×	●○	×
67	しろいは（白歯）	×	×	×
68	しろうと（素人）	○	○	×
69	しろうま（白馬）	○	○	×
70	しろえり（白襟）	×	×	×
71	しろぎぬ（白絹）	×	△○	×
72	しろくび（白首）	×	×	○
73	しろこ（白子）	○	○	×
74	しろざたう（白砂糖）	×	○	×
75	しろじろと（白白）	×	×	×
76	じろじろ	+○	●○	○

77	しろねづみ（白鼠）	×	○	○
78	しろとめ（素人女）	×	△○	×
79	しろのへい（城塀）	×	×	×
80	しろみ（白身）	○	○	×
81	しろみつ（白蜜）	×	×	×
82	しろみづ（白水）	○	○	×
83	しろむく（白無垢）	○	○	×
84	しろめ（白眼）	○	○	×
85	しろもの（代物）	○	○	×
86	しろものがへ（代物替）	×	×	×
87	じろり（睔）	+○	●○	×
88	しわ（皺）	○	○	×
89	しわい	×	×	○
90	しわくちゃ	+○	●○	×
91	しわけ（仕分）	○	○	×
92	しわける（仕分）	+○	●○	×
93	しわざ（為業）	○	○	×
94	じわじわと	)(	●○	×

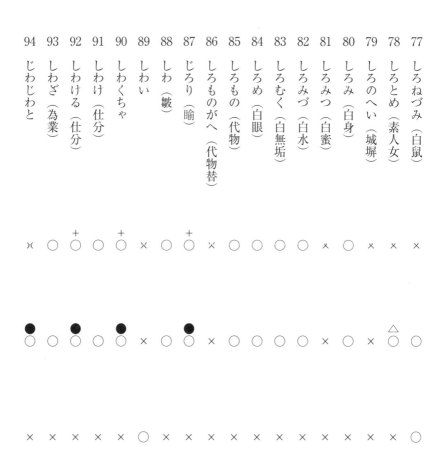

95 しわんばう（吝嗇家）	×	×	○
96 じわりと	×	●○	×
97 しをしをと（萎萎）	○	○	×
98 しをらしい	○	●○	×
99 しをり（枝折）	×	○	×
100 しをへる（仕竟）	×	×	×

一〇〇例のうち、「句」と標示されている十三を除いた八十七見出しのうち、『言海』が見出しにしているのは四十四（五十一パーセント）で、『俗語辞海』が見出しにしている語の半数は『言海』も見出しにしていることがわかる。註3

『言海』が見出しとしている四十四のうち、「＋」が附されている見出しが九、「宀」が附されている見出しが二ある。

山田美妙『日本大辞書』と『言海』との対照は第四章第二節で行なうが、ここではそれにさきだって、対照を試みた。八十七見出しのうち、『日本大辞書』は六十一（七十パーセント）を見出しにしており、『言海』よりもかなり多い。このことは『日本大辞書』がどのような語を見出しとしているかを考えるにあたっての手がかりとなると考える。

例えば76「じろじろ」は『俗語辞海』が見出しとし、『言海』は「＋」を附して見出しとしているが、『日本大辞書』は「言専用」の「●」を附して見出しとしている。『日本大辞書』が●を附した見出しは十三で、そのうち六が『言海』において「＋」が附され、四は『言海』において見出しとなっていない。「言専用」は言い換えれば「書きことばでは使われない話しことば」であり、そのような語群の中にも『言海』が見出しとする語があることがわかる。つまり『言海』の「普通語」は「そのような語群」に及んでいる。

註1　進藤咲子は『明治時代語の研究―語彙と文章―』（一九八一年、明治書院）の第一章「「普通」と「通俗」」において、「『言海』は日本の持つ最初の近代的辞書であるが、外国の近代的辞書の概念面での影響を強く受けた『言海』が、common wordsを重要視して、「普通語」を用いて、「本書編纂ノ大意」の冒頭に高らかに「此書ハ、日本普通語ノ辞書ナリ」と謳ったのではあるまいか。（もっとも、さきに記した『［漢語／新選］訳書字解』の「例言三則」中に、「此書ハ、欧米諸国ノ地名人名及ヒ日用普通ノ漢語ヲ撮輯シ」とあって、これは日常使用の漢語の意味だが、こういった普通の語についての考え方は『言海』を編纂し始めた時分には存在していたのである。）」（十五～十九頁）と述べている。これにさきだつ箇所においては、「これらcommon, generalの調査を通して『英華和訳字典』の英語の意味は、複数のものに共通に通用する＝common, 一つの範疇全体に通用する＝generalという記述であって、訳語「普通」にこのような意味を担わせたことにもなる。ただ訳語「普通」とそのシノニムを通して明治初期の小辞書群の「アマネク（ドコマデモ）ツウズ（トホル）」の意味は見出せない。ヘボン三版の用例はこれだけでは「普通な」の担った意味は判然しない」（九頁）と述べているが、結局のところ「『言海』が、common wordsを重要視して、「普通語」を用いて」と述べる、その「common words」がどのような語義であると進藤咲子が認識しているのかが不分明ともいえるが、「日常使用という語義ではない」が「こういった」にあたるとみるのが自然か。そうであれば、進藤咲子はどのような語義として「普通（語）」を理解しているのだろうか。

註2　例として『俗語辞海』の見出し「のらくら」を次に示す。

「のらくら」（怠惰）（副）何ごともせずなまけて、空しく時日を送るさま。
怠惰懶惰《タイダランダ》
ねんぢう、のらくらとしている。
終歳、懶惰に過光す。

右で「怠惰」「懶惰」が「和漢の文語」にあたると思われる。それに続いて「その語をつかった口語の句」と「それを訳した普通文の句」(「凡例」)とが並べられている。

註3　『言海』の見出しと『俗語辞海』の見出しとの対照は、今野真二『『言海』と明治の日本語』(二〇一三年、港の人)においても行ない、両者が「案外と一致している」(五十五頁)と述べた。大枠としてはそうであると考えるが、ここではそうした「大枠」の中での違いに注目した。

第四章　明治の辞書と『言海』

第一節　高橋五郎『いろは辞典』との対照

高橋五郎『［漢英／対照］いろは辞典』が明治二十（一八八七）年に刊行されている。翌明治二十一年には『［和漢／雅俗］いろは辞典』（全三冊）の第一分冊が刊行され、以下第二分冊が明治二十二年一月十五日、第三分冊が明治二十二年二月十六日に刊行されている。この時に三冊を合冊した一冊本も出版されている。ここではおもに『［和漢／雅俗］いろは辞典』と『言海』との対照を試みることにする。

「ことばのうみのおくがき」には次のように記されている（六頁）。

辭書は文教のもとゐたること、論ずるまでもなし、その編輯功用の要は、この序文にくはしければ、さらにも言はず。されば、文部省にても、夙くよりこの業に着手せられぬ、語彙の擧は、明治の初年にあり、その後、田中義廉、大槻修二、小澤圭二郎、久保吉人の諸氏に命ぜられて、漢字の字書（本邦普通用の漢字を三千ばかりに限らむとて採收解釋せるもの、）と普通の日本辭書とを編せられつる事もあり、こは、明治五年より七年にかけての事なりき、さて明治八年にいたりて、おのが言海は命ぜられぬ。世はやう〳〵文運にすゝみたり、辭書の世に出でつるも、今はひとつふたつならず。明治十八年九月、近藤眞琴君の「ことばのその」發刊となれり、二十一年七月に、物集高見君の「ことばのはやし、」二十二年二月に、高橋五郎君の「いろは辭典」も刊行完結せり。近藤君は、漢洋の學に通明におはするものから、その教授のいそがはしきいとまに、かゝる著作ありつるは、敬服すべきことなり。この著作の初に、おのれが文典の稿本を借してよとありしかば、借しまゐらせつれば、やがて全部を寫されたり、されば八品詞その外のわかちなどは、おのれが物と、名目こそは、いさゝかかはりつれ、そのすぢは、おほかた同じさまとはなれり。そのかみ、君をはじめとして、横山由清、榊原芳野、那珂通高、の君たちに會ひまゐらせつるごとに、「辭書はいかに、」と問はれたりき、成りたらむには、とこそ思ひつるに、今は皆世におはせず、寫眞にむかへども、いらへなし、哀しき事のかぎりなり。物集君は、故高世大人の後とて、家學の學殖もおはするものから、これも、教授に公務に、いとまあるまじくも思はるゝに、綽々餘裕ありて、そのわざを遂げられつること歎服せずはあらず。近藤君の著と共に、古書を讀みわけむものに、裨益多かりかし。「いろは辭典」は、その撰を異にして、通俗語、漢語、多くて、動詞などは、口語のすがたにて擧げられたり、童蒙のたすけ少からじ。三書、おの〳〵長所あり。おのれが言海、あやまりあるべからむこと、言ふまでもなし。されど、體裁にいたりては、別におのづから、出色の所なきにしもあらじ、後世いかなる學士の出でゝ、辭書を編せむにも、言海の體例は、必ずその考據のかたはしに供へずはあらじ、また、辭書の史を記さむ人あらむに、必ずその年紀のかたはしに記しつけずはあらじ。自負のとがめなきにしもあらざるべけれど、この事は、おのれ、いさゝか、行くすゑをかけて信じ思ふところなり。

右には『言海』にさきだって出版された国語辞書、近藤真琴『ことばのその』、物集高見『ことばのはやし』、高橋五郎「いろは辞典」の名が挙げられている。高橋五郎の「いろは辞典」は明治「二十二年二月」に「刊行完結せり」と述べられているが、「二十二年」であるとすれば、『[和漢/雅俗]いろは辞典』のことであろう。

『ことばのその』『ことばのはやし』との対照は拙書『『言海』と明治の日本語』（二〇一三年、港の人）においで（ごく簡略にではあるが）行なった。高橋五郎『[和漢/雅俗]いろは辞典』（以下『いろは辞典』と呼ぶ）との対照も行なったが、ここでも改めて対照を試みることにする。
『いろは辞典』が「動詞などは、口語のすがたにて擧げられたり」ということについてまず述べておきたい。『言海』においては次のように見出しをたてている。

のく（自動）（規．一）退 避ケテ離レ去ル。シリゾク。避《ヨ》ク。タチノク。
のく（他動）（規．二）退除 退《ノ》クヤウニナス。シリゾクル。除《ノゾ》ク。取放シテ外ヘ遣ル。
のける（動）退《ノ》ク（規．二）の訛。

『言海』はカ行下二段活用をする動詞「ノク」を見出しにして、そこに語釈を記し、その一方でカ行下一段活用をする動詞「ノケル」を「ノク」の「訛」として見出しにしている。見出し「のける」には「のく」を参照することを促すようなことさらの説明はなく、「訛」と記されている。つまり、『言海』は、「口語のすがた」を見出しにしていないわけではないが、そこには「訛」とのみあって、語義が記されていない。語義は（「口語のすがた」ではない）見出し「のく」に記されている。そして、そのことは当然大槻文彦にはっきり認識されていた。それはやはり江戸期の日本語との連続ということを考えた場合、口語ではその語形が使われていたとしても、それは辞書が見出しとするような語形ではない、との認識であろう。『言海』はそういう意味合いにおいて、「書きことば」寄りの辞書であったといってよいだろう。『いろは辞典』には次のようにある。

のく（自）退、退去、辭退、退出、退散、たちのく、しりぞく

のける（他）除、退除、のぞく、よける

『いろは辞典』においては、自動詞「ノク」を見出しとする一方で、『言海』が「訛」とした「口語のすがた」も見出しとしている。大槻文彦は「通俗語、漢語」が多く見出しになっていることにも気づいた。試みに『いろは辞典』の「の部」において、「俗」という符号が附されている見出しをあげてみる。

のろい［俗］（形）遲、緩、おそき、てぬるい
のろのろ［俗］（副）緩緩、そろそろ
のろま［俗］（形名）癡漢、ばかもの。魯鈍、おろか、ぐづ
のりきり［俗］（形）乗切、のりづめ、のりとほし
のたくる［俗］（他）塗、ぬる（墨等を）
のつと［俗］（副）兀、によつこり
のつかる［俗］（自）乗、のる、うへになる
のつけに［俗］（副）突然、いきなり
のつきる［俗］（他）乗切、のりこえる
のつぴき［俗］（名）退引、のきひき、てをひくこと
のら［俗］（名）野、草野、のはら。野田、たはけ
のらもの［俗］（名）蕩子、だうらくもの

のうがき［俗］（名）能書（藥の効能書）
のうなし［俗］（名）無能、無藝、やくにたたぬ
のの［さん］［俗］（名）佛、ほとけ（小兒の語）
ののめく［俗］（自）、哄、しやべる
のぶとい［俗］（形）大膽、こころたくましき、きもふとき
のさばる［俗］（自）伸張、はびこる、ゐばる、偃蹇
のめる［俗］（自）前倒、まへへたふれる
のしあがる［俗］（自）伸擧、のびあがる。ゐばる
のんたらう［俗］（名）呑太郎、のんだぐれ、さけのみ
のんだぐれ［俗］（名）泥醉水漢、さけのみ、よつぱらひ
のんこ［俗］（形）彊顔的、づうづうしい、はぢしらぬ
のんき［俗］（形）暢氣、延氣、きらく、しんぱいなき

右の二十四見出しのうち、『言海』が見出しとしているのは次の十見出しのみ。「のの［さん］」は「ののさま」という語形で見出しになっているが、両者は同じ語とみなした。

のろのろ（副）甚ダ遲鈍《ノロ》ク。遲遲

＋のろま［名］〔次條ノ語ニ起ルト云、或ハ、間《マ》ノ遲鈍《ノロ》キヲイヘル語カ〕氣轉ノ遲鈍《ノロ》キ人ヲ罵ル語。遲鈍

＋のたくる（自動）（規・一）ぬたうつニ同ジ。ヌタクル。

のら（名）〔らハ助辭〕野《ノ》トイフニ同ジ。「里ハ荒レテ、人ハ舊リニシ、宿ナレヤ、庭モ籬モ、秋ノのらナル」

のうがき（名）能書 藥ノ功能ヲ書キツケタルモノ。

ののさま（名）小兒ノ語、月、佛像、等ノ稱。

ののめく（自動）（規・一）喧呼 聲高ニ呼ビサワグ。ノノシル。「見ル人、皆、ノノメキ感ジ、或ハ泣キケリ」

＋のさばる（自動）（規・一）〔伸張ル意カ〕恣ニ延ビヒロガル。驕リテ恣ナリ。偃蹇 横放
＋のめる（自動）（規・一）前ヘ倒ル。「ツマヅキ―」

＋のんき（名）〔延氣《ノビキ》ノ音便〕氣ノ、煩ラヒナク伸バハルヿ。暢氣

高橋五郎が〔俗〕という符号を附した見出し二十四のうち、十は『言海』においても見出しになっていた。『言海』が「普通語ノ辭書」を標榜していることからすれば、十四は「普通語」ではない、と大槻文彦が「判断」した可能性がある。しかし、これは「可能性」にとどまるのであって、「普通語」かそうでないか、という「選択」が行なわれたかどうかは結局は不分明である。しかし、そうした「選択」が行なわれたと仮定し、二十四と十の数値的な比較は意義をもたないことを承知の上で、あえて数値的な比較をすれば、二十四に対しての十は四十一パーセントということになる。そしてまた、『言海』が「＋＋」の符号を附して「訛語《ナマリ》、或ハ、俚語《サトビコトバ》」であることを明示的に示した見出しは五にとどまる。二十四に対しての五は、二十パーセントほどにあたる。今、高橋五郎の〔俗〕と大槻文彦の「訛語《ナマリ》、或ハ、俚語《サトビコトバ》」を（概念の定義を保留したまま、ということになるが）「俗語」として仮にくくることにすれば、高橋五郎が「俗語」と認めた語のうち大槻文彦が「俗語」と認めた語が五ということになる。また高橋五郎が「俗

語」とみた「ノノメク」には『言海』においては、「古キ語」に附される「〔」が附されており、「判断」が異なる。

『日本国語大辞典』の見出し「ののめく」には次のようにある。


ののめく〔自カ四〕（「めく」は接尾語）ののしり騒ぐ。わいわい言う。声高に呼ぶ。わめく。ののしる。＊宇治拾遺物語〔1221頃〕一二・六「見る人、皆ののめき感じ、あるひは泣きけり」＊太平記〔14C後〕一〇・稲村崎成干潟事「あれ見よ、とののめきて、敵御方諸共に難唾（かたづ）を呑（のふ）て汗を流し」＊サントスの御作業〔1591〕二・サンタエウゼニヤ「キンデンノ ウチ ココモ カシコモ ヒシメキ nonomeqi（ノノメキ）、ヲシナベテ ヨロコビ マウサヌ ヒトワ ナシ」＊浄瑠璃・東山殿子日遊〔1681〕五「はやお帰りとののめけば、はっとこたへて供奉の人」＊読本・椿説弓張月〔1807～11〕拾遺・五一回「こは狼藉（らうぜき）なりとののめきて」方言①群がり集まる。ひしめく。《ののめく》青森県津軽「花見に行く人達が、ののめでいますぜ」075 ②地震などが起こる。揺れる。《のんのめく》岩手県上閉伊郡097

『日本国語大辞典』は『宇治拾遺物語』における使用例を初めに掲げている。そのことからすれば、「ノノメク」という語はたしかに古くから使われている語、すなわち「古語」とみなすことができる。「ノノメク」は『和英語林集成』初版から見出しとなっており、再版、三版ともに見出しとしているが、三版では「（coll.）」符号が附されている。

『日本国語大辞典』が示す「方言」の例①は、見出しとなっている「ノノメク」の語義との重なり合いがかなりみられ、このことからすると、「ノノメク」はある時点から「はなしことば」でも使われるようになったと思われる。

その「はなしことば」で使われるという点に着目すれば、この語は「colloquial」ということになる。またその一方で、『宇治拾遺物語』において使われたという点に着目すれば、この語は「古語」ということになる。

次に漢語について検証する。『いろは辞典』の「そく」（四九七頁下段）から「ぞくかん」（四九八頁下段）までの見出しの中から、漢語を抜き出してみる。『言海』が見出しとしている語には○を附す。

そぐ（名）疏虞、疎虞、ゆだん（油斷）
○ぞく（名）族、やから、親族
○ぞく（名）。―する（自）屬、たぐひ。やから。つく、かかる、つきしたがふ
○ぞく（名形）俗、ならはし、ふうぞく（風俗）。ただのひと（僧に非ざる）。いやしき、みやびやかならぬ
○ぞく（名）。―する（他）賊、わるもの。ぬすびと。そこなふ
そくい（名）觸衣、なれぎぬ、ふんどし
○そくゐ（名）卽位、くらゐにつくこと（天子の）、登極
○そくいん（名）惻隱、いたましくおもふこと
そくろ（名）側路、わきみち
そくろう（名）側陋、いやしきひと、卑賤
○そくはつ（名）束髮、たばねがみ（西洋風の）
○そくはく（名）側柏、このてがしは（植物）

○そくはく［する］（他）捉迫、せきたてる、うながす
○そくばく［する］（他）束縛、しばる、くくる、ゆはへる
そくほ［する］（他）促捕、とらへる
そくほ（名）足拇、あしのおほゆび
ぞくほう　賊鋒、ぞくのほこさき
ぞくへい（名）賊兵、ぞくのつはもの（逆賊の兵）
ぞくへい（名）俗弊、俗習、陋習、いやしきならはし
○ぞくへん（名）續編、つづきもの、第二編
○ぞくと（名）賊徒、わるものども。むほんにんども
ぞくど（名）屬奴、しもべ、けらい
○そくとう（名）唧筒、みづでつぱう、ポンプ
○そくぢよ（名）息女、むすめ、むすめご（他人の）
そくちう（名）側註、かたはらちう、傍註
そくちう（名）束柱、つかばしら
そくちやう（名）側聽、たちぎき
そくぢやう（名）觸杖（東司の具）
ぞくちやう（名）賊長、ぞくのかしら、賊首
○ぞくぢん（名）俗塵、よのちり、よのわづらひ、世事（世俗の事務）

○ぞくり（名）屬吏、したやくにん
○ぞくり（名）俗吏（算筆の小吏）、いやしきやくにん
○そくりやう（名）。—する（他）測量、はかること（地面海等を）。はかる
そくりやうえん（名）測量鉛、さげふり、みづもりなは
ぞくるゐ　賊壘、ぞくのとりで
ぞくるゐ（名）族類、屬類、やから。たぐひ
そくわ　粗貨、あしきしなもの
そぐわ（名）素畫、すみゑ（彩色せぬ畫）
そぐわ（名）疏畫、あらがきゑ（密畫の反對）
○ぞくわ（名）俗話、よのなかのはなし。よのつねのことば、俗語
○そくわい（名）素懷、かねてのおもひ、素願、宿望
そくわい［する］遡洄、さかのぼる、みづかみへのぼる
○そくわつ［する］疎濶、うとうとしき、とほどほしき
そくわつ［する］（自）穌活、いきかへる、甦活、穌生
そくわう（形）疎曠、疏濶、とほき。うとうとしき
○そくか（名）足下、あなた。貴下（人を呼ぶ尊稱）
ぞくか（名）族家、やから
○ぞくか（名）俗家、ただのいへ（僧家ならぬ家を謂ふ）

そくかう（名）息耗、おとづれ、たより、しらせ、音信
ぞくかく　粟殻、あはがら
ぞくかん［する］（自）矚看、ながめる、みやる
ぞくかん　俗間（世俗の間）
ぞくかん　賊艦（賊徒の船また盗賊船）

右にあげた五十三のうち、『言海』が見出しとするのは二十三にとどまる。この箇所のみで判断することはもちろんできないが、大槻文彦が『いろは辞典』の見出しをみて感じたことは、やはり「漢語が多く見出しになっている」ということであっただろう。ちなみにいえば、右の「ソクロ（側路）」「ソクホ（足拇）」「ゾクホウ（賊鋒）」「ゾクド（属奴）」「ソクチュウ（側註）」「トクチュウ（束柱）」「ソクチョウ（側聴）」「ソコウ（疎曠）」「ゾクカク（粟殻）」「ゾクカン（嘱看）」「ゾクカン（俗間）」は『日本国語大辞典』も見出しにしていない。

辞書体資料には（できあがったところからみて）「規模」がある。『日本国語大辞典』第二版であれば、頁数にして約二万頁、「項目数」にして五十万という「規模」である。そうした「規模」の中で、見出しを選ぶ。いいかたを変えれば、選んだ「項目数」が五十万であったということになり、これを超えて「項目数」を選ぶのであれば、「規模」を変えなければならない。つまり、ある辞書体資料が漢語を見出しにする、といった場合に、限りなく漢語を見出しにするわけにはいかないのだから、「規模」に応じて取捨選択をしなければならない。その「取捨選択」には何らかの「基準」あるいは「基準めいたもの」がある場合もあろうが、といって語を選択することからすれば、誰が選択しても同じ結果になるような「基準」を設定することが難しいことはいうまでもない。となれば、当然選択した結果は

「揺れ」ることになる。漢語Aが見出しになっているのに、漢語Bが見出しになっていない理由は何か、という問いに答えることはおそらくきわめて難しい。

◇『いろは辞典』の語釈

『いろは辞典』の「緒言」には「本辭書ハ西洋字書編輯ノ體裁ニ倣ヒいろは順ヲ追テ毎語ヲ掲ゲ一々其釋義ヲ附シ漢語ノ之ニ相當スル類語ヲ多ク列記シタレバ其捜索ノ語手ニ應ジテ顯レ来リ其意義一目ニ瞭然タリ」と記されている。このことからすれば、『いろは辞典』の語釈は「釋義＋漢語類語」というかたちで構成されていると思われる。いくつかの見出しをあげ、それを吟味しながら考えを進めてみたい。

くわつけい（名）活計、すぎはひ、くらし、活路、生計
すぎはひ（名）活計、なりはひ、生計、生理、生活、活業、過活、餬口、養口、營業、くらし
くらし（名）活計、活業、産業、營業、家計、すぎはひ、なりはひ、よすぎ
なりはひ（名）業、活計、活業、家業、渡世、商賈、すぎはひ、くらしわざ

見出し「くわつけい」の下には丸括弧に入れて「所屬」が示され、それに続く漢字列「活計」は見出しにあてることができる漢字列で、[註1]「すぎはひ、くらし」が「釋義」、「活路、生計」が漢語類語にあたると思われる。そうであるとすれば、例えば見出し「すぎはひ」においても、「くらし」においても、一番初めにあげられている漢字列は「活計」で、例えば「くらし」にあてることができる漢字列としては「暮」が考えられるにもかかわらず、「活計」を置

いていることには留意したい。「暮」ではなく、漢字列「活計」を置くことによって、「見出しにあてることができる漢字列」を示すと同時に、和語「クラシ」に対応しそうな漢語が「カッケイ（活計）」であることをも示していると思われる。それは「和漢」という角書きともかかわって、『いろは辞典』においては、やはり「和」と「漢」との対応がすみずみまでゆきわたっていると考える。「和語を漢語によって説明する」「漢語を和語によって説明する」という枠組みがまずは「和漢」の基本的な枠組みであろうが、それがどちらかといえば「漢」寄りに展開しているのが『いろは辞典』ではないだろうか。大槻文彦の「漢語、多くて」は右に示した『いろは辞典』の四つの項目をみても、自然な言説と思われるが、大槻文彦はそこからさらに歩を進めて、『いろは辞典』が「漢寄りに展開している」ということをも含意していたのではないか。

また和語「クラシ」を説明するために、漢語「活業・産業・營業・家計」をあげ、和語「ナリワイ」を説明するために、漢語「活計・活業・家業・渡世・商賈」をあげていることからすれば、見出しとなっている和語と語義の重なり合いがかなりある語だけではなく、ひろく漢語をあげていると思われ、そうした点にも「和漢」の対照が看取できる。

根本真由美（二〇〇七）は『いろは辞典』の語釈の基本形式を「漢語釈義＋和語釈義＋漢語類語」とみている。その基本形式をあてはめてみれば、右の見出し「くわつけい」は漢語であるので、漢語釈義が省かれ、まず「すぎわひ、くらし」という和語釈義が置かれ、それについで「活路、生計」という漢語類語が置かれているとみることになる。

『言海』には次のようにある。

くわつけい（名）活計 スギハヒ。クイスギ。クラシ。

見出し「くわつけい」の直下に置かれた漢字列「活計」及び、『いろは辞典』の見出し「くわつけい」が漢語類語としておいた「活路」「生計」が『言海』内でどのように使われているかを調べてみる。「活路」は『言海』には使われていない。また、語釈に使われている「スギハヒ」「クチスギ」についてもあげておく。

［活計］

くふ（他動）（規・一）食（一）（二）（略）（三）＋活計《クチスギ》ヲナス。「商業ニテ―」糊口（四）（略）

くらし（名）暮（一）（略）（二）スギハヒ。ナリハヒ。クチスギ。活計

わたらふ（自動）（規・一）渡（一）（略）（二）生計《ワタラヒ》ヲナス。活計

［生計］

かつて（名）勝手（一）（二）（三）（略）（四）轉ジテ、家ノ生計《クラシ》。「―向」家計

くらす（自動）（規・一）暮［生活ノ時ヲ暮ラス意］營生《スギハヒ》ヲナス。生計《クチスギ》ノ營ミヲナス。送生

けいざい（名）經濟［經レ国濟レ世］一身、一家、一國ノ費ヲ省キ、富ヲ増シ、生計ヲ成スヿ。

こてい（名）小體 住居、生計ノ小ク約《ツヅマ》ヤカナルヿ。「―ニ暮ラス」

しよたい（名）所帶（一）（略）（二）家ヲ立テ、生業《クラシ》ヲ成スヿ。世帶。「―ヲ持ツ」―ヲ潰ス」生計

せいけい（名）生計 生活《クラシ》ノ手段。クチスギ。

ふによい（名）不如意（一）（略）（二）生計《クラシ》ニ物乏シ。

よわたり（名）世渡 世ヲ過シ行クヿ。ヨスギ。スギハヒ。クチスギ。渡世。送世 生計

〔わたらひ（名）渡 ワタラフヿ。ヨワタリ。スギハヒ。生計
〔わたらふ（自動）（規・二）（一）（略）（二）生計《ワタラヒ》ヲナス。活計

すぎはひ（名）生業 世過《ヨスギ》ニ營ム業。
くちすぎ（名）口過 食ヲ得テ生活《クラ》スヿ。ヨスギ。クラシ。スギハヒ。糊口

『いろは辞典』においては、漢語「カッケイ（活計）」が和語「スギワイ・クラシ」で説明されている。その一方で、見出し「スギワイ」「クラシ」の（見出しにあてることができる漢字列としては示されているが）語釈中には漢語「カッケイ（活計）」が置かれていない。「見出しにあてることができる漢字列」が語釈も兼ねているため、とみることもできき、その可能性は低くはないと考えるが、ひとまず右のようにみれば、漢語「カッケイ（活計）」は和語「スギワイ・クラシ」で説明できるが、和語「スギワイ・クラシ」を漢語「カッケイ（活計）」では説明できない、ということになる。「説明できない」が表現としてふさわしくないのであれば、「説明するのは自然ではない」といってもよい。この「できない／自然ではない」は「語性」を考えるにあたっては重要になる。それは『言海』においてもまったく同様で、見出し「すぎはひ」「くちすぎ」の語釈中には、漢語「カッケイ（活計）」はみられない。これは漢語「カッケイ（活計）」を理解するにあたっては、和語「スギワイ」「クラシ」が結びつけられており、その結びつきは強いけれども、「漢語→和語」という「方向」をもった「結びつき」であることが推測される。しかしその一方で、『言海』においては見出し「くふ」の語釈中で、「クチスギ」を書くにあたって、漢字列「活計」が使われている。見出し「くちすぎ」において示されている「普通用ノ漢字」は「口過」であるので、それを使うこともできなくはない。た

だし、見出し「くらし」「せいけい」「よわたり」の語釈中に使われている「クチスギ」はいずれも仮名で書かれており、語釈は仮名のみで書かれている。となれば、見出し「くふ」の語釈中で漢字列「活計」を使ったのは、「わざわざ」である可能性がたかい。つまり、漢字列「活計」によって「くふ」の語義の説明をしようとした可能性があろう。

「凡例」の（卅八）には「語釋ノ末ニ、別ニ漢用字ヲ掲ゲテ、十字街《ツジ》　燕子花《カキツバタ》ナドト標セリ、此類、識別スベシ」とあり、「索引指南」に続いて置かれている「畧語ノ解」「種種ノ標」の、後者においては二重傍線について「漢ノ通用字、十字街《ツジ》、燕子花《カキツバタ》ナド。（注ノ中ニ置ク）」と記されており、「漢用字」「漢ノ通用字」という二つの呼称が使用されている。「注ノ中ニ置ク」の「注」もわかりにくいが、これについては第二章第一節「「内容見本」からわかること」において述べられているように、「注」は本書でいう「語釈」を指すと思われる。

「漢用字」「漢ノ通用字」を「漢用字」と呼ぶことにするが、これは「注」すなわち語釈の「中ニ置ク」と述べられており、それが置かれている場合は、そこまでが語釈であることになる。すなわち「漢用字」は語釈の一部であることになる。

　陳力衛は『和製漢語の形成とその展開』（二〇〇一年、汲古書院）第四章第四節において、『言海』の「和漢通用字」を「由緒正しい古来の漢語」、「漢ノ通用字」を「近世以来の白話小説語彙」、「和ノ通用字」を「日本語に溶け込んだ日常漢語」「和訓から音読みへ変わったもの」「明治以来新しく造られた新漢語」と述べる。「漢語」と「語彙」という用語の異なりがどのようなことを意図しているかはこの記述からは不分明であるが、それはそれとして、ここでは「漢ノ通用字」が「近世以来の白話小説語彙」ととらえられている。こうしたとらえかたは、独り陳力衛のみのものではないが、そうとばかりはいえないことはむしろ明らかではないだろうか。

　例えば先にあげた例の中で、漢字列「生計」が「漢用字」としてあげられている見出しが幾つかある。〈くらし・

よすぎ〉という語義の漢語「セイケイ（生計）」は白居易が使っていることが『大漢和辞典』巻七、一〇三一頁によって確認できる。あるいは見出し「くふ」の語義（三）末尾に置かれた漢字列「糊口」が〈くちすぎ〉という語義で『春秋左氏伝』に使われていることが『大漢和辞典』巻八、九一五頁によって確認できる。これは「由緒正しい古来の漢語」ではないのだろうか。稿者は、「漢用字」は見出しになっている語の「漢語類語」（にちかいもの）ではないかと憶測しているが、このことについては本書中でできる限り検証し、考えていきたい。

名詞「ワタラヒ」には普通用の漢字として「渡」を示す一方では、動詞「ワタラフ」には漢字列を示さないということをどのようにみればよいか、ということはあるが、この両語には「︿」が附されている。古語「ワタラヒ」を（当該時期の）現代語「ヨワタリ」「スギハヒ」で説明し、かつ漢語「セイケイ（生計）」を（稿者の憶測によれば）「漢語類語」として置くことが（大槻文彦の内省によって）できるとすれば[註2]、「古語」「現代語」「漢語」の間にはっきりとした「回路」が確保あるいは形成されていた、とみるしかない。

漢字列の対照

『言海』の「凡例」（卅八）には次のように記されている。

篇中、毎語ノ下ニ、直ニ標出セル漢字ハ、雅俗ヲ論ゼズ、普通用ノモノヲ出セリ、日、月、山、川、等ノ正字ハ、固ヨリ論ゼズ、辻、峠、杜若、ノ如キ和字又ハ誤用字ニテモ、通俗ナルヲ擧ゲタリ、而シテ、和漢通用ナルハ、［日］［月］［山］［川］ナドト標シ、又、和洋ナルハ、［辻］［杜若］ナドト標シテ、語釋ノ末ニ、別ニ漢用字ヲ掲ゲテ、‖十字街《ツジ》‖燕子花《カキツバタ》ナドト標セリ、此類、識別スベシ、但シ、漢字ノ當ツベカラザルモノハ、スベテ闕ケリ。

しそこなふ（他動）（規・一）爲損 爲《シ》テ誤ツ。シソンズ。ヤリソコナフ。シクジル。失錯
しそんず（他動）（不規・二）爲損 シソコナフ。失錯
＋しくじる（他動）（規・一）〔爲挫《シクジ》クルノ略カ〕しそこなふニ同ジ。失敗
ぞんりよ（名）存慮 カンガヘ。ミコミ。存念。思慮
ぞんじやう（名）存生 イキナガラヘテアルヿ。存命《ゾンメイ》。生存

和語が見出しとなっている項目、漢語が見出しとなっている項目を挙げた。見出し「しそこなふ」「しそんず」において、品詞名に続いて示されている漢字列、この場合であれば「爲損」が「毎語ノ下ニ、直ニ標出セル漢字」である。その見出し直下の漢字列が「普通用ノモノ」と説明されている。「和字」は日本でつくられた漢字、すなわち「国字」「和製漢字」を指すと思われ、「辻」「峠」がこれに該当する例として掲げられていると思われる。そして、「カキツバタ」に「杜若」をあてることが「誤用」に該当すると思われる。漢語「トジャク（杜若）」は植物名であるが、ヤブミョウガにあたる植物の名であるので、それをヤブミョウガとはまったく異なるカキツバタに使うという点において、「誤用」と判断しているのであろう。これは新井白石が『同文通考』において「国訓」というカテゴリーを設けてとらえたことと通う。『同文通考』においては、例えば「椹」を取り上げて、「椹 サワラ弱檜也○椹ハ音斟《アラ》質《ギ》也」（巻四、八丁表五行目）とあり、「椹」を日本では「サワラ」という樹木の名にあて用いているが、もともとの字義は「質」であると述べている。『大漢和辞典』では「椹」の字義を「あてぎ。をだい。木をわる臺」と説く。〈あてぎ〉という字義をもっている「椹」を、サワラという樹木の名にあてる、つまり本来的な漢字字義とは語義が重な

らない和語を書くのに当該漢字を使うという「現象」を「国訓」と呼んでいると思われる。こうした場合も『言海』は「誤用」とみているのであろう。

「通俗ナルヲ擧ゲタリ」は「普通用ノモノヲ出セリ」の言い換えであろうから、中国に規範を求めるのではなく、日本において「普通用ノモノ」、俗に通行しているものを「擧ゲ」たということであろう。こうした点も「日本普通語ノ辞書」（「本書編纂ノ大意」）につながる。

そして、見出し直下の漢字列が「和漢通用」である場合には、二重傍線、「和用」である場合には、一重傍線を附し、「語釋ノ末ニ、別ニ漢用字ヲ揭ゲ」ることがあるという。この「漢用字」をどのようにとらえるのがよいか、についてはこれまで定見をみない。「和漢通用」「和用」も充分に説明されているわけではない。そもそも見出し直下の漢字列は「書き方」であるはずで、そのことからすれば、「和漢通用」は「日本と中国とで共通して使われている書き方」、「和用」は「日本（のみ）で使われている書き方」ということになる。その「書き方」はいうまでもなく、見出しとなっている語の「書き方」である。右に示した例でいえば、「シソコナフ」という和語にあてる漢字列「爲損」には「和用」であることを示す一重傍線が附されている。見出しになっている語が「シソコナフ」という和語であるので、和語が中国語中で使われることは原則的にない、と考えれば、そもそも和語「シソコナフ」が中国語内で漢字によって文字化されたことはないのだから、「爲損」は「和用」であることになる。

「ゾンリョ（存虜）」は字音語素によって構成されている「字音語」であるが、例えば『大漢和辞典』は「存虜」を「かんがへ。みこみ。存念」（巻三、八二三頁二段目）と説明するだけで、中国文献における使用を示さない。また『漢語大詞典』は「存虜」を掲げていない。このことからすれば、「ゾンリョ（存虜）」は「字音語」ではあるが、「漢語」ではない可能性がある。「ゾンジョウ（存生）」については、『大漢和辞典』は「地蔵本願経」の使用例のみを示すが、『漢語大詞典』は『荘子』「達生」及び東晋の陶潜（陶淵明）の「影答形」における使用例を示す。
「影答形」は「存生不可言／衞生毎苦拙」（生を存するは言ふべからず、生を衞《まも》るには毎《ことごと》に拙きに苦しむ）と始まる。「存生」は「衞生」と対になり、後者が実際の生命を維持するということであるのに対して、前者「存生」は生命を永遠に保つという語義で使われていると思われる。この表現は結局は『荘子』「達生」の「世之人以爲養形足以存生、而養形果不足以存生、則世奚足爲哉」（世の人は以爲《おも》えらく形を養えば以て生を存するに足ると、而れども形を養うこと果して以て生を存するに足らざれば、即ち世奚《なん》ぞ爲すに足らんや）を承けたものと思われ、『言海』が説く「ぞんじやう」の語義「イキナガラヘテアルヿ。存命《ゾンメイ》」と『荘子』、陶淵明の詩作品で使われている「存生」の語義とは一致しない。これについて、大槻文彦が日本で使われる字音語「ゾンジョウ（存生）」を日本で作られた語とみていたか、あるいは中国で使われる漢語「存生」と少なくとも語義が異なるとみていたか、そのいずれであるかは不分明であるが、日本語「ゾンジョウ（存生）」と漢語「存生」とは別の語であるとみていたことはいえよう。別の語だから、結局は日本語「ゾンジョウ（存生）」に該当する語は中国にない、したがって、「和漢通用」には該当しない、という判断になるのであろう。つまり、大槻文彦は「内省」によって、古典中国語とみなし得る「漢語」と、そうではなく、日本でつくられた「字音語」とを分けていたことになる。こうした「内省」は現代日本語母語話者が必ずしも備えているものではないと考える。

高橋五郎『いろは辞典』には「ぞんじやう（名）存生、ながらふること、存命」とあって、ここでは古典中国語「ゾンジョウ（存生）」を対置させて、「ながらふること」という語義をもつ「字音語」を「俗」とみなすことはしていない。古典中国語をどの程度対置させるか、には「判断」が伴うであろうし、対置させる古典中国語がどの程度「みえているか」ということについては個人差があることはいうまでもないだろうから、「実際にどうするか」には

「揺れ」があることは当然であろう。

第三冊の五七八頁において見出し直下の漢字列に二重傍線が附されている見出しを幾つか挙げてみる。

ぞんねん（名）存念 オモヒヨリ。カンガヘ。存慮。思慮

ぞんぶんに（副）存分 オモヒノママニ。任意

高橋五郎『いろは辞典』には次のようにある。

ぞんねん［俗］（名）存念、ぞんじより、かんがへ

ぞんぶん［俗］（名）存分、おもふところ、かんがへ。又（副）おもふままに、おもふかぎり、じふぶん

いずれにも［俗］とあるのは、やはり「ゾンネン」「ゾンブン」が「漢語」ではなく「字音語」であるからと推測する。

大槻文彦には「古典中国語とみなし得る漢語」「日本でつくられた字音語」そして「古典中国語ではない漢語」が区別でき、当該時期に日本語を使用していた多くの人が同様に区別していたとすれば、そのような「区別」のもとに使用する語を選んで日本語の文章を書いていたことになる。それは語の選択という局面においてもそうであったろうし、書き方の選択という局面においてもそうであっただろう。となれば、当該時期にみえていた「漢字・漢語景観」を現在においてさながらにとらえることができるか、どうかは重要であることになる。こうしたことで文学作品の

「よみ」がかわることはないのだろうか。

結局、「和漢通用字」「和用（字）」は「語を文字化するにあたっての漢字列」が日本と中国とで共通しているか、日本のみのものであるか、という「書き方」にかかわるものであるが、その一方で、「語を文字化する」といった場合の「語」は見出しとなっている語で、その語の語義が重要になる。同じ漢字列であらわすことができる語が日本語にも中国語にもあったとしても、あらわす語が異なれば、「通用」ということにはならない。例えば、和語「オシハカル」は漢語「スイリョウ」に使う漢字列「推量」によって文字化することができる。この場合、和語「オシハカル」と漢語「スイリョウ」とに語義の重なり合いがなければ、漢字列「推量」が和語と漢語とに「通用」しているということにはならない、と推測する。

したがって、「語釋ノ末ニ」掲げられている「漢用字」は「漢用」と呼称されていることからすれば、まずは漢語であることになる。見出しとなっている語の語種が和語であっても、漢語であっても、語釈末に「漢用字」が置かれる。[註3]「漢用字」が（何らかの意味合いにおいて）見出しにかかわって置かれていることはいうまでもなく、となれば、「何らかの意味合い」は見出しとなっている語の語義とみるのがもっとも自然であろうし、それは「類義」ということしかないのではないだろうか。

『言海』における見出し直下の漢字列を「普通用ノモノ」と認め、高橋五郎『いろは辞典』が見出し直下に示す漢字列も同様のものと仮定した時に、両者がどの程度一致しているか、ということを検証してみたい。

◇見出し直下の漢字列の [illegible]

以下では『言海』、『いろは辞典』の順に、和語の見出しを並べてみる。

1 たえま（名）絶間 絶《タ》ユル間《アヒダ》。中絶ノ間。間斷
たえま（名）絶間、間斷、きれま、とぎれま

2 たかがひ（名）鷹飼 鷹ヲ養ヒテ、狩ニ用ヰルヲ職トスル者。鷹匠《タカジヤウ》。鷹師
たかがひ（名）鷹飼、たかかふひと

3 たかしほ（名）高潮 海潮ノ高ク滿チ來リテ陸ニ上ルモノ。津浪。（略）海嘯
たかしほ 高潮（海潮の高く滿ちたる者）

4 たかね（名）高根 高キ嶺《ミネ》。峻嶺
たかね（名）高嶺、高峯、たかきみね、やまのみね

5 たかわらひ（名）高笑 聲高フカニ笑フヿ。哄笑
たかわらひ 高笑、おほわらひ

6 だきかご（名）抱籠 竹細工ノ籠、夏ノ夜、寐ルニ抱キテ、涼ヲ取ルモノ。竹夫人
だきかご（名）抱籠、竹几、靑奴、竹奴、竹夫人、たけのよりかかり

7 たきさし（名）焚殘 焚《タ》キ殘シタルモノ。モエサシ。燼
たきさし（名）燼、もえさし、もえがら

8 たくらむ（他動）（規．一）（たくむノ延）タクム。企ツ。考ヘ計ル。（多ク惡意ニ）計畫
たくらむ（他）計畫、たくむ、たくなむ

9 だしいれ（名）出入 いだすトいるるト。出納

だしいれ　出入、出納

10　だしぬけ（名）出抜　不意ニモノスルヿ。唐突　突然

だしぬけに（副）出抜、突然、忽然、ふいに、いきなり

11　たしまへ（名）足前　足ラヌニ足ス分。補闕

たしまへ〔俗〕（名）足前、おぎなひ、たし

12　たじろく（自動）（規・一）（たハ發語、しろくは退ク意、身じろく、目《マ》じろくナド同ジ）避ケ退ク。シリゴミスル。退避　避易

たじろく（自）辟易、退縮、しりごみする、たぢたぢあとへさる。まけいろになる

13　たちのく（自動）（規・一）立退　他處ニ移ル。タチサル。

たちのく（他）立退、すてさる、しりぞく

14　たてこもる（自動）（規・一）楯籠　城ニ入リテ防ギ守ル。籠城ス。守城　據城

たてこもる（自）楯籠、とぢこもる（城等に）

15　たながり（名）店借　家ヲ借リテ住ムヿ。僑寓

たながり（名）店借、僦居、稅宅、僑居、僑寓、いへかり

16　たびだち（名）旅立　旅路ニ出立ツヿ。門出。發足。出立。發程　首途

たびだち（名）旅立、發途、登途、かどで、かしまだち

かどで（名）門出　家ヲ出デテ、旅、或ハ、戰ニ行クヿ。タビダチ。首途

かどいで（名）門出、首途、啓行、出發、發程、いでたち

かどで（名）首途、たびだち

17 たなびく（自動）（規・二）薄靡〔棚延《タナビ》ク義カ、起チ靡ク、ノ略カ、或云、たハ發語ナリト〕薄ク横ニ長ク靡ク。

（雲、霞、烟ナドニ）靉靆

たなびく（自）棚引、薄靡、霏霺、靉靆、靄（雲烟等が横に長くひきてわたるを謂ふ）

18 ためらふ（自動）（規・二）依違躊躇〔矯メテ居ル意カ〕心ニ決著セズシテアリ。

ためらふ（自）猶豫、狐疑、躊躇、遅疑、逡巡、踟蹰、たゆたふ

19 ためいき（名）溜息 溜メテ後ニ長クツク息。（思ヒツメタル後ナドニ）太息 長息

ためいき（名）太息、歎息、唏嘘、長息、嗟歎、浩歎、痛歎、咨嗟、といき、おほいき

4・7・8・12・17・19以外では、『言海』が見出し直下に示す漢字列と、『いろは辞典』が最初に掲げる漢字列とが一致しており、やはり『いろは辞典』が最初に掲げている漢字列は見出しにあてる（「普通用ノ」）漢字列である可能性がたかい。12においては、『言海』が見出し直下に漢字列を示していない。

その一方で、4においては『言海』が「高根」、『いろは辞典』が「高嶺」で一致せず、『言海』が「漢用字」として語釈末に置いた「峻嶺」は『いろは辞典』の語釈にはみられない。逆に6においては、『言海』が「漢用字」として示す「竹夫人」を『いろは辞典』も示すが、その他に「竹几（チクキ）」「青奴」「竹奴」をも掲げている。『大漢和辞典』は「チクキ（竹几）」の使用例として白居易の「閑居詩」や蘇軾の「午窗坐睡詩」を挙げている。また「セイド（青奴）」「チクド（竹奴）」の使用例として黄庭堅の使用例を挙げている。この見出しに限って、ということではないと思われるが、『いろは辞典』はこのように、漢語類語を積極的に掲げていると思われる。

7では『言海』が示す「焚残」はどの程度「普通用」であったか。「タキサシ」の「タキ」と漢字「焚」とは和訓を媒介にして結びつきがいわば「保証」されているであろうが、「サシ」と漢字「残」とは和訓を媒介にしては結びついていないのではないか。『言海』が語釈として示した「焚《タ》キ残シタルモノ」の「残シタルモノ」が「焚残」の下字に「反照」しているように思われ、そうであるとすれば、「普通用」とまでいえるだろうか。こういう場合、『いろは辞典』は『言海』が「漢用字」としている漢字列を見出し直下に置くことがあることが7によってわかる。

8「タクラム」においては、『言海』も見出し直下に「普通用」の漢字列を示していない。そして、『いろは辞典』は『言海』が「漢用字」として示した漢字列を見出し直下に置く。「タクラム」は現在出版されている小型の国語辞書、例えば『三省堂国語辞典』第七版では、見出し「たくらむ」の直下に「企む」と示されており、常用漢字表は「企」字に「タクラム」という訓を認めていないけれども、「企む」という書き方はある程度は流通しているものといえよう。となれば、『言海』が「タクラム」の見出し直下に置かなかった「企」字と「タクラム」との結びつきは、明治二十四年から現代までの間に形成されたことになる。いつ頃、どのようなことを背景にして、それが可能になったか、ということは一つの「課題」と思われる。そうした「課題」も『言海』の見出し直下を注視することによって見いだすことができる。2の「漢用字」「鷹師」は漢語「ヨウシ（鷹師）」で、〈鷹を使って鳥やウサギなどを捕らえる人、鷹匠のこと〉である。

13ではなぜ漢語「タイキョ（退去）」がみられないか。『言海』は「タイキョ（退去）」を「シリゾキサルヿ。タチノクヿ」と説明しており、このことからすれば、漢語「タイキョ（退去）」は「タチノクヿ」であるのだから、見出し「たちのく」の語釈あるいは「漢用字」として「退去」があげられていてもよさそうに思われる。『言海』の見出し（自動詞）「しりぞく」は「後《シリヘ》へ退《ノ》ク。後《アト》へ引ク。シゾク。サガル」と説明されている。『日本国語大辞典』第二版は「タチノク」を次のように説明している。

たちのく〔立退〕〔自カ五（四）〕①その場から引きさがる。その席をしりぞく。＊蜻蛉日記〔974頃〕下・天延二年「妻戸をひきあけて『これより』というめれば、あゆみよるものから、又たちのきて」＊源氏物語〔1001～14頃〕野分「この渡殿の東の格子も吹き放ちて、立てる所のあらはになれば、おそろしうてたちのきぬ」＊栄花物語〔1028～92頃〕浦々の別「今日こそはかぎりと誰も誰もおぼすに、たちのかむともおぼさず」＊山家集〔12C後〕上「藻塩焼く浦のあたりは立のかで煙たちそふ春霞かな」＊浮世草子・武道張合大鑑〔1709〕一・一「四人の僕（でっち）肝魂も消て絶入しける間に、足ばやに立退（ノキ）けるが」②その場所や地位をゆずるためにしりぞく。その場を明ける。＊蜻蛉日記〔974頃〕中・天祿元年「我とものの人、わづかにあふ、たちのきてなどいふめれば」＊苔の衣〔1271頃〕四「御車よせたれば人人もたちのきてのりにおはするを」＊史記抄〔1477〕三・五帝本紀「堯の位をたちのいて、舜に譲て、二十八年して死したぞ」＊都会の憂鬱〔1923〕〈佐藤春夫〉「果して長火鉢の前に凝乎（ぢっ）としてゐる妻をそこから立ちのかせて」③遠く離れる。距離をとる。また、離れた所に住む。＊落窪物語〔10C後〕四「はるばると峰の白雲立のきて、またかへり逢はむほどのはるけさ」＊源氏物語〔1001～14頃〕野分「女の御様、げにはらからといふとも、少したちのきて、異腹ぞかしなど思はむは、などか心あやまりもせざらむ」＊宇治拾遺物語〔1221頃〕一・一八「めぐりの下人のかぎり持て来るにだにさばかり多かり、ましてたちのきたる従者どもの多さを思ひやるべし」④住まいや土地を明け渡して立ち去る。＊狂歌・古今夷曲集〔1666〕九「とかく我ままのみたび重りければ、所をたちのき給へとこすける時に」＊浮世草子・武家義理物語〔1688〕二・一「奉公ざかりの花の時、俄に落花のごとく、会津を惣並に立のき、浪人ほど悲しきはなし」＊鳩翁道話〔1834〕二・下「かの書面を懐中して、ゆかたのままにて城下をたちのきました」＊修禅寺物語〔1911〕〈岡本綺堂〉三「まさかの時には父子が手をひいて立退くまでのこと」

『日本国語大辞典』は「タチノク」の語義を四つに分けて記述しているが、その語義④は「タイキョ（退去）」と語義に重なり合いがあると思われるが、語義①②③は必ずしも重なり合いがあるとはいいにくい。こうしたことによって、『言海』も『いろは辞典』も「タチノク」の語釈中に漢語「タイキョ（退去）」を示していないのではないか。先にふれたように、『言海』は見出し「たいきよ」を「タチノク｢」と説明しており、その限りにおいては、漢語「タイキョ（退去）」と和語「タチノク」とには結びつきがあるともいえるが、さらに丁寧に見出しを検討し、かつ同時期に成った、他の辞書体資料を併せみることによって、より精密な観察が可能になる。明治期の日本語は現代日本語と「ちかい」ために、現代日本語における「内省」をそのままあてはめるようなことはないだろうか。それでは「すまない」ことがあるという「可能性」をみておく必要があろう。

14においては、『言海』が「漢用字」として「守城」「據城」を掲げ、『いろは辞典』は語釈中に漢語を使っていない。その一方で、15においては、『言海』が「漢用字」として掲げる「僑寓」を『いろは辞典』は語釈中に置き、その他にも〈家を借りうける〉という語義をもつ漢語「シュウキョ（僦居）」、「ゼイタク（税宅）」、〈借りずまい〉という語義をもつ漢語「キョウキョ（僑居）」を置く。「キョウグウ（僑寓）」も同様の語義をもつ。「税」には〈借りる〉という字義がある。ただし、『大漢和辞典』は見出し「税」（巻八、五七八頁）の條中に「税宅」を掲げていない。この「税宅」は『漢語大詞典』にもみられない。「僦」字を上字とする漢語「シュウオク（僦屋）」「シュウシャ（僦舍）」も同様の語義をもつが、これらは置かれていない。

16「シュト（首途）」は『文選』に収められている沈約の「齋故安陸昭王碑文」において使われており、李善は「首途、猶首路也」と施注している。杜甫の「敬寄族弟唐十八使君」にも使われている。また原刻易林本『節用集』「し部言辞門」にも「首途《シュト》《カドデ》［門／出］」とあり、明治期以前に、和語「カドデ」と漢語「シュト（首途）」とは結びついていたことが推測される。「シュト（首途）」は『文選』に収められている作品や杜甫が使っていることからすれば、古典中国語とみてよいと考える。

17においては、『いろは辞典』が見出し直下に掲げている漢字列「棚引」は和語「タナビク」を「タナ」「ヒク」に分解した上で、それぞれに「棚」「引」をあてたものとみえる。『言海』は見出し直下にこの漢字列「棚引」ではなく、「薄靡」を掲げる。つまり、和語「タナビク」を漢字化する場合に、漢字列「棚引」を「普通用」とはみなしていなかったということになる。『淮南子』には「ハクヒ（薄靡）」という語が使われ、それについて後漢の高誘が「薄靡者、若塵埃飛揚之貌」と施注していることが『漢語大詞典』によってわかる。これによれば、「ハクヒ（薄靡）」は〈塵埃が飛揚するさま〉ということになる。そうであれば、和語「タナビク」の語義とはやや異なる。〈雲のたなびくさま〉という語義をもつ「アイタイ（靉靆）」は古典中国語といってよく、この場合漢字列「棚引」と「靉靆」との間に置かれた「薄靡」「霏霺」をどのようにみるかが難しい。『いろは辞典』が掲げる漢字列「霏霺」の下字「霺」は『大漢和辞典』が〈こさめ〉という字義で、（『集韻』の記事に基づく判断と思われるが）「溦」と同じと説明している字である。そうであれば、「霏霺」という漢字列がこのままのすがたで中国の文献で使われたことがあるかどうかということになる。また、「霺」を「溦」に置き換えて「霏溦」というかたちで考えたとしても、この漢語「ヒビ（霏溦）」の使用がどの程度あったか。『大漢和辞典』も『漢語大詞典』もこの語を示さない。一方、〈雨や雪が細かに降るさま〉という語義をもつ漢語「ヒビ（霏微）」もあり、これは白居易の「草堂記」や杜甫の「曲江対酒詩」に使用されている。

『いろは辞典』は漢字列「霏⿱雨微」を掲げているが、その漢字列そのものが確認しにくいこと、下字を「溦」あるいは「微」に換えた場合でも語義は〈小雨〉あるいは〈小雪〉で、和語「タナビク」とは語義が重ならないことなど、漢字列「霏⿱雨微」をめぐって、不分明なことが少なからずある。また「薄靡」も同様で、先に述べたように、漢語「ハクヒ（薄靡）」の語義は和語「タナビク」の語義とは重なり合いがほとんどなく、この漢字列「薄靡」は漢語「ハクヒ（薄靡）」とはかかわりなく、和語「タナビク」の語義を説明するようなかたちで置かれているということもあるいは考えておく必要があるか。『いろは辞典』が語釈中に掲げている漢字列については、丁寧な検証が必要であろう。

『言海』においては、見出しが和語である場合、見出し直下に掲げる漢字列が（当該和語をあらわすことはいうまでもないが）漢語をあらわすにあたっても使われる漢字列であれば、それは「和漢通用」ということになり、二重傍線が附されるはずである。

たのも（名）田面 田《タ》ノオモテ。田ノ上。

〈田のおもて〉という語義をもつ和語「タノモ」に漢字列「田面」が示されているが、この漢字列には二重傍線が附されている。となれば、この漢字列「田面」は「漢＝中国語」においても和語「タノモ」とある程度重なり合いがある語義をもつ漢語においても使われていることになる。『大漢和辞典』は見出し「田」（巻七、一〇五二頁）の條中に「田面」を掲げているが、そこには「$t'ien^2mien^4$」と「ウェード式發音記號法」（巻一附載、「凡例」「文字の解説」二頁下段）によって発音が示されている。「凡例」には「ウェード式發音記號法によって現代中國語の發音を明示した」

（同前）とあり、『大漢和辞典』は現代中国語としての「田面」を示したと認識していることがわかる。『漢語大詞典』にあたると、元の王禎の『農書』（一三一三年刊）の使用が確認でき、古典中国語とはいいにくいが、十四世紀には中国で使われていたことが確認できる。

現代中国語で使われているということをふまえての二重傍線であるか、十四世紀の使用をふまえての二重傍線であるか、は不分明であるが、中国語での使用が確認されているゆえの二重傍線であろう。このようなことが、『言海』の使用にあたって、これまできちんと意識されてきたであろうか。このことからすれば、一重傍線が施されている漢字列「薄靡」は漢語「ハクヒ（薄靡）」を意識せずに置かれている可能性がたかい。

18において、『言海』は見出し直下に「依違」「躊躇」二つの漢字列を示す。最初に示されている漢字列「依違」は『いろは辞典』にはみられない。しかし、漢語「イイ（依違）」は『漢書』『後漢書』で使用されている古典中国語である。そして、明治期においても、例えば『佳人之奇遇』でも使われていた。また漢字列「依違」は項目「たゆたふ」「はしたなし」にも次のようにみられる。

たゆたふ（自動）（規・二）揺蕩（一）（略）（二）思ヒテ決セズ。タメラフ。（使用例略）依違

はしたなし（形・二）〔なしハ甚シ、ノ意〕（一）中間《ハシタ》ニテアリ。寄ル邊ナシ。ドチラツカズナリ。（使用例略）不着落 依違

ところで、『言海』が見出し直下にまず漢字列「依違」を示すのは、明治期においても漢語「イイ（依違）」が使われていることによるとみるのが自然であるが、はたしてそうであろうか。例えば、国立国語研究所が公開している

『日本語歴史コーパス』によって、明治、大正期に刊行されている雑誌を漢字列「依違」によって検索しても、ヒットはない。一方、和語「タメラフ（タメラウ）」に漢字列「躊躇」をあてる例は、明治期においては少なくない。『言海』が見出し直下に「依違」「躊躇」二種類の漢字列を「普通用」として示していることからすれば、少なくとも明治期において和語「タメラフ（タメラウ）」にこれらの漢字列をあてる書き方は特殊ではなかったことになる。

19においては、『言海』が「普通用」として見出し直下に示す漢字列「溜息」を、『いろは辞典』は掲げていない。そして『いろは辞典』は『言海』が「漢用字」として語釈末に置いている漢字列「太息」をまず掲げている。『いろは辞典』の見出し直下の漢字列も、ひとまずは見出しとなっている語にあてる漢字列であろうということは先に述べたが、それでもそれがどの程度「普通用」であるか。そしてまた、『いろは辞典』は『言海』が「漢用字」として示した「太息」「長息」の他に、漢字列を「歎息」「唏嘘」「嗟歎」「浩歎」「痛歎」「咨嗟」と六種類挙げている。『大漢和辞典』は見出し「唏」（巻二、一〇二二頁）の條下に漢語「キキョ（唏嘘）」を挙げ、「すすりなく。歔欷。嘘唏」と説明し、『史記』における使用例を示すが、「キキョ（唏嘘）」の語義が〈すすりなく〉であるとすれば、和語「タメイキ」との語義の重なり合いは「薄い」と言わざるを得ない。『いろは辞典』が語釈中に置く漢語には少し「幅」があるとみておくべきであろう。

註1　「所屬」に続く漢字列がどのようなものであるかについては、「凡例」にも「緒言」にも述べられていない。根本真由美「高橋五郎『［和漢／雅俗］いろは辞典』の資料性」（『日本語の研究』第三巻四号、二〇〇七年）は「見出し項目（引用者補：引用者はこれを「見出し」と呼んでいる）が漢語（以下「漢語項目」）である場合、〈所屬〉直後の漢字列は平仮名表記されている見出し項目を最も自然な「漢字（で）表記」したものと考えられる。しかし、漢字列と、その

直後に置かれるはずの漢語釈義とが、結局は漢字列という、「かたち」において重なることに注目した場合、見出し項目となっている漢語が（平仮名表記ではなく）漢字表記されることで、ある程度その意味を示していると見ることができ、かさねて漢語釈義を置く必要は低くなると予想される。また、「和語」と比較した時に「漢語」がその指し示す範囲、あるいは指し示すことがらを（和語よりも）限定しやすい傾向をもっていることからすれば、漢語項目に対して、釈義または類語としての漢語を置くことがおのずと難しくなってくることが予想される」と述べる。これは見出しが漢語である場合についての言説である。その結果として、見出しが漢語である場合には「釈義」それも和語による「釈義」のみが置かれ、漢語類語が置かれない可能性がたかいことを述べる。見出し「くわつけい」の場合は「活路、生計」と二つの漢語類語が置かれているが、漢語類語が置かれていない項目は少なくない。右の言説は、『いろは辞典』の語釈を定式的、静的にのみとらえていないところがすぐれていると考える。語釈の記述形式は定まっているとしても、見出しが和語であるか、漢語であるか、ということによって、具体的な「説明のしかた」は変わるのであって、そうした観点なく辞書体資料を「読み解く」ことはできないと考える。『いろは辞典』が角書きにしている「和漢雅俗」についても、『いろは辞典』のどこにも、それに関わる記述がみられないが、「和漢」すなわち「和語と漢語」ということは『いろは辞典』のすみずみまでさまざまなかたちで「ゆきわたっている」とみておく必要がある。そしてそうした「みかた」は『言海』の観察、分析にも自ずから必要であろう。

註2　荒尾禎秀は「『言海』と『雑字類編』――「漢ノ通用字」を中心に――」（平成二十二・二十三年度、清泉女子大学教育研究助成金による報告書「日本語の漢字表記の総合的研究」『言海』データベース、二〇一二年三月）において、「大槻文彦が草稿の段階で「漢ノ通用字」を書き入れるにあたって、その情報資源となったものが何かあったはずだと考えるのは、辞書の作られ方の一般として首肯されよう」（七頁）と述べ、「情報資源」が存在して、そこから持ち込まれたという可能性を視野に入れている。「一般として首肯されよう」ということについて否やはないが、その「一般」の対極として、辞書編集者の内省によるということも同時に考えておく必要はあると考える。そして、稿者の（これまた）憶測

は「内省による」というみかたに傾く。

註3　稿者は「辞書の語釈―『言海』の漢語を緒にして―」（『ことばに向かう日本の学知』二〇一一年、ひつじ書房）において、「「和漢通用」」とは結局は和語にも漢語にも用いられる漢字列ということであり、見出し項目直下の漢字列が「和漢通用」である場合、（「漢用」はそこに示されていることになるので）原理的にみて、語釈末に「漢用字」が示されることはないと思われる。つまり、見出し項目直下の漢字列が「和用」であった場合に（のみ）、語釈末に「漢用」が示されることがある、とみておくべきであろう。ただし、実際には見出し項目「あさぬの」のように、見出し項目直下に麻布と「和漢通用字」が示されながら、語釈末に「漢用字」紵布が示されている見出し項目が存在している。こうした見出し項目についてはは今後検討することとしたい」（七十三～七十四頁）と述べた。その後、多賀糸絵美は「「漢ノ通用字」が置かれている見出し項目について」（平成22・23年度清泉女子大学教育研究助成金による報告書『日本語の漢字表記の総合的研究』所収）において、「「あさぬの」のように見出し項目直下の漢字列の標示が「和漢通用字」であるのに、さらに「漢ノ通用字」が示されている項目は、今回調査した範囲の「漢ノ通用字」が置かれている項目全体でいえば、約十六％（約四九〇項目）にあたる。その中には見出し項目が和語・漢語どちらの場合も含まれており、先の分類パターンでいえばG　見出し項目和語＋（和漢通用字）＋語釈＋漢ノ通用字　H　見出し項目漢語＋（和漢通用字）＋語釈＋漢ノ通用字　が存在するということになる」（三十頁）と指摘している。

第二節　山田美妙『日本大辞書』との対照

山田美妙『日本大辞書』は、明治二十五（一八九二）年七月から明治二十六年十二月までに本文十一冊と「附録」一冊の計十二冊が出版されている。口語体の辞書であり、作成にあたっては「速記口授」（「日本大辞書おくがき」）の方法を採用する。自費出版であるが、実際には、春陽堂から出版される予定であったのを取りやめて行なわれたとされている。[註1]『日本大辞書』には、『言海』の書名を挙げた上で、『言海』に収録された語彙に対する「私見」の記述が散見する。

まず、使用する『日本大辞書』の版種を確認する。『日本大辞書』の復刻本として、一冊本の形態であるノーベル書房版（昭和五十三（一九七八）年）、「改版」を冠した名著普及会版（昭和五十四（一九七九）年）、初版の分冊本を一冊に収録した大空社版（平成十（一九九八）年）がある。「改版」については、土屋信一（一九八八）が指摘するように、一冊本の刊行以前に出版されたという経緯がある。また、「改版」と冠していても、「違いがあるのは、最初の二ページだけで、三ページにわずかに違いがあり、四ページ以降は、恐らく全く違いがないと思われる」（四十三頁）点から、「これは改版など言えるものではなく、校正時にわずかに加筆した程度に過ぎない」（四十四頁）とされている。例としてあげられた見出し「あい（愛）」「あいきやう（愛敬）」「あいぞめ（愛染）」には、「改版」において語釈や使用例、挿絵の有無という違いがみられる。この「改版」や、他の版種については、境田稔信「明治期国語辞書の版種について」（明治期国語辞書大系『書肆と研究』二〇〇三年、大空社）に詳しい。本節では、大空社版、並びに国立国会図書館所蔵の初版を使用し、[註2]「改版」については触れない。

『言海』と『日本大辞書』を対照して行なわれた研究として、語彙の面から対照を行なった山田忠雄（一九八一）がある。また、文法の面から、菊田紀郎「大槻文彦と山田美妙の言語観―『言海』・『日本大辞書』の編纂にかかわって―」（『日本語学研究』五号、二〇一〇年七月）は形容動詞（副詞）を、平弥悠紀「『日本大辞書』の音象徴語」（『同志社大学日本語・日本文化研究』第十二号、二〇一四年）は音象徴語を対照している。

本節では、『日本大辞書』の冒頭に「緒言」として置かれた「日本辞書編纂法私見」を中心に、語彙の面から対照を行なう。「日本辞書編纂法私見」は、『日本大辞書』の刊行に先立って、『国民新聞』において明治二十五年六月十二日、同月十九日、七月十日に連載された。『国民新聞』での連載は、『日本大辞書』に収録した内容を簡約にしたものとされている。すでに指摘されているように、二十五条から成る「日本辞書編纂法私見」には、『言海』に対する「私見」が含まれている。たとえば、第二条には、次のようにある。

（二）　日本語デ日本語ヲ解釋シタノヲ日本辭書トイフ。此日本大辭書デハ日本語ニ日本語ヲ當テテ解ク。日本語ヲ用ヰズニ解ケバ對照ノ體裁トナツテ、純粹ノ日本辭書トハ爲ラヌ。（略）明治ノ初年、文部省デ學者ヲ集メテ語彙ヲ編ミ、スコブル體裁ヲ備ヘタモノノ猶マダワルシ。イヨイヨト云フ終リト爲ツテ大槻文彦氏ノ言海ガ歐洲ノ辭書ヲ摸型トシテココニ始メテ完全ナ形チガ出來カケタモノノ、猶マダ物足ラヌ所ガ多イ。

右では、「日本語デ日本語ヲ解釋シタ」「純粹ノ日本辭書」について、「私見」が述べられている。『言海』に対しては、「完全ナ形ガ出來カケタモノノ、猶マダ物足ラヌ所ガ多イ」とする。このときの「マダ物足ラヌ所」を指すかのように、「日本辞書編纂法私見」では、『言海』の書名を第六条、第七条、第九条、第十一条、第十五条、第十八条にあげている。

また、第十七条には「大槻氏」とのみあるが、後述するように、『言海』の記述を指していることは明らかである。

山田忠雄（一九八一）は、「日本辞書編纂法私見」の第二条が「言海の第三条の其儘の焼直しである」（六一三頁）と述べた上で、「この末文が此の本の編纂動機であろう」（六一四頁）と推測する。この他にも、第三条を「言海の第一条の焼直しであり何等の新味が見られぬ」（六一五頁）、第四条を「言海の第二条に掲げた五項に音調を加えただけである」（同前）、第九条における記述を「恐らく言海凡例（四十三）の「（略。四十三の記述）」を承けて換骨奪胎したものと思われる」（六一七頁）と述べ、「日本辞書編纂法私見」が『言海』の「本書編纂ノ大意」や「凡例」の記述をもとに書かれた可能性を示唆する。前述したように、「日本辞書編纂法私見」には『言海』の書名や「大槻氏」という名がみられるが、これらが記されていない条においても、山田美妙が『言海』に掲載されている語彙に注目した上で『日本大辞書』を作成した可能性がある。

さて、山田忠雄（一九八一）が指摘した「日本辞書編纂法私見」（四）には、「日本辭書ニ擧ゲタ語ニハ、發音、音調、語類、語原、解釋、書典例證ノ六種ヲ備ヘサセルニ限ル。此日本大辭書ハ悉ク皆コレヲ備ヘル」とある。『言海』の「本書編纂ノ大意」（二）には「辭書ニ擧ゲタル言語ニハ、左ノ五種ノ解アラムヿヲ要ス」として、「發音」「語別」「語原」「語釋」「出典」があげられている。「日本辞書編纂法私見」に記述された「音調」は、『言海』に表されていない。そのため、「日本辞書編纂法私見」（六）では、この「音調」について、次のような記述がある。なお、引用に際しては、『日本大辞書』における白点を読点に代えている。

（六）　音調。はな（花）ハなニ於テ上聲トナリ、はな（端＝冒頭）ハはニ於テ上聲トナリ、はな（鼻）ハは、な、共ニ平聲トナル、是等音調ノ上下ヲ示スノガ辭書ニ必用ノ第二デアル。

大槻氏ノ言海ハ此六種ノ内、音調ヲ看落シテ一言モ言葉ヲソコニ及ボサズ、遺憾ニモ一大欠典ヲ作リ出シタ。畢竟發音ト音調トハ似テ非ナルモノ、燕石其類ヲ誤リ易イノモ至當デハアル。サリナガラ、此音調ガ辞書ニ於テハ非常ニ大切デアル事ハ今改メテ言フ迄モナシ、之ガタメニ例のうゐぶすたるガ非常ナ苦心ヲシタノヲ見テモ其容易デナイノハ知レルモノヲ。（中略）

ト言ツテ封建ノ餘習ノ猶殘ル此國ノ言語、東西ニ音調ノ相違モ有ル、ソレヲ殘ラズ擧ゲル事ハ素ヨリ望メヌ。勿論歐洲ノ辭書トテモ多クハ此點カラ其國ノ首都ナドノ音、ソノ最モ普通ナノヲ擇ブ、コノ手段ハ日本ノ塲合ヒニ應用シテモ好イ。今首都トイヘバ東京、ソレ故ニ今日ノ塲合ヒデハ東京ノ音ノ、而モ其最モ普通ナノヲ拔クノニ限ル。（略）

このときの「音調」は、いわゆるアクセントを指す。『日本語学研究事典』では、『日本大辞書』について、「そのアクセント表記は、当時の東京語のアクセントを知るために役立つもので、その豊富さ・正確さの点で唯一の貴重な資料である」（「日本大辞書」。前田富祺項目執筆）と評価する。この「正確さ」に関しては、菅野謙「山田美妙のアクセントと現代共通語のアクセント」（『大正大学大学院研究論集』第十三号、一九八九年）が指摘する「編輯出版によほど急いだらしく、新しい項目を割り込ませていながら、その次の項目のアクセント表示を修正するのを忘れたものがかなりある」（八十頁）点もみられる。

「日本辞書編纂法私見」（六）に例としてあげられた和語「ハナ」をそれぞれ確認すると、次のようにある。

はな（第二上）名、及、根。〔（花＝華）〕〔は（端）に（丹）ノ義〕。（一）植物ノ枝幹ニ生ジ、多クハヤガテ實ヲ結ブ機關ヲ具ヘルモノ。辨、蘂、萼ノ三カラ成ル（和名抄）。―「梅ノはな」。―「桃ノはな」。（二）花ノアル枝。―「はなヲ差ス」。（三）櫻ノ花。―「はな見」。（四）△上古、梅ノ花。―「コノはな」。（五）〔（華）〕ハナヤカナコト。＝麗シイコト。―「はなノ都」。（六）〔（榮）〕ホマレ。＝ミエ。―「はなヲ咲カス」。（七）外見ノ美。＝虚飾。（八）纒頭。（九）はなあはせノ略。（十）しきみノ枝葉。佛ニ供スル時ノ名。花ノ代ハリノ義。

はな（第一上）名。〔（端）〕〔は（端）ね（根）ノ義〕。物事ノ最初ノ部分。＝ハジメ。（二）山ノ端。

はな（全平）名。◉〔（洟）〕鼻孔ノ液。＝ハナシル。◉〔（鼻）〕〔はな（端）ノ義〕。顔ノ中央、高クナツタ部分。孔二ツ、嗅グコト、又ハ呼吸ヲ司ドル。◎はな高シ＝（誉レヲ得テ名誉ヲ感ズル）。◎●はなガ明ク＝（失望スル）。◎●はなヲ明カセル＝（出シ抜イテ失望サセル）。◎はなヲ高クスル＝（自慢スルヤウニナル）。（略）

見出し直下にそれぞれ「（第二上）」「（第一上）」「（全平）」と附されているのが、「音調」である。「音調」を見出し直下に附していることから、漢字列は該当する「音調」ごとに記述されている。見出し「はな」のうち、「（第二上）」の場合、語別（品詞）の次に「〔（花＝華）〕」とあるが、語義（六）には「〔（榮）〕」とある。また、「（全平）」の場合、「◉」の符号を境に「〔（洟）〕」と「〔（鼻）〕」の語義が記述されている。つまり、『日本大辞書』では、同音異義語の場合、「音調」によって語が配置されているといえる。ただし、見出し「あめ」は、同一の「音調」である「あめ（天）」「あめ（雨）」と項目が二つある。この「◉」符号は、『日本大辞書』第六巻の見出し「けつ」から現れているようにみえる。第六巻から、見出し「けた」「げたばん」「げつ」「けづル」を例にあげると、次のようにある。

けた（…）名。〔（方）〕角モ邊皆各等シイ四邊形。＝四角けた（…）名。〔桁〕〔前ノ轉〕。（一）端、家ナド、ソトマハリノ柱ノ上ニ亘ス材木（梁ノ對）。―和名抄、「桁、和名計太」。―俊頼、「〔（略）〕」。（二）十露盤ニアル串。球ヲ貫ク。―「一トけた」。―「二タけた」。

げたばん（…）名。〔下駄番〕下駄ノ番、又、ソノ人。

げたばん（…）名。〔…判〕印刷ノ一稱。二字離レテ別別ノ版木デアルヤウニシ、其實ハ一ツノ材ノ中ヲヘコマセテ、丁度下駄ノ齒ノヤウニ拵ヘタモノ。

げつ（第一上）名。漢語。◉〔（月）〕ツキ（普通ニ熟語トシテ用ヰル）。―「げつ光」。―「げつ前」。―「げつ色」。◉○〔（蘖）〕漢語。ワザハヒ（…）―「妖げつ」。

けづ・ル（全平）他動、四段。◉〔（削＝刪）る〕（一）少少ヅツ省イテ取ル。＝薄ク割イテ取ル。＝薄ク殺イテ減ラス。（二）減ラシテ、取リ上ゲル。―「領地ヲけづる」。―「官ヲけづる」。（三）土地ナド掘リ缺ク。（四）取リ去ル。＝摘ミ取ル。―「夏草ノ繁ミニマジル草ナレバ、ソレトモ知ラデけづりツルカナ」。◉○〔（梳）る〕〔垢ヲ削リ取ル義〕。櫛ナドデ髪ヲトホシ梳ク。＝クシケヅル。―拾遺集、貫之、「朝ナ朝ナけづれバ積モル落チ髪ノ亂レテ物ヲ思フコロカナ」。

見出し「けた」の「音調」は、いずれも「（…）」とあるが、これは二つ前の項目「けそく（華足）」に附された「（全平）」と同じであることを指す。見出し「げたばん」も同様に、前条の見出し「けたてル」の「音調」である「（全平）」を指す。見出し直下の漢字列に「〔…判〕」とあるのも、本来は「下駄判」であるのを省略していることを表す。なお、漢字列における「〔（　）〕」を附した漢字列は「支那ノ通用字」を、「（　）」を附した漢字列は「日本ノ通用字」を指す。

これらの見出しは、『日本大辞書』の六六〇、六六一、六六二、六六四頁に掲載されている。『国民新聞』において、「日本辞書編纂法私見」の第一回を掲載した明治二十五年六月十二日の附録二面には、『日本大辞書』の広告があり、そこには「全六冊外ニ附録一冊」と記述されている。ここから、山田美妙が当初完結を予定していた第六巻の作成にあたって、同音異義語を一つの見出しに集約する方針に転換した可能性が看取される。すでに指摘されているように、『日本大辞書』は、「さ」行までに全体の三分の二を使用している。今野真二（二〇一四a）は、「『日本大辞書』はサ行の終わりまでに、九八八頁（全体の約七一パーセント）を費やしており、『言海』においては、サ行の終わりが五八一頁（全体の約五二パーセント）であることと比べても、ページ配分が均衡を欠いているように思われる」（一四八頁）と比較した上で、「例えば見出し項目「あまがつ」は語釈が三段弱つまり一頁弱あり、また「あまべがに」の語釈は一段分あるといったことからも窺われる」（同前）と指摘する。ここから、『日本大辞書』は、『言海』における「出典」のように、分冊によって内容が一部異なることが指摘できる。『日本大辞書』には符号の種類を表す「符號ノ解」が第一巻に収められているが、見出し「げつ」以下に付された「◉」の符号は掲載されていない。そのため、第一巻の段階では「◉」という同一の見出し内において、漢字列を分ける符号を使用することを想定していなかったと推測される。

以上のように、『日本大辞書』には「音調」が示されている。この「音調」は、見出し「あきさ（秋沙）」における「（全平?.）」のように、疑問符を附し、山田美妙の判断が保留されている場合もある。山田美妙は、『言海』に「音調」が示されていないことを「一大欠典」であると記述する。すでに指摘があるように、大槻文彦は明治三十（一八九七）年に刊行された『廣日本文典別記』の「例言」において、この点について触れている（六～七頁）。

又、音節篇（Prosody.）の一篇は、却って文法科に屬すべきものなれど、余が文典には、姑く缺きたり。さるは、發音符の「アクセント」（Accent.）の如き、我が國にては、今、定めがたき事情あればなり。封建割據の勢よりして、「アクセント、」隨地に相異なり、一地方なるをもて定めむには、たやすきわざなれど、日本文典は、名のごとく、日本全國にかゝるものなり、「東京アクセント」にて立てむか、全國所在の學校にて、敎へ得べきか、行はるべきか、「京都アクセント」にて立てむか、同一の事情ならむ、邊土の「アクセント、」採るべくもあらず。

（略）

山田美妙斎と稱する人あり、辭書を作りて、余が言海に、「アクセント」を加へざりしを罵れり。文典を作り辭書を作らむほどの者が、「アクセント」に心つかである種あらむや、加へざりしは、前陳の事情ありて、定めかねたればなり、一地方の「アクセント」は、何の効をもなすまじく思ひたればなり。扨、美妙斎氏の「アクセント」を見れば、「東京アクセント」なり、余は、江戸にて生れて、十六歳まで、江戸にて成長せり、爾來、去就あり、前後を通じて、東京に住せし事、三四十年に及べり、「東京アクセント」ならば、一夜にも定むべかりしなり。

大槻文彦は、『廣日本文典』においてアクセントを表示しなかったことについて、「日本文典は、名のごとく、日本全國にかゝるもの」であるために記述を避けたと述べる。また、『言海』では、「一地方の「アクセント」は、何の効をもなすまじく思ひたればなり」として、表示しなかったことを述べる。大槻文彦の言は、「一地方の「アクセント」」が記述されていても、それが「一地方」以外には適用されないことを鑑みているように思われる。その一方で、山田美妙は、「歐洲ノ辭書」では「其國ノ首都ナドノ音、ソノ最モ普通ナノヲ擇ブ」として、東京の「最モ普通」な

「音調」を採用したとする。山田美妙には、アクセントによって地域を限定することではなく、まずは東京のアクセントを示すことを重視したようにみえる。つまり、『日本大辞書』に示された「音調」は、大槻文彦の述べるような「何の効をもなすまじく」という意見とは異なる立場からなされたものと考えるのが自然である。

さて、山田美妙が「日本辞書編纂法私見」（四）であげた「六種」のうちの一つである「解釋」について、「日本辞書編纂法私見」（九）には、次のように記述されている。

（九）解釋。論理學ニイフ法則ニヨリ、解釋ヲ受ケル語ヲ苛シクモ解釋ノ文ノ中ニ用ヰズ、原語ガ荷フダケノ意味ヲ說明スルノガ辭書ニ必用ノ第五デアル。

解釋ハソノ儘ヲ原語ニ代用シテ成ルベク適當スルヤウナノヲ尚ブ。言海ニ「氣ニあたる」トイフ句ヲ「怒ル」ト解釋シタノハ正ニ此規則ニ外レタ。「氣ニアタル」ノ間接ノ意味コソ「怒ル」デモアラウ、「氣ニアタル」ソレガ直チニ「怒ル」デハ無イ。試ミニ「先方ノ言ヒグサガ氣ニアタル」ノ文ニ此「怒ル」ヲ代用シテ見テ、果シテウマクハマルデアラウカ？「先方ノ言ヒグサガ怒ル」、コレデハ意味モ何モ通ゼヌ。「氣ニアタル」ノ解釋ハ「感情ヲソコナフ」デ無ケレバナラヌ。

ここでは、「氣ニアタル」という成句が取り上げられている。『言海』と『日本大辞書』において該当する見出し「あたる」を引用すると、次の通りである。なお、いずれも、見出し「き（気）」には、「—にあたる」の句を記述していない。

あたる（自動）（規. 一）當‖（一）強クユキアフ。ウチツカル。（二）觸ル。サハル。（三）恰モソコニ合フ。アテハマル。「理ニ―」其時代ニ―」小兒ノ頭ハ大人ノ腰ニ―」（四）アリ。居リ。「北海道ハ日本ノ北ニ―」在‖（五）出合フ。デクハス。「其時ニ―」其場ニ―」會‖（六）物事目サス所ヘイタリトドク。外《ハツ》レズ。「矢ガ―」占ガ―」鬮ガ―」中‖（七）思ヒノ如クニ成就ス。機《ヲリ》ヲ得テ行ハル。（目途《メド》ニ中ル意）「謀ガ―」芝居ガ―」商ヒガ―」やまガ―」

○氣ニ―。怒ル。○火ニ―。暖《アタタ》マル。

あた・ル（…、又第三上）自動、四段。（當）る（一）ツヨクブツカル。―「敵ニあたる」。―玉ニあたる」。（二）サハル。＝觸レル。＝スコシブツカル。（三）思フツボニハマル。＝目的ノトホリニナル。―「マトニ矢ガあたる」。―「山ガあたる」。―「出版ガあたる」。（四）光リ、熱ナドガ差ス。―枕ノ草紙、「日ノサシあたりタルニ打チ眠リテ居タルヲ」。（五）丁度ソコニアテハマル。―「薬ガ病ヒニあたる」。（六）丁度ソコニアル。―「南ニあたりテ薩陀峠」。（七）火ニアタタマル。―「あたれバアタタカクナル」。（八）推察ガ正シク付ク。―「ウラナヒガあたる」。

◎氣ニあたる＝（感情ヲソコナフ）。言海、「氣ニあたる」ヲ「怒ル」ト釋イタノハ穏カデナイ。氣ニあたるハマダ怒ルトイフマデノ意味ヲ持タヌ。氣ニあたツタ上ニ怒リモスル、氣ニアタツタノガ直ニ「怒ル」ト同ジ義トハ言ヘヌ。

◎第七解義ノ「火ニアタタマル」ハ實ニ今日ノ普通語トナツタモノデ、ソモソモノ昔コソあたるモ「火」ノ助ケヲ受ケテ意味ヲ全クシタモノ、今ハ早ソレダケノ義ガ實際ニあたるニ付イテ仕舞ヒ、最早カナラズシモ「火」ノ附屬ヲ要セヌコトニナツタ。

『言海』では、見出し「あたる」の成句として、「氣ニ―」「火ニ―」という二つがあげられている。『言海』における「○」は、「種種ノ標」に「句ト成リテ、別ニ一ツノ意味ヲ起スモノ」とある。また、『日本大辞書』では、見出し「あたる」の「◎」において、この二つをあげている。『日本大辞書』における「◎」は、「符號ノ解」に「成句、又ハ注意」とある。ここから、一つ目の「◎」は「成句」と「注意」のどちらも担っているようにみえる。

『言海』における「語釋」は、「本書編纂ノ大意」(二)において「語ノ意義ヲ釋キ示スヿ」とあり、「凡例」(四十)には、次のような記述がある。

(四十)語釋ハ、一二語ヲ以テセルアリ、數語ヲ以テセルアリ、或ハ、同意ノ異語ヲ用ヰ、或ハ近似セル他語ヲ用ヰ、或ハ、古言ヲ今言ニ易ヘ、雅言ヲ俗言ニ當テ、或ハ、今言俗言ヲ古言雅言ニテ釋キ、種種ニ説キ、迂廻ニ述ベテ、一ニ意ノ融クルヲ期シテ已メリ、看ル者、善ク玩味シテ解スベシ、然レトモ(合字)、凡ソ、解釋語ノ意ハ、到底、其本語ノ意ニ若カザルモノナリ、トモイヘバ、又全ク此趣ヲモ諒セヨ、

『言海』では「語ノ意義」を解き示すことが優先されており、その説明に対しては「一二語」「數語」「同意ノ異語」などを使用し、「種種ニ説キ、迂廻ニ述ベテ、一ニ意ノ融クルヲ期シテ已メリ」とある。つまり、語の説明をするにあたっては、その内容を把握することが重要視されているといえる。そのため、『日本大辞書』が規定する「解釈」とは前提が異なることがわかる。

今野真二(二〇一四a)は、『言海』において、語釈ではなく「○」に記述されていることについて、「ここではい

わば一歩ふみこんだ語義を記述していると覚しい」（一五八頁）と判断する。『言海』における「語釋」が「○」印にまで及ぶかどうかという点は判然としない。[註3] これは、『日本大辞書』における「解釋」を、『言海』における「○」以下の記述に援用することが適切であったかどうかという点とも関わるであろう。そうすると、山田美妙が批評すべき対象は、語義に対してであったように思われる。いずれにしても、『言海』と『日本大辞書』における語釈には、解釈の相違があるといえる。

「日本辞書編纂法私見」（九）は、『言海』における「怒ル」という語義について、「間接ノ意味」では適当であることを認めている。その上で、山田美妙は、「解釋ハソノ儘ヲ原語ニ代用シテ成ルベク適當スルヤウナノヲ尚ブ」という「規則」から外れていること、また「『氣ニアタル』ソレガ直チニ「怒ル」デハ無イ」ということの二点を主張する。見出し「あたる」の「◎」以下には、この「代用」について取り上げられていない。「代用」は、『言海』とは異なる理解であるが、それよりも、まず山田美妙が「注意」したのは、語釈が適切であるかどうかという点であったといえる。

大橋崇行『言語と思想の言説』（二〇一七年、笠間書院）は、山田美妙が著した「言文一致論概略」（明治二十一年）や「日本韻文論」（明治二十三年）において主張した「『語』とそれによって示される概念をめぐる問題」（二六一頁）を取り上げる。そして、「日本辞書編纂法私見」（九）における「私見」から、「日本語における用例とそこで用いられる「語」とを実際の文脈から判断し、できるだけ日常的に用いる枠組みに沿って概念規定しようというのが、『日本大辞書』における語義の「解釈」だったのである」（二六三頁）と述べる。「日常的に用いる枠組み」に沿った規定とは、『日本大辞書』における「氣ニあたるハマダ怒ルトイフマデノ意味ヲ持タヌ」といった解釈や、使用例を指すかと思われる。また、二つ目の「◎」以下に取り上げられた「火ニアタタマル」は、『言海』における「火ニ―」という成句と対応する。『日本大辞書』では、「實ニ今日ノ普通語トナツタモノ」であり、「最早カナラズシモ「火」ノ附屬ヲ要セヌコトニナツタ」という「注意」がなされている。つまり、和語「アタル」は、「火ニアタタマル」という意味が内包された「普通語」であるという解釈である。『言海』における成句は、「凡例」（五十二）において、「成句ニ入リテ、同語ノ異義ヲ成スモノアリ」として記述されている。例として、「「骨ヲ折ル」ハ、骨ヲ取リテ正《マサ》シク折ルニハアラデ、「勉メ働ク」意ヲナセリ」のようにあげられている。山田美妙の主張する「普通語」であるかどうかではなく、成句となったときに「別ニ一ツノ意味ヲ起ス」ために、額面通りに受け取られることを避けようとするねらいがあるといえる。『日本大辞書』では、「解釋」に対しても、『言海』とは異なった面から執筆がなされているように思われる。

「日本辞書編纂法私見」の（十一）〜（十三）は、語の排列について記述されている。第十一条では、「日本辭書ノ語ハ五十音デ配列スルニ限ル」とあり、また、「語彙、言海、田口卯吉氏ノ人名辭書ナド皆此例ニ據ル」と、『言海』の書名をあげている。「田口卯吉氏ノ人名辭書」は、明治十九年に出版された『大日本人名辭書』が該当する。『大日本人名辞書』の「凡例」の第二条には、「五十音の順序に従ふ」とある。また、『言海』の「本書編纂ノ大意」（十）では、「又、索引スルニ、西洋ノ「アルハベタ」ハ、字數、僅ニ二十餘ナルガ故ニ、其順序ヲ諳記シ易クシテ、某字ハ、某字ノ前ナリ、後ナリ、ト忽ニ想起スルヿヲ得」と述べた上で、「編者ガ編纂數年間ノ實驗」を行なったことで、いろは順よりも五十音順の方が「甚ダ便捷ニシテ、いろは順ハ、終ニ五十音順ニ若カズ」と記述されている。『語彙』の凡例（「語彙凡例」）の第一条には、「此書古今雅俗の言語を編輯するに五十音の次第に依て起頭す其二言以下の順序も亦然り」とあるように、具体的な理由が記述されていない。

さて、「日本辞書編纂法私見」（十一）では、「五十音ヲ執ル説ガ近頃ハ一般ニ多クナツテ、事事シク言フ必要モナイ」とした上で、「いろは順ノ配列ハ順序ノ暗記ニ困難」であり、「五十音ナラバあかさたなはまやらわノ十音ヲサヘ順序ヲ覺エレバソレデイイトイフ、此便利ニ勝ツモノハ全ク無イ」と述べる。つまり、『言海』のように、いろは順の排列との比較の上で「此便利ニ勝ツモノハ全ク無イ」と判断していることがわかる。『言海』や『日本大辞書』を編纂するにあたっての根底には「西洋の「アルハベタ」」との対比があったとは思われるが、記述の上では、いろは順との対比が書かれている。このような点でも、『日本大辞書』は『言海』を参考にしているようにもみえる。

しかし、促音の「つ」と撥音の「ん」の排列は、『言海』と『日本大辞書』で異なる。『言海』においては、「凡例」（十二）に次のようにある。

（十二）鼻聲ノんト、促聲ノつトハ、常ノ音ナルむ又ハつト、固ヨリ異ナルモノナレバ區別セリ、サレド五十音外ノ假名ニテ、其順序ノ定ムベキナシ、因テ、今ハ、舊慣ニ隨ヒテ、んヲむノ次ニ列ネ、促聲ノつヲ常のつノ次ニ置ケリ、索引ニモ自ラ便ナルベシ、

『言海』では、「舊慣ニ隨」ったことが記述されている。このことは、「洋語ノ翻譯ニ出デタル語」について「篇中多ク收メズ、後ノ一定ノ時ヲ待タム」としたこと（「凡例」（四十二））や、「動植鑛物ノ注」に「本草家ノ舊解」を採用したこと（「凡例」（四十九））と同様に、大槻文彦が重視した点であり、慎重な規定がなされた点である。

これに対し、「日本辞書編纂法私見」（十三）には、「一種逼聲ノ「つ」、及ビ又「ん」、此二音ノ相當ナ位置ハ「つ」ヲあかさたなはまやらわノ「わ」ノ次、「ん」ヲ又ソノ次ニ置クニ限ル」とある。また、次のように記述されている。

「ん」ヲあかさたなはまやらわノ最後ニ置クトノ説ハ一時高崎五六氏ナドノ關係シタ言語取調所ノ議決ニモ爲ツタト洩レテモ聞イタ。但シ「つ」ニ至ツテハ誰モたちつてとノ中ニ入レテ搆ハヌト思フ。カナラズシモ搆ハヌトハ思ハヌ。習慣ニ背クタメニ敢テ斷行ノ說ヲ出サヌ。

但シ大改革ニハ今日ガ非常ノ好機會トモイフベキモノデ、既ニ「ん」ヲ最後ニ置ク事ニ決スル人モアルカラニハ「つ」モソノ邊ヘヤッテ承知スル人モ有ツテイイ譯デアル。

「ん」ト「む」ト混同スルハ解剖分析ノ細微ニ入ラナカツタ古代ノ說デ、不道理ナノハ論ヲ俟タヌニマタ況ンヤ「つ」トテモ同様ナモノ、性質ハ正サニ「ん」ト同ジナモノヲ、故サラニソレダケヲ未練ラシクたちつてとノ中へ入レルニハ及ブマイ。

强ヒテ言ヘバ逼聲ノ「つ」ノ假名モ何カ換ヘタイ。タダ文字ノ改良ハヤガテマダ此後ノ事トアキラメル儘ニ是ダケハ捨テテモ置ク。

『日本大辞書』では、「「ん」ヲあかさたなはまやらわノ最後ニ置クトノ説」を採用し、「を」の後に置くことを定めている。『日本大辞書』の冒頭には五十音図が付されているが、ここには「ん」字が置かれていないため、この説の採用は語順に対してのみ行なわれていることがわかる。さて、『言海』では、「ん」と「む」の音について、「固ヨリ異ナルモノナレバ、區別セリ」とあるため、「「ん」ト「む」ト混同スル」ことは、なされていない。しかし、「日本辞書編纂法私見」において、「故サラニソレダケヲ未練ラシク」入れたというのは、暗に『言海』のように「ん」「む」を同定して配置した場合を指しているようにみえる。山田美妙は、「既ニ「ん」ヲ最後ニ置ク事ニ決スル人モアルカラニハ「つ」モソノ邊ヘヤッテ承知スル人モ有ツテイイ譯デアル」と述べる。そのため、促音「つ」を撥音「ん」と同じように五十音とは分けて、後方に排列したことが記述されている。『日本大辞書』では、見出し「あをんず」の次に「あつき〈悪鬼〉」を置く。また、見出し「あつぷく（壓服）」の次に「あん（案）」を置く。このように、「促音「つ」→撥音「ん」」と排列されていることがわかる。

ここで注意したいこととして、『言海』には促音に附された「促《ツマ》ル音ノ標《シルシ》」（「索引指南」（十二））があるが、『日本大辞書』にはこれがない。『言海』では、促音の右肩に「小キ筋」があり、促音であることが一見して区別できる。「日本辞書編纂法私見」（十三）には「強ヒテ言ヘバ逼聲ノ「つ」ノ假名モ何カ換ヘタイ」と記述されているが、『言海』における「小キ筋」はその換えた形のひとつのようにもみえる。山田美妙がこの点について言及していないのは疑問に思われるが、これ以上は踏み込まないことにする。

前述したように、「日本辞書編纂法私見」（十七）には、『言海』の書名をあげずに「大槻氏」とのみある。第十七条は、前条の第十六条とあわせて熟語について記述されている。第十七条から該当箇所を抜粋する。

> 大槻氏ハはるかぜ（春風）ヲ熟語デ無イトイフ。ツマリハ氏ハ此音調ノ變化ヲ認メヌモノノ、前イフトホリノ筋カライヘバ、是非モ無クはるかぜ、コレマタ一ツノ熟語デアル。はるハ普通ガ上平、かぜハ平平、但シ合スレバ平上平上となる、上平平平ロハナラヌ。
>
> コレヲはるかぜノ類、原語以外ノ語ヲ出サヌ熟語ハ採ラヌトイフノガ大槻氏ノ說デアル。サリナガラ、音調ノ點カラ云ヘバ右ノトホリデアルニ、ソレモ顧ミズ斷然打チ捨テテ搆ハヌカ？　私見デハ不道理ト考ヘル。

右には、「大槻氏ハはるかぜ（春風）ヲ熟語デ無イトイフ」とあるが、『言海』の「凡例」（三）には「はるかぜ（春風）」の例があげられている。大槻文彦はこの語を立項しなかった理由として「語毎ニ解スベケレバナリ」と記述する。『日本大辞書』における見出し「はるかぜ」は次のように記述されている。

はるかぜ（第二上）名。{（春風）}春吹ク風。主ニ東、又ハ南。＝和風。＝條風。＝東風。

このときの見出し「はるかぜ」は、「はる・かぜ」のように「語ノ分子」（「符號ノ解」）である「・」がある。これは、「はる」と「かぜ」の二語に分かれることを表す。そのため、「はる」の「る」が「上」、「かぜ」の「ぜ」が「上」のように、個々の第二音節が「上」となることを説いたといえる。そのため、山田美妙は、熟語に対して「音調ノ變化」に注目したことから、大槻文彦の説く「語毎ニ解ス」ために立項しないという方針に疑問を抱いたとわかる。なお、「凡例」（三）には、「はるかぜ」以外にも「まつやま（松山）」「すぎばやし（杉林）」「くろくも（黒雲）」の例があげられているが、いずれも『日本大辞書』には立項されていない。このような熟語の「音調」に関しては、『大日本国語辞典』も取り上げており、第六章第一節に詳述する。

さて、山田美妙による『言海』に対する「私見」は、「日本辞書編纂法私見」に限らず、本文にもみられる。たとえば、山田忠雄（一九八　）が指摘する見出し「あくたい」には、『言海』の書名がみえる。

あくたい（第三上）名。{惡對}{惡對、コノ字ハ全クノアテ字デアラウカ？ソモソモ此あくたいガ惡對ノ音トシテ始マツタ語デアルトハタシカニ言ヘヌ。右ノ惡對ハ言海ニアル字、語彙ニハコレヲ「惡態」トアテタモノノ是ハ最モオダヤカデナイ。ト言ツテ言海ノモ扨ヨクナイ。思フニ此コトバハあくた（芥）ノ延デモアラウカ？コノタグヒノ延、例ハ他ニ無クハナシ、ナゼあくたノ延カトイフニ、其證據ハコノあくたいガもくたいトイフ語ト成句ニナツテ續クコトデアル。（略）何故ニもくづガ悪對ト結ビ付クカトイフ事ノ說明ハ迚モ出來ヌ」。悪口デヘンタフヲカヘスコト。＝イヤシメ罵ルコト。
◎あくたいヲつく（吐）＝（悪口スル）。◎▲あくたいヲこく（ハゲシク悪口ヲイフ）。

『日本大辞書』では、語義よりも語原を表す亀甲括弧内の記述が長くなされている。また、語原において、漢字列に疑問を投げかけている。その対象は、『語彙』と『言海』である。ここでは、『語彙』における「悪態」の漢字列は「最モオダヤカデナイ」、『言海』における「悪對」は「說明ハ迚モ出來ヌ」と記述されている。なお、語原にある「あくたいガもくたい」は、「日本辞書編纂法私見」（八）の「語原」においても現れている。
『語彙』『言海』の見出し「あくたい」は、次のようにある。前二項目が『語彙』、そして『言海』の見出しである。

あくたい（音）　あしきふりをいふ轉して悪言をもいふ○悪態
あくたいをつく（俗）　人のあしきふりをいひたつるなり
＋あくたい［悪對］（名）悪口《アクコウ》ニテ對《コタ》フルコト。悪口ヲ言ヒカクルコト。罵《ノノシ》ルコト。悪罵

『語彙』において立項された「あくたいをつく」の句は、『日本大辞書』においてもみられる。また、『日本大辞書』が対象にした『言海』の漢字列には、「漢用字」である「悪罵」は含まれていない。結果として、『日本大辞書』では

「悪對」の漢字列を見出し直下に附している。山田忠雄（一九八一）は、この他に十八例をあげているが、いずれも第四巻以前の見出しである。前述したように、第六巻からを同音異義語の方針を変更したとするならば、これ以降にも『言海』に対する批評を述べる余地があったかどうかは疑問が残る。

「日本辞書編纂法私見」をもとに、『言海』と『日本大辞書』を対照した。『日本大辞書』における「私見」は、必ずしも『言海』の規定と同一線上にない場合がみられた。その一方で、「音調」のように、『言海』を俎上にあげて新しい工夫を加えようとした点が『日本大辞書』にはみられる。このことから、『日本大辞書』を取り上げる際には、山田美妙の解釈を踏まえた上で、分析を行なう必要があるように考える。

山田美妙との交流と批判

文学者である山田美妙が『日本大辞書』という国語辞書を編纂したことに対して、内田魯庵『きのふけふ　明治文化史の半面觀』（一九一六年、博文館）は、「人気失墜の原因」として六ヶ条を掲げ、その第四条において、「小説の評判が悪くなると字引を作る」と揶揄する。また、嵐山光三郎は、『明治の文学』第十巻（二〇〇一年、筑摩書房）の「解説　消された美妙」において、「小説の依頼がなくなった美妙は、一家の生計を支えるため、『日本大辞書』など、多くの辞書編集にあたっては、言葉にアクセントをつける工夫をした」（四一四頁）と述べ、小説から国語辞書の作成へと移行した経緯を記す。これらのことから、山田美妙は小説の不作から国語辞書へ転身したようにもみえる。

しかし、亀井秀雄「音調への注目」（『新日本古典文学大系明治編』第九巻月報二十八、二〇一〇年一月、岩波書店）は、明治二十三年十月から明治二十四年一月に『国民之友』において連載された山田美妙「日本韻文論」をあげた上で、「つまり内発的なモチーフ論が主流だった時代に、彼はその観念の源流たる中国の詩論と日本の歌論とを一挙に否定し、韻文を韻文たらしめるものは、――「韻文」は美妙がpoetryに宛てた、独自な訳語――「音調節奏」という外在的な形式にしかないと断定したのである。／彼はこの断定を裏づけるため、日本語の音韻にまで関心を拡げ、ついに『日本大辞書』（略）という辞書の編纂まで手がけることになった」（十三頁。／は改行）と述べる。「音調」という考えを広げた結果として、『日本大辞書』が編纂されたという見方である。また、大橋崇行（二〇一七）は、嵐山光三郎の言説に注目した上で、「しかし、美妙の辞書編纂は、作家として成功を収める以前の明治一九年から企図されていたものである」（十七頁）と述べる。「明治一九年から企図されていた」根拠として、早稲田大学図書館本間久雄文庫蔵の「草稿A」における記述があげられている。「草稿A」には、「目下急用の件」であり、「たゞ畢生の力を尽して完成せんと思ふ」ものとして、「第四の目的は日本語の大辞彙を作る事」の記述がある。これを受けて、大橋崇行（二〇一七）は、「このように考えた場合、『日本大辞書』の編纂やそこに収められた文法論である「語法適要」は、たとえば嵐山光三郎が繰り返し主張するような小説家が糊口をしのぐために片手間にやったような仕事では決してなく、むしろ一貫した日本語改良の試みだったと位置づけるべきなのである」（二六七頁）と主張する。

このように、山田美妙による辞書編纂が、『言海』の登場によって突如としてなされたものではないという見方が、近年になってなされている。宗像和重「「日本語学者」山田美妙」（『文学』第十二巻第六号、二〇一一年、岩波書店）は、『日本大辞書』から始まる山田美妙の辞書編纂について論じており、これまで捉えられてきた文学者としての側面からではなく、辞書の編纂者としての側面から捉える必要性を訴えている。

辞書の編纂者としての山田美妙と向き合ったとき、『日本大辞書』における『言海』、ひいては大槻文彦に対する「私見」は見逃せない点である。たとえば、『山田美妙集』第九巻に収録された「日本大辞書おくがき」の「解題」には、明治二十六（一八九三）年九月十五日発行の『時事新報』三面に掲載された「新刊雑書」の記事があげられている。当該記事には「●日本大辞書　初巻印行の当時は様々の風評ありて或は言海の著者との間に訴訟沙汰を見るやも知れずと云ふものさへありしがさる忌はしき事もなくて此頃要約完成したり」とある。「言海の著者との間に訴訟沙汰を見るやもしれず」と記述されるほどに、当時から『日本大辞書』における『言海』の扱いは注目されていたといえる。

これまで、大槻文彦と山田美妙の関わりについては、詳しく論じられてこなかった。また、論じられるとするならば、『日本大辞書』における批評や、『廣日本文典別記』における一種の回答に限られていたように思われる。そのような中で、真島めぐみ「〈新収集資料紹介・翻刻〉山田美妙　大槻文彦宛書簡」（『ふみくら』八十七号、二〇一五年）は、早稲田大学図書館の新たな収蔵資料として、明治二十五（一八九二）年七月十日付大槻文彦宛山田美妙書簡を紹介する。真島めぐみ（二〇一五）は、当該書簡について、「一見謙虚な文面の中に垣間見える強気な態度や、まわりくどい言い回し、末尾に文彦の些細な誤植を指摘するところ、特徴的な文字など、この書簡には美妙らしさがよく表れていて、大変興味深い」（十頁）と述べる。「些細な誤植」の指摘とは、『言海』の見出し「わかどしとり（若寄）」の「と」が、「よ」ではないかという指摘である。『日本大辞書』は、「わかどしより」として立項している。平成十六（二〇〇四）年に筑摩書房から出版された『言海』（底本は、昭和六年三月十五日発行の六二八刷。これをもとに欠損などを他の版で補う）と、架蔵の『言海縮刷』の第二版（明治三十七年五月十日発行）を確認したところ、いずれも「わかどしとり」の見出しは修正されず、「と」のままである。そのため、山田美妙の指摘が後の刷りに反映されなかったことがわかる。真島めぐみ（二〇一五）は、「資料の内容については稿を改め考察を加えたい」（八頁）と述べるように、この書簡の封筒の表裏と書簡本文の写真、そして翻刻と注を示している。この翻刻された記述をもとに、検討を行ないたい。

まず、当該書簡の宛名は「仙台市尋常中学校　大槻文彦殿　親展」とある。封筒裏面の正面左側には「大槻先生の御宿所不明に付御校宛にて差出候」とあり、また、書簡には「いまた御目にかゝらす候へとも御高名はすでに言海などに於て拝承」とある。ここから、この書簡で初めて山田美妙と大槻文彦が知り合ったことがわかる。大槻文彦は、明治二十五（一八九二）年四月に宮城県尋常中学校校長となっている。宛先が「仙台市尋常中学校」とあるのは、そのためであろう。

書簡では、先の文に続けて、「然るところ小生事　日来蒐集せし日本語をその侭にする事の残りをしさに先頃このかたよう〳〵整頓に志し今や、第一巻の稿を脱して日ならすして発刊の次第と相成候」とある。書簡が出された七月十日は、『国民新聞』における連載「日本辞書編纂法私見」の最終回が掲載された日である。また、第一巻の出版は奥付に「七月六日出版」とある。そのため、出版が行なわれた後に書簡が出されたようにもみえる。しかし、「日ならすして発刊の次第」とある点からは、未だ出版が成されていないように思われる。出版後ではなく出版前に記述されたとするならば、『日本大辞書』が大槻文彦の目に触れぬ前に報告をなされたのだと推測される。

この文章に続けて、山田美妙は「これにつけてもつら〳〵御著言海をも拝見し御労苦の容易ならざるべきを知り」と述べる。そして、次のように記述する。

もとより人それぞれの意見あり　相聞くこと勿論の事たるべく学事につきての弁難攻撃また免かるべきにもあらず　いささか僭越をわすれてこのたびの拙著に於て貴下の御所説（とも見ゆる）に喙をいれたるも亦是業の故にてその自由がましきは恐れ入り候へども折角これも斯道のためと御ふくませ下されたく候

真島めぐみ（二〇一五）は、書簡全体の印象として「一見謙虚な文面の中に垣間見える強気な態度」と述べたと思われるが、この文章からは謙虚さを通り越した「強気な態度」がみえる。それは、「僭越をわすれて」山田美妙が『日本大辞書』において「弁難攻撃」を行なったと伝えているように捉えることができるためである。

謙虚さという点では、この後に記述された「一日言海に接して頗る小生も益する所を得、またいまだ思ひつかざりし処を知りたるは明きらかに公言して心に愧ぢず　否むしろその言海の著者たる先生に対しては充分の感謝を呈して猶足らざる衷情に有之候」という記述が該当するだろうか。「充分の感謝」をした上で、山田美妙は次のように記述する。

畢竟ずるに体例は初聞にこれありといへどもいまだよく試みたるものなき中　早々これに御目をそゝがれたる、是業は間接に小生の辞書にも影響を及ぼしたるは自身この心に期して爾後忘れざる所に候　大辞書完成のうへ跋文に於ては委曲これを述べて先人の恩は謝する所存するに候へども　兎も角も発刊の前つゝしみて先生だけには此議申上候

『言海』の体例が、「間接に小生の辞書にも影響を及ぼしたる」点が述べられている。これは『日本大辞書』において明言されていない点である。また、書簡という点から、著者の立場を明らかにしたものと推測される。これまで、『言海』と『日本大辞書』に収録された語彙を対照して明らかにされてきた「影響」という点は、美辞麗句としても山田美妙の意識下にあったということがわかる。

ところで、「大辞書完成のうへ跋文に於ては委曲これを述べて先人の恩は謝する所存するに候」とある。『日本大辞

書』の「おくがき」には、「此書のために著者を佐けられた恩人の名」が記述されているが、『言海』の書名や大槻文彦の名はない。この「おくがき」の原稿は、宗像和重「古葛籠のなかの美妙」（日本近代文学館年誌『資料探索』第四号、二〇〇八年）によれば、「この四月に、本間久雄令孫で『本間久雄日記』（二〇〇五年九月、松柏社）の編者である平田耀子氏より、本間久雄久蔵の山田美妙関係資料四十点余りを、早稲田大学図書館にご寄贈いただいた」（六十三頁）なかに、『日本大辞書』の「広告、書評切抜きなどの関連資料」（同前）とともに記述されている。「おくがき」に修正があるかどうかはわからないが、書簡では「大辞書完成のうへ跋文に於ては委曲これを述べて先人の恩は謝する所存するに候」と述べていたことが明らかである。このことは、書簡において、『言海』が出版され、続けて『日本大辞書』が出版されることで「斯道隆盛のしるしと思ふ」と述べた上で、「以上詳細は寸紙片語の申し尽くすべき所にあらず　委細は跋文に記すべくそのうへの御覧願ひまゐらせ候」のように繰り返し記述されている。「おくがき」の末尾には「明治廿六年八月三十一日」とある。また、「おくがき」の冒頭が「日本大辭書全部の印刷爰に漸く終りと爲つて獨り竊に感慨に堪へぬ」とあることからは、『日本大辞書』の第一巻の段階で未だ「おくがき」が準備されていないことが予想される。これは当然のようにも思われるが、結果として、書簡で予告した点は果たされなかったといえる。

また、書簡には、「その採拾の語数に於て如何やらむ　小生の方先生のよりも多きが如けれども」と前置きをした上で、「その多きは即ち秩序をたつる事の困難なる故にて劈頭第一巻つぶさに味ひたる辛酸実に此点にこれあり候」という記述がある。『日本大辞書』第一巻は、「あ」部のみを収録する。「秩序をたつる事の困難なる故」に「あ」部のみとなったということであるが、出版以前の明治二十五年六月の段階で「全六冊外ニ附録一冊」を予定していた『日本大辞書』にとって、出版の計画が第一巻の段階で「困難」となったことが予想される。

つづけて、山田美妙は、「もとより示教を仰ぐふしは多し　発刊のうへは毎冊かならず其一部を呈すべく幸に同学の御よしみとして御しめしをたまはらば幸のいたりに有之候」と記述する。この記述によれば、大槻文彦のもとに『日本大辞書』が分冊で送付されていたことになる。これが事実だとするならば、この点は書簡によって初めて明らかになった点といえる。

以上、書簡の記述をもとに『日本大辞書』の記述と対照を行なった。当該書簡から、『日本大辞書』の記述のみでは図ることができない点について考察することができたと考える。

さて、この書簡の返信と推測される葉書が、立命館大学図書館に蔵されている。中川成美「立命館大学所蔵山田美妙関係資料について」（日本近代文学館年誌『資料探索』第四号、二〇〇八年）は、「山田美妙宛書簡」を中心にその一覧を表している。その中に、差出人が大槻文彦の葉書二通が示されている。一通は、前述した書簡の返信と目される明治二十五年七月十二日（七月十三日到着か）付のものである。もう一通は、同年九月十四日付の葉書である。未見のために、大槻文彦がどのような返信を行なったかどうかはわからない。しかし、九月十四日付の葉書が存在することからは、『日本大辞書』の出版を通して、大槻文彦と山田美妙に交流があったことがわかる。これが「言海の著者との間に訴訟沙汰」を見なかった理由とは断定できないが、興味深い点である。

大槻文彦が『廣日本文典別記』において、『日本大辞書』における「私見」について返答したことについて、岩淵悦太郎「明治初期における国語辞書の編纂―言海の出現を見るまで―」（一九四一年『国語史論集』を使用）は、「美妙が『日本大辞書』を刊行しはじめたのは、僅か二十五歳の時で、この時大槻博士はすでに四十六歳であった。大槻博士の別記の言はやや大人気ない感じもするが、『言海』に対する自信がいかに強いものであったかがうかがえよう」（四八九頁）と述べる。「大人気ない感じ」は、山田忠雄（一九八一）における「大槻博士は此の文（引用者補：「日本辞書編纂法私見」(六)を読み、東京アクセントでよければ一晩でつけることが出来たのにと陳じたが、幾等超人でもまさか一晩では出来まい」(六一五頁)という指摘と対応するだろう。岩淵悦太郎(一九四一)は、『廣日本文典別記』の記述を「『言海』に対する自信」と捉えている。しかし、このような交流があった点、また「言海の著者との間に訴訟沙汰」とみえていたように、ここまで述べてきたような交流をふまえてのことではない点からは、改めて論じる必要があった、あるいは大槻文彦自身の「私見」を公にする必要を感じたためとも推測される。そのため、「『言海』に対する自信」のみでは説明できない点が、『廣日本文典別記』には表れていると考える。

註1　十川信介「手紙の中の美妙——明治二十年代」(『文学』第十二巻第六号、二〇一一年、岩波書店)は、明治二十五年六月六日付和田篤太郎宛書簡から、「彼(引用者補:山田美妙)がこの辞書(引用者補:『日本大辞書』)の「私有」を強調し、第十巻(明26・12)の「おくがき」でも多数の「恩人」に謝意を表しつつ、資金に関して一言も触れなかったのは、「乗り換え」にまつわる、公にできない事情があったためであろう」(二四一頁)と推測する。

註2　大空社版(底本は境田稔信蔵本)と国立国会図書館蔵本は、ともに初版の分冊本であるが、第十一冊(「第拾冊補遺」)の奥付が前者は「十月八日発行」、後者は「十二月八日発行」と異なる。いずれも、月の部分に貼紙がされている。国立国会図書館蔵本について、土屋信一(一九八八)は、この貼紙の「下は「八月」になっている」(四十九頁)こと、奥付では「第拾冊」となっていることを指摘する。そのため、第十冊の奥付をそのまま使用したことによるミスと推測した上で、「貼紙の残存による何種かの奥付が現存することが考えられる」(同前)と述べる。その一つが大空社版であり、国立国会図書館蔵本に先立つ一書と考える。なお、国立国会図書館には一冊本も蔵されているが、その奥付には「九月三十日発行」とある。ただし、「九月」の「九」には貼紙が施されている。また、「三十日」の「十」に傍線が引

かれ、「山田」の訂正印がみられる。この訂正印は、下部の「第拾巻補遺」と書かれた貼紙の上にもある。いずれにしても、この一冊本もまた、第十巻の奥付を改めて利用したものと判ぜられる。

註3　第二章第一節で取り上げた「内容見本」における「活字ノ用ヰ、畧語、符號ノ説明」には、「○」について「成句ノ別ニ一義ヲナスモノ。（語釋ノ外ニ、別ニ掲グ）」と記述されている。これと対応する『言海』の「種種ノ標」には「（語釋ノ外ニ、別ニ掲グ）」の記述がない。「種種ノ標」を収録する第一冊を出版するにあたって削除されたといえる。しかし、「○」印を「語釋」に含めるか、あるいは別と捉えるかどうかという判断のもとに削除されたとは断定できない。

第五章　明治の日本語と『言海』

第一節　明治期出版物と『言海』

前章では、明治期の辞書の中から、高橋五郎『いろは辞典』、山田美妙『日本大辞書』を取り上げ、『言海』との対照を行なった。本章では、『言海』に収録されている語彙について、さまざまな観点から比較を行なう。そして、大槻文彦が編纂した『言海』には、どのような語彙が採用されているのかという点について、改めて検討してみたい。

本節では、明治期出版物のうち、『箋注和名類聚抄』と『和訓栞』後編を扱う。

序章で述べたように、湯浅茂雄（一九九七）は、近世期に作成された辞書類と『言海』の対照を行ない、『言海』の「近代的な枠組みの中に近世辞書の成果が生かされている」（一頁）ことを明らかにする。「近世辞書」として、『和訓栞』や『雅言集覧』などが指摘されており、この中には、明治十六年に印刷局から刊行された『箋注和名類聚抄』や、明治二十年に刊行された『和訓栞』後編、『増補雅言集覧』も含まれている。『箋注和名類聚抄』の場合は、「「箋注和名類聚抄」が利用された確実な例として早い時期に属するものであろう」（八頁）と指摘されている。『和訓栞』後編の場合には、「後編の参照は、明治二十一年十月二十六日に稿本が下賜され、出版原稿としての稿本言海が成立する間に参照されたと推定しうる」（三頁）と述べ、『増補雅言集覧』の場合にも「『言海』が広足の『増補雅言集覧』の増補部分を参照したとすると、『和訓栞』後編の場合と同様の推定が成り立つ。（中略）このことは『稿本言海』の編集作業がこのような用例の取捨選択作業を含むものであったこと、その際の編纂資料の一つとして『増補雅言集覧』があったことを意味する」（五頁）と同様の見方を示す。「稿本」を作成するにあたって『和訓栞』後編および『増補雅言集覧』を参照し、その成果を利用したのではないかという指摘である。

この三書のうち、大槻文彦が『言海』の作成にあたって披見していたことがわかり、かつ『言海』において引用したことが明示されているのは『増補雅言集覧』のみである。『言海』の「凡例」（卅四）では、和語「モチヰル」の仮名遣いについて、『和字正濫鈔』をはじめとした先行文献[註1]が引用されており、この中には「○中島廣足ノ「増補雅言集覧」」のように記述されている。引用された記述を『増補雅言集覧』と対照すると、増補された見出し「もちふ」「もちい」「もちゐ」の語釈とわかる。ここから、大槻文彦が『増補雅言集覧』を参照し、その成果を利用していたことが明らかになる。

その一方で、『箋注和名類聚抄』、『和訓栞』後編の書名は『言海』においてみられない。本節でこの二書を扱うのには、このような理由がある。

まず、『箋注和名類聚抄』について確認する。湯浅茂雄（一九九七）は、大槻文彦が語釈を作成するにあたって『箋注和名類聚抄』の成果を利用した可能性を示しており、その成果が「さ」行以降にみられることを指摘する。注には次のようにある（十三頁）。

『言海』の草稿の再訂浄書の業が明治十五年九月から明治十九年三月二十三日であったことは「ことばのうみのおくがき」に明らかである。加えて、山田俊雄氏の『言海』の草稿の表紙についての調査報告によると、「し」項表紙に「十七年三月廿九日より浄書、五月九日了」、同じく「す」に「十七年五月十日より土曜より浄書」とあるなどの進捗状態が明らかになる。逆算すると、「さ」項の再訂浄書は十六年末から十七年始め頃と推測される。このことと「さ」行以下に『和名抄』の引用がみられるようになることは次のことを推測させる。すなわち、『箋注和名類聚抄』の刊行による参照は、明治十五年九月に始まっていた再訂浄書の業のうち、「あ」行「か」行には間に合わなかったが、「さ」行以下に間に合った。このことが『和名抄』の引用のかたよりに反映しているのではないかということである。

つまり、(『言海』の）草稿のうち、「さ」行の「再訂浄書」の時期と『箋注和名類聚抄』の刊行時期が重なっていることから、「あ」「か」行には『箋注和名類聚抄』の成果が反映されていないという見方である。このときの「再訂浄書」とは、山田俊雄（一九八〇a）が報告する草稿の表紙を有する原稿を訂正し、再度浄書されたものを指すと思われる。しかし、明治十七年十二月に執筆されたとされる「本書編纂ノ大意」の第八条には「出典ニ至リテハ、浄書ノ際、姑ク除ケリ」とある。「出典」がこの時期には外されているとするならば、「さ」行以降の「引用のかたより」を「再訂浄書」の時期が原因とみてよいものだろうか。また、第二章第二節で述べたように、「稿本」を作成する分冊出版の過程で書名を付与する方針に変更したとするならば、「再訂浄書」の時期とは関わらずに「和名抄」が引用されている可能性がある。そのため、「さ」行以降にみられる点については、なお検討の余地があるといえる。

この他にも、湯浅茂雄（一九九七）は、見出し「しむみさう」、「まがき」の例をあげ、前者を「項目解説の部分に役立てたもの」、後者を『箋注和名類聚抄』の作者である狩谷棭斎の「私案の部分を語源欄に役立てたもの」（八頁）と述べる。さらに、「しむみさう」の語を語釈に示す見出し「みづくさ」を挙げ、その「出典」に挙げられている『医心方』の使用例が『箋注和名類聚抄』にあることを指摘する。今野真二（二〇一三）は、「亡」が附され、かつ『和名類聚抄』を出典として示したり、『和名類聚抄』の名を語釈中にだしている見出し項目」（七十二頁）を四十六項目、『新撰字鏡』の書名がある四項目（「ままなき」「まよがき」「もとほし」「よこす」）を指摘する。さらに、『言海』の見出し「ははか（波波加）」を例にあげ、その語釈にある「出典」に、「和名抄「朱桜、波波加、一云、加邇波佐久良」」とあることから、『箋注和名類聚抄』の記述「按加邇波佐久良」を受けて執筆された可能性を示し、「『言海』もこの狩谷棭斎の判断に従ったものと思われる」（七十五頁）と述べる。『和名類聚抄』二十巻本（元和版）には「和名波々加一云邇波佐久良」のように、「加邇波佐久良」の「加」字がみられない。そのため、大槻文彦が『箋注和名類聚抄』を参照し、その成果を利用した可能性が指摘される。

すでに指摘されているように、『言海』の語釈には「和名抄」と書名がみられる項目が散見する。これらは、語原において記述されている場合もあれば、「出典」として、使用例を伴っている場合もあり、合計すると一六〇項目にみられる。[註2]語釈にある書名には「倭名抄」「和名類聚抄」「箋注」といった表記の「揺れ」はない。次に、該当する見出しと、見出し直下の漢字列を併記する。なお、語原に書名がある項目には、「*」を附した。ただし、「*」を附した見出し「もがさ」は、語釈にも「和名抄」の書名と使用例の記載がある。

*ざる（笊） じやう（鎖） *せん（栓） そばのき そほき（歴草） *たくみどり（巧婦） たび たら（桜） つぶね（奴） *てうま（鳥馬） *とじ（刀自） *とも（艫） *にきみ（痤癤） にしきへみ（錦蛇） ぬむもの（繍） ねこまた（猫股） ねり（鉄） はかり（蹤血） はくたく（鎛飥） はせ（玉茎） はせを はだく（刷） はにざふ（半挿） ははか（波波加） *はぶたへ（羽二重） ひ（槭一扁） ひきまゆ（独繭） ひきよもぎ ひすゐ（翡翠） ひたひ（額） ひとくさ（人草） ひね（晩稲） *ひみ（鞁） ひみづ（氷水） ひるむ ふくしもの（肴） ふすべ（贅） ふち（斑一駮） ふみばこ（文箱） ふる（柲一柯） へ（綜） へに（粧粉） へのこ（陰核） *へび（蛇） へみ（椐） へんゐ（版位） へら（鎞） ほがひびと（乞児） ほぐし（火串） ほくそ（熜） ほほてふ（鳳蝶） ほりき（塹） まい（烏牛） まがき（籬） まがりもち（勾餅） ます（枡） また マダラう

り（斑瓜）　まつはしのうへのきぬ　まつほど　*まて（蟶）　まなかぶら（眶）　まなこ（眼）　まなぶた（瞼）　まま（継）　ままき（細射）　まむぎ（真麦）　まめつき　まめふ（豆生）　まよふ（迷）　まらびと（賓―客）　まろがなへ（釜）　まろなし　み（〈魚の名〉）　み（〈獣の名〉）　みかげ（御影）　みしろのいね　*ミソ（味醤―味噌）　*みぞはぎ（溝萩）　みたま（御霊）　みだらをのうま（驄馬）　みち　みちくらべ（路競）　みづつき（承鞚）　みづは（罔象）　みづぶふき（水蕗）　みづぶるひ（漉水嚢）　みと（水門―水戸）　みとさぎ　みわ（酒瓮）　みをびきのふね（澪引舟）　むぎおすき（麦押木）　むぎかた　むぎすくひ　むぎなは（麦縄）　むくめく（蠢）　むしもの（蒸物）　むすび（産霊）　むつおよび（六指）　むながき（鞅）　むなぎ（鰻鱺）　むらぎみ（漁父）　めか（蘘荷）　めだう（馬道）　*もがさ（痘瘡）　もけ　もそろ（醽）　もたひ（甕）　もち（屯）　もぢ　ものはみ　もみ　もみよね　もろなり（諸成―諸生）　やかす（屋―宇）　やさき（矢先）　やし　やまこ　やますげ　ゆ（湯）　ゆし　ゆするばち（土蜂）　ゆとり　ゆのあわ　ゆばりぶくろ　ゆひ（遊牝）　ゆびまき（指巻）　ゆみため（弓矯）　ゆや（湯屋）　よ（節）　よこし　よせばしら（寄柱）　よどの（夜殿）　よぼろ（膕）　よろづ（針魚）　りうごう　りゆうがん（龍眼）　れにし　わかつり（機巧）　わきくそ　わたたび　わたりもり（渡守）　わらふだ　ゐ　ゐのくづち　ゐる（居）　ゑぬ（狗）　ゑむ（鋳）　ゑむば　を（麻）　をこじ　をざし（鮍）　をしかは（韋）　をしろのうま　をち　をとこ　をぶさ　をふと　をぼね（尾骨）　をむなめ（妾）

『言海』における「和名抄」の引用部を確認すると、湯浅茂雄（一九九七）が指摘する狩谷棭斎の私案を反映した例がみられる。例えば、見出し「たくみどり（巧婦）」の語原欄には「和名抄、剖葦トセシハ誤レリ」とあるが、これは『箋注和名類聚抄』巻七・三一ウ・羽族部の「可三以訓二鷦鷯一、不レ可レ訓二剖葦一也」（もって鷦鷯と訓むべし、剖葦と訓むべからず）や、一連の記述を採用したものと推測される。同様の例として、見出し「はぶたへ（羽二重）」「まて（蟶）」「まらびと（賓―客）」の三項目が該当する。

また、今野真二（二〇一三）が指摘する『箋注和名類聚抄』の万葉仮名と合致する例もみられる。先にあげた一六〇項目のうち、五十三項目には元和版の万葉仮名と異なりがある。そして、それらの万葉仮名は、すべて『箋注和名類聚抄』と合致する。該当する五十三項目は、次の通りである。

*せん（栓）　そばのき　つぶね（奴）　*てうま（鳥馬）　*とも（艫）　ぬむもの（繍）　はせを　ははか（波波加）　ひ（械―脯）　ひきまゆ（独繭）　ふち（斑―駁）　へみ（椐）　ほがひびと（乞児）　ほりき（塹）　まつほどまなぶた（瞼）　まむぎ（真麦）　まめつき　まめふ（豆生）　まろがなへ（釜）　まろむし　みしろのいね　みだらのをうま（驄馬）　みづぶふき（水蕗）　みと（水門―水戸）　みとさぎ　むぎかた　むぎすくひ　むぎなは（麦縄）　むくめく（蠢）　むしもの（蒸物）　むすび（産霊）　むつおよび（六指）　むながき（鞅）　むなぎ（鰻鱺）　もたひ（甕）　もち（屯）　もろなり（諸成―諸生）　やかす（屋―宇）　やし　やまこ　ゆするばち（土蜂）　ゆばりぶくろ　ゆみため（弓檠）　よろづ（針魚）　わたたび　ゐぬ（狗）　ゐむ（罅）　をこじ　をしかは（韋）　をとこ　をぶさ　をむなめ（妾）

左に、該当する例を摘記する。上から、『言海』の見出し、『言海』における語釈、『箋注和名類聚抄』、『和名類聚抄』二十巻本（元和版）である。

見出し	言海	箋注	元和版
*せん（栓）	岐久岐	岐久岐	岐久木
つぶね（奴）	豆不祢	豆不祢	豆布祢
*てうま（鳥馬）	都久美	都久美	豆久美
ぬむもの（繍）	沼无毛乃	沼无毛乃	沼無毛乃
はせを（〈芭蕉〉）	波勢乎波	波勢乎波	発勢乎波
ひきまゆ（独繭）	比岐万由	比岐万由	比岐万遊
みと（水門―水戸）	美度	美度	美止
もたひ（甕）	毛太非	毛太非	毛太比
ゆみため（弓矯）	由美多女	由美多女	由美多米
ゐぬ（狗）	恵奴	恵奴	恵沼

この他にも、『言海』と『箋注和名類聚抄』の「出典」が複数合致する例として、見出し「とじ（刀自）」がある。見出し「とじ」にみられる『伊勢物語』の引用は『箋注和名類聚抄』にはみられないが、『遊仙窟』の引用は、本項目以外に『言海』において「出典」にあげられることがない。このようなことは、見出し「はにざふ（半挿）」における『神宮儀式帳』と同様である。さらに、記述が元和版と異なる五項目（ひね（晩稲）、ほくそ（熾）、まなこ（眼）、もがさ（痘瘡）、をぶと）がある。以上の点から、『言海』における「和名抄」の書名が『箋注和名類聚抄』を指すことがわかる。

続けて、『和訓栞』後編について確認する。湯浅茂雄（一九九七・一九九九）の挙例は「か」行以降の項目があげられている。この挙例が「か」行以降、すなわち私版第二冊以降であることが、何らかの意図をもったものであるかどうかは不分明である。そのため、第一冊出版の時点では『和訓栞』後編を参照していたとしても、その成果を反映できなかったと考えることも可能である。私版第二冊の出版は、明治二十二年十月である。大槻文彦が『和訓栞』後編を参照する期間は、第一冊の出版（明治二十二年五月）と異なり、半年の差がある。第二冊以降に『和訓栞』後編が引用されているのであれば、「稿本」を浄書した後に『和訓栞』後編の成果を反映した上での修正が確認されると考える。そして、この推定も裏付けられるといえる。

ところで、『言海』の作成にあたって『和訓栞』後編を参照し、その成果を利用した事実は、『大言海』に収録された「本書編纂に當りて」七頁で明らかにされている。これは、大正八年十一月に「辭書編纂の苦心談」（『国語教育』第四巻第十一号）として発表した論考がもとになっており、句読点や送り仮名に小異がある（傍線稿者。以下同様）。

> 銀杏《ギンナン》の成る「いちよう」といふ樹あり。この語の語原、幷に假名遣は、難解のものとして、語學家の腦を惱ましむるものにて、種種の語原說あり。（中略）降りて、元祿の合類節用集に至りて、「銀杏《イテフ》、鴨脚子《イテフ》」と見えたれど、是れも如何なる字音なるか解せられず、正德の和漢三才圖會に至りて、「銀杏《ギンナン》、鴨脚子《イチエフ》、俗云、一葉《イチエフ》」とあり。始めて、一葉の字音なること見えたり、然れども、一葉の何の義なるか、不審深かりき。賀茂眞淵大人の冠辭考、「ちちのみの」の條にも、「いてふ」と見ゆ。假名遣は、合類節用集か、三才圖會かに據られたるものならむか。語原は說かれてあらず。さて和訓栞の後編の出でたるを見れば（明治後に出版せらる）、「いてふ、一葉の義なり、「ちえ」反「て」なり、各一葉づつ別れて叢生せり、因て名とす」と、始めて解釋あるを見たり。十

分に了解せられざれど、外に據るべき説もなければ、余が曩に作れる辭書「言海」には、姑らくこれに從ひて「いてふ」としておきたり。然れども、一葉づつ別るといふこと、衆木皆然り、別に語原あるべしと考へ居たりしこと、三十年來なりき。

大槻文彦の引用する語釈は、『和訓栞』後編の見出し「いてふ」と合致する。本項目は「稿本」に修正がみられないことから、大槻文彦が『和訓栞』後編の語源説によって仮名遣いを考え、語釈を作成したことが推測される。さらに、この述懐は、『大言海』の見出し「イチョウ（鴨脚子―銀杏樹）」の語義（一）においても、次のように記述されている。

此樹名ノ假名遣、語原ハ、元祿時代ニ及ビテ、一葉《イチエフ》ノ約、いてふナリトノ説起リテ以後ハ、いてふノ假名、天下ヲ風靡セリ、此樹ヲ、一葉ト云フコト、和漢共ニ、更ニ無シ、（唯、小舟ノ異名トスルノミ）予ガ言海初刊ノ時、滿腹ノ疑ヒアリツレド、當時、眞ノ語原ヲ究メ得ザリシカバ、姑ク世俗用ニ從ヒキ、慚愧ニ堪ヘズ、此語原ハ、予ガ三四十年間、苦心シテ得タルモノナリ。

「稿本」では、見出し「いてふ」に修正のあとがみられない。ここから、私版第一冊の出版以前に大槻文彦が『和訓栞』後編を参看していた事実が明らかとなる。『増補雅言集覧』を引用した事実が第一冊にみられることからも、同時期に参照していたようにもみえる。ただし、この述懐から、『言海』が作成された当時の判断として断定するのは、早計に過ぎるように思われる。見出し「いてふ」の初校校正日は明治二十二年二月十三日である。『言海』の内容見本が同年一月に提出され、その第一冊が同年五月に出版されているならば、時間的余裕はあるといえるのだろうか。

そこで、改めて『言海』と『和訓栞』後編の項目を対照し、この点について考えることにする。『和訓栞』後編の語釈が確実に『言海』の記述に反映されているかどうかについては、主観による判断を下しやすい。これを避けるため、以下にあげる例は、『日本国語大辞典』第二版をもとに吟味した。

『日本国語大辞典』第二版では、『言海』を含む十七種の辞書類（『新撰字鏡』『和名類聚抄』『色葉字類抄』『類聚名義抄』『下学集』『和玉篇』『文明本節用集』『伊京集』『明応五年本節用集』『天正十八年本節用集』『饅頭屋本節用集』『黒本本節用集』『易林本節用集』『日葡辞書』『和漢音釈書言字考合類大節用集』『和英語林集成（再版）』『言海』）のうち、該当する見出しが関連する記事に記述されている場合、「辞書」欄にその書名が記される。そのため、「辞書」欄にあげられる書名が『言海』のみの場合、他の十六種には記事がなく、また大槻文彦がそれらを利用していないと判断される。そして、こうした場合には大槻文彦が『和訓栞』後編を参照している可能性があると判断した。

また、『和訓栞』や『言海』との関連が指摘されている書物や、『言海』の出版時期と重なる辞書類の中から十三種の文献（『用薬須知（後編、後編正誤、続編）』『物類品隲』『紅毛談』『蘭説／弁惑』磐水夜話』『物類称呼』『雅言集覧』『語彙』『ことばのその』『ことばのはやし』「外来語原考」）を比較した上で調査を行なった。

さて、『言海』の項目数は三九一〇三とされるが、これに対して、『和訓栞』後編の項目数は三七八三である。したがって、『和訓栞』後編と『言海』には項目数に差がある。この事実を踏まえた上で、大槻文彦が『和訓栞』後編を参照した上で記述したとみられる項目は六十九ある。左に列記したのは、『言海』の見出しである。『和訓栞』後編と『言海』で見出しが異なる場合は、括弧内に『和訓栞』後編の見出しをあげた。なお、見出しに「※」を附したものは、『日本国語大辞典』第二版において、「辞書」欄や、見出しそのものがない場合を指す。

・第一冊（十項目）

いへざくら（家桜）　うぐさ（鵜草）　うぐひすな（鶯菜）　うづらのとこ（鶉床）　うのはなやき　うまおひむし（馬追虫）　えのは（榎葉）　えんのざ（宴座）（をんざ）　おきがき（沖蠣）　おめむし

・第二冊（三十八項目）

かいふん（海粉）　かぐらづき（神楽月）　かさバチ　かすみぞめづき（霞初月）　かぜまちづき（風待月）　かつさい（〈鳥の名〉）　カップリ　かつむし（勝虫）　かなやき（鉄焼）　かはぎす　※かびざかな　かひす　かへるのつらかき　かますご　かまやまあやめ（釜山菖蒲）（かまやま）　かんこ　がんぜきらん（岩石蘭）　カモイ　かりばのとり（狩場鳥）　かりわらは（狩童）　カルタ（迦嘍茶）　※きかう（枳柑）　きこりうを　キナボウ　きりしまつつじ（きりしま）　くちふで（朽筆）　くにみたま（国御魂）　くねんぼ（九年母）　※くまぞ　くわくらん（鶴蘭）　こがらす（小烏）　こぎしろ　ごさんちく（五三竹）　こめざくら（米桜）　さくらのり（桜海苔）　さくららん（桜蘭）　さのぼる　さんかくさう（三角草）

・第三冊（六項目）

したひば　しらめ（白眼）　すなずり（胂）　ぜがいさう（善界草）　だうみやうじ（道明寺）　たつみあがり

・第四冊（十五項目）

つのぎり　つゆねぶり（露舐）（つゆむすひみみ）　でいりこ（出入子）　てぐすねひく　てふざめ（蝶鮫）　なつうめ（夏梅）（なつむめ）　なばえ　にごろ　にれもみ（楡樅）　ねずみごめ（鼠米）　ねやま（根山）　もろこばえ（諸子鰷）　やつがしら（八頭）　やませ（山瀬）　わらひだけ（笑茸）

例として、見出し「うぐひすな（鶯菜）」をあげる。本項目は、すでに引用が指摘されている『語彙』においても立項されている。また、人見必大『本朝食鑑』（元禄十〈一六九七〉年刊）においても立項されている。『和訓栞』において『本朝食鑑』が引用されていることはすでに指摘されている。註3 そのため、『和訓栞』の編者である谷川士清が、『本朝食鑑』を参照した上で『和訓栞』後編を記述しているようにもみえる。このような事実を踏まえた上で、四書の語釈を対照すると、次の通りである。傍線部は『和訓栞』後編と『言海』、破線部は『語彙』と『言海』の語釈が近似する記述を指す。なお、「稿本」、「校正刷」には修正がみられない。

本朝　蕪菁　集解（上略）采二其生而二三寸者一作レ蔬此號二鶯菜一此言当二鶯之飛啼時一而生乎

栞後　うぐひすな　京師にて蕪菁の生して二三寸なるものをいひ又水菜の小きものをよべり　日光にていふものは別の野生の品なり

語彙　うぐひすな㊗　菜名、春夏食用にする一種のこまつななり　莖葉瘦て光澤あり

言海　うぐひすな（名）鶯菜（一）こまつなノ一種、春夏ニ食フモノ、莖、葉、瘦セテ、光リアリ。（二）蕪《カブラ》ノ初生ノ二三寸ナルモノ。（京都）（三）又、水菜ノ小キモノ。

傍線部から、『本朝食鑑』と『和訓栞』後編の語義記述を対照すると、近似していることがわかる。『言海』の語義（二）には、これに該当する「蕪ノ初生ノ二三寸ナルモノ」の記述がある。その一方で、『言海』の語義（三）には、『本朝食鑑』にはみられない『和訓栞』後編の語義「又水菜の小きもの」との合致がみられる。ここから、本項目の場合、大槻文彦が『本朝食鑑』のみを参照し、記述した可能性は低いと判断される。

また、破線部から、『語彙』の語釈と『言海』の語義（一）が合致することがわかる。そうすると、『言海』の語義記述のうち、語義（一）には『語彙』の成果を、語義（二・三）は、『和訓栞』後編の成果を利用したことが推測される。見出し「うぐひすな」の立項が『語彙』に拠るものとしても、語義（二・三）において『和訓栞』後編の成果を反映した上で記述したことがいえる。

見出し「うぐひすな」には、「稿本」、「校正刷」において記述の修正がみられない。このことから、「稿本」のうち、私版第一冊の浄書が行なわれた時点で、大槻文彦が『和訓栞』後編の成果を利用したことが想定される。

註1　大槻文彦には、明治十五年二月に発刊された『洋々社談』八十三号に掲載された論考「モチヰルといふ動詞の活用」がある。ここでは、『洋々社談』に掲載された榊原芳野の論考に触れた上で、その死を悼み、「此頃ゆくりなく村田了阿の俚言集覧にも此活用の事委しく挙げていとゞその疑ひなきを知りたれば、榊原ぬし（引用者補：榊原芳野）の考への続篇として世に亡き霊を慰めむとす」と記述する。そして、この記述以降には、『俚言集覧』の見出し「もちゐ」における論証が引用されている。「凡例」（冊四）では、『俚言集覧』の引用箇所が「モチヰルといふ動詞の活用」に比して減じており、「抑モ、此語ノ語尾ニ就キテハ、語學家ノ間ニ、異說紛紛タレバ、今、煩ヲ憚ラズ、左ニ衆說ヲ擧ゲテ、其考據ヲ述ブベシ」とある。「衆說」として、『俚言集覧』において語釈を引用、あるいは書名などがあげられた『和字正濫鈔』、『和訓栞』、『古言梯』、『古事記傳』の記述が、書名のみではなく、該当する語釈とともに引用されている。減じた引用箇所には、以上の四書が論拠としてあげられている。そのために、「凡例」（冊四）では『俚言集覧』からの引用箇所が減じたのではないかと推測する。なお、『増補雅言集覧』において引用された『山口栞』も、その語釈が「凡例」（冊四）に引用されている。また、第三章第一節の註1を参照されたい。

註2　一項目に複数の書名がみられるのは、次の例である。
・「和名抄」と「新撰字鏡」の書名がある項目（八例）……そほき（歴草）、*とも（艫）、*ひみ（皸）、ほくそ（熁）、まがき（籬）、まがりもち（勾餅）、まなこ（眼）、まま（継）
・「和名抄」と「万葉集」の書名がある項目（三例）……じやう（鎖）、*とじ（刀自）、まがき（籬）
・「和名抄」・「新撰字鏡」・「万葉集」の書名がある項目（一例）……まがき（籬）

註3　「『版本和訓栞』開題」（『版本和訓栞』一九九八年、大空社）十七頁

第二節　語彙的観点からみた『言海』

本書は『言海』を総合的にさまざまな視点からとらえ、『言海』を構築している日本語そのもの、また辞書体資料として『言海』がそれらの日本語をどのようにとりこんでいるかについて考察しようとしている。そうした意味合いからすれば、「語彙的観点」はもっとも直接的にそうした考察にかかわり、また、考察から導き出される「知見」を支える観点となる。

本書のさまざまな箇所において述べてきたことであるが、本書全体の、いわば「前提」として、「『言海』はよく整えられた辞書である」という「みかた」がある。「よく整えられた」ということについても、さまざまな観点が考え得るが、その中心には、『言海』を構築している日本語が吟味されていること、「見出し＋語釈」を枠組みとした場合、見出しの日本語、語釈の日本語が、適切に関係づけられていること、がある。ここでは、そうしたことについて述べてみたい。

◇「〔" の語釈末の漢語類語

「種種ノ標」において、「〔"」は「古キ語、或ハ、多ク用ヰヌ語、又ハ、其注ノ標」と述べられている。今ここではそれを簡略に「古語」とまとめて表現する。ここでは『言海』が「古語」とみなした上で見出しにした語の、語釈末に置かれている漢語、「漢用字」に着目して考察を進めることにする。また、「Xニ同ジ」という形式の語釈が置かれ、Xが漢語である場合も併せて考察していくことにする。

1 ﹇あげつらひ（名）論‖アゲツラフコト。論《ロン》。

2 ﹇あななふ（他動）（規．一）助《タス》ク。扶助ス。扶‖

3 ﹇あまなふ（他動）（規．二）交《ナカ》ヲ好クセサス。和睦セシム。講和‖

4 ﹇あめびと（名）天人 天上ノ人。天人《テンニン》。

5 ﹇あやに（副）奇‖﹇あやしノ條ヲ見ヨ﹈（一）奇《クス》シク。奇妙ニ。フシギニ。「―畏《カシコ》シ」（略）

6 ﹇いかし（形．二）嚴‖オゴソカナリ。重大ナリ。

7 ﹇いさをし（形．二）﹇功《イサヲ》ヲハタラカス﹈（一）勉メテアリ。イソシ。出精ナリ。ホネヲヲル。セイヲダス。勤‖ 勉‖（略）

8 ﹇いちびと（名）市人‖市ニ物賣ル人。商人。

9 ﹇いつくし（形．二）嚴‖イカメシ。オゴソカナリ。嚴重ナリ。

10 ﹇いまき（名）今來‖新ニ來レルコト。新參。新來‖

11 ﹇いまだし（形．二）未‖イマダナリ。マダ、ソノ如クナラズ。マダシ。未熟ナリ。

12 ﹇いらふ（自動）（規．二）應‖答フ。返答ス。返辭ス。

13 ﹇うはなり（名）後妻‖﹇上成《ウハナリ》、ニテ、更ニ婚ヲ成ス意カ﹈後ニ娶レル妻。ノチゾヒ。後妻《コウサイ》。繼妻‖

14 ﹇うへ（名）筌‖漁《スナド》リノ具、細ソキ竹ニテ編ミ、魚ノ入ルベクシテ、出デラレヌヤウニ作レルモノ。筊《ド》。

15 ﹇うまやぢ（名）驛路‖驛《ウマヤ》アル道《ミチ》。エキロ。カイダウ。

16 ﹇うまゆみ（名）馬弓 馬ニ騎リテ弓射ルコト。騎射。

17 〔うみがつき（名）孕月 うみづきニ同ジ。ウムガツキ。臨月《リンゲツ》。蓐月

18 〔えこ（名）長子 〔兄子《エコ》ノ義〕長男。

19 〔えだち（名）役 エダツヿ。課役《クワヤク》。

20 〔おいほる（自動）（規．二）老耄 老イテ、心、愚《オロカ》ニナル。耄《ホ》ル。オイホクル。老耄《ラウマウ》ス。（略）

21 〔おくだかし（形．一）臆病ナリ。

22 〔おととえ（名）弟兄 ハフカラ。兄弟《キヤウダイ》。

23 〔かくれみち（名）間道 〔隱路ノ義〕ヌケミチ。間道《カンダウ》。

24 〔あうなし（形．一）無奥 遠キ慮リナシ。考へ淺ハカナリ。淺慮

25 〔あかあかと（副）甚ダ明《アカ》ルク。「―日ノ差入リテ」赫赫

26 〔あがち（名）分《アガ》ツコト。ワカチ。頒

27 〔あぎとふ（自動）（規．二）〔腭《アギト》ヲハタラカス〕（一）水ノ上ニ浮ミテ泡ヲ吹ク。（魚ニ云）喩喁（二）カタコトニ物言フ。（小兒ニ）唲嘔

28 〔あさむ（他動）（規．一）（一）思ヒノ外ナリト驚ク。（褒貶共ニイフ）驚歎（二）淺ハカナリト賤シム。考へ淺シト貶《オト》ス。

29 〔あたらし（形．二）惜《ヲ》シ。惜ムベシ。可惜

30 〔あつし（形．二）病ミテ熱アリ。悶熱

31 〔あどうつ（自動）（規．一）（略）（二）他ノ話ニ口ヲ合ハセテ話ス。機嫌ヲムカヘテ話ス。迎合

32 〔あなすゑ（名）足末 〔足之末《アノスヱ》ノ轉〕足ノ先《サキ》。足端

33 〔あまうけばな（名）〔天承鼻ノ義〕鼻ノ孔ノ仰ギタルモノ。仰鼻

34 〔あまじし（名）〔餘肉《アマジシ》ノ義〕疣、瘤ナド、餘リテ出來タル肉。寄肉

35 〔あまなふ（自動）（規．一）〔甘《アマ》ンジ合フ意〕心ニカナヒテ好シト思フ。ウベナフ。甘心

36 〔あゆ（自動）（規．二）似ル。アヤカル。肖

37 〔あらます（他動）（規．一）預メ心ニ思ヒハカル。預期

38 〔い（名）蜘蛛《クモ》ノ絲《ス》。蛛網

39 〔いぎたなし（形．二）〔寢《イ》ノきたなしノ義〕目覺ムルコト難シ。ネバウナリ。貪眠

40 〔いきづく（自動）（規．一）息衝 長ク太ク息ヲ衝ク。太息

41 〔いきづむ（自動）（規．一）息詰 息、腹ニ張リ詰マル。氣塞

42 〔いきとまる（自動）（規．一）生止 生キテ世ニ留《トド》マル。イキノコル。生存

43 〔いくむ（自動）（規．一）〔息《イキ》、含《クク》ムノ意カ〕怒リヲ含ム。怒リヲ胸ニコメオク。憤

44 〔いこよかに（副）丈《タケ》高ク。岐嶷

45 〔いさつ（自動）（規．三）足搔《アガキ》シテ泣ク。啼泣　哭

46 〔いしま（名）器ニゆがみアルコト。窳

47 〔いそしむ（自動）（規．二）（一）勤ム。ホネヲル。勤勞（略）

48 〔いとこよめ（名）いとこノ妻。堂姉妹

49 〔いとこをぢ（名）父ノいとこ。イトコチガヒ。從祖父

50 〔いなぎ（名）稻城 刈リタル稻ヲ掛ケテ乾ス具、竹木ヲ立テテ作ル。喬杆

51 〔いぬくひ（名）犬食 犬ヲ噬合《カミア》ハシメテ観ルコト。闘犬

52 〔いらいらし（形．二）苛苛 心苛《イラ》ツコト甚シ。（使用例略）燥氣

53 〔いりほが（名）心ノ入リ過ギテ、實ニ遠ザカルコト。鑿

54 〔うけばる（他動）（規．一）引キ受ケテ専ニス。（使用例略）確保

55 〔うづなふ（他動）（規．一）ウベナフ。ウケガフ。諾

56 〔うまい（名）熟寢 快ク寐入ルコト。熟睡

57 〔うらかた（名）占形 占《ウラ》ニ出デタル象《カタ》。占兆

58 〔うれは（名）末《ウレ》ノ葉。ウラハ。（使用例略）梢葉

59 〔えだがみ（名）支神 末社ノ神。裔神

60 〔おきつかぜ（名）沖津風〔沖之風《オキツカゼ》ノ義〕沖ヲ吹ク風。海風

61 〔おきつしまね（名）沖津島根 沖ニアル島。海島

62 〔おきつなみ（名）沖津浪 沖ニテ打ツ浪。海波

63 〔いでゆ（名）出湯 温泉《ヲンセン》ニ同ジ。

64 〔いばりぶくろ（名）尿袋 膀胱《バウクワウ》ニ同ジ。

65 〔いままゐり（名）今參 新參《シンザン》ニ同ジ。

66 〔いもがさ（名）〔喪瘡《モガサ》ノ條ヲ見ヨ〕疱瘡《ハウサウ》ニ同ジ。

67 〔うちまゐり（名）參内《サンダイ》ニ同ジ。

68 〔うはぶみ（名）〔表文ノ意〕外題《ゲダイ》ニ同ジ。

69　︵うみのみやこ（名）［海都］龍宮《リユウグウ》ニ同ジ。
70　︵かうべをめぐらすうた（名）旋頭歌《セドウカ》ニ同ジ。

『言海』において「︵」が附されている語は和語に限られているわけではない。例えば、『うつほ物語』に使用がみられ、三巻本『色葉字類抄』に「脚病　カクヒヤウ」（か篇・人体部）というかたちで載せられている漢語「カクビョウ」は見出しとして採られ、「︵かくびやう（名）［脚病］脚氣《カクケ》ニ同ジ」と記されている。ここではかつてはある病名に「カクビョウ（脚病）」という語が使われていたが、その語は『言海』出版時の「判断」としては漢語「カクケ（脚気）」と「同ジ」であるということになる。[註1]

そうではあるが、やはり「︵」は多く和語に附されているといえよう。その（古語である）和語の語釈になんらかのかたちで漢語を配するということには注目しておきたい。

12「︵いらふ（自動）（規・二）［應］答フ。返答ス。返辭ス」は「イラフ」をまず和語「答フ」で説明し、それに続いて漢語「返答ス」「返辭ス」で説明している。文政三（一八二〇）年に出版されている鈴木朖『雅語譯解』は（鈴木朖がそう判断した）「雅語」を「今の俗語にあ」（「雅語譯解凡例」）てたものである。ここでの「今」が『雅語譯解』出版当時をさすことはいうまでもない。『雅語譯解』の見出し「いらへ」は「ヘンジ」一語で説明されている。「雅語譯解凡例」からすれば、「ヘンジ（返事・返辭）」は一八二〇年の時点ですでに「俗語」となっていた。『言海』の見出し「いらふ」の語釈はそれと通うとみてよいであろう。

21「おくだかし」は使われている活字から、「おく」は漢語と判断していることがわかる。『日本国語大辞典』の見出し「おくだかし」は次のように記されている。

おくだか・し〔臆高〕〔形ク〕きわめて臆病である。気が小さい。
＊源氏物語〔1001～14頃〕乙女「おくだかきものどもは、ものも思（おぼ）えず、つながぬ舟に乗りて、離に離れ出（い）でて、いとすべなげなり」
＊改正増補和英語林集成〔1886〕「Okudakaki, ku オクダカキ 臆高」

『言海』の理解もこれと同様で、「オク（臆）＋タカシ（高）」ととらえていると思われ、それを「臆病ナリ」と端的に説明したものと思われる。結局古語「オクダカシ」は漢語「オクビョウ（臆病）」によって説明するしかなく、「古語」が当代語寄りに位置することによって、「古語」と当代使われている漢語との結びつきが形成されるということがあるのではないだろうか。

24から62までの例は、語釈末に「漢用字」があげられている例にあたる。「漢用字」は漢語である。61は見出し「おきつしまね」に漢字列「海島」が、62では見出し「おきつなみ」に漢字列「海波」が置かれている。漢字列「海島」「海波」はそれぞれ漢語「カイトウ」「カイハ」に使う漢字で、言い換えれば「漢語に使う漢字列」である。本書においては、この「漢語に使う漢字列」を圧縮して「漢語漢字列」と呼ぶことにする。「漢語漢字列」を一方におけば、「和語にあてる漢字列」という意味合いの「和語漢字列」という概念及び用語が成り立つことになる。「カイトウ（海島）」は『史記』『漢書』において使われていることが確認でき、「カイハ（海波）」は『魏書』において使われていることが確認できる。したがって、両語とも古典中国語といってよい。「オキツシマネ」は「沖ニアル島」、「オキツナミ」は「沖ニテ打ツ浪」と説明できるのであって、両見出しの語釈末に置かれた「漢用字」はやはり漢語の類義語とみるのが自然であろう。その点において、1から23までの語釈中で使われている漢語と、24から62までの語釈末に置かれている「漢用字」とには違いがあると思われる。そしてその「違い」は当該漢語が含まれている「漢語の層」の違いであろう。「海波」は見出し「おきつしらなみ」の「漢用字」としても置かれている。「おきつしらなみ」は「沖ニ起ツ白波」と説明されている。「沖ニテ打ツ浪」を語義とする「オキツナミ」と「沖ニ起ツ白波」を語義とする「オキツシラナミ」とは語義が異なる別語である。しかし「漢用字」としては同じ「海波」が置かれている。「オキツナミ」と「オキツシラナミ」との共通している語義〈沖の波〉と対応する漢語が「カイハ（海波）」で、「カイハ（海波）」を「漢用字」として置くにあたって、「オキツシラナミ」の「白」は捨象されたことになる。この「捨象」は大槻文彦が行なったものである可能性がもっともたかいのではないか。[註2]

63から70までは見出しとしている和語の語釈に「漢語Xニ同ジ」とある。70「かうべをめぐらすうた」はそもそも漢語「セドウカ（旋頭歌）」を説明的に翻訳した語と思われるが、こうした例も官職名などを初めとして少なからずある。いずれにしても、古語と漢語とが結びついていることはたしかなことといえよう。

見出し「うららけし（形・一）天麗《ウララカ》ニテアリ」においては見出しとなっている古語「ウララケシ」を「ウララカニテアリ」と説明するが、その「ウララカ」に漢字列「天麗」をあてている。漢字列「天麗」は漢語「テンレイ」を思わせるが、『日本国語大辞典』は「テンレイ（天麗）」を見出しにしていない。また『漢語大詞典』にも「天麗」はみられない。そのことからすると、まずは漢語「テンレイ（天麗）」の存在を確認する必要があるが、漢語「テンレイ（天麗）」が存在しているからこそ、ここで漢字列「天麗」を使ったのではないかと憶測する。憶測があたっているならば、見出しの説明のために語釈中に漢語漢字列をあえて使った例ということになる。

ところで、1から23で使用されている漢語は、見出し直下の漢字列を漢音で発音した例であり、1、4、13、15、20、23が該当する。いずれの漢語も見出しとして立項されており、古語をあらわす「⌒」の符号や、「訛語《ナマリ》、或ハ、俚語《サトビコトバ》、又ハ、其注ノ標」をあらわす「＋」の符号が附されていない。すなわち、「普通語」として立項されている。そのため、古語である和語と、「普通語」である漢語を結び付けたものといえる。

15「うまやぢ」の語釈には「驛《ウマヤ》アル道《ミチ》。エキロ。カイダウ」とある。「エキロ」は、見出し直下の漢字列「驛路」を漢音で発音したものとわかる。そして、見出し「えきろ」には、古語や訛語をあらわす符号が附されていないため、「普通語」と結びつけられていることがわかる。しかし、漢語「カイダウ」は「驛路」を漢音で発音したものとはいえず、この例には該当しない。そのため、「カイダウ」は、あくまで見出し「うまやぢ」の漢語類語であることがわかる。

『言海』には、見出し「かいだう」が三項目ある。

かいだう（名）海棠　樹ノ名、葉ハ林檎ニ似テ稍長ク、數葉叢生ス、初出ハ綠ニシテ、後出ハ紫ヲ帶ブルㇷ、櫻ノ葉ノ如シ、葉ノ間ニ花ヲ開ク、櫻ニ次ギテ、艷美ナリ、蕾ハ朱ノ如ク、開ケバ淡シ、蕚、莖、共ニ、彼岸櫻ニ似テ、實ノ形、山査子ニ似タリ。又、花、粉紅ニシテ、枝、下ニ向フモノヲ、しだりトイフ、實無シ。垂絲海棠

かいだう（名）街道　國中ノ往來ヲ通ジ、驛《ウマヤ》ナドアル大道。

かいだう（名）海道　（一）海邊ノ國國ニ通ズル街道。（山道《センダウ》ニ對ス）（二）誤テ、街道。

各項目の見出し直下の漢字列は「海棠」「街道」「海道」と異なる。15「うまやぢ」の語釈にある「カイダウ」と対

応するのは、「街道」の漢字列を有する項目と考える。一見すると、「カイダウ」のうち、いずれの語が「うまやぢ」の漢語類語を指すのかがわかりづらい。その判断は語釈から導くことになるため、見出し「うまやぢ」において「カイダウ」とのみあるこの記述は、丁寧ではないようにも思われる。しかし、『言海』が作成された段階では、和語「ウマヤヂ」の漢語類語は、漢字列「街道」を記述するまでもなく判断できていたとも解釈できる。あるいは、「海道」の漢字列を有する見出し「かいだう」の語義（二）に「誤テ、街道」とあるように、「海道」の漢字列と判断したとしても、「街道」の漢字列へ導く記述がなされていることから、見出し「うまやぢ」においては、あえて漢字列を記述せず、区別しなかったともいえる。なお、「カイダウ」の文字列が語釈に記述されている例は、見出し「うまやぢ」のみである。

和語「ウマヤ」の語を有する見出し「うまや」「みづうまや」をみると、次のようにある。

うまや（名）馬屋（一）馬ヲ畜ヒ置ク家。廐‖（二）街道ノ往來《ユキキ》ニ便ニセムガ爲ニ、駄馬、人夫ヲ備ヘ置ク處、旅店ナドアリテ、市街《マチ》ヲ成ス。ウマツギ。宿《シユク》。宿場。驛‖

みづうまや（名）水驛（一）水路ノ驛舍。船路ノ驛。（二）又、今ノ街道ノ「間《アヒ》ノ宿」ノ類、暫シ立寄リテ、人、馬、水ヲ飲ミ、或ハ、飯芻ヲ食フ所ヲモイフト云。（三）（四）（略）

見出し「うまや」「みづうまや」のそれぞれの語義（二）には、「街道ノ往來《ユキキ》ニ便ニセムガ爲ニ」「今ノ街道ノ「間《アヒ》ノ宿」ノ類」のように、「街道」の漢字列が使われている。このことから、見出し「うまやぢ」において使用されている「カイダウ」から「街道」の漢字列を想起することができたのではないかと推測する。いずれにしても、漢語

「カイダウ」と、その漢字列「街道」が、当該時期において自然と結びつけられていたことがわかる。

この他にも、見出し直下の漢字列が一字であり、語釈末に置かれた漢語類語が、その一字を使用した語構成となっている5、9、19の例がある。5「あやに（奇）」に対する「奇妙」、9「いつくし（嚴）」に対する「嚴重」、19「えだち（役）」に対する「課役」が該当する。いずれの語も立項されており、次のようにある。

きめう（名）奇妙 奇《アヤ》ニ妙《タヘ》ナルヿ。珍シク勝レタルヿ。常ニ異ナリテ面白キヿ。

げんぢゅう（名）嚴重（一）オゴソカナルヿ。イカメシキコト。（二）キビシキコト。（三）亥子《イノコ》ノ餅。（ゐのこノ條ヲ見ヨ）

くわやく（名）課役（一）調《テウ》ト役《ヤク》ト。（租《ソ》ノ條ヲ見ヨ）（二）役《ヤク》ヲ課《オホ》スルヿ。

見出し「きめう」に対する語釈「奇《アヤ》ニ妙《タヘ》ナルヿ」や、見出し「くわやく」の語義（二）「役《ヤク》ヲ課《オホ》スルヿ」のように、漢語を和語で説明する例がある。このような記述は、見出しが漢語として定着していないためのようにもみえる。しかし、そうではなく、漢字列を介して記述を行なうことで、辞書の読み手の解釈を促しているのではないかと考える。5、9、19のような和語を漢語で説明する例では、語釈に使用されている漢語が立項されている。和語が古語であるために「普通語」である漢語を使用した例からも、漢語として定着していたとみることができるのではないか。

また、10「いまき」、64「いままゐり」には、「新參」という同じ漢字列がみられる。『言海』には、見出し「しんざん」があり、見出し直下の漢字列には「新參」とある。見出し「しんまへ」の語釈にも「新參《シンザン》ニ同ジ」とあり、「新參」の漢字列がみえる。見出し「しんまへ」には、訛語をあらわす「+」の符号がある。「漢語Xニ同ジ」という語釈であることから、古語と訛語とを「漢語X」、つまり「新參」という漢字列を介して結びつけていることがわかる。また、見出し「しんまへ」は、「稿本」において追加された項目のひとつである。そのため、「新前」と「新參」の漢字列を結びつけることを意図して、本項目が追加されたようにもみえる。

古語であり、語釈に「新參」の漢字列を有する見出しとして「にひまゐり」もある。見出し「にひまゐり」は、「稿本」において「今、音ニ新參《シンザン》トイフ」と記述されている。このうち、「今、音ニ」と「トイフ」は棒引きされており、「イママヰリ」の語を、語釈へ追加するように修正されている。『言海』では、語釈が「イママヰリ。新參《シンザン》」とある。「稿本」では、当初、「新參」の漢字列を「シンザン」とよむことを促す語釈のみが記述されていた。これを修正し、「イママヰリ」の語を追加したということは、先の例と同様に、「今參」と「新參」の語を結びつけることを意図して追加されたようにみえる。『日本国語大辞典』第二版によって「いままゐり」を調べると、その使用例には『後撰和歌集』春上と『詞花和歌集』雑下があげられている。また、「しんざん」のもっとも古い使用例としては、『太平記』があげられている。ここからも、「いままゐり」の語を古語と判断し、「亡」の符号を附したことが想定される。

「新參」の漢字列は、他にも、見出し「こざん」にみえる。語釈には「(新參ニ對ス)」とある。ここでは、「新參」の漢字列に振仮名が施されていない。見出し「こざん」が漢語であることから、「新參」を「しんざん」のように漢音で発音されることが期待されたためだろうか。しかし、見出し「しんざん」の語義（一）には、「(古參《コザン》ニ對ス)」と、振仮名がある。漢字列に振仮名を施すということは、該当する漢字列をそのように読むように促しているともいえる。「古參」の漢字列から「ふるまいり」と訓読して立項することは、『言海』においてなされていない。これに対し、「新參」の漢字列は、見出し「しんざん」「にひまゐり」の見出し直下の漢字列として採用されている。そのため、漢語と和語とどちらで読んでも差し支えないように整えられているといえる。そうすると、見出し「いままゐり」

「しんまへ」では、語釈に「新參《シンザン》ニ同ジ」と振仮名があることをどのようにみればよいのか。この点については、見出し「にひまゐり」の語釈に「新參《シンザン》」とのみあることが、理由のひとつであろう。また、見出し「しんざん」に古語を表す符号が示されていないことから、「普通語」に結び付けていることが予想される。63から70までは、語釈が「漢語Xニ同ジ」とあるが、いずれの漢語にも振仮名が施されており、前述したように、古語と漢語との結びつきがみられる。また、いずれの漢語にも古語や訛語をあらわす符号が付されていない。そのため、古語と「普通語」を、漢語を媒介にして結びつけていることがうかがわれる。

本節においては、「︷」が附されている見出しを取り上げ、その語釈中に漢語がなんらかのかたちで置かれている場合について考察を試みた。古語を漢語で説明する、あるいは古語の類義語として漢語を置くということは、古語と漢語とが結びつきを形成しているということを示している。その「結びつき」にはいろいろな場合があることが推測されるが、古語が当代語寄りに位置するゆえに、当代使われている漢語との結びつきが形成されているという可能性を示すことができたのではないかと考える。

註1　『日本国語大辞典』第二版は見出し「カッケ（脚気）」の使用例として、『日本後紀』の大同三（八〇八）年十二月の條の記事「眼精稍暗、復患脚気」（眼精やや暗し、復た脚気を患う）をあげる。「カッケ（脚気）」は、九〇三年までには成立したと考えられている『菅家後集』に収められている「夜雨」にも「脚気與瘡癢、垂陰身遍満」（脚気と瘡癢と、垂陰、身に遍ねく満つ）と使用されており、九世紀以降使われていたことがうかがわれる。『日葡辞書』は「カッケ（脚気）」を見出しにして、「足や脚部、その他四肢の、corrimentos のような病気」と説く。今ここでは「corrimentos」が

どのような病気か、ということについては措く。

一方、九三四年頃に編まれたと考えられている『和名類聚抄』（二十巻本）巻三「形体部病類」においては見出し「脚気」の語釈に「俗云阿之乃介」とある。「阿之乃介」は「アシノケ」を書いたものと思われるが、この「アシノケ」は『源氏物語』においても使われている。「アシノケ」は漢語「脚気」の説明（的な翻訳）であることを想起させる。『日本国語大辞典』は『源氏物語』以降の「アシノケ」の使用例を載せていない。そのことをもって、「アシノケ」が『源氏物語』以降の時期に使われていなかったといえないことはいうまでもないが、『日葡辞書』は「アシノケ」を見出しにしていないことからすると、あるいはある時期以降は「カッケ（脚気）」（のみ）が使われていたか。『和名類聚抄』をよく参照していると思われる大槻文彦が「カクビョウ（脚病）」の語釈に「アシノケ」をまったく使わなかったことには、大槻文彦の「カクビョウ（脚病）」「アシノケ」「カッケ（脚気）」三語をめぐる歴史的な変遷についての理解がかかわっているのではないだろうか。

註2　「漢用字」は何らかの辞書体資料から持ち込まれたもの、という「みかた」がある（あるいはかつてあった）が、もしもそうであれば、「おきつなみ」「おきつしらなみ」を見出しとし、それに「海波」を何らかのかたちで「配置」している辞書体資料が存在することになる。稿者は、「漢用字」は見出しに対して置かれていると（当然のことであるが）考えているが、見出しとそれに配されている「漢用字」との「関係」は一定ではないようにみえる。そう考えると、複数の辞書体資料を想定する必要がないか。複数の辞書体資料から持ち込んだ場合は、「漢用字」の「調子」が一律のものにはならないのではないか。具体的にそうした辞書体資料が指摘されているのであれば、検証ができるが、それが提示されていないのであれば、まずは大槻文彦の「内省」に基づいて「漢用字」が置かれているとみるのが適当ではないだろうか。

第三節　表記的観点からみた『言海』

◇語釈中で使われている振仮名に着目する

『言海』は語釈中で振仮名を使用している。

ざいくわ（名）罪科 罪《ミツ》ノ科《シナ》。咎《トガ》。「―ニ處ス」
ざいごふ（名）罪業 罪《ツミ》トナル業《ゴフ》。「―深シ」
ざいくわい（名）罪魁 罪ヲ犯セルモノドモノ張本人。

見出し「ざいくわ」の語釈中の「罪」の振仮名「ミツ」は「ツミ」の誤植であろう。それはそれとして、「ざいくわ（罪科）」を「罪ノ科」、「ざいごふ」を「罪トナル業」と説明したのは、あらためていうまでもなく、見出しとなっている漢語を構成する漢字を使って語釈を組み立てようとしているためであり、「罪ノ科」が「ザイノカ」ではなく「ツミノシナ」、「罪トナル業」が「ザイトナルギョウ（あるいはゴウ）」ではなく「ツミトナルゴフ」であることを示すために振仮名を施していると思われる。しかし、見出し「ざいくわい（罪魁）」においては「罪」に振仮名が施されていない。これは「罪ヲ」とあることで、「ザイヲ」ではなく「ツミヲ」であることがわかると判断しているためであろう。このように、『言海』の語釈中の振仮名は、見出しと語釈との兼ね合いの中で、考えられて施されていると覚しい。

さいし（名）祭資 祭ノ供物ノ資金《イリメ》。

右の見出しの場合、語釈「祭ノ供物ノ資金」の「文字使い」（と仮に呼ぶことにするが）は、見出しを説明するという観点から選択されたものと思われる。漢字列「資金」に施されている振仮名が「イリメ」であるので、この語釈は「マツリノクモツノイリメ」という語釈であることになる。『言海』の見出し「いりめ」は次のようにある。

いりめ（名）入目 費エタル金銭ノ高。入費。入用。費用

見出し直下にあげられている漢字列「入目」が「イリメ」にあてる「普通用」のものなのだから、「マツリノクモツノイリメ」を「祭ノ供物ノ入目」と書いてもよかったはずであるが、これも見出し「さいし（祭資）」の「資」字を語釈に出すための「工夫」といってよいだろう。「イリメ」が『言海』の語釈中でどのように使われているかを調べてみる。

いりよう（名）入用 イリメ。ニフヨウ。
にふひ（名）入費 イリメ。金銭ノ費エ。費用
にふよう（名）入用（一）（略）（二）イリメ。ツヒエ。入費。費用
ひがく（名）費額 入費ノ高。イリメ。

ひよう（名）費用‖ ツヒエ。イリメ。入費。

ものいり（名）物入 金錢ノ費ユルヿ。イリメ。費用‖

ようど（名）用度 イリメ。イリカ。入費。

見出し「ようど（用度）」の語釈中にみえる「イリカ」は見出しになっておらず、他の見出しの語釈中でも使われていない語である。『日本国語大辞典』は「イリカ（要費）」を見出しとして「必要な金額。また、一つの物事に費やした金額。入費。費用。いりめ」と説明し、『和英語林集成』初版の使用例をあげる。見出し「にふよう（入用）」「ひよう（費用）」の語釈中に「ツヒエ」が使われているので、見出し「つひえ」も示しておく。

つひえ（名）弊‖（一）（略）（二）費ユルヿ。用ヰテ減リ行クヿ。入費。費‖

「さいし（祭資）」以外の語釈では「イリメ」には漢字列があてられておらず、そのことからすれば、「イリメ」に漢字列「資金」をあてる書き方はかなり臨時的なものである可能性がたかい。

＋きさく（名）〔氣裂ノ意カ〕交際《マジハリ》ニ、氣象ノ打解ケタル狀ナルヿ。キガル。

右の語釈では和語「マジハリ」を書くのに漢字列「交際」があてられている。この場合はどうか。『言海』中で漢字列「交際」は次のように使われている。

あはひ（名）間〔相合《アヒアヒ》ノ約カ〕（一）（略）（二）交リノ中。交際

〔うなゐばなり（名）髫髮放（一）（略）（二）轉ジテ、男女幼キモノ。又、ソノ交際《マジハリ》。竹馬友

かうさい（名）交際 マジハリ。ツキアヒ。

かたみ（名）肩身 人交リノ中ニ立並ブヿ。交際《ツキアヒ》ノ面目。（使用例略）面目

ぎり（名）義理（一）（二）（略）（三）人ノ交際《マジハリ》ニ務ムベキ道《ミチ》。（使用例略）

ぐわいかう（名）外交 外國トノ交際《マジハリ》。

ぐわいむしやう（名）外務省 外國政府トノ交際ニ係ル一切ノ事務ヲ掌ル省《ツカサ》。

こうし（名）公使 外交ノ官、條約國ノ都ヘ遣ハシ置カレテ、兩國ノ交際事務ヲ掌ラシメラル。

こくさい（名）國際 國ト國トノ交際《マジハリ》。

こんい（名）懇意（一）（略）（二）交際《マジハリ》ノ殊ニ親シキヿ。入魂《ジユツコン》。懇親

さこく（名）鎖國 クニヲトザスヿ。外國ト、一切交際《マジハリ》ヲセヌヿ。

しよれい（名）諸禮 交際、諸儀式ニ、物事ノ扱ヒ、坐作進退等、一切ノ禮儀作法。シツケ。シツケカタ。

＋すれる（自動）（規．四．變）摩（一）（略）（二）＋種種ノ交際《マジハリ》ヲシキタリテ狡猾《ワルガシコ》クナル。

ぜつかう（名）絶交 交際《マジハリ》ヲ絶《タ》ツヿ。（朋友ノ）

たいくん（名）大君 德川氏ノ頃、外國トノ交際ニ就キテ將軍ノ別稱トシタル僭號。

つきあひ（名）付合（一）（略）（二）交《マジハ》リ。交際

て（名）手（一）〜（十六）（略）（十七）マジハリ。カカハリ。（使用例略）交際 關係

なからひ（名）〔中合《ナカラアヒ》ノ轉カ〕人ト人トノ中。雙方ノ交リ。ツヅキアヒ。アヒダガラ。（使用例略）交際

ばんこくこうはふ（名）萬國公法 萬國ノ交際ノ上ニ相通ジテ守ルベク立テタル法律。

まじらひ（名）交（一）（略）（二）マジハリ。ツキアヒ。交際

りやうけい（名）兩敬 往時、大名小名ノ交際ニ、格段ナル縁故ナドアリテ、訪問、面會、書通、ナドニ、互ニ同等ナル敬禮ヲ用ヰシヿ。其一方ノミヨリ敬スルヲ、片敬《ヘンケイ》トイフ。

るすゐ（名）留守居（一）（二）（略）（三）大小名ノ主人ノ在國中ニ、江戸ノ屋敷ノ留守ノ役。後ニ、轉ジテ、専ラ、幕府ニ係ル公用ヲ辨ジ、及ビ諸大名トノ交際ヲ掌ル役。進奏吏 行人

れい（名）禮（一）ヰヤ。五常ノ一。人倫ノ交際ニ、心ニ敬ヒ、行儀ニ則ヲ守ル道。禮儀。（使用例略）（以下略）

まず見出し「かうさい（交際）」の語釈は「マジハリ。ツキアヒ」で、漢語「カウサイ（交際）」は和語「マジハリ」「ツキアヒ」二語で説明されている。一方、「（二）」が附された「まじらひ」の（二）も「マジハリ。ツキアヒ」と説明され、ここでは「漢用字」として漢字列「交際」が置かれている。このことからすれば、当該時期に、和語「マジハリ」「ツキアヒ」と漢語「カウサイ（交際）」は結びつきを形成していたと思われる。それを裏付けるように、語釈内では、見出し直下の漢字列如何にかかわらず、和語「マジハリ」「ツキアヒ」に漢字列「交際」があてられている。つまり、この「書き方」は臨時的なものではなく、比較的安定して当該時期には使われていたものとみるのが適当であろう。また語釈内で漢語「カウサイ（交際）」も使われており、それが当該時期には語釈内で使えるような漢語であったこともわかる。その一方で、語釈末に「漢用字」として「交際」を置く見出しもあり、右のことからすれば、「漢用字」をことさらに非古典中国語とみなすことはあたらないことがわかる。

そしてまた、これも改めていうまでもないことであるが、結びつきを形成しているのは、漢語「カウサイ（交際）」と和語「マジハリ」「ツキアヒ」であるのだから、そのこと自体は語彙的な事象であり、そうした語彙的な事象を背景にして文字化が成り立っていることになる。そう考えれば、ある語の文字化のしかたのみを取り上げて、その文字化のしかたについて何らかの判断をすることは分析として充分ではないことになる。

『言海』が見出し「ツキアヒ」の「普通用」の漢字列として「付合」を示していることからすれば、和語「ツキアヒ」（和語「マジハリ」）を漢字列「交際」によって文字化することは「（ごく）普通」とはいえないかもしれない。しかし、右で述べたようなことからすれば、「きわめて特殊な書き方」ともいえないであろう。『言海』の見出し直下の「普通用」の漢字列は、当該時期の語表記に関して、「普通」がどうであったかという「情報」を与えてくれるが、「普通用」でない漢字列が使用された場合にも、比較的安定した、「普通用」寄りの書き方もあれば、そうではない書き方もある、とみておく必要がある。『言海』が「普通用」の漢字列を示している辞書であるからこそ、その『言海』が語釈中で、見出しとの兼ね合いなしに、使っている「交際（マジハリ）」のような書き方は、「きわめて特殊な書き方」ではないと推測する手がかりとなると考える。

◇見出し直下に二字漢字列が複数示されている項目

見出し「あづま」においては漢字列「吾妻」「東國」がこの順で、「和ノ通用字」として示されている。「稿本」をみると、もともとは「東國」「吾妻」の順であったものを修正していることがわかる。そのことからすれば、見出し直下に漢字列を複数示す場合には、（大槻文彦の判断として、と言っておくが）「しかるべき順序」があったことになる。このことについて、従来正面から話題とされたことはないと思われる。

こさめ（名）小雨｜細雨　甚ダ細カク降ル雨。

『言海』は漢語「ショウウ（小雨）」「サイウ（細雨）」いずれも見出しにしていない。見出し「こさめ」直下に示された漢字列「小雨」「細雨」には「和漢通用」を示す二重傍線が施されているが、それは漢語「ショウウ（小雨）」「サイウ（細雨）」が存在するゆえであろう。漢字列「小雨」は漢語「ショウウ」に使われる一方で、「小」と「コ」、「雨」と「アメ（サメ）」との結びつきとを背後にして、和語「コサメ」をあらわす自然な漢字列とみることができる。「小」と「コ」との結びつきとは「コ」が「小」の和訓あるいは「定訓」であると言い換えることもできよう。そのことからすれば、漢字列「細雨」と和語「コサメ」との結びつきは、漢字「細」が「コ」ではなく「コマカナリ」という和訓をもつという点において、「小雨」ほどは自然ではない、とみることもできる。この場合の「自然」は「当該時期に共有されていた（であろう）和訓との結びつきがある」と言い換えてもよいだろう。「和訓」は「音声形」でもある。和語「アヅマ」の場合、やはり漢字列「吾妻」が「和訓との結びつき」をもっており、漢字列「東國」はどちらかといえば、表意的表記といえよう。

しかしまたその一方で、語義の一致ということを背景にして、〈細かな雨〉である雨をあらわすためには、自然に使うことができるともいえよう。少し粗い表現であることを承知の上でいえば、和語「コサメ」を和訓を媒介に自然にあらわすのが漢字列「小雨」、語義を媒介にして自然にあらわすのが漢字列「細雨」で、二つの漢字列はよりどころは異なるが、いずれも和語「コサメ」をあらわす自然な漢字列という判断があり、「普通用」として掲げられていると推測する。「〈細かな雨〉である雨」すなわち〈細かな雨〉という語義をもつ（雨をあらわす）語は（日本語においては）「コサメ」以外にも存在し、そうした語には漢字列「細雨」があてられることになる。

かざばな（名）風花 初冬ノ頃、風立チテ細雨《コサメ》スルㇾ。

こぬかあめ（名）小糠雨 甚ダ細カク飛ブ雨。細雨

『言海』において漢字列「細雨」が使われているのは、見出し「こさめ」以外では右の二項目で、見出し「かざばな」の語釈中では、「コサメ」を文字化するにあたって漢字列「細雨」が選択されている。『日本国語大辞典』においては次の項目の語釈中に「細雨（さいう）」が使われている。漢語「えんう（煙雨）」「さいう（砕雨）」「さいきゃく（細脚）」「しう（糸雨）」「びう（微雨）」は措くとして、和語「こなあめ」「こぬかあめ」は（表意的に、というべきかもしれないが）漢字列「細雨」をあてる可能性がある、と考えておくことにしたい。

えんう［煙雨］〔名〕煙るように降る雨。きりさめ。ぬかあめ。細雨。

こさめ［小雨］〔名〕こまかく降る雨。こぶりの雨。細雨。こぬか雨。こあめ。

こなあめ［粉雨］〔名〕粉のように細かい雨。小糠雨。細雨。霧雨《きりさめ》。

こぬかあめ［小糠雨・粉糠雨］〔名〕細かな雨。霧のように細かい雨。細雨。ぬか雨。霧雨《きりさめ》。

さいう［砕雨］〔名〕こまかな雨。霧雨《きりさめ》。細雨。

さいきゃく［細脚］〔名〕（「脚」は雨脚の意）細かな雨。細雨。

しう［糸雨］〔名〕糸のように細い雨。きりさめ。細雨。いとあめ。

びう「微雨」〔名〕こさめ。細雨。小雨。

ひご〔名〕卑語 鄙語 イヤシキ言葉。サトビコトバ。

「ヒゴ（鄙語）」は『戦国策』で使われていることが確認できるので、古典中国語といってよい。一方、『言海』は「和漢通用」とみているが、『漢語大詞典』は「卑語」を掲げていない。『大漢和辞典』は「卑語」をあげ、「いやしい言葉。鄙語（11-39597：22）に同じ」と説明するが、使用例をあげていない。このことをもって、漢字列「卑語」を日本的な漢字列とみることはできないが、漢字列「鄙語」を、いわば「由緒ある漢字列」とみた場合、「そうではない漢字列」として「卑語」があり、しかし、二つの漢字列が当該時期「普通用」として使われていた、というのが『言海』の体例に基づいた理解ということになる。ここでも『言海』は「普通用」とのみいっているのであって、ひろく使われている漢字列が複数あれば、それをあげるということと理解するのがよいはずだ。ちなみにいえば、『日本語歴史コーパス』によって、同コーパスが検索対象としている、明治・大正期の雑誌に検索をかけると、「鄙語」が二件ヒットするのみで、「卑語」はヒットしない。

見出し直下に二字漢字列が複数示されている項目を幾つかあげておく。

1　ひねもす〔副〕終日 盡日 〔日目《ヒノメ》モ盡《スガラ》ニ、ノ約略ト云、ひめもすトモイフ、夜モスガラ、ニ對ス〕朝ヨリ夕マデ。日一日《ヒヒトヒ》。又、ヒメモス。（使用例略）

2 ひはく（名）飛白|飛帛 漢字ノ古キ一種ノ書體ノ名。

3 ひひらぎ（名）杠谷樹|柊〔疼木《ヒビラキギ》ノ義、刺《トゲ》、人ヲ刺セバイフ〕樹名、山中ニ多シ、人家ニモ籬トス、葉ハ、ねずみもちヨリ小ク厚ク、邊ニ大刻アリテ、尖、皆、硬刺ナリ、冬枯レズ、秋冬ノ間、小白花ヲ開ク、香氣アリ、實ハ小圓ニシテ、熟スレバ黑シ、材、白ク堅ク、細文アリテ、象牙ノ文ノ如シ、算盤玉ナド諸器具ニ作ル。枸骨 同種ニシテ、葉ニ刺ナキヲ、雌《メ》トイフ、因テ、常ノモノニ鬼ひらぎノ名モアリ。

4＋ひよつとこ（名）彦德|瓢男 オドケタル顔ノ假面《メン》ノ稱。

5 ひらひら（副）片片|閃閃 紙、旗、ナドノ風ニ飄ヘリ、或ハ火影ノヒラメク狀ナドニイフ語。

6 へうだい（名）表題|標題 書籍ノ名ヲ特ニ表記スルモノ。外題。題號

7 へんじ（名）返事|返辭 カヘリゴト。コタヘ。アイサツ。返答。答辭

8 へんぺんと（副）翩翩|片片 ヒラヒラト。落花落葉ナドノ風ニ飄ヘル狀ニイフ語。

9 ボタン（名）紐釦|扣鈕〔葡萄牙語、Boton.〕衣ノ緣ナドニ着クル小キ珠ナドノ稱、他ノ緣ノ穴ニ繫ケトドム。

10 ほほゑむ（自動）（規．一）微笑|忍笑〔含《ホホ》ミ笑ム意ナラム、或云、頰笑ムノ義、頰ニ其氣色ノ顯ハルル意ト〕（一）忍ビテ少シ笑フ。ニッコリ笑フ。「―ケシキ、恥カシゲナリ」（二）花、少シ開ク。「梅ハ、ケシキバミ、ホホヱミワタレル、取リワキテ見ユ」微開

11 ほや（名）保夜|老海鼠〔寄生《ホヤ》ノ根ヲ託スル所、其體相似タレバ名トスト云〕海產ノ動物、狀、皮ノ囊ノ如ク、大サ、拳ノ如シ、殼、堅ク、薄赤クシテ、疣多キヿ海鼠ノ如ク、目、口、無シ、肉ハ、あかがひニ似テ、このわたノ氣アリ、多ク鹽トシテ食用トス。石勃卒 海蛸 相馬百官ニ、梅干《ホヤ》アリ、うめぼしノ、此ノ保夜ニ似タルヲ以テ、訓ジタルカト云。

12　まきゑ（名）蒔繪 描金 漆ト金銀粉トニテ畫ヲ作ル技、器ノ面ニ、先ヅ漆ニテ畫ヲカキ、其漆ノ乾カヌ間ニ、金銀ノ粉ヲ蒔キツケ、後ニ磨キテ光ヲ生ゼシム、文ヲ高ク作ルヲ、たか―トイヒ、器ノ全體ニ作ルヲ、ひた―トイフ。泥金畫漆 其他、研出《トギダシ》、梨地、金貝《カナガヒ》ナド、種種ノ稱アリ、各條ニ註ス。

13　みかた（名）身方 味方 他ニ對シテ、己ガ方ザマ。我ガ方人《カタウド》。「―ノ兵」同人

3では「杠谷樹」「柊」が『和ノ通用字』として示されている。二十巻本『和名類聚抄』「木類」には「黄芩　本草云黄芩［音琴和名／比々良木］楊氏漢語抄云杠谷樹［杠音江和／名上同］一云巴戟天」という記事がみられる。ここでは、見出しとなっている「黄芩（コウキン）」という植物が「和名　比々良木（ヒヒラキ）」と結びつけられ、それと併せて、「楊氏漢語抄」においては「杠谷樹（コウコクジュ）」が「一云巴戟天」であると記されており、その「杠谷樹（コウコクジュ）」の「和名」が同様に「比々良木（ヒヒラキ）」であることが述べられている。『大漢和辞典』においては、「杠」字字義の　として「一　よこぎ。牀前の横木。二　はたざを。三　こばし。四　星の名。五　車蓋の柄の下節」と記している。また「杠谷樹」については「木の名。ひひらぎ。葉剛く、鋭いとげがある。柊。枸骨(6-14588：10)を見よ」と説明し、使用例として右に引いた『和名類聚抄』の記事をあげている。『漢語大詞典』は「杠谷樹」を見出しとしていない。「楊氏漢語抄」は改めていうまでもなく、日本で編まれた文献であると思われるところからすれば、結局「杠谷樹」が漢語であるはっきりとした裏付けはないといってよい。ちなみにいえば、『大漢和辞典』は「黄芩」を「草の名。こがねやなぎ」と説く。一見すると漢語のように思われる「杠谷樹」が「和ノ通用字」となっている理由は、右で述べたように、漢語であるはっきりとした裏付けがないことによるか。しかしまた、「普通」ということを考えた場合、和語「ヒヒラギ」にあてる漢字列として、「杠谷樹」が「普通」していたのだろう

か。さきほどと同じように、『日本語歴史コーパス』によって、明治・大正期の雑誌に検索をかけると、「杠谷樹」のヒットはなく、「柊」は『太陽』に六件のヒットがある。これだけで述べられることはほとんどないといってもよいが、「杠谷樹」の使用が多くはないという推測はできるだろう。となれば、「杠谷樹」がまず「普通用」として置かれていることの理由には、『和名類聚抄』に載せられている、ということがないか。そうであれば、ここにも、『和名類聚抄』の「影響」があることになる。

5においては漢字列「片片」「閃閃」いずれも「和漢通用字」と判断されている。〈ひらひら〉という語義をもつ漢語「ヘンペン（片片）」は六朝の庾信の「昭君辞応詔」に使用されており、また「センセン（閃閃）」は杜甫が使用している。このことからすれば、〈ひらひら〉という語義をもつ漢語「ヘンペン（片片）」「センセン（閃閃）」が中国で使用されていたことは確実であり、それゆえの「和漢通用字」といえよう。しかしまた、その一方で、日本語の中で「片片」「閃閃」が和語「ヒラヒラ」にあてられていたという、いわば「実績」があってはじめて「和漢通用」ということになるはずで、現時点でいえば、むしろその確認がたやすくはないともいえよう。『書言字考節用集』は言辞部（九下五十三丁表）において、漢字列「閃々」の右振仮名に「ヒカヒカ」、左振仮名に「ヒラヒラ」を施し、「片々」の右振仮名に「ヒラヒラ」を施す。「本書編纂ノ大意」の（三）には『書言字考節用集』の別称であると思われる「合類節用集」の名前があげられており、あるいは直接的な参照もあったか。

8では見出し「へんぺんと」の見出し直下の二番目の漢字列として「片片」が示されている。中国語として（今ここでは仮に片仮名で表示しておくが）「ヘンペン（片片）」が使われ、日本語の中でも漢語「ヘンペン（片片）」が使われているということが、この見出しにおける「和漢通用」であろう。そうであるとすれば、中国語「ショウウ（小雨）」と和語「コサメ」との語義が重なり合いをもち、両語が共通の漢字列「小雨」で文字化されるという意味合いでの「和漢通用」とは「通用」の意味合いが異なるといえよう。つまり「和漢通用」には少なくとも二つの場合があることになる。

12の「保夜」が「和用」のものであることははっきりしているが、このような漢字列も「普通」と扱われていることには留意しておきたい。

◇見出し直下に単漢字が複数示されている項目

14　ほぼ（副）粗略　事ヲ大凡ニ定メイフ語。アラアラ。アラマシ。オホカタ。大抵。「—似タリ」—同ジ」

15　まがふ（他動）（規．二）紛混　（一）混《マ》ゼ亂ス。（二）似《ニ》ス。模擬

16　まことに（副）實眞誠　僞リ無ク。實《ゲ》ニ。實《ジツ》ニ。

17　まざる（自動）（規．一）雜混　入リ亂ル。マジル。

18　まじはる（自動）（規．・）參交錯　入リ合フ。マジル。マザル。タヅサハル。マジラフ。

19　また（副）復還　立返リテ。フタタビ。「行キテ—歸ル」今日行キヌ、明日—行カム」

20　まつ（他動）（規．一）待俟竢　（一）留リテ物事ノ來ムヿヲ望ミ居ル。（二）來ベキ物事ヲ迎ヘ受ク。待チ受ク。「待チ撃ツ」待チ戰フ」待チ取ル」（三）取置キテ、後ノ求メニ供フ。需

21　まなじり（名）眥眦〔目之後、ノ轉〕目ノ端ノ、耳ヘ向カヒタル方。マジリ。メジリ。（まがしらニ對ス）外眦

22　まれに（副）希稀罕　常ニナク。タマサカニ。珍ラシク。

23　みさき（名）碕岬〔みハ發語〕山又陸ノ、前ヘ突キ出デタル處。崎《サキ》。鼻《ハナ》。（多クハ海岸ニイフ）

14を例にしていえば、『大漢和辞典』は「粗」字字義を「一　精白せぬあらごめ」「二　あらい。おほまか」と説明し、「略」字字義を「一　いとなむ。おさめる」「十一　ほぼ。あらまし。おほよそ」と説明する。両字とも〈おおまか・おほよそ〉という字義をもっており、それが和語「ほぼ」の語義と重なる。そのことをもって、見出し「ほぼ」に対して「粗」「略」両字が「和漢通用字」とみなされていると考える。

『大漢和辞典』は「凡例」の「文字の解説」において「字義の解説は、先づ主な訓義を簡單にゴシック體で示し、更に明朝體を用ひて細説した」（三頁）と述べている。ゴシック体の番号が若いものほど根幹的な字義であるとまでは述べられていないけれども、字義の裏付けとして示されている文献の成立時期はおおむね、若い番号のものほど古いと覚しい。そのように考えてよいとすれば、「略」字字義を考えた場合、『大漢和辞典』が〈おほよそ〉という字義を十一番目に説いていることが、見出し直下に「粗」「略」の順に並べられていることとかかわるか。

しかしまた、16では、見出し「まことに」の見出し直下には「實」「眞」「誠」三字が「和漢通用字」として示されている。『大漢和辞典』は「實」字字義を「一　みつ。みちる」「二　みたす」「十八　まことに」と説き、「眞」字字義を「一　まこと」「十　まことに」と説き、「誠」字字義を「一　まこと」「六　まことに」と説く。「實」字のそもそもの字義からは〈まことに〉は隔たりがあるように思われるが、見出し「まことに」では「實」字が一番目に配されている。とすれば、和語「マコトニ」にあてられる頻度は「實」が高い、と判断していたということか。例22では見出し「まれに」に「希」「稀」「罕」の順に単漢字が並べられている。『大漢和辞典』は「希」字の字義を「一　まれ。すくない」「七　のぞむ」と説き、「稀」字の字義を「一　まれ」と説き、「罕」字の字義を「一　あみ。鳥あみ」「三　まれ。まれに」と説く。この場合「罕」字のそもそもの字義は〈まれ〉ではないという点において、三番目に配されたことの説明にはなる。

本節においては、「表記的観点からみた『言海』」と題して、幾つかの観点から、おもに、『言海』から表記的な知見がどのように得られるか、ということについて検証を試みた。見出し直下に置かれた漢字列が「普通用」のものであることは、「本書編纂ノ大意」において述べられており、それを前提にした場合、複数の漢字列が置かれている場合の「順序」についてどのようにとらえればよいか、ということを考えた。このことについては従来ほとんどふれられてこなかった。ここまで述べてきたように、隈々まで明らかになったわけではないが、ごく粗くいえば、さまざまな意味合いで、見出しとの重なり合いの度合いがつよいものが最初に置かれている可能性がたかいと考える。

第四節　『言海』と非辞書体資料

「本書編纂ノ大意」の冒頭において「此書ハ、日本普通語ノ辞書ナリ」と謳った『言海』の「日本普通語」がどのような語彙を指すか、『言海』がどのような辞書であるか、については、『言海』内部の精査とともに、『言海』外部との対照が必要であることはいうまでもない。本書第三章は「『言海』はどのような辞書か」を章題として、そのことについて『言海』内部から考察し、本書第四章は明治期に編まれた辞書体資料、高橋五郎『いろは辞典』、山田美妙『日本大辞書』との対照を行ない、「外部との対照」による考察を試みた。言語そのものが、形式の異なりによって成り立っているとみた場合、（内部からの考察と同時に外部からの考察も行なう）こうした考察方法はむしろ当然といえようが、これまで必ずしも充分にそうした「方法」が採られてきたとはいえないと考える。

考察はおもに「内部」、それも大槻文彦という個に密着したかたちで展開するか、そうでなければ、『言海』が先行するどのような辞書の影響を受けて成ったたか、ということを多く話題としてきた。『言海』がどのような辞書であるかを考えるにあたって、先行する辞書の影響を考えることは「常道」であり、本書においても第一章において、そうしたことについて述べた。しかしそれで「『言海』がわかった」ことにはならないのであり、やはり「明治期の日本語」という枠組みの中に『言海』を置いた場合に、『言海』が「どうみえるか」という観点が必須のものとなる。そうした意味合いにおいては、本節が独立した章となってもよいと考えるが、『言海』と非辞書体資料とを対照させることによって、どのような知見が得られるか、ということについては、今後さまざまな非辞書体資料との対照を繰り返しながら、対照の方法をより深化させていくこととし、ここでは幾つかの資料との対照を、試みとして提示したい。

◇新聞記事との対照

明治十三年十一月十一日発行の『郵便報知新聞』第二三三四号との対照を試みる。明治十三年の十月には大槻文彦が「廣日本文典」を起稿している。『郵便報知新聞』は現在の新聞でいえば、一枚四面で構成されている。当該月日の一面は「公聞」「内務省録事」「大蔵省録事」「陸軍省録事」「東京府記事」「千葉縣記事」「社説」「府下雑報」に分けられている。ここでは「内務省録事」「社説」の一部をあげることにする。

［内務省録事］

○乙第四十一號

昨年虎列刺病流行ノ餘本年尚再燃ノ兆アリシモ幸ニ蔓延ニ至ラス漸次終熄ニ趨キ候ニ付テハ各地ニ取建候避病院ノ義存廢ノ見込相立夫々處分可致就テハ該院ニ於テ使用候家具物品等取調到底病毒遺伝ノ虞ヲ免レサルモノハ燒棄候様可致尤十二年度虎列刺病豫防臨時費ヲ以テ建設候避病院ニテ將來地方税若クハ其最寄町村協議費等ヲ以テ保存スヘキ見込有之分ハ建物物品共詮議ノ上下附可致候條精細取調可伺出此旨相達候事

　但本文保存ノ見込無之臨時費避病院ノ建物物品ハ消毒ノ後公賣ニ付シ代金税外收入ノ積明細書ヲ以テ可申出事

明治十三年十一月十日　　内務卿松方正義

［社説］

財政論　第二（第二千三百四号ノ續稿）

維新以來我政府紙幣ヲ増發シテ財政ノ困難ヲ彌縫シ一時其用ニ充テシモ紙幣ハ益々増加シテ全州ニ滿チ金貨ハ流出シテ外邦ニ入リ賣買ハ必スシモ多キヲ加ヘス而シテ通貨ハ益々多キヲ加フ供給ト需要ト其宜シキヲ得スシテ而テ物価愈々騰貴ス之レカ爲ニ我全國人民ノ受クル所ノ損害ハ吾輩ノ曾テ算スル所ニヨルニ内國有利息債ニ内國無利息債ニ内國公債ノ利子ニ紙幣流通高ニ皆ナ各々數千萬圓ニシテ之ヲ合計スレハ九千六百二十萬〇八千四百八十三圓ノ巨額トナル其他賃金ニ給料ニ日用物價ノ騰貴ニ悉ク之ヲ精算シテ以テ彼ノ九千餘萬圓ノ額ニ加フレハ紙幣ノ増發ヨリ起ル所ノ損害ハ獨リ當路者カ思想ノ外ニ出ツル者アルノミニアラス吾輩ト雖モ亦タ其額ノ過多ニシテ其害ノ大ナルニ驚カサルヲ得ズ然リ而シテ我國統計ノ未タ進マサル終ニ能ク之ヲ知ルヿナキハ亦タ財政ノ幸ナルノミ若シ夫レ假ニ紙幣増發ヨリ起ル所ノ損害ヲ九千餘萬圓トナシ此損害ヲ我カ三千五百萬人ニ分割シテ以テ倶ニ之ヲ負擔スル者トセン乎（以下略）

右では振仮名が使用されていない。文章も「漢文訓読調」で、漢語も少なからず使われており、『郵便報知新聞』は「大新聞」として位置づけることができる。「大新聞」といっても、一定数の読者がいることが推測される。右で使われている広義の漢語、すなわち字音語がどの程度『言海』において見出しとして採用されているだろうか。◎は見出しの有無にかかわらず、語釈内でも使用されていることを示し、◆は「漢用字」として置かれている項目があることを示す。

1　流行　りうかう（名）〔流行〕世ニ行ハルルヿ。ハヤリ。◎◆

2 再燃 見出しなし

3 蔓延 まんえん（名）蔓延 ハビコルヿ。◎

4 漸次 ぜんじ（副）漸次 次第次第ニ。ダンダンニ。◎

5 終熄 見出しなし

6 避病院 ひびやうゐん（名）避病院 流行病ノ病人ヲ集ムル病院。

7 存廃 見出しなし

8 処分 しよぶん（名）處分 取計ラヒ扱フヿ。◎◆

9 使用 しよう（名）使用 ツカフヿ。モチヰルヿ。◎◆

10 家具 かぐ（名）家具 家財《カザイ》ニ同ジ。◎

11 物品 見出しなし

12 病毒 見出しなし

13 予防 よばう（名）豫防 アラカジメ、フセグヿ。

14 建設 見出しなし

15 保存 ほぞん（名）保存 失ハヌヤウニ保ツヿ。ハウソン。

16 詮議 せんぎ（名）詮議〔前條ノ語ノ轉カ〕（一）評議シテ、理ヲ明《アキラ》ムルヿ。（二）罪人ノ糺問。吟味。按治◎

17 精細 せいさい（名）精細 手際ノ、クハシク、コマカキヿ。◎◆

18 臨時 りんじ（名）臨時 其時ニ臨ミテスルヿ。不時。◎

19 消毒 せうどく（名）消毒 病ノ毒ヲ滅スルヿ。◎◆

20 代金 だいきん（名）代金 アタヒノシロ。代料。◎

21 維新 ゐしん（名）維新 萬事、新規ニナルヿ。（今、多クハ、明治ノ新政ノ大改革ノ稱トス）◎

22 政府 せいふ（名）政府 一國主宰ノ大權ヲ執リテ、萬機ノ政ヲ統ベ行フ所。◎

23 紙幣 しへい（名）紙幣 金札。銀札。◎◆

24 財政 ざいせい（名）財政 金銭ノ出ヅルヲ計リテ出スヲナスヿ。

25 困難 こんなん（名）困難 コマルヿ。ナヤムヿ。難儀。

26 弥縫 びほう（名）彌縫 トリツクロヒ。トリナシ。◎◆

27 増加 見出しなし

28 流出 見出しなし

29 外邦 見出しなし

30 売買 ばいばい（名）賣買 ウリカヒ。アキナヒ。◎

31 通貨 つうくわ（名）通貨 通用ノ貨幣《カネ》。

32 供給 きようきふ（名）供給 經濟學ノ語、仕出シテ用ヰニ供《ソナ》フルヿ。◎◆

33 需要 じゆえう（名）需要 經濟學ノ語、用アリ要《モトメ》アルヿ。（供給《キヨウキフ》ニ對ス）

34 物価 ぶつか（名）物價 賣買ノ物ノ直段。「—沸騰」◎

35 騰貴 とうき（名）騰貴 物ノ價ノ貴《タカク》ナルヿ。◆

36 損害 そんがい（名）損害 ソコナハルルヿ。損亡。◎

37 合計 見出しなし◎◆

38 巨額　見出しなし
39 賃金　見出しなし
40 給料　きふれう（名）給料　宛行ノ扶持米、給金等。俸金　◎
41 日用　にちよう（名）日用　日日ニ用ヰル事。「—ノ品」
42 当路　たうろ（名）當路　要路ニ當リテ居ルヿ。
43 思想　しさう（名）思想　心ニ思ヒウカブルヿ。◎
44 過多　見出しなし
45 統計　とうけい（名）統計　統べ合セテ數《カゾ》フルヿ。
46 分割　見出しなし
47 負担　ふたん（名）負擔　（一）物ヲ脊ニ負フヿ。（二）事ヲ身ニ引キ受クルヿ。◎◆
48 老幼　見出しなし◎◆
49 人民　じんみん（名）人民　タミ。クニタミ。◎
50 貧困　見出しなし◎◆

右の五十例の観察結果をもとにして、量的な発言をすることはもちろんできないけれども、それでも五十例中『言海』の見出しとなっていない語が十六例、三十四例が見出しとなっていることはわかった。『郵便報知新聞』のある紙面上で使われている漢語を、「『郵便報知新聞』のある紙面上で使われている」という意味合いにおいて、まとまりのあるものとみなすことはできなくはない。そうみなした場合、まず、そのほとんどが『言海』において見出しになっているわけではなく、またすべてが見出しになっていないわけでもない。右に取り上げた紙面においては、六十八パーセントほどが見出しとなっていて、三十二パーセントほどが見出しとなっていなかった。『言海』が見出しとしている語が「普通語」であり、それが「普通語」として「均一」だとすれば、右において見出しになっていない語は「普通語」ではない、とみなければならない。しかしまた、『郵便報知新聞』が紙面上で使用している語にも「まとまり＝均一性」があるとすれば、『言海』の見出しとなっている漢語が「均一」ではない可能性をもつことになる。ただし、『言海』が、（大槻文彦が）「普通語」と判断した漢語を網羅しているわけではないことからすれば、右のような対照を繰り返しながら、「普通語の範囲」を次第に見極めていくほかない、ともいえよう。

幾つかの語について具体的な検討を行なう。

1「流行」は見出しになっており、かつ語釈内でも使われ、また「漢用字」として置かれることもある。

〔えやみ（名）疫〔疫病《エヤミ》、ノ義ト云〕（一）熱病ナドノ流行病ノ稱。トキノケ。疫病《ヤクビヤウ》。（二）又、瘧《オコリ》ノ稱。

おくる（自動）（規．二）後（一）後《アト》ニナル。遲クナル。サキダタズ。（時ニ）（二）及バズ。トドカズ。外《ハツ》ル。「同行ニ―」流行ニ―」落後（三）生キ殘ル。死後《シニオク》ル。「父ニ―」生存（四）次ニナル。劣ル。鈍《ニブ》シ。ノロシ。「少シ、品、オクレタリ」學問―」劣 遲鈍（五）臆《オク》ス。氣後《キオクレ》ス。畏縮

くわいしゃす（自動）（不規．二）膾炙〔膾《ナマス》ト炙《アブリモノ》トハ常ニ人ノ口ニ上ル意〕遍ク流行シテ、人人、皆、話ス。「人口ニ―」

ごろ（名）語路（一）言語文章ノ續キ行ク調子。（二）地口《ヂグチ》ノ一體、天明年間ヨリ流行ス、言葉續キニテ、此言葉ヲ他ノ言葉ニ寄セテ、ソレト聞カスルモノ。

さかる（自動）（規．一）盛〔榮ユ、ト通ズ〕（一）榮エユク。勢、闌ニテアリ。時メク。繁昌ス。「花さかり行ク、人ヲ恨ミム」隆盛（二）世人ノ好ミニ合フ。流行《ハヤ》ル。「芝居、──」商賣──」流行（以下略）

じえき（名）時疫 トキノケ。其時ニ流行スル病。

すたる（自動）（規．二）廢 棄テラル。不用トナル。衰ヘ行ク。流行《ハヤ》ラズナル。

すたれ（名）廢 スタルルヿ。不用ニナル事。流行セヌヿ。

たんぜんすがた（名）丹前姿〔昔シ、江戸、神田、松平丹後守、上屋敷前ニ、町屋風呂アリテ湯女《ユナ》居ル、其遊客ヲ、異名ニ、丹前ニカカル人トイヘルニ起ル、丹後殿前ノ意〕昔シ、江戸ニ流行セシ一種ノ遊冶遊俠ノ風俗ノ稱。

ねいる（自動）（規．二）寐入（一）熟《ヨ》ク眠ル。ネコム。就眠（二）俗ニ、流行《ハヤラ》ヌヤウニナル。「商賣──」評判──」

ねる（自動）（規．四．變）寐（一）寐《ヌ》、ノ訛。寐《イ》ヌ。眠ル。（二）臥ス。横ニナル。倒ル。（三）流行、衰フ。（四）麴、窖ノ中ニテ成ル。（ねかすノ自動）䅭

はっかう（名）發行（一）世ニ弘メ出スヿ。（二）賣リ出スヿ。（三）ハヤルヿ。流行。

はやり（名）流行 ハヤルヿ。時メクヿ。

はやりうた（名）流行唄 一時、民間ニ流行《ハヤ》ル小唄。時謠

はやりがみ（名）流行神 一時、參詣ノ賑フ神。

はやりめ（名）流行眼 傳遷《リツリ》易キ一種ノ眼病。疫眼

はやりやまひ（名）流行病 一時發リテ傳遷《ウツ》ル疫病ノ類。時疫 天行病

はやる（自動）（規．一）流行〔前條ノ語意ニ同ジ〕速《ハヤ》ク世上ニ行ハル。時メク。流行ス。

ひびやうゐん（名）避病院 流行病ノ病人ヲ集ムル病院。

やくびやう（名）疫病　エヤミ。トキノケ。熱病ナド、流行病ノ稱。
やくびやうがみ（名）疫病神　疫病ヲ流行セシムトイフ悪神ノ靈。疫鬼
〔わざうた（名）謡歌　童謡〔わざハ、鬼神ノ所爲《ワザ》ノ意〕世ニユクリナク流行シテ、人人ノウタフ歌。

漢語「リュウコウ（流行）」はまず見出しになっている。加えて、漢語「リュウコウ（流行）」は語釈内においても使われている。このことからすれば、漢語「リュウコウ（流行）」は「（語義等の）説明において使うことができる語」でもあった。また語釈内において、和語「ハヤル」にあてた例もある。さらには「漢用字」としても置かれている。このように、漢語「リュウコウ（流行）」は『言海』内においてさまざまに使われている。『日本語歴史コーパス』によって明治・大正期の雑誌に漢字列「流行」で検索をかけると一一四四件ヒットする。

35　「騰貴」は見出しとして採用され、その一方で、「漢用字」として置かれている。

あがり（名）上（一）アガルコト。ノボルコト。（二）上達スルコト。（學藝ニ）上達（三）高直ニナルコト。（價ニ）騰貴（以下略）
あがる（自動）（規．一）上（一）上へ行ク。高キニ至ル。昇《ノボ》ル。揚（二）貴《タカ》クナル。高直ニナル。増ス。（價ニ）騰貴（以下略）

『日本語歴史コーパス』で明治・大正期の雑誌に漢字列「騰貴」で検索をかけると六二八件ヒットする。『言海』が見出しとしている漢語が明治・大正期の雑誌で使われていないということはもちろん考えにくいが、その一方で、見

出しとなっている漢語に検索をかけた場合のヒット数は、いわば語ごとに異なり、共通の「傾向」は見出しにくい。「普通語」かどうかということは、コーパスを使って、使用回数を調べても、そのことからただちに推測できるようなことではないと考えておくべきであろう。

37「合計」は見出しにはなっておらず、語釈内でも使われていないが、「漢用字」として置かれている。

しむ（他動）（規．二）締（一）ユルミナクスル。緊《キッ》ク引キチヂムル。緊縮（二）束ネ結《ユ》フ。ムスブ。「帯ヲ―」縄ヲ―」約（三）閉ヅ。トザス。入レ収ム。「戸ヲ―」抽匣《ヒキダシ》ヲ―」闔（四）数ヲ一ツニ合ハス。「金高ヲ―」シメテ千圓」合計（以ト略）

しめ（名）締〆（〆ハトノ字ノ崩レナリ）（一）数ヲ一ツニ合ハスルヿ。合計（二）手紙ヲ封ジテ糊シタル上ニ標ス字。緘封（三）紙十束《ソク》、即チ、百帖《デウ》ノ稱。「紙三《ミ》―」

しめだか（名）締高 数フ集メ合ハセル高。合計

しめて（副）締 数ヲ集メ合ハセテ。都合。合計

『日本語歴史コーパス』によって、明治・大正期の雑誌に検索をかけると二九三件ヒットがあり、『国民之友』『明六雑誌』『女学雑誌』などにおいてある程度の使用が認められる。『和英語林集成』においては、初版（慶應三・一八六七年刊）、再版（明治五・一八七二年刊）は「ゴウケイ（合計）」を見出しにしておらず、第三版（明治十九・一八八六年刊）で「GOKEI　ガフケイ　合計」を見出しにしている。『日本国語大辞典』第二版は「英和記簿法字類〔1878〕〈田鎖綱紀〉「Amount 合計、締高」を使用例の最初に置く。こうしたことからすれば、「ゴウケイ（合計）」は「普通

語」ではない、すなわち広く使用されてはいない、と大槻文彦がみなした可能性があろう。

50「貧困」は見出しにはなっていないが次のように語釈内で使われている。

すくふ（他動）（規．一）救・濟・拯（助《ス》ク、ノ延カ）（一）力ヲ添ヘテ難ヲ免カレシム。危キヲ助ク。（二）饑餓貧困ニ物ヲ與フ。賑《ニギ》ハス。賑恤（三）兵ヲ出シテ、他ヲ助ク。加勢ス。援

たのもし（名）頼母子（相救ヒテ頼モシキ意）數人相結ビテ、先ツ期限何箇月、金幾何ト定メ、月毎ニ、各、其一分ノ金ヲ出シテ、鬮ヲ引キ、當リタルモノ、其金ヲ得テ利用シ、斯クシテ、順番ニ、且ツ出シ且ツ得ルヿ。貧困ノ人ヲ助ケムトテスルヿナリ、融通盡クルヿナシトテ、無盡《ムジン》トモイフ。

『日本語歴史コーパス』によって、明治・大正期の雑誌に検索をかけると八十七件のヒットがある。「ゴウケイ（合計）」よりもさらに使われていない可能性がたかい。その一方で、「リュウシュツ（流出）」は見出しになっていない上に、語釈内でも使われず、「漢用字」としても置かれていない。つまり『言海』内には漢字列「流出」が存在しない。『日本語歴史コーパス』によって、この「リュウシュツ（流出）」に右と同様に検索をかけると一二六件のヒットがある。「ヒンコン（貧困）」のヒットは八十七件であるが、『言海』の語釈内で（二例ではあるが）使われ、「リュウシュツ（流出）」は『言海』内にはみられないが、一二六件のヒットがあるということからすれば、（改めていうまでもないともいえようが）こうしたコーパスを使った検索のヒット数のみで何事かを判断するのは難しい。語の使用は「話柄」とかかわることはいうまでもなく、「貧困」「流出」による検索は、両語が使われるような「話柄」が何度あったか、という検索であると、言い換えることができなくはない。

◇文学作品との対照

『言海』と明治の日本語』（二〇一三年、港の人）の終章「『言海』の資料性」において、北原白秋『邪宗門』で使われている漢字列と『言海』との対照を試みた。『邪宗門』「室内庭園」には「暮れなやみ、暮れなやみ、噴水（ふきあげ）の水はしたたる……」（四頁）という行りがある。ここでは和語「フキアゲ」に漢字列「噴水」があてられている。改めていうまでもなく、漢字列「噴水」は漢語「フンスイ」に使われる漢字列、すなわち「漢語漢字列」である。『言海』は見出し「ふきあげ」の直下に「吹上」を示す。漢字列「吹上」の上字「吹」が「フク」という和訓をもち、下字「上」が「アゲ／アグ」という和訓をもつという点において、漢字列「吹上」は和訓を媒介にした、いわば「日本的な書き方」といえよう。一方、漢語「フンスイ」に使われる漢字列「噴水」を、漢語「フンスイ（噴水）」と和語「フキアゲ」との語義の重なり合いを「支え」として、和語「フキアゲ」にあてた場合は、その語義の重なり合いが「(文字による) 表現」として「反照」しているとみることはむしろ自然であろう。そうであるとすれば、「(文字による) 表現」に意を用いた書き方と、そうでもない、いい、いい書き方とは当然あることになる。文学作品と新聞とが、そうした意味合いにおいて、対極的であるかどうかについては、今後慎重に検証していくこととし、ここでは翻訳文学作品との対照を行なってみることにする。

「才子佳人艶話」を角書きとする『欧洲美談』（明治二十年五月）を取り上げる。「本文」冒頭には「英國ウ井ル、ホーワード先生著／日本　島崎鴻南譯」とあり、所謂「ボール表紙本」の形態で出版されている。「本文」は次のように始まる。

佳人薄命にして多くは野夫に伴はれ才子多愁にして却て醜婦を娶る佳人才子の相遭ひ難き古今東西皆然り今此に説き起すは佳人才子が種々の憂き艱難を凌ぎつゝ遂に天縁を全うせし最も愛たき話説になん看官その心して讀み給へかし

右では振仮名を省いたが、すべての漢字に振仮名が施されている。ここでは和訓を媒介にした「日本的な書き方」ではない書き方を取り上げ、『言海』と対照し、その対照結果に基づいて分析を行なうことにする。まず『欧洲美談』において使われている漢字列をあげ、その下に振仮名を示し、所在を併せて示す。振仮名となっている語が『言海』において見出しになっている場合には、見出し直下の漢字列を示し、見出しになっていない場合には×で示す。当該項目に「漢用字」が示されている場合はそれを示す。取り上げた書き方（1～50の番号直下の漢字列）が、『言海』内において、他項目の語釈内にみられる場合は○、みられない場合は×で示し、他項目の「漢用字」として置かれている場合は◆で示した。

				見出し直下の漢字列	漢用字	他項目
1	話説	はなし	一頁	話噺咄｜	話・談	×
2	心意	こゝろ	二頁	心‖	情・意・思慮・意義	×
3	行為	おこなひ	二頁	行‖	×	◆
4	光輝	ひかり	四頁	光‖	光華	○
5	嚴酷しき	きび	四頁	嚴‖	×	見出し有

6	淵源	みなもと	四頁	源	×	×
7	間斷	たえま	五頁	絶間	間斷	見出し有○◆
8	容儀	すがた	五頁	姿	形勢	○◆
9	高慢り	たかぶ	五頁	高	亢・傲	見出し有
10	随意	まに〳〵	六頁	随　随意	×	◆
11	誘導はれ	さそ	六頁	誘	×	×
12	擧動	ふるまひ	六頁	振舞	行為・擧動・饗應	見出し有○◆
13	華美	はで	六頁	漢字列無	華美・衒輝	○
14	尋常	よのつね	六頁	世常	尋常	見出し有○◆
15	美麗しき	うつく	六頁	美	×	見出し有○◆
16	慈惠	なさけ	七頁	情	×	見出し有
17	行狀	おこなひ	七頁	行	×	見出し有○
18	消費	つかひ	七頁	使	×	見出し有◆
19	生計	くらし	七頁	暮	消過・活計	見出し有○◆
20	零落れ	おちぶ	七頁	零落	落魄	見出し有○
21	不測	ふしぎ	七頁	不思議	奇恠	×
22	同胞	きやうだい	八頁	兄弟	×	見出し有○
23	救助	すくひ	九頁	救	賑恤・援兵	見出し有○

24	光陰	つきひ	九頁	月日	光陰	見出し有○◆
25	呟語き	つぶや	九頁	呟	囁	×
26	家屋	いへ	九頁	家	×	○
27	懐中	ふところ	十頁	懐	×	見出し有○
28	暫時	しばし	十頁	暫	×	見出し有○
29	回答	いらへ	十五頁	應	×	×
30	告知	しらせ	十五頁	為知	通報・兆	×
31	有繫	さすが	十五頁	流石 逌 有繫	×	×
32	沈吟	しあん	十六頁	思案	思考	×
33	退出たる	まかで	十六頁	罷出	×	◆
34	随分	かなり	十八頁	漢字列無	×	見出し有
35	収穫	とりいれ	二十一頁	見出し無		
36	軽蔑す	みくだ	二十一頁	見下	蔑視	見出し有
37	準備	ようい	二十一頁	用意	準備	見出し有◆
38	燈光	ともしび	二十二頁	燈火	×	○
39	寂寥と	ひつそ	二十四頁	見出し無		
40	私語	さゝめごと	二十四頁	私語	×	見出し有
41	早晩	いつしか	二十四頁	漢字列無	×	見出し有◆

42	光景	ありさま	一十四頁	有様	狀	◆
43	耳語き	さゝや	二十五頁	私語 耳語	×	見出し有◆
44	點頭き	うなづ	二十六頁	項衝	頷・點頭	見出し有○
45	温和	おだやか	二十七頁	穏	×	見出し有
46	平常	つね	二十八頁	常恒	平常・尋常	○◆
47	大切	だいじ	二十九頁	大事	鄭重	見出し有○
48	喫驚	びつくり	二十九頁	漢字列無	喫驚	◆
49	街衢	まち	三十二頁	町	坊・別坊・市坊・市街	×
50	盡所	はづれ	三十二頁	外	端	×

右の例によって具体的に考えてみる。20においては和語「オチブレ」（の一部）に漢字列「零落」をあてた書き方が『欧洲美談』にみられた。『言海』は見出し「おちぶれ」の直下に漢字列「零落」をあげており、この書き方は「普通」であることになる。『言海』は漢語「レイラク」も見出しとしており、「普通語」となっている「レイラク」に使う漢字列を和語「オチブレ」にあてた、この書き方は（現代日本語を母語とする者の眼にどのように映ったとしても、当該時期においては）さほど特殊なものではないと判断するのが妥当であろう。見出し「なれのはて」の語釈には「零落ノ極《キハミ》」とあり、見出し「びろく（微祿）」の語義（二）の語釈には「祿ノ減ズルヿ。零落。」とあり、見出し「らくはく（落魄）」の語釈には「オチブルヿ。零落。」とあり、見出し「れいらく（零落）」の語釈には「オチブルヿ。落魄。」とある。見出し「らくはく」と「れいらく」とは項目全体が、いわば「対称形」をしており、「ラクハ

ク」「レイラク」は（ほぼ同義語として）結びついていたことがうかがわれる。そうではあっても、『言海』が見出し「おちぶれ」の直下に漢字列「零落」をあげていることからすれば、やはりこの漢字列をあてる書き方が「普通」で、漢字列「落魄」をもって和語「オチブレ」を書くことはさほど特殊ではなかったにしても多用はされていなかったのであろう。

40においては和語「ササメゴト」に漢字列「私語」をあてる書き方であるが、これも、現代日本語を母語とする者の眼にどのように映ったとしても、『言海』が見出し直下にあげている漢字列が「私語」であることからすれば、特殊な書き方とはいえないと考える。「シゴ（私語）」も『言海』は見出しとし、「ササヤク┐。ヒソヒソバナシ」と説明している。現代日本語においては、この〈ささやくこと・ひそひそばなし〉という語義をもつ漢語「シゴ（私語）」が使われておらず、また同様の語義をもつ和語「ササメゴト」も使われていない。このような場合、現代日本語に基づく「内省」はまったく機能しないといってよい。

43は和語「ササヤキ」に漢字列「耳語」をあてる書き方であるが、『言海』は漢語「ジゴ（耳語）」も見出し、「ミミウチ。ミミコスリ。」と説明している。和語にどのような漢字列をあてるか、は書き方であるが、あてる漢字列が漢語漢字列であった場合、その漢語が当該時期に使われているかどうか、によって書き方の「特殊性」が決まるとみてよいだろう。そうした意味合いにおいては、ここで話題としているようなことがらは、表記的事象であると同時に語彙的事象である。そうしたことが理解されていないわけではないだろうが、語彙的事象に関しての目配りが不十分なことはあろう。

2においては和語「ココロ」に漢字列「心意」をあてている。『言海』は漢語「シンイ」を見出しにしておらず、また漢字列「心意」は『言海』内で使われていない。しかし、『欧洲美談』においては、「凡《およ》そ心意《しんい》と快楽《くわいらく》とは密接《みつせつ》に關係《くわんけい》を有《いう》する者《もの》にて」（十一頁）のように、ごく近接したところで、漢語「シンイ（心意）」が使われており、このような漢語「シンイ（心意）」の使用が「心意（こころ）」という書き方を支えているといえよう。

20・40・43は『歐洲美談』があてた漢語漢字列が『言海』の見出し直下に示されている場合にあたる。これらの場合、当該漢語も『言海』は見出しとしている。

次に7・12・13・14・24・37・44・46・48について考えてみたい。13を例として説明する。13においては和語「ハデ」に漢語漢字列「華美」があてられている。『言海』内で漢字列「華美」は次のように使われている。

かざる（他動）（規．一）飾 物ヲ添ヘテ華美《ハナヤカ》ニス。外見《ミエ》ヲ美《ウツク》シクナス。ヨソホフ。

くわび（名）華美 ハナヤカニウツクシキヿ。ハデナルヿ。「―ヲ好ム」

じみ（名）華美《ハデ》ナラヌヿ、ぢみノ條ヲ見ヨ。

＋しやれもの（名）（一）洒落《シヤレ》タル振舞ヲナス人。（二）華美《ハデ》ナル着飾《キカザリ》ヲナス人。

しやれる（自動）（規．四．變）〔人情世態ニ曝《サ》レタル意ト云、或ハ、戯《ザ》ル、ノ轉カ〕（一）世俗ヲ脱《モヌ》ケタル物言ヒ振舞ヲナス。洒落（二）轉ジテ、華美《ハデ》ニ着飾ル。色メカシク裝フ。矯飾

だて（名）伊達〔伊達政宗ガ部兵ノ衣飾華美ナリシニ起ルトイフ、或云、男達《ヲトコダテ》ノ略ト〕盛ニ飾リ衒《テラ》フヿ。葉手《ハデ》。豪華

ぢみ（名）〔素地《キヂ》ノ飾ラヌ意ナラム、或ハ、老成染《オトナジミ》ナドノ略語カトモイフ〕（一）人ノ裝飾氣象ナドニ、衒《テラ》ハズ、華《ハナ》ヤカナラヌヿ。華美《ハデ》ノ反。樸素（二）スコヤカナルヿ。（奥羽）健全

はで（名）〔葉出ノ義カト云〕華ヤカニ飾リ衒フ事。樸素《ヂミ》ノ反。華美 衒耀

見出し「じみ」「しやれる」「ぢみ」の語釈内においても、「ハデ」を書くのに漢字列「華美」が使われており、そのことからするとこの書き方は「特殊」なものではないことがうかがわれる。

37では「ヨウイ（用意）」という漢語に、漢語「ジュンビ」に使う漢字列「準備」をあてている。このことについては「明治の中の近世―「準備」と「用意」とをめぐって―」（『国語語彙史の研究』二十四、二〇〇五年、和泉書院）において述べた。21も「フシギ（不思議）」という漢語に、漢語「フソク」に使う漢字列「不測」をあてているので、同様の例といえよう。こうした例については『『言海』と明治の日本語』（二〇一三年、港の人）第三章において述べている。48は『言海』が見出し「びつくり」に「普通用」の漢字列を示しておらず、漢字列「喫驚」は「漢用字」として語釈末に置かれている。漢語「キッキョウ（喫驚）」は見出しになっていない。このことからすれば、和語「ビックリ」に漢字列「喫驚」をあてる書き方を「普通」のものとはみにくいのではないか。

いずれにしても、『言海』を手がかりにして、丁寧に検証を行なうことによって、ある「書き方」が明治期においてどのような「書き方」であったかをある程度はうかがうことができると考える。ここでは「非辞書体資料」として新聞と翻訳文学作品とを取り上げたが、さまざまな「非辞書体資料」との対照を蓄積することによって、『言海』がどのような辞書であるかということもさらに明らかになるであろうし、また『言海』と対照することによって、「非辞書体資料」側の、表記、使用語彙についても知見を得ることができると考える。

第六章　『言海』以降の辞書

第一節　『大日本国語辞典』と『言海』

明治期に編纂・出版された『言海』に続けて、大正期には『大日本国語辞典』が刊行された。『大日本国語辞典』は、大正四（一九一五）年から同八（一九一九）年にかけて四冊に分けて刊行された大型国語辞典であり、項目の総数は二十万におよぶ。上田万年と松井簡治の両名による編纂とされているが、実際には松井簡治が単独で行なっていることがすでに指摘されている。昭和十四（一九三九）年から同十六（一九四一）年にかけて刊行された修訂版、『修訂大日本国語辞典』には、松井簡治による「修訂版及び増補巻の刊行に就いて」があり、次のように記述されている（四〜五頁）。

本辭典は上田博士との合著ではあるが、同博士は當時、頗る多忙の身であられたから、殆ど一回の閲覽をも請ふことが出來なかつた。故に本辭典に誤謬・缺陷があれば、全く自分一人の疎漏で、博士の責任ではない。然し書肆との交渉、其の他に就いて、博士は絶えず斡旋の勞を執られたのであるから、博士なかりせば、或ひは本辭典の刊行其ものも出來なかつたかも知れない。（下略）

つまり、『大日本国語辞典』は、松井簡治の独力で編纂が行なわれ、上田万年は刊行にあたっての協力をしたということになる。『近代文学研究叢書』第五十七巻（一九八五年、昭和女子大学近代文学研究室）に収録された「松井簡治」の項（野々山三枝執筆）では、『修訂大日本国語辞典』の新装版（昭和二十七（一九五二）年）における松井驥の

「あとがき」を引いて、次のように記述する（二十五頁）。

最も多忙なこの時期に、簡治は念願の国語辞典の編纂を開始したのである。出版は金港堂と冨山房の両社共同で引き受けることになった。当時の出版社としては、一社では財力に無理があったのかもしれない。「当時学習院の一教師にすぎなかつた父の信用だけでは、長期且巨額に上る編纂費を出してくれなかつたので、故上田万年博士との共著といふことで」（引用者補：松井驥「あとがき」）両出版社が引き受け、明治三十六年頃から発行書肆の編纂費の支給がはじめられたという。

『言海』が官撰辞書として出発したのに対し、『大日本国語辞典』は個人による編纂から出発したために、「信用」という面から上田万年による後援をうけたことがわかる。そのため、一般的には「実際は松井単独の仕事で、上田は名前を貸しただけと言われている」（『日本語学研究事典』「大日本国語辞典」項。武藤康史執筆）のように、名義貸しが強調されている。倉島長正『国語辞典一〇〇年』（二〇一〇年、おうふう）は、『大日本国語辞典』の編纂にあたっての協力者である阪倉篤太郎の回想を受けて、「原稿などに直接手を加えなかったとはいえ、（引用者補：上田万年の）参与が全くなかったわけではありません」（五十八頁）と述べる。そして、編纂にあたっては、上田万年が「間接の参与」（同前）を行なっていたのではないかと推定する。

『大日本国語辞典』の編纂過程については、松井簡治「辞書と歴史研究」（『國學院雜誌』第三十三巻第一号、一九二七年）における述懐や、松井栄一『国語辞典にない言葉』（一九八三年、南雲堂）、『出会った日本語・五十万語』（二〇〇二年、小学館）などに詳しい。松井栄一が提示する『大日本国語辞典』の編纂過程には、先頭に「明治二十五年　この年より約六ヶ年参考書籍の渉猟蒐集に費す」とある。この年は、『言海』の刊行が完了した翌年であり、『日本大辞書』の出版年にあたる。『大日本国語辞典』の編纂は明治三十六年に開始されているが、これに先立ち、見出しとするための語彙の収集が行なわれていたことがわかる。

倉島長正（二〇一〇）は、『言海』と『大日本国語辞典』の比較を行なっている。本節では、倉島長正（二〇一〇）に指摘された点を中心に検討を行ない、その上で「凡例」をもとに見出しや語釈の対照を行なう。引用に際しては、国立国会図書館デジタルコレクションの初版と、清泉女子大学附属図書館所蔵の第五版を使用した。

まず、『大日本国語辞典』の「凡例」には小見出しがあり、次のように大別されている。

一　本書に收めたる語彙
二　語彙の蒐集につきて本書の取りたる方法
三　假字の用法及び其の排列
四　文法上の注意及び其の排列
五　語釋に就きての注意
六　漢字・漢語其の他外來語に就きての注意
七　出典につきての注意
八　句讀及び送假名等の注意
九　挿畫に付きての注意

『大日本国語辞典』には、『言海』における「本書編纂ノ大意」や「語法指南」にあたる記述がない。そのため、文法に関する記述も「四　文法上の注意及び其の排列」に一括されているといえる。また、「九　挿畫に付きての注意」がある。『言海』では「凡例」（五十五）において、「釋文ノ意ヲ悉クシ難キ所ニハ、圖畫ヲ加ヘバ、更ニ妙ナラムトモ思ヘド、初版ハ其擧ニ及ビ難シ、後ノ增補ヲ俟ツ」と記述されているように、実現されなかった点である。この点を、『大日本国語辞典』では実現させている。

次に、この「凡例」を順に確認していく。「一　本書に收めたる語彙」の第三条には、『日本大辞書』においても取り上げられた熟語の認定について、次のように記述されている。

熟語は熟して一義をなしる《ママ》ものを主とし、又はるかぜ（春風）・あきやま（秋山）の如き、秋・山　又春・風と別別にいふ時と熟していふとは自然の音調も異なれば、其等をも熟語として收めたり。

「自然の音調」と記述されているため、松井簡治は『日本大辞書』から「音調」という点に拠ったようにもみえる。しかし、『大日本国語辞典』には、『日本大辞書』における「音調」にあたるいわゆるアクセントは記述されていない。『大日本国語辞典』の見出し「おんてう」は、次のようにある。なお、『大日本国語辞典』における語義記述は、黒四角に数字を挿入することで語義を分けているが、引用に際してはブラケットで代用する。

おんてう　（音調）（名）［一］【理】音の高低の稱。發音體の振動數多ければ調子高く、少なければ調子低し。一秒時間に二百五十六振動する音を、學術上は調の一と定む。［二］詩文の語路。又は、音曲のふし。

語義［一］に「音の高低の稱」とあることから、「音調」の解釈が山田美妙と異なるわけではないように思われる。語釈中にアクセントを示さずとも、「自然の音調」という、いわば読み手が判断できる範疇の問題として記述されたものと判断する。

さて、「本書に収めたる語彙」の第三条にあげられた見出し「はるかぜ」「あきやま」をみると、次のように記述されている。

はるかぜ　春風（名）春の時節に吹く風。東風。（略）
あきやま　秋山（名）秋の山。（春山・夏山などの對）（略）

引用に際して出典を省略したが、見出し「はるかぜ」には『万葉集』と『古今和歌集』が、見出し「あきやま」には『万葉集』があげられている。『大日本国語辞典』の「凡例」には「語釋の正確にして誤謬なからんことを圖り、且つ其れに基きて出典を掲げ、所謂孫引きなるものを避けたり」とある。そのため、各文献から、単語を分解せずに立項したことがわかる。

第四章第二節で述べたように、「はるかぜ」の語は『言海』の「凡例」（三）に例として挙げられているが、見出しとして立てられていない。その理由として、「語毎ニ解スベケレバナリ」と記述されている。つまり、語をさらに分解できるために、「はるかぜ（春風）」のような語を立項しないという方針が立てられているといえる。この他にも、「まつやま（松山）」「すぎばやし（杉林）」「くろくも（黒雲）」が収録されない例として挙げられている。『言海』を確認すると、次のような見出しがみられる。

たかばやし（名）竹林 竹ノ林。タカヤブ。
↓たかやぶ（名）竹藪 タカムラ。タカバヤシ。ヤブ。竹叢
あきかぜ（名）秋風（一）秋ノ時節ニ吹ク風。（二）秋ヲ厭《アキ》ノ意ニ寄セテ、男女ノ情ノハナルルコト。（漢ノ班婕妤ノ故事ニテ、秋ノ扇ハ捨テラルル物トシテイフ）
しらくも（名）白雲（一）白キ雲。（二）兒童ノ頂ニ生ズル一種ノ瘡ノ名、白クシテ鱗ノ狀ヲナス。又、シラクボ。（頭ナレバ雲トイフカ）輪癬 白禿瘡

右の例は、一見すると、立項しない例として挙げられた「すぎばやし」「はるかぜ」「くろくも」と語構成に大差がないように思われる。『言海』の「凡例」（三）には、「熟語ハ、熟シテ一義ヲ起スモノヲ取レリ、あかがひ、（赤貝）いしばひ、（石灰）やまどり、（山鳥）ノ如シ」とある。そのため、これらの語は「熟シテ一義ヲ起スモノ」と判断されたと考えるのが自然である。見出し「あきかぜ」「しらくも」は、語義が二つあるため、これに該当すると考える。

それでは、見出し「たかばやし」「たかやぶ」に対してはどのような理由があるだろうか。たとえば、「竹」の漢字列に対して「タカ」という訓みが与えられていることが理由として推測される。『言海』には「タケバヤシ」「タケヤブ」が立項されていない。つまり、この二語は「語毎ニ解ス」ることができると判断されたといえる。その一方で、「タカバヤシ」「タカヤブ」のように、複合語の前部成分が母音交替した語形が立項されている。見出しが平仮名で表記されているように、音と漢字列とが対応しにくい場合には立項したことが予想される。

また、『言海』の「凡例」（五）には、「動詞ノ熟語」について記述されている。

（五）動詞ノ熟語モ、別ニ一意ヲ成セルヲ取レリ、こころう、（心得）おちいる、（落入）こころみる、（心見）さかのぼる、（逆上）ノ如シ、而シテ、あゆみゆく、（歩行）よみをはる、（讀了）かきしるす、（書記）うちならす、（撃鳴）ナドハ収メズ、箇箇ニ意ノ解セラルベケレバナリ、

この点について、倉島長正（二〇一〇）は『大日本国語辞典』の「凡例」に記述がないことをあげた上で、『言海』の「凡例」（五）にあげられた「かきしるす」「うちならす」の見出しが『大日本国語辞典』に収録されていることを指摘する。そして、「収録語彙の多寡ということもありますが、二〇年近い中で、音調という考えも加わり、語意識の変化もあったのでした」（四十八頁）と述べる。『大日本国語辞典』における見出し「かきしるす」「うちならす」は、次のように記述されている。

かきしるす　書記（他動四）かきつく。しるす。續後紀十九「もろこしの詞をからず、書記須（カキシルス）博士雇はず」

うちならす　打鳴（他動四）打ちて鳴らす。源夕顔「不斷の經よむ。時かはりてかね打ちならすに」

倉島長正（二〇一〇）の指摘する「収録語彙の多寡」は、『言海』と『大日本国語辞典』で約十六万の見出しの差があることを指すのであろう。また、「語意識の変化もあった」という記述は、『大日本国語辞典』の「凡例」におけ

る「自然の音調」という考えに基づいたものと推測する。『大日本国語辞典』には、『言海』の「凡例」（五）に例示された「あゆみゆく」「よみをはる」の見出しがないが、「あゆみ」が上接する複合動詞が十三あり、「よみ」が上接する複合動詞が二十二ある。『言海』には前者の例がなく、後者の例は見出し「よみあぐ（讀上）」「よみあはす（讀合）」「よみきる（讀了）」「よみわたす（讀渡）」の四例である。このような点からも、「収録語彙の多寡」という面がうかがわれる。

それでは、語釈の面からはどのような違いがあるのか。先にあげた四例を『言海』『大日本国語辞典』の順に対照すると、次の通りである。

よみあぐ（他動）（規．二）讀上 聲、高ク、讀ム。朗讀ス。

よみあぐ　讀上（他動下二）［一］聲高くよむ。朗讀す。（使用例略）［二］悉くよみ終はる。

よみあはす（他動）（規．二）讀合 兩人、同書ヲ讀合フ。（誤リヲ正スナドニ）

よみあはす　讀合（他動下二）［一］別本の同一の文書を互ひに讀みて校合す。［二］情景に適合せしめて、詩歌などをよむ。（使用例略）

よみきる（他動）（規．一）讀切 讀ミテ全ク終フ。讀了

よみきる　讀切（他動四）全部をよむ。よみをはる。

よみわたす（他動）（規．一）讀渡（一）文書《カキモノ》ヲ讀ミテ聞カス。「罪人ニ罪状ヲ――」（二）遍ク諸書ヲ讀ム。

よみわたす　讀渡（他動四）［一］文書を讀みて聞かす。［二］廣く書物を讀む。諸書を渉獵す。

まず、見出しを対照すると、『言海』においては動詞の活用が書かれているが、『大日本国語辞典』にはみられないという違いがある。『大日本国語辞典』の「凡例」のうち、「文法上の注意及び其の排列」の第一条では、「動詞・形容詞・助動詞は悉く終止法にて之を擧げ」ることが記述されている。そのため、複合動詞においても活用が記述されていないことがわかる。

次に、語釈を対照すると、見出し「よみあぐ」「よみわたす」には同一の語義記述がみられる。『大日本国語辞典』では、いずれの項目も語義が二つあり、語義［二］では『言海』にはない、あるいは若干異なる記述がなされている。語義［一］に関しては、『言海』における記述が作成されたときから『大日本国語辞典』に至るまで、さほど意味変化が成されなかったために、語義記述に大差がないと考える。

さて、『大日本国語辞典』の見出し「かききる」には、語釈に「かきをわる」の語があるが、この語は見出しには立てられていない。「凡例」をみると、「語釋に就きての注意」の第二条に「語釋の下には成るべく同意語を列記し、語彙を應用せんとするものの便に供せり」とある。また、第五条に「說明の文中に著れたる語は、遺漏なく各條の下に掲出せんことを務めたり」とある。ここから、「かきをわる」を「同意語」として挙げていることがわかる。第五条に「遺漏なく各條の下に掲出せんことを務めたり」とある点からは、「かきをわる」の語が立項されていないことは不審にもみえる。しかし、この点に関しては、『大日本国語辞典』においても、「かきをわる」の語が『言海』の「凡例」にも記述された「箇箇ニ意ノ解セラル」語と考えるのが自然である。また、「かきをわる（かきおわる）」の語は、『日本国語大辞典』第二版や『広辞苑』第七版においても立項されていない。『言海』に挙げられた「箇箇ニ意ノ解セラル」場合には立項しないという方針が、現在刊行されている辞書にもあるように思われる。

句を見出しに立てることについて、倉島長正（二〇一〇）は、「今日言う親見出しの下に、その関連句を子見出しとして収めたということです。これは、五十音順に並ぶ語彙のネットにそれぞれの下位のネットを加えてとらえやすくしたという進化とも言えましょう」（四十八頁）と述べる。その上で『大日本国語辞典』と『言海』を使用し、「あかのたにん（赤他人）」「あいべつりく（愛別離苦）」「あかしくらす（明暮）」の句と、ここでいう「親見出し」となる語（「あか（赤）」「あいべつ（愛別）」「あかす（明）」）を例に対照している。ここから、『言海』には接頭語の「あか（赤）」、「あいべつ（愛別）」、「あかしくらす（明暮）」の見出しがないことを指摘する。

これらの例は、親見出しと子見出しという組を示すために掲出されたのであろう。しかし、個々の見出しが立項されていないことを明らかにするために例を挙げたとするならば、「あかしくらす」の語は、『言海』において「箇箇ニ意ノ解セラル」語と判断できるため、適切ではなかったように思われる。なお、『言海』には、同一の漢字列を有する見出し「あけくれ（明暮）」が名詞用法と副詞用法の二種類を立項する。

親見出し・子見出しのように組を作り、提示する方法の例として、『大日本国語辞典』の見出し「こころ」を確認すると、子見出しが二八一あり、その他に「（諺）」と標示がある子見出しが二十五ある。倉島長正が「子見出しとして従える句によって、親見出しの理解も広がることになります」（四十九頁）と述べたように、「こころ」という親見出しから慣用句や諺を知るための手入れが『大日本国語辞典』ではなされているといえる。また、子見出しは親見出しとなる最小単位の語を含むことが前提となる。「親見出しの理解」とあるように、「あいべつりく（愛別離苦）」から「あいべつ（愛別）」の語を知ることができるといえる。『大日本国語辞典』の「凡例」のうち、「一　本書に収めたる語彙」の第四条には、句に関する次の記述がある。

句は首部の語下に収めたり。あめのあし（雨脚）は雨の下に、かんばのらう（汗馬労）は、かんば（汗馬）の下に収めたるが如し。但し以心傳心、神出鬼没の如く、實際は句なれども熟して一語をなしたるものは首部に掲げ、句として之を出せり。又一粒萬倍・一唱三嘆の如く、一粒又は一唱等、首部に掲出すべき語なきものも亦然り。

右における「首部」が、いわゆる親見出しにあたると思われる。ここでは、「以心傳心」のように句ではなく語として「首部」に掲げた例や、「一粒萬倍」のように「首部に掲出すべき語」がない例があげられている。そうすると、「首部」にあげる場合には、単一の語に分解できることや、熟語として機能することが条件であるようにもみえる。なお、『言海』の「凡例」(八)では、『大日本国語辞典』の「凡例」と同じく「いしんでんしん」の語が例にあげられている。そして、それらは「句ナレドモ、毎ニ音讀シテ通用シ、普通辭書ニ収ムベキモノナルガ如シ」と記述されている。また、句については、『言海』の「凡例」(四)にも次のような記述がある。

(四)從來ノ辭書ニハ、語ト句トノ別ナク、あしのうら、(足之裏)あふぎのぢがみ(扇之地紙)ナドヲモ出ダシタレド、是等ハ、自ラ三語ナルベク、其語ヲ各條ニ就テ見バ、解セラルベシ、サレバ、此類、一切除ケリ、但シ、句ノ如クニテ句ナラズ、一熟語トナリテ、別ニ一義ヲ成セルモノハ、如何ニ長クトモ、皆擧ゲタリ、あまのがは、(大河)よめがさら、(介名)きつねのかみそり、(草名)たひのむこげんぱち、(魚名)けくにものまうすまうちぎみ、(中食國政大夫)ノ如シ、其長キハ、りゆうぐうのおとひめのもとゆひのきりはづし、(海藻名)ヲ極トス、

「凡例」(四)では、熟語と同様の方針がみられる。すなわち、単一の語として構成されていない場合には立項しないという方針である。

『言海』において、「凡例」（四）にあげられた「あしのうら（足裏）」の語は立項されていない。しかし、漢字列が同一である「あなうら（足裏）」は立項されている。語釈には「〔足之《アノ》裏ノ轉〕アシノウラ。蹠」とあり、立項されていない「アシノウラ」の語形が語釈にある。語釈に類義語があり、それが見出しに立てられていない場合は、『言海』内において珍しいことではない。これまでは、そのような場合には、単純に見出しに立てることができなかったと考えられている。しかし、このような例に接すると、大槻文彦が類義語と判断していなかったために、見出しに立てられていない可能性も考えておく必要があろう。

ところで、『言海』において「句（Phrase.）」と標示されている見出しが、『大日本国語辞典』では変更されている場合がある。次にその例を摘記する。

1　あなにく（句）噫《アナ》、憎シ。生憎

あなにく　生憎（名、副）あやにく。あいにく。（略）

2　いうめいむじつ（句）有名無實 名《ナ》ノミアリテ、實《マコト》ハ無シ。

いうめい〔有名　世に名あること。名の高きこと。

いうめいむじつ〔有名無實　名のみありて、其の實なきこと。（略）

3　いちにんたうせん（句）一人當千 一人ノ勇ニテ、千人ニ當ル。一騎當千。

いちにん〔一人（名）ひとりの人。

いちにんたうせん〔一人當千　一人の力にて、千人にも當たること。一騎當千。（略）

4　いちべついらい（句）一別以來 人ニ一度別レシヨリコノカタ。

（『大日本国語辞典』見出しなし）

5　いへばえに（句）〔にハ不《ヌ》ノ轉〕言ヘバ言ヒ得ズ。エイハレズ。「—言ハネバ苦シ」—コガルル胸ノ」

いへばえに（副）〔にはぬ（不）の轉なりといふ〕言へば言ひ得ず。言ふには言はれず。（略）

6　いまは（句）今ハ限リゾ、ノドイフベキ意ノ語。「綱手《ツナデ》解キ、—ト舟ヲ漕ギ出バ」—ト行クヲ最《イト》哀レニ思ヒ」月モ—ノ西ノ山ノ端」

いまは　今（名）〔一〕今は限りといふこと。（略）〔二〕今は限りと此の世を去る時。臨終。最期。（略）

7　きうしいつしやう（句）九死一生 死ヌベキヿ、九分ニテ、生クベキヿ、一分ナリ。身ノ危キヿ極マル。

きうし〔九死（名）殆ど死なんとする程の危難、又、其の境遇。（略）

きうし　いっしゃう〔九死一生〔死ぬべき場合九分に、生くべき場合は一部の義〕きうし（九死）に同じ。

8　きんげん（句）謹言 謹《ツツシ》ミテ言《イ》フ。畏《カシコ》ミテ申ス。（書狀ノ末ニ用ヰル敬語）「恐惶—」

きんげん〔謹言　つつしみていふこと。書狀の末に用ふる敬語。庭訓往来正月「恐恐謹言」

9　きんじやう（句）謹上 謹《ツツシ》ミテ上《タテマツ》ル。（書狀ノ名宛ニ添フル敬語）

きんじゃう〔謹上　つつしみて奉ること。書狀の名宛に添ふる敬語。（略）

10　けいはく（句）敬白 ウヤマヒテマウス。

けいはく〔敬白　〔一〕敬ひて申すこと。（略）〔二〕願文・書翰文等の末尾に用ふる敬語。（略）

1・5・6のように、『言海』では句とされていた標示が、『大日本国語辞典』では名詞や副詞に変更された例がみられる。1「あなにく」には「名、副」とあり、二つの用法が提示されている。また、2・3・7のように、子見出しとして立項されている場合もある。子見出しについては、前掲した「本書に収めたる語彙」の第四条に「句は首部の語下に収めたり」とあるように、句という面では変更されていない。しかし、「實際は句なれども熟して一語をなしたるもの」ではないという判断がなされたといえる。7「きうし（九死）」の場合、子見出しである「きうしいっしゃう」の語釈に「きうし（九死）に同じ」とあるのも、そのためであろう。4は、『大日本国語辞典』に見出し「いちべつ（一別）」があるが、語義や使用例にはみられず、また子見出しがない例である。さらに、8・9・10のように、一貫して「句」と標示されていない例もある。「四　文法上の注意及び其の排列」を確認すると、第三条に「漢語の多くは用方によりて、名詞となり動詞となり副詞となりて、品詞の限定し難きものあり。其等は特に品詞の名を省きたり」とある。ここから、句であるかどうかではなく、語種を優先していることがわかる。『大日本国語辞典』においては、同じ「句」を表す場合にも、個々の語に対して細やかな整理がなされているといえる。

次に、「三　假字の用法及び其の排列」を確認する。『大日本国語事典』では、見出しの表記が外来語であっても平仮名で統一する点や、長音符を用いて表記する点などがある。いずれも『言海』とは異なる。また、『言海』では、促音にあたる仮名の右肩に「小キ筋」（「索引指南」（十一））があるが、『大日本国語辞典』では小字としているといった違いもみられる。

また、撥音の「ん」の配置も、『言海』と『大日本国語辞典』では異なる。「假字の用法及び其の排列」の第一条を確認すると、「撥音のんは最終に置けり」とある。これは語中にも適用されている。そのため、『言海』において見出し「けむり（烟）」「けんり（權利）」「けむりだし（烟出）」の順に排列されていたものが、『大日本国語辞典』では「けむり（烟）」「けむりだし（烟出）」「けんり（權利）」のように排列されている。

また、「假字の用法及び其の排列」の第三条では、次のように排列を定めている。

首部の語句に於ける促音の『つ』は七號活字、拗音の「や」又は「よ」の類は六號活字として他と區別し、排列の順序は普通のつ又はや・よと同位置とせり。かーきー・がーぜの如き長音符ある語は、一括して「か」の如き單音の語の次位に列ね、次にかあ・かあいと次第せり。又清音・濁音の場合には清音を先とし、所謂半濁音のぱ行を其の次とし、濁音を其の次に置けり。

ここでは、促音、拗音に続けて、長音符の排列について記述されている。『言海』の「凡例」（十六）をみると、「然レトモ、五十音外ノ音符アリテハ、假名ノ索引順序ヲ定ムルニ困ム、因テ、今ハ假名ニ記セリ」と記述されている。そのため、『言海』では、見出し「さあ」「サアベル」「さあや（紗綾）」のように、和語と外来語が混在している。これに対し、『大日本国語辞典』では、「一括して「か」の如き單音の語の次位に列ね、次にかあ・かあいと次第せり」とある。ここから、見出しは「ざ（座）」「さーちらいと」「さーべる（洋劒）」「さーべるないかく（洋劒内閣）」「さあ」のように、長音符を先頭に排列している。また、明言はされていないが、『大日本国語辞典』における長音符の規則は、音節ごとに先頭に排列するように定められている。すなわち、『言海』において「すてうり（捨賣）」「ステエシヨン（停車場）」「すてがな（捨假名）」と排列されている見出しが、『大日本国語辞典』では、「すで（素手）」「すてーしょん」「すてーしょんわたし」「すてありん」のように排列しており、先行する語頭音に続いて長音符がくる形式となっている。倉島長正（二〇一〇）は「長音符「ー」は仮名の順に組み込みにくいとして、先行母音の仮名を当てていましたが、「ー」はそのままにして先行母音の位置に配することにしました」（五十頁）と記述するが、実際にはそうではないことになる。この排列は、修訂版でも同様である。

長音の排列は、現行の国語辞典でも、長音を先行母音の位置に配する場合と、長音を排除して配する場合がある。しかし、『大日本国語辞典』のような長音の排列が現行の国語辞典ではなされていない。大槻文彦は「五十音外ノ音符アリテハ、假名ノ索引順序ヲ定ムルニ困ム」と記述するが、『大日本国語辞典』の排列は、まさにこの例に当てはまるのではないだろうか。

さらに、『言海』と『大日本国語辞典』を比較すると、濁音・半濁音の排列も異なる。『言海』の「凡例」（十一）には、「濁音、半濁音ハ、スベテ其清音ノ次ニ列ネタリ」とある。つまり、『言海』では「清音→濁音→半濁音」となる排列が、『大日本国語辞典』では「清音→半濁音→濁音」と異なるということである。実際の見出しで表すと、『言海』では「こつぶ（小粒）」「コップ」となる排列が、『大日本国語辞典』では「こっぷ（洋盃）」「こつぶ（小粒）」の順となっている。

『言海』の排列は五十音順であり、その点からも評価がなされている。一方、『大日本国語辞典』では、『言海』のように五十音順であることが強調されていない。これは、読み手にとっても、五十音順排列が一般化しつつあることを表しているのではないか。『言海』と『大日本国語辞書』を比較することで、五十音順の排列が定着するまでの様相を看取できるといえる。

ここで、改めて語釈について確認する。「五　語釋に就きての注意」の第六条には、語源について記述されている。

語源は古人の說採るべきもの少く、將來猶研究の上ならでは不明のもの多く、妄に不確實の說を擧ぐるは却つて人を惑はす基なるべければ、本書には成るべく確實にして且つ語釋に必要なるもののみを記せり。他日別に語原辭書を編纂して之を補はんとす。

倉島長正（二〇一〇）は、この記述を「長い弁明」（五十一頁）と表現する。『言海』における「語原」は、「本書編纂ノ大意」（二）に記述されているように、「辭書ニ擧ゲタル言語」の解のひとつである。また、「凡例」（卅九）には「其原義ノ分明ナルハ揭ゲズ、又、或ハ究ムベカラザルモノ、推測ノ信ジ難キモノ、等ハ姑ク之ヲ闕ケリ、漢語ハ、異常ナルモノノ外ハ釋セズ」とある。『言海』における語源の記述は、注目されやすいように思われる。しかし、「語釋に就きての注意」にあるような「妄に不確實の說」を掲げようとはしておらず、その記述に対しても「凡例」（卅九）を見る限りでは、慎重に行なわれているようにみえる。『言海』の「語原」を表す亀甲括弧内に、「イカガ」と疑問が差しはさまれている項目は、一〇八ある。そして、これらのうち、第四冊にあたる「つ」部以下は七十七項目ある。第四冊の語原に多くの疑問が残されているのか、あるいは第三冊までは確実な語原といえるものが多くみられるのか。この点は、なお検討の余地があるといえる。

最後に、「六　漢字・漢語其の他外來語に就きての注意」を確認する。その第一条には、次のようにある。

毎語の下に漢字・漢語を標出せるは、一は同語の並列したる場合に一目して差別を知らしめ、一は語源を知らしむる便としたるものなれば、專ら一般通用の漢字・漢語を採りて、必しも其の雅俗を問はず。

『大日本国語辞典』において、見出しの次にみられる漢字列が「一般通用の漢字・漢語」とわかる。また、前掲した例のなかには、この漢字列に「〔〕」の符号が冠されている場合がある。第四条には「漢字・漢語の字音より來りたる語には標出せる漢字の頭に〔なる符號を施せり」とあり、この符号が字音語の場合に冠されていることがわかる。

第二条に示されている「原音によらずして慣用音に従へり」と記述された見出し「きつえん（喫烟）」「ちくしやう（畜生）」「ゆにふ（輸入）」直下の漢字列にも符号が冠されている。そのため、字音語の他に慣用音にも付されているといえる。

『大日本国語辞典』における漢字列が「一般通用の漢字・漢語」という点では、『言海』の「凡例」（卅八）にある「雅俗ヲ論ゼズ、普通用ノモノヲ出セリ」、「辻、峠、杜若、ノ如キ和字又ハ誤用字ニテモ、通俗ナルヲ擧ゲタリ」という点とも通ずる。第四章第一節において、「凡例」（卅八）に挙げられた見出し「かきつばた（杜若）」から、「「カキツバタ」に「杜若」をあてることが「誤用」に該当すると思われる。漢語「トジャク（杜若）」は植物名であるが、ヤブミョウガにあたる植物の名であるので、それをヤブミョウガとはまったく異なるカキツバタに使うという点において、「誤用」と判断しているのであろう」と述べた。このときの「誤用」は大槻文彦の記述に基づいたものであり、和語に漢語を当てるという面から「誤用」と判断される。「漢字・漢語其の他外來語に就きての注意」の第五条では、植物に充てる漢字列について、次のように記述する。

植物等に充てたる漢字は普通植物學に用ひたるものを採れり。例へば「れんげさう」を蓮花草とせずして紫雲英とし、「うまごやし」を馬肥とせずして苜蓿とせる類なり。編者は寧ろ蓮花草・馬肥と通俗にするを至當とすれど、現今の教科書に前者を採用したれば看者の便を圖りて暫く之に從へり。

つまり、『大日本国語辞典』、ひいては編者である松井簡治は、その使用者に「現今の教科書」を使用する層を想定していたといえる。そして、植物等の場合には、字音語や和語ではなく、「植物學に用ひたる」漢字列を採用したということである。「かきつばた」と第五条にあげられた「れんげさう」「うまごやし」の項目を対照する。

かきつばた（名）杜若〔垣之端《カキツバタ》ノ義カ、杜若ハ、やぶめうがノ誤用字〕草ノ名、葉ハ、はなあやめニ似テ大ク、色、淡シ、花、實、共ニ、亦、相似テ肥大ナリ、花色、紫ナルヲ常トスレド、浅紅、白等、種種アリ、夏ノ半ヲ盛リトス。燕子花

かきつばた　燕子花（名）〔一〕【植】鳶尾（イチハツ）科、鳶尾屬の多年生草本。長さ二三尺、中肋無し。花は葉間より抽出せる花莖の頂端に生じ、大形、青紫色又は白色の二層の花被を有し、初夏開く。（略）杜若。〔二〕〔三〕〔四〕（略）

れんげさう（名）蓮花草　原野、所在ニ多シ、春、苗ヲ生ズ、葉ハ、さいかち、又ハゑんじゅノ初生ノ葉ノ如クニシテ、兩對ス、枝、莖、地ニ布キテ蔓ノ如シ、節ノ上ニ莖ヲ出シ、春夏ノ交、頂ニ淡紫ノ細小花ヲ開ク、形、稍、蓮花ニ似タリ、其多キ處ハ、滿地ニ蔓リテ、錦ヲ敷クガ如ク、甚ダ愛スベシ、莢ヲ結ブ、黑クシテ三稜アリ。紫雲英

れんげさう（連華草（名）【植】〔一〕げんげ（紫雲英）の異名。（略）〔二〕ふうろさう（牻牛兒苗）の異名。

うまごやし（名）馬肥　草ノ名、原野ニ多シ、一根ヨリ叢生ス、莖、地ニ延キテ、蔓生シ、長サ二三尺、葉、互生シ、形、萩ノ葉ニ似テ、小クシテ鋸齒アリ、春ノ末、葉ノ間ニ、三四五ヅツ、小黄花、穗ヲナシテ開ク、亦、萩ノ花ニ似テ小シ。マゴヤシ。苜蓿

うまごやし　苜蓿（名）【植】苜科、苜蓿屬の一年生草本。莖の高さ一二尺。葉は三小葉より成り、羽狀複葉にして、各小葉は倒卵形、細かき鋸葉を具へ、裏面は白色なり。（略）

見出し「かきつばた」「うまごやし」を対照すると、『言海』において「漢用字」とされていた「燕子花」「苜蓿」が、『大日本国語辞典』では見出し直下にあることがわかる。そして、『言海』において「誤用字」と判断された「杜若」は、『大日本国語辞典』の見出し「かきつばた」の語義［一］の末に二重傍線を引いて示されている。この二重傍線が表す意味については、「凡例」にも記述されていない。ただし、『言海』における記述を頼りにするならば、「誤用字」あるいは「一般通用の漢字・漢語」と判断される。

また、『大日本国語辞典』において、見出し「れんげさう」直下の漢字列を確認すると、「蓮華草」とある。「凡例」で記述された「紫雲英」が採用されていないことがわかる。語義［一］に「げんげ（紫雲英）」とあり、見出し「げんげ」に対して「紫雲英」の漢字列をあてたために、見出し「れんげさう」では「蓮華草」のように「通俗」の漢字列を使用したと推測される。見出し「れんげさう」は、第四巻に収録されており、「凡例」を収録した第一巻から四年後に刊行されている。『言海』と同様に、分冊出版によって「凡例」と異なる点が表れた可能性が看取される。

第二節　『言海』から『大言海』へ

「本書編纂ノ大意」（十一）には、「聞クナラク、歐人ノ書ヲ著ハス、其第一版發行ノモノハ、著者、看者、共ニ、例ニ、其誤謬アラムヲ、業ノ免ルベカラザルモノトシ、必ズ、年所ヲ逐ヒテ、删修潤色ノ功ヲ積ミ、第二版、三版、四五版ニモ至リテ、始メテ完備ヤシムト云フ、此書ノ如キモ、亦然リ、唯、後ノ重修ヲ期セムノミ」という記述がある。ここから、内容を充実できなかった点があることを認識し、それを後に修正しようと考えていたことがわかる。このことは、「ことばのうみのおくがき」においても、「さりながら、この業、もとより、このたびのみにして已むべきにあらず、年を逐ひて删修潤色の功をつみ、再版、三版、四五版にもいたらむ、天のおのれに年を假さむかぎりは、斯文のために撓むことあるべからず」（七頁）と記述されている。つまり、『言海』の出版を開始する以前、あるいは、その出版を終えようとした時点で、『言海』の修訂が大槻文彦の念頭にあったと考える。そして、その増訂版として発刊された国語辞典として、『大言海』がある。本節では、『言海』から『大言海』へ至る経緯や、使用された資料について検討する。

『言海』の出版が完了し、明治三十（一八九七）年一月に『廣日本文典』『廣日本文典別記』が刊行される。一関市博物館（二〇一二）は、「『日本文典』脱稿から一五年、『語法指南』からでも八年が経過していて、ここに漸く文彦の文法論の全容が世に示される所となった」（四十頁）こと、明治三十二（一八九九）年三月二十七日に授与された文学博士の学位に対して、「『廣日本文典』が学位請求論文だったが教授会で『大槻なら論文にも及ぶまい』との意見があったという挿話が伝えられる」（七十一頁）ことを紹介する。大槻文彦は、翌三十三（一九〇〇）年四月から同三十五（一九〇二）年二月には委員会の一人として委嘱され、同年四月から大正二（一九一三）年六月の国語調査委員会の廃止までは主査委員として任命されている。国語調査委員会における成果は、大正五（一九一六）年五月の『口語法』、翌六年四月刊行の『口語法別記』に表れている。

この間、明治三十七（一九〇四）年には『言海』の小形本が、明治四十二年には『言海』の中形本が刊行されている。境田稔信（二〇〇七）は、中形本が第二百版から始まることを指摘する。また、大正二年刊行の中形本が「三百五版まで飛んでいる」（五十七頁）ことを明らかにした上で、この点について、「この版数は、小形本の版数に連動させた表示になっていたようだ」（同前）と述べる。

そのような中で、明治四十五（一九一二）年四月に、『大言海』の出版元となる冨山房社長の坂本嘉治馬が大槻文彦の元を訪れ、『言海』の増補改訂を提案している。大槻茂雄「晩年の大槻文彦」（『国語と国文学』第五巻第七号、一九二八年）は、このときの様子を詳しく伝えており、「父はこの時「君がもう十年早く勧めてくれたら……」と云つて大變残念がつて居りました。明治四十五年といへば父六十六歳の時ですから、増補改訂がいかに大事業であり、しかもいかに難事業であるかを十分知つてゐた父は、その存命の内に完成することが出來るかどうかを不安に思つたからでせう」（九二七頁）と述べる。ところで、大槻茂雄（一九二八）は、『大言海』という書名を使用しておらず、「父が精魂をうちこんでゐた増補言海の編輯のことを申しませう」（同前）のように「増補言海」の語を使用している。ここから、『言海』の増訂版として知られている『大言海』という書名は、大槻文彦が亡くなる昭和三年二月の時点で通称として使用されていなかったことがわかる。「大槻文彦博士傳記資料目録」には、冨山房発行の雑誌『読書界』において、「新言海と大槻文彦博士の近況」（大正十五年六月号）、「増補言海」（昭和三年一月号）が掲載されている。ここからも、『大言海』の書名が『言海』の増訂版の通称として使用されていなかったことが察せられる。

『大言海』は、昭和七（一九三二）年十月から同十（一九三五）年九月にかけて四冊本の形式で刊行されており、昭和十二（一九三七）年十一月には、索引が刊行されている。前述したように、『言海』の増訂は、『言海』の出版以前にすでに企図されていた。大槻文彦が『言海』を修訂しようとした痕跡は、『言海』の「私版出版用稿本」である「稿本」にもみられる。

山田俊雄（一九七九）は、「私版「言海」刊行後の大槻文彦の絶えざる研鑽を示すもの」（七一七頁）として、「欄外の書き入れ」「投げ込みの覚え書きの類」「見出し項目らしきものの候補」（同前）があることに注目する。また、次のように述べる（七一六頁）。

刊行後の手入れとしての欄外の天の場所に施された書き込みには、「和名抄」「本草和名」「新撰字鏡」「雅言集覧」「和訓栞」などの古辞書・古語辞書もしくは「古事記伝」「万葉集略解」などの古典註釈における当該語の位置の指示があったり引用を示したり、解説の文言の改善にかかはるものがあつたりする。また別に覚書を挿み込んだところもある。それらは出典名をともなふ用例であつたり、事項の解説に役立つ新聞記事であつたりする。投げ入れてある覚書は、覆製に当つては別紙と称し、その場所を本文の丁数で示した。（中略）これら後の補修に属するものはすべて大槻自身の手により、餘人の筆になるものはない。（下略）

「刊行後の手入れとしての欄外の天の場所に施された書き込み」の中には、『言海』刊行前に項目を新たに追加するために記述されたものもあり、「欄外の天の場所」には、刊行前・刊行後の記述が混在しているといえる。そのため、『言海』との対照を行なわず、「稿本」のみから検討を行なうと、「古辞書・古語辞書」「古典註釈」などの指示や引用などが、刊行前と刊行後のいずれの時期にあたるのか、あるいは、分冊出版の途次に書き込まれたものなのかどうかは判然としない。しかし、換言すれば、「古辞書・古語辞書」「古典註釈」の類がいつ書かれたものかが判明すれば、当該書が『言海』の編纂に際して、依拠した資料の一つと断言できる。

他にも、「覚書」としてあげられた「出典名をともなふ用例」や「事項の解説に役立つ新聞記事」にも注目したい。たとえば、「事項の解説に役立つ新聞記事」として、「稿本」の見出し「はいかい（誹諧｜俳諧）」の箇所に、新聞記事の切り抜きが貼付されている。当該記事は、明治二十三年八月六日に『読売新聞』に掲載された森三渓「俳諧論」である。当該記事の日付から、『言海』の第三冊出版以前に確認されていたことがわかる。「稿本」が「私版出版用稿本」であり、活字組み上げ用の原稿であるとするならば、当該記事が貼付された時期は確定できないが、このような例もある。

ここで、一旦、用語を整理する。本節における「書入」は、原稿などに、ある特定の理由をもって書かれた文章や文字列を指し示し、「書込」や「指示」と区別する。「書込」は、原稿に即時に影響を与えるとは考えにくい文章や文字列を指す。たとえば、複数の漢字を列挙し、傍線で削除しているものなどを表す。「指示」は、「稿本」や校正刷に、文字列の修正や校正をしており、印刷局などに指示を与えている「書入」を指す。

さて、山田俊雄（一九七九）は、「稿本」には「当該語の位置の指示があったり引用を示したり、解説の文言の改善にかかはるもの」や、「出典名をともなふ用例」があることを指摘する。いずれも、書名（「出典名」）をともなうものである。風間力三（一九八一）は、「書込の中に目立つものの一つに、参考の為に書込まれたと思われる文献の名がある」（四十五頁）として、「和訓栞・雅言集覧・古事記伝・和名抄・万葉集略解とかと想像される略称」、「「光則」とあるのは保田光則の雅言集覧増補・同続編を指すのであろうか。「林」とあるのは「倭訓類林」かと想像したが、該当しないようである」、「其他少数だが玉霰・本草和名・新撰字鏡・公事根源・冠辞考・甲子夜話等の名も見え、「契沖云」「福澤諭吉先生云」のようなものも含め、五十種程に亘る」（同前）と指摘する。風間力三（一九八一）は、「稿本」の首巻（「語法指南」）の表紙見返しにある「宣長の活用抄」などを踏まえて、これらを「『言海』と先学との関連を探る糸口ともなると思われる」（同前）と述べる。その一方で、次のようにも述べる。

書込の中には、私版刊行後の覚書も多くあると思われる。右の欄外書込の文献名や、語釈其他の疑義を示すかと思われる三百箇所近くに及ぶ疑問符や、例文の不適切を補訂する書込等もそれに属するとすれば、それらを含めて刊行後の覚書の書込を調べることは、『言海』から『大言海』へまで発展して行く過程を明らかにするのに大きな助けとなるであろう。稿本はその為の重要な鍵を含む資料である。その意味で、稿本は、『言海』刊行前の原稿であるとともに、刊行後の『言海』の成長を跡づける資料として重要な意義を有つ。

「右の欄外書込の文献名」は、前述した「参考の為に書込まれたと思われる文献の名」を指すだろう。「『言海』と先学との関連を探る糸口」とするならば、『言海』刊行前（あるいは、刊行途次）に、書名が書き入れられていることが望ましい。しかし、引用部にあるように「欄外書込の文献名」を「刊行後の覚書の書込」として処理すると、「『言海』から『大言海』へまで発展して行く過程」にあたる。つまり、風間力三（一九八一）が、「『言海』と先学との関連を探る」ことを想定しているとするならば、『言海』刊行後に「欄外書込の文献名」は、その意図から外れるのではないかと思われる。

湯浅茂雄（一九九九）は、風間力三（一九八一）を踏まえた上で、「大槻が『古事記伝』を参照したことが知られる資料に個々の項目への参照を直接ものがたる『稿本言海』がある。具体的には『稿本言海』の本文上部欄外へ書き込まれたつぎのような書き入れである」（二二三五頁）として、「『古事記伝』をあらわす書き入れ（「伝・記伝」）」について言及する。その上で、次のように述べる（二二三五～二二三六頁）。

稿本にこれらが書きこまれた時期は不明であり、上でみた『増訂言海参考閲了書』「以上山ノ目」の業と関係するものかどうかも明らかではない。あるいは、『言海』出版後のかなり早い時期である可能性もあろう。いずれにせよ、『言海』の増補訂正の書き込みであり、その増補訂正とは、結局『言海』の編纂過程に他ならない。

ここでは、「『言海』の編纂過程」の中に、「『言海』の増補訂正の書き込み」としての書名の書入を包括していると考える。その上で、見出し「か（日）」「かなづ（奏）」を例にあげ、「稿本」の上部欄外にみられる「伝十三ノ五二〔来經（キヘ）ノ約ナルけノ轉カト云〕」「伝三九ノ三八」に注目する。そして、この書入にある漢数字と『古事記伝』の巻丁が対応し、かつ見出し「か」にみられる記述が合致する点について、「『大言海』で『古事記伝』が参照されていることが明らかなもの」（二三三七頁）と指摘する。

このような書名の略称は、先行研究による指摘以外にも、「和抄」（さ五二）、「盛衰記」（さ一B。貼紙）、「落クボ」（さ四五）、「枕草子」（さ七四）、「万葉」（さ八九）、「万」（さ一三八）のように、複数みられる。前述したように、風間力三（一九八二）は、先に列挙した書名などの書入を「五十種類程に亘る」（四十五頁）と推定する。このときの判断は『和名類聚抄』の「和名抄」「和抄」「和」をそれぞれ一種類ずつにみたものと思われる。どのような書入がみられるか、また、何種類に及ぶか、正確な数は未だに把握されていない。

ところで、「欄外書込の文献名」が『言海』の刊行後、すなわち、『言海』から『大言海』にわたる期間に書き入れられていたとするならば、『言海』と『大言海』の違いとして取り上げられる「出典」のために書き入れたようにも考えられる。この点については、次節において取り上げて、考察する。

「稿本」には、「欄外書込の文献名」以外にも、「見出し項目らしきものの候補」もみられる。山田俊雄（一九七九）は、「い」部を例にとり、「品詞名などは与へず、ただ一項目たるべき候補の形であげたものが八語ほどあるが、刊後のものかどうか明かでない」（七一六頁）と述べる。このような「見出し項目らしきものの候補」は、「い」部に限らない。風間力三（一九八一）は、「語釈をも含んで見出語項目としての体裁をとっている欄外書込で私版に見えないもの」（四十五頁）として、見出し「うめがか（梅香）」を例にあげる。このような書込については、「私版刊行後それを訂正するために書込まれたものであろう」（同前）と述べ、『言海』の増補訂正のために書かれたものと判断する。また、注において、「これらは第一巻に最も多く第三巻に少いが、これも項目削除の率が、第三巻に多いのと裏表をなしていると思われる。ちなみに、これらの項目の過半が『大言海』に復活している」と指摘する。この場合の「第一巻」「第三巻」という巻数は、複製された「稿本」を指すと思われる。このときの「第一巻」には、『言海』において新たに追加された項目も多くみられる。つまり、「第一巻」には、刊行前に『言海』へ採用するための項目と、刊行後に『言海』を補訂するための項目が混在しているといえる。

以上のように、「稿本」には、『言海』の増補訂正にむけた記述がみられる。しかし、当然のことながら、「稿本」は『大言海』を印刷するにあたって作成された原稿ではなく、『大言海』を作成するにあたっては、そのための原稿が新たに作成されている。次に、この点について概観する。

昭和三（一九二八）年に発刊された『国語と国文学』五巻七号は、「大槻大矢両博士記念」という副題があり、同年に亡くなった大槻文彦と大矢透の特集号となっている。巻頭の口絵には、「大槻博士自筆増補言海稿本」として、「大正十二年」、「昭和二年」と記された二葉の写真が掲載されている。「大正十二年」のものは、罫線が引かれた原稿に見出し「あくいう」「あくがる」が記述されており、「昭和二年」のものは、罫線のない原稿に見出し「いし（美一好）」が記述されている。この二葉の写真と『大言海』を対照すると、「大正十二年」の原稿と、『大言海』の見出し「あくいう」「あくがる」の語釈は一致しない。しかし、「昭和二年」の原稿は『大言海』の見出し「いし」と語釈が一致する。『大言海』の冒頭に置かれた「大言海刊行緒言」において、大槻如電は、「言海增訂中、從來十有餘年、其成稿は阿、加、佐の三行に至る、以下多行より和行に至る筆記抄錄數十帖、未だ淨書成らず」（一頁）として、大槻文彦が亡くなった段階で、「あ」「か」「さ」部の原稿が完成していたことを明らかにしている。このことから、「昭和二年」の原稿は、その一部と推測される。

この他にも、『大言海』のために作成された資料が残されている。一関市博物館には、「大言海底稿」と題された草稿本が八帙・五十六冊蔵されている。先に、『大言海』の書名が、大槻文彦の亡くなる昭和三年二月の時点で未定であったことを述べたが、一関市博物館（二〇一一）は、「「大言海底稿」と名付けたのは『大言海』の監修者でもあった新村出であり、「あ」行の題箋も書している」（七十二頁）ことを明らかにする。佐野摩美「『大言海底稿』について」（『解釈』三十二巻十二号、一九八六年十二月）は、当時本資料を所蔵していた常陸郷土資料館において調査を行ない、「各帙には、新村出・弊原坦・山田孝雄氏等の手になる奥書がある」（二十一頁）、「草稿用紙の罫線内に貼付された新聞記事や官報・袋綴じの袋部分に挿入された「増言用紙」が目に付く」（同前）ことを指摘する。また、「底稿に貼付された切り抜き」である大正九年九月二十八日付『報知新聞』の記事「季節料理・ライスカレー」を掲げ、その調理法と『大言海』の見出し「ライスカレエ」の語釈が合致することを明らかにする。一関市博物館のホームページでは、「館蔵品」として「大言海底稿」を紹介する中で、当該記事の写真を掲載している。一関市博物館（二〇一一）は、本資料の成立を「大正八（一九一九）年頃」とした上で、次のように解説する（七十二頁）。

文彦が増補改訂のために書きためたメモ的な草稿。見出しの用例や関係する語、語原、記事の貼り込みなど統一性は見られない。五十音順で和綴されているが、中身は書き留めたままで順番の整理はされていない。なお、「大言海底稿」と名付けたのは『大言海』の監修者でもあった新村出であり、「あ」行の題箋も書している。（二四・二×一六・五）

「中身は書き留めたままで順番の整理はされていない」とあることから、その資料名に「底稿」とあるように、浄書本ではないことがわかる。

また、早稲田大学図書館洋学文庫には、大槻文彦関係の資料が蔵されており、「古典籍総合データベース」で公開されている。そのなかには、「言海原稿」「言海参考資料」と題された資料がある。

「古典籍総合データベース」には、「言海原稿」という資料が二種類収録されている。

ひとつは、題箋に「言海原稿」とある資料である。当該資料は九冊あり、装丁を行なった日付から、大正九（一九二〇）年ごろの資料とわかる。そのため、犬飼守薫（一九九九）は、「『言海原稿』とは増訂言海原稿の意味ではないかと思われる。『言海』よりはむしろ『大言海』との繋りが想定される」（三二七頁）と述べる。

もうひとつは、題箋に何も書かれておらず、一頁目に「草稿」「原稿」「追加」とそれぞれ記述された資料であり、六冊ある。犬飼守薫（一九九九）は、「『言海原稿』として一括して整理されているものの、実は1～5（引用者補：

「草稿」「原稿」)、6(補:「追加」)、7〜15(補:「言海原稿」九冊)とではかなり性格が異なっている」(三二六頁)として、一頁目に「草稿」「原稿」と書かれた資料と、「追加」と書かれた資料を区別する。

その成立については、九冊ある「言海原稿」を「速断は避けなければならないが、恐らく大正八年の後半頃から大正九年十月頃にかけての第一次の増訂言海(後の『大言海』)の原稿ではないかと思われる」(三二七頁)とする。そして、「草稿」と書かれた資料の内容から、「先の『言海原稿』よりもよほど整備されたものとなっているので、『言海原稿』の出来上がってからほどなくの、恐らく大正十年前後ではないかと想定できる」(三二八頁)、「原稿」と書かれた資料については、断言を避けつつも、「『草稿』と相前後する時期に『原稿』が出来たと考えるに止める」(同前)とされている。

なお、「原稿」と表紙に書かれた資料のうち、「か」部(カマ〜カラ)のものには、「増言用紙」と書かれた短冊型のカードが貼付されている。そこには、出版された『言海』から見出し「かも(鴨)」と、見出し「かり(雁)」の版面が切り取られて貼られている。「増言用紙」は、佐野摩美(一九八六)が、「大言海底稿」について言及した中の「増言用紙」と同一のものであろう。「増言用紙」に貼り付けられた『言海』の版面には、朱筆・墨筆で修正が行なわれ、新たな記述を施している。このことからも、「言海原稿」とされる資料群が、『言海』を編纂するための資料ではなく、その後出である『大言海』のための資料であると判断される。

また、「追加」と書かれた資料について、犬飼守薫(一九九九)は、「『言海原稿』『草稿』『原稿』の三種の原稿の成立後に『追加』が書きあげられたのである」(同前)と推測し、大正十二年の新聞記事等が貼付されていることを指摘する。貼付された新聞記事には、新聞名と掲載の年月日が朱筆で記載されており、大正十二年を中心に、『読売新聞』『東京朝日新聞』『報知新聞』から切り抜かれていることがわかる。たとえば、『読売新聞』の記事から、その標題を列挙すると、次のようなものがある。なお、「ヨミダス資料館」を使用し、掲載日が正しいかどうかを確認したが、誤りはなかった。

・「味の素に特許を與へてゐるのは理由がないと化學工業者が訴へた」（四月十日・五面）
・「（◇飛嶋言葉を一ツ二ツ）」（松川二郎「日本全國に亘って（三）―日本海の飛島（下）」。八月三日・五面）
・「夏向きの家庭料理（中）」（八月七日・四面）
・「吉凶を占ふ／うどんげの花」（「子供の知識」欄。七月十五日・四面）
・「ヴィタミンAとは何か（上）」（五月三十一日・四面）
・「練乳の製法と品の見別け方」（「家庭科學」欄。五月六日・四面）
・「海老のコロツケー」（「毎日の総菜」欄。八月十一日・四面）

ここからは、「大言海底稿」に貼付された「季節料理・ライスカレー」の新聞記事と同様に、大槻文彦が食品に関して掲載された新聞記事を中心に収集していることがわかる。また、これらの新聞記事には、単語に朱線が引かれ、標題などに鉛筆を使用した丸印がつけられている。右の記事の標題では、「味の素」や「練乳の製法」の部分に朱線が引かれている。これは、「大言海底稿」においても同様であり、収集に際しての一つの手法であったように思われる。ところで、見出し「ライスカレエ」と新聞記事における説明は一致するが、該当する新聞記事には傍線が引かれていない。参考となる記述に対して傍線を引くのではなく、まず、収集する単語があり、その上で、記述を参考にして『大言海』の語釈を作成したようにも推測される。このような記述方法は、収集された新聞記事から推測したものであるが、『大言海』の編纂が行なわれた方法を知る一助として、興味深い。

「言海参考資料」は、十冊から構成されており、前引した「増訂言海参考閲了書」は、このうちの一冊である。この他に、「言語構造（音韻）」「約音」「略音（歇語）」「通音」、「形容詞の活用」「動詞の活用」「歌詞の語原若干条」「言語各種」「仙台方言解」の九冊がある。その成立年代について、一関市博物館（二〇一一）は、「『言海』の増補改訂のために纏められたもので、大方は大正八年頃まで、増訂言海参考閲覧了は一二年以降と考えられている」（七十二頁）と推測する。「増訂言海参考閲了書」に記載された資料については、犬飼守薫（一九九九）が翻刻を行なった上で考察する。

この他にも、「大槻文彦雑記」という資料がある。犬飼守薫（一九九九）は、「内容はまさに雑録的なものである。また、書写年月日が明記されていないので成立時期は不明であるが、報知新聞の大正九年十月八日の記事（他に同新聞、同年八月二十七日の夕刊記事等も）が貼付されている点から考えれば大正九年以後の成立と考えられる」（三二四頁）と推測する。その上で、五丁表から六丁裏にかけて「松井辞書ノ誤」と、「初刊言海ノ誤」「道明ノ蒼求（言海ノ注）」といった語の検討があることから、「新しい辞書を作るに際しての備忘録的な性格を持つものと考えられるのである」（三二四〜三二五頁）と述べる。「松井辞書ノ類」は『大日本国語辞典』を指すと想定されることから、大槻文彦が『大日本国語辞典』を披見し、その誤りについて言及した記述があるともいえる。

「近代的な大型国語辞書の双璧」（『日本辞書辞典』）として、『大日本国語辞典』と『大言海』は評価されている。山田忠雄（一九八一）は、「大日本と共に国語辞書界を二大分する一方の勢力は、言うまでもなく大言海である」（八一四頁）と述べる。そして、これに続けて、「一体、同じ本屋から同型の二つの大型国語辞典が出版されるに就いては、常識的に考えて見て、よほど両者の間に径庭、少くとも特徴が無くては両立しない筈である」として、『大日本国語辞典』と『大言海』の比較を試みている。

『大日本国語辞典』と『大言海』は、いずれも同時期に冨山房から出版されている。企画自体は、『大日本国語辞典』が早く、『大言海』は後発となる。しかし、『大日本国語辞典』が出版に至る前に『言海』の増訂版が企画された点について、武藤康史「『言海』から『大言海』へ」(『みやびブックレット』三十一、二〇一〇年)は、「たぶん冨山房はそれほど大がかりな増訂を予想していなかったのではないか……と私は思う」(五十七頁)と推測する。また、「六十代の著者(引用者補:大槻文彦)にあえて依頼したのも、大型の辞書は要りませんから……ということではなかったろうか。大型の辞書のほうは、大槻文彦先生より十六歳下の松井簡治先生にお願いしてありますから……というような」(五十八頁)と、出版社による国語辞典の刊行という面から予想している。その一方において、高田宏「大言海の誕生」(『月刊言語』第十三巻第一号、一九八四年)は、坂本嘉治馬が大槻文彦へ『言海』増訂の話を持ち掛ける場面を再現し、坂本嘉治馬の発言として、「費用と年月はもとより覚悟しております」と記述する。高田宏(一九八四)は、『大日本国語辞典』の出版に触れていない。そのため、武藤康史とは異なる意図の発言が描かれたのではないかと思われる。いずれにしても、大槻文彦が『言海』を増訂するにあたり、『大日本国語辞典』の刊行後にはこれを参照し、その誤りを正そうとしたことがわかる。

さて、「大槻文彦雑記」にある「初刊言海ノ注」の記述と『言海』の項目が、一致しない場合があることは、すでに指摘されている。しかし、犬飼守薫(一九九九)が「四冊本、『言海』には記載されておらず」として例にあげた「假令(ケリヤウ)」「確鶴霍(カクカククワク)」については、次のように推測する。まず、「初刊言海ノ誤」は、本来の見出しである仮名ではなく、漢字列が記載されており、これに適宜振仮名が付されている。そのため、必ずしも『言海』の見出しが記載されていないといえる。つまり、「假令」は、「けりやう」の見出しがあることを指すのではなく、むしろ「假令」の漢字列に対して、「けりやう」の音仮名を付す提案だったのではないか。また、「確鶴霍」で問題となるのは、仮名遣いと考える。「稿本」において追加された見出しとして、「くわくせつ（確説）」がある。しかし、「はじめに」でふれたように、第四冊の巻末に掲載された正誤表によって、見出し「くわくしつ（確執）」「くわくせつ（確説）」「くわくぢやう（確定）」が削除されたことがわかる。正誤表には、「かくしつ（かノ條ニ入ル）」「かくせつ（同）」「かくぢやう（同）」と記述されており、その仮名遣いが訂正されている。「稿本」では、「くわくせつ」を記述する「く九八」の丁において、「くわくぢやう（確定）」「くわくよく（鶴翼）」「くわくらん（鶴蘭）」が立項されている。しかし、「くわくせつ（確説）」「くわくぢやう（確定）」の「くわ」には、朱点が施され、これを「か」字に修正するような指示がみられる。また、「くわくよく（鶴翼）」「くわくらん（鶴蘭）」には「くわ」の右に「かく」の朱筆、「くわくらん（雀亂）」は上部欄外に「かく」と墨筆されている。つまり、「初刊言海ノ誤」として掲出された「確鶴霍」は、仮名遣いの誤りを端的に示したものと判断できる。

犬飼守薫（一九九九）は、「増訂言海参考閲了書」に記載された「書目番号」をもとに、大正元年から同十三年までの「編集作業等」を一覧にした表を作成する（五一二〜五一三頁）。さらに、東北大学附属図書館に蔵する校正刷（初校・再校）を調査しており、『言海』から『大言海』へかけて作成された資料については、網羅されているといってよい。『大言海』刊行用のまとまった浄書原稿は現在確認されていないが、『大言海—文献集—』に掲載された二葉の写真（見出し「いちじュのかげ（一樹陰）」の「文彦の自筆原稿と浄書原稿」（五五七頁））や、前出した「大槻博士自筆増補言海稿本」のうち「昭和二年」とあるものが、その一部と推測される。

『大言海』の編纂資料は、『言海』に比して、多く残されている。また、編纂過程において新聞記事が使用されていることから、大槻文彦が『言海』の反省を踏まえ、どのような点から語彙の収集を行なったのかが注目される。このような語彙の収集については、大槻茂雄「大言海第一巻の發刊に際して」において、「爾來、夙に起き夜半に寝ね、或は群書を博捜し、或は親友に質問し、又材料を新聞雑誌中に求め、應對會談の裡に探り、片言隻語をも忽せにすることなく、ひたすら躬ら編纂に努めたりき」（一頁）と記述されており、複数の資料が想定される。

永島道男（二〇一七）は、「大言海底稿」や「追加」に貼付された新聞記事と『大言海』における語釈を対照する。また、「増補改訂のために書きためたメモのような草稿には、大正三年から十三年頃までの新聞の切り抜きが貼られたり、挟まれたりしてあり、同じ見出し語で、語釈や出典が様々に書かれてあります」（九頁）と述べる。貼付された新聞記事が「大正三年から十三年頃まで」と幅広く、「言海原稿」や「追加」には大正三年ごろの新聞記事がみられないことから、「増補改訂のために書きためたメモのような草稿」は、「大言海底稿」を指すと思われる。また、「ほとんどの食べ物は新聞の料理欄を使用してあることが、底稿に貼ったり、挟まれたりした切り抜きから判明しました。この新聞は、地元東北の河北新報を始め、東京朝日、報知、万朝報、読売など、何種類かの新聞が見られます」（一三四頁）のように、複数の新聞を併用し、参考のために収集していることを指摘する。

新聞記事を使用して記述した語釈は、当然のように限定されるであろう。しかし、『大言海』に収録された「本書編纂に當りて」において、「語原研究」の結びとして、大槻文彦は「目前の物事は、現在、その道の人に聞かば知られむ。辞書は、古き書を讀み、不審なる語にあへる時、引きて見るといふこと多ければ、余は、古き語に力を致すべし」（三十一頁）と述べる。大槻文彦が『大言海』において、新聞に取り上げられるような事物をどのように記述したのか。このような点からも、『言海』から『大言海』へかけて作成された資料は注目される。

第三節　『言海』と『大言海』

『大言海』の出版は、昭和七年から昭和十二年にかけて行なわれている。昭和三年に大槻文彦は亡くなっているが、『大言海』の冒頭に収録された大槻如電による「大言海刊行緒言」には「言海増訂中、従來十有餘年、其成稿は阿、加、佐の三行に至る、以下多行より和行に至る筆記抄錄數十帖、猶未だ淨書成らず」（一頁）とある。このように、「あ」「か」「さ」行の原稿が完成していたことは、大槻茂雄「大言海第一巻の發刊に際して」においても、「かくて阿行、加行、佐行の三行は訂正增補の稿を完了したりしが、多行以下の增訂は纔かに原稿を作り了りたるのみにて、未だその淨書を見るに及ばずして、昭和三年二月十七日、八十二歳にて白玉楼中の人となりしは、いと口惜しかりけり」（二頁）と記述されている。

このときの「原稿」が、『言海』を補訂した上で成立していることは、前節にあげた資料からも推測される。『大言海』が「近代的な大型国語辞書の双璧」のひとつとして挙げられるように、『大言海』の書名は広く知れ渡っているといえる。それでは、『言海』と『大言海』では、具体的にどのような点が異なるのか。

山田俊雄（一九七九）は、「稿本」を刊行するにあたり、「この覆製の企てによつて、世の人々に訴へようといふ要点」として、その第一に、『言海』と『大言海』が別のものであることを「再認識」してもらう目的があると述べる（七一四頁）。

その第一は、世に喧伝せられる大槻文彦の「大言海」（大槻の歿後昭和七年から十年にわたつて刊行）とは別のものとしての「言海」を、新旧両世代の人々に再認識してもらひたき事である。今日なほ縮刷一冊本の形で、年々に版を重ねてゐる「大言海」(冨山房刊)が、大槻文彦の著作として、その規模の大きいことや、記述の要領よく精密なこと、ことに語原を考証したこと、深遠な見識に裏付けられた権威を保つてゐることなど、将来にも群小の国語辞書が仰いで多くの益を亨ける大金字塔であることは渝《かは》らないであらう。

しかしながら、「大言海」は「言海」の成功の後に改めて企てられ、新たな学術研究の成果を、新たなる協力者を加へてその眼に映ずる限りその手を通して成つたものである。辞書史の上から見て、「言海」の延長線上に「大言海」を見、大槻文彦の素懐を遂げたものと評することは、全く当らないことではないけれども、大槻文彦といふ個性を、明治時代の知識人の典型の一として仰ぐ時には、その業績は、「大言海」を挙げて言ふよりは、「言海」を推すべきこと明白ではあるまいか。そして、そこには、日本語に関する簡約の普通辞書の見事な典型が見出される。その近代性は、同時代の他の辞書と比較すれば極めて卓抜優秀なものと認めることができる。「大言海」を尊重する立場は、同時に「言海」を十分によく理会するところに成立するものである。

『言海』の増訂版という点から『大言海』を使用する方が、大槻文彦の語に対する解釈を知ることができるかといえば、そのような意見は必ずしも首肯できない。前述したように、大槻文彦が没した段階で成稿していたのが「阿、加、佐の三行」であること、料理の記述などに新聞記事からの引用がみられることなどから、『大言海』の編纂に関わった他の人物を想定する必要があるためである。このことは、新村出による「序文」において、「大言海が著者獨自の力に成れるところ、獨創の考究に由れるところ最も多きこと前述の如しと云へども、令嗣茂雄君の後語にも見ゆべきが如く、尙ほ編輯を補助せし少數の人々なかりしにあらざるなり」(四~五頁)と記述されていることからも推察することができる。犬飼守薫（一九九九）は、『大言海』の校正刷に検討を加え、見出し「おほくらしゃう（大蔵省）」の語釈が再校から『大言海』へ至るまでに記述が変更された点から、「このような事実を目にすると、『言海』が文彦個人の所産であるのに対して、『大言海』は、大半は文彦の手になるものではあるが、余人の手によって形を整えらえたものであるという、自明の事柄を改めて実感させられるのである」（五八一頁）と述べる。

『大言海』には、『言海』に収録された「言海採収語……類別表」のような表は掲載されていないが、見出しの総数はおおよそ九万八千語に及ぶことがすでに明らかにされている。「言海採収語……類別表」が示す『言海』の見出しの総数は「三九一〇三」語であり、このことからも、両者の違いがみられる。

『言海』と『大言海』では、見出しの標示も異なる。たとえば、『大言海』では、前述した見出し「おほくらしゃう」のように、拗音を小書きの片仮名で記述する。この点について、「索引指南」（十二）には、「假名ノ間ノ右ノ方ニ、小サクアルハ、促《ツマ》ル音ノ標《シルシ》ナリ」とある。『言海』においては、拗音となる文字列に対して「小キ筋」を用いて区別を行なっていた。また、『言海』では「凡例」が全五十五条であったが、『大言海』では全六十条ある。その中には、後出する「出典」にかかわる内容の他に、平仮名の字体について言及した第五十八条がある。字体によって「國語」と「漢語」の区別を行なうものであり、「な」「こ」「し」「と」「す」を対象とする。銭谷真人（二〇一二）は、『言海』に収録された仮名字体のうち、「異体仮名の使用例あり」としたものに、和語では「こ」「ご」「し」「じ」「に」「は」「ば」字を、漢語では「し」「じ」「す」「ず」字をあげる。「凡例」と銭谷真人（二〇一二）の指摘で共通する「こ」「し」字を比較すると、『言海』と『大言海』においては、仮名字体の使用が異なることがわかる。たとえば、銭谷真人（二〇一二）は、『言海』において現行字体の「し」字が漢語に使用されていないことを指摘する。しかし、『大言海』の「凡例」（五十八）には、現行字体の「し」字を「漢語ニノミ用ヰタリ。然レドモ、し‖と‖ハ國語ノ語中、語尾ニ用キタルモアリ」と記述されており、「漢語」と「國語」で併用していることが明らかである。『大言海』の「凡例」から、『言海』における仮名字体について、同様に使用されていたのか、あるいは、『大言海』において規則が作成されたのか、追究することができると考える。

　さて、犬飼守薫（一九九九）は、『言海』と『大言海』で異なる点として、「語原記述と類義語と出典を追加した点に存する」（五八六頁）点をあげる。そして、その増補について、まず「語原」が重視され、その後に「出典」の作業に変じたこと、つまり、増補を行なうにあたっての観点が移行したことを明らかにする。

「大言海第一巻の發刊に際して」には、次のような記述がある（二頁）。

> かくて大正八年の暮に至るまでは、主として語詞の採擇に從事し、翌春より漸く原稿を整ふるに至りしが、往年の言海は專ら普通語の辭書として編纂せしを、今この大言海はその單純なる増補にはあらで、古語雅言の外、今言俗語はいふも更なり、普く新古の外來語に及び、語詞の擴充頗る廣汎なる範圍に亙れるものとす。殊に語原の闡明は父翁の最も力を盡しし所にして、出典の徵證、年代の指示に意を致したること亦甚大なりき。

　ここで注目すべき点として、「今この大言海はその單純なる増補にはあらで」の記述がある。『言海』において立てられた項目を修正するのみならず、増補する項目は『言海』における「普通語」の範囲を超えて広く収集しているという。つまり、『大言海』における語彙の収集は、「普通語」の増補だけではなく、その範囲を超えた「古語雅語」「今言俗語」「普く新古の外來語」の増補と多岐にわたることが考えられる。

　また、「大言海刊行緒言」では、「此增訂は意を語原に置き、廣く雅俗内外の群書に涉り、新舊を引證して折中立説、其說皆歩歩顧身より出づるなり」(一頁)と記述されている。この点について、新村出は、「特に原稿の校勘に念を盡し、更に出典の檢討に心を注ぐこと、巻を逐うて益々大なりしに因れるなり」、「本書有終の美を濟さしめんがため、專ら出典の考證と擧例の増補とに時を移したり。これら二點の彫琢を加ふることを以て、せめて原著者に對して校勘者の責任を果たす所以なりと考へたればなり」(「後記」。第四冊・一頁)と言及する。よって、『言海』の増訂にあたっては、「語原」と「出典」の二つが中心であったと判断される。本節では、特に「出典」について述べる。

第二章第二節において、『大言海』で充実させたという「出典」が、『言海』にもみられることを述べた。そもそも、「出典」の語は、先行研究によって、「書名」のみをさすのか、「書名+使用例」をさすのか、曖昧にされてきた。『大言海』では、大槻文彦が「本書編纂に当りて」において、次のように述べている(三〜四頁)。

> 余は、日に夜に語原を研究してあり、この事、苦心中の苦心なれば、語原の研究に就きては、更に、若干條を述べむ。
>
> 一語に數義あるものは、その最も古き意義を、語原とすべきは勿論なるが、その語に、古義あるに心づかず、轉轉したる意義につきて考ふることあるを、最も恐るる所とす。又その數異義あるを、時代を以て、何れを先、何れを後と定むること、亦容易なるわざならず。又その意義の轉じたるは、如何なる理由に因るか、その遷れる經路を示さずはあるべからず。是れ亦苦しむ所なり。
>
> 爰に「ばさら」と云ふ語あり。その出典を集めたるに、數異義ありて、先づ古きに、二義あり、その語原と認むるは、跋折羅《バサラ》、梵語にて、金剛石のことなり、その二は、獨鈷、三鈷、五鈷を跋折羅といふ。

「その出典を集めたるに、数異義ありて、先づ古きに、二義あり、その語原と認むるは」とあることから、大槻文彦は「出典」の語に対して、「語原」の典拠の意味を含んで使用しているといえる。つまり、「書名を含めた使用例」のみを指さないことがわかる。

また、『大言海』の凡例には、次のようにある。

（五十七）出典中ニ、平假名ニテ、語ノ出デタルモノハ、本文ノ語ト關係深キモノニテ、多クハ、其文ノ主題、主眼トナリタルモノナリ。

（六十）出典中ニアル語ノ、漢字、及、假名遣ノ誤謬ハ原文ノ其儘ヲ存シタルヲ以テ、敢ヘテ訂正ヲ加ヘズ。

このように、書名または典拠と使用例をまとめて、「出典」と表現する場合がみられる。先にも述べたが、ここから、大槻文彦の考える「出典」を、「書名（または典拠）を含めた使用例」と捉えたい。

武藤康史（二〇一〇）は、『言海』の見出し「かごとがまし」の使用例に書名がないことを示した上で、『大言海』の見出し「かごとがまし」に、「『言海』と同じ用例があり、『源氏物語』「幻」の歌だということがわかる。語釈も一文追加されている」（五十六〜五十七頁）ことを指摘する。そして、「つまり『言海』に載っていた用例をそのまま載せていることが多い。『大言海』をざっと見渡したところ、『言海』の用例を削除してほかの用例と差し換えた——というのはすくない。『言海』になかった用例を足す——ということが多い。『言海』にあった用例はたいていそのまま残されている。『言海』の用例と同じ（追加なし）、というのもかなりある（「かごとがまし」の項もそれにあたる）」（五十八頁）と指摘する。要するに、『言海』における「使用例」が、『大言海』においても削除されずに採用されていることが多いという指摘である。確かに、『言海』と『大言海』を対照すると、同じ「使用例」があり、その書名が『大言海』において冠されているという場合がみられる。たとえば、例にあげられた「かごとがまし」と同じ「か」部を眺めると、次のような例がみられる。先に『言海』の見出し、後に『大言海』の見出しをあげる。

1 (か (名) 鹿 鹿《シカ》ノ本名。(しかノ條ヲ見ヨ)「―鳴カム山ゾ」―ヲ指シテ、馬トイフ人、アリケレバ」
(か (名) 鹿 (鳴ク聲ヲ名トス、「かひよトゾ鳴ク」ナド云フ) 鹿《シカ》ノ本名。牡鹿《ヲシカ》ナリ、牝ヲ、女鹿《メカ》ト云フ。仁徳紀、三十八年七月「二ノ鹿《カ》臥レ傍」萬葉集、一三十一「鹿《カ》鳴カム山ゾ、高野原ノ上」同、八四十六「妻戀ニ、鹿《カ》鳴ク山邊ノ、秋萩ハ」倭名抄、十八廿一「鹿、加」拾遺集、九、雜、下「かヲ指シテ、馬ト云フ人、アリケレバ」「馬鹿」

2 (か (代) 彼 かれニ同ジ。「―ハ誰時《タレドキ》」
(か (代) 彼 遠キ物事ヲ指シテ云フ語。(此《コ》、其《ソ》ニ對ス) 多クハ、かれト云フ。アレ。萬葉集、廿三十三彼《カ》ハ誰時《タレドキ》」

(略)

3 (か (感) 哉 哉《カナ》ニ同ジ。(其條ヲ見ヨ)「玉ニモヌケル春ノ柳―」長閑ニモアル―」
(か (感) 哉 かも、かなニ同ジ。(其條ヲ見ヨ) (略) 古今集、一、春、上「淺緑、イトヨリカケテ、白露ヲ、玉ニモヌケル、春ノ柳か」「長閑ニモアルか」

4 かい (名) 海 ウミ。ナダ。「―ニ浮ビテ」
かい (名) 海 ウミ。ナダ。(陸ニ對ス) 論語、公冶長篇「道不レ行、乘レ桴浮二于海一」

5 かいしゃく (名) 介錯 (紹介媒妁ノ意カト云) (一) カシヅキ。介抱。後見。「トカク勞《イタ》ハリ、―シマキラセケレバ」(二) (略)

かいしゃく（名）介妁｜介錯〔紹介媒妁ノ意カト云フ〕（一）カイゾヘ。介抱。後見。太平記、十三、兵部卿宮薨御事「御介妁ノ爲ニ、御前ニ候ハレケル南ノ御方、此有様ヲ見奉テ」明徳記、下「トカク勞《イタ》ハリ、介錯シマヰラセケレバ」（略）

6 かいつらぬ（他動）（規.二）搔列 つらぬトイフニ同ジ。「思フ友《ドチ》カイツラネテ」

〔かいつらぬ（動）搔列 かきつらぬ（搔列）ノ音便。

〔かきつらぬ（他動、下二）搔列〔かきハ、接頭語〕つらぬト云フニ同ジ。トモナフ。ツレダツ。音便ニ、かいつらぬ。源、十二、須磨三十五「かきつらね、昔ノ事ゾ、オモホユル、雁ハ其夜ノ、友ナラネドモ」伊勢物語、六十七段「思フ友《ドチ》かいつらねテ、云云、行キケリ」

7 かいばみ（名）垣間見 かいまみニ同ジ。「屛風、押シアケツレバ、—ノ人、隱簑取《カクレミノ》ラレタル心地シテ」

〔かいばみ（名）かいまみ（垣間見）ニ同ジ。

〔かいまみ（名）垣間見 カイマムコト。竊《ノゾ》キ見ルコト。かいばみ。（略）枕草子、六、五十段「屛風モ押シアケツレバ、かいまみノ人、隱簑取《カクレミノ》ラレタル心地シテ」同、三、廿八段「或人ノ、局ニ行キテ、かいばみシテ、又若《モ》シ見エヤスルトテ、來タリツルナリ」

8 がうけ（名）〔豪家ノ音ナラムト云〕（一）勢アル家。「身ノ才《ザエ》モ無ク—ヲ賴ミテ寶ヲツクシ」（二）轉ジテ、物ノ威ヲ借ルヿ。「—タツル」「—ガマシウ」吾ガ主ノ大納言ヲ—ニ思フカ」唯、老ヲ—ニテ應《イラ》ヘ居ル」

かうけ（名）高家（一）〔家系《イヘスヂ》ノ高キ族《ヤカラ》。家柄ノヨキ家。名族 宇津保物語、祭使三十六「親アル人ノ、身ノ才《ザエ》モナクテ、かうけヲ恃ミ、云云」（略）

かうけ（名）高家〔前條ノ語ノ（一）ヨリ轉ジテ、名族ノ威ヲ借ル意ヨリ移リタル語ナラムト云フ〕物ヲ恃ミテ、高ブルコト。嵩《カサ》ニカカルコト。高慢。山家集、下「通ル船ノ、其縄ニアタルヌルヲバ、カコチカカリテ、かうけガマシク申シテ、ムヅカシク侍ルナリ」舊、今昔物語、廿四、五十五語、大隅ノ郡司ガ、守《カミ》ノ前ニテ「只老《オイ》ヲ高家ニシテ、答ヘ居タリ」宇治拾遺、十、第一條、伴善男ノ出納トイサカヒテ、舎人、腹立テテ「我ガ主《シュウ》ノ大納言ヲ、豪家ニ思フカ、云云、我ガ口アケテバ、己ガ主ハ、人ニテハアリナムヤ」（略）

9　かかぐる（自動）（規．一）すがる、たどるニ同ジ。「カカグリ寄ル」カカグリ歩《アリ》ク」カカグリ降《オ》ル」ヤウヤウ其國マデカカグリ着キニケリ」

〔かかぐる（自動、四）たどる、すがるニ同ジ。枕草子、九、九十七段「碁ヲ打ツニ、云云、異所《コトトコロ》ニかかぐり歩《アリ》クニ」今物語「ヤウヤウ其國マデ、かかぐり着キニケリ」宇治拾遺、十、第一條「柱ヨリ、かかぐり降《オ》ルルモノアリ」（略）

10　かかつらふ（自動）（規．一）〔係リ連ナル意カ〕事ニカカハル。カカリアフ。「人ノ國ノ事ニカカヅラヒ」小鷹狩ニカカヅラヒテ、立チオクレ侍リヌル」關渉

〔かかづらふ（自動、四）關係〔かかハ、かかる、かかはるノ語根、づらふハ、其條ヲ見ヨ〕カカハル。カカリアフ。タヅサハル。カマフ。竹取物語「耳ニモ聞キ入レザリケレバ、言ヒかかづらひテ歸リヌ」源、三、空蝉一「強《アナガチ》ニかかづらひタドリヨラムモ、人ワロカルベク」同、十八、松風廿「何某《ナニガシ》ノ朝臣ノ、小鷹ニかかづらひテ、立チオクレハベリヌル」

たとえば、1「か（鹿）」の場合には、『言海』において引用された使用例が、『大言海』において『万葉集』『拾遺和歌集』所収歌であることが明らかにされている。2、3、5、9、10も同様である。4「かい（海）」は、『言海』

において「―ニ浮ビテ」とあるが、『大言海』では『論語』を「出典」としてあげている。そのため、『論語』における「浮二于海一」を訓読したものが『言海』では記述されていると覚しい。

6「かいつらぬ」の例は、『大言海』の語釈に「かきつらぬ（掻列）ノ音便」とある。そして、見出し「かきつらぬ」には、『言海』の見出し「かいつらぬ」において記述された使用例「思フ友《ドチ》カイツラネテ」があり、その典拠が『伊勢物語』六十七段であることが示されている。7「かいばみ」も同様の例であり、参照を促した先の見出しに「出典」を移して掲載している。

8「がうけ」はやや特殊な例であり、『大言海』に「がうけ」の見出しはなく、「かうけ（高家）」の見出しが二つ立てられている。そして、『言海』の見出し「がうけ」で（一）（二）とそれぞれの語義に附した使用例が、『大言海』に立てられた二つの見出し「かうけ」のそれぞれに典拠を附して掲載されている。『言海』の増補訂正にあたり、見出しが修正された例であるが、その典拠については改めて採用した例といえる。

以上のようにみていくと、『言海』にあげられた使用例の典拠が、『大言海』においてすべて記述されているようにもみえる。しかし、10「かかづらふ」の使用例「人ノ國ノ事ニカカヅラヒ」は、『大言海』において削除されている。武藤康史（二〇一〇）はそのような例の数が「すくない」と評するが、このような場合もある。また、武藤康史（二〇一〇）は例として、見出し「とう」をあげる。『言海』と『大言海』から本項目を併載すると、次の通りである。

とう（副）疾《ト》ク、ノ音便。「旅寐ノ宿リハ、云云、最《イト》とう明ケヌル心地シテ」―カラ考ヘテ」

〔とう（副）とく（疾）の音便。源、四十五、椎本四「旅寐ノ宿リハ、醉ノ紛レニ、最《イト》とう明ケヌル心地シテ」
とうカラ考ヘテ」

これを踏まえて、「一つは出典が明らかにされているが（『言海』における中略箇所も復元されている）、一つは出典がない。作例だったのだ。（中略）あえて古典から引かずとも自分の頭の中にある言い方を載せればよい、と大槻文彦が判断したところだろう」（五十九頁）と指摘する。確かに、『大言海』では、前者の「旅寐ノ宿リハ」以下の使用例の場合、書名が付されている。しかし、その書名がないために、「出典がない。作例だったのだ」と断じることができるのだろうか。作例があることは充分に考えられるが、『大言海』において、「出典の徵証（考証）」を重視していたとはいえ、書名がないから作例であるという推測は成り立つのか、疑問が残る。

さて、前節で示したように、「稿本」には、見出しの直上などに書名の略称が付されている場合がある。この書名の略称がいつ書かれたものかは判然としないが、『言海』出版以前であるならば、その典拠として、『言海』出版以降であれば、「出典」のために記録されたようにも思われる。湯浅茂雄（一九九九）は、書名の略称に注目するが、「出典」については言及していない。そこで、第五章第一節でも取り上げた『和訓栞』後編を例にあげて考えてみる。

湯浅茂雄（一九九九）は、「略称や略号」のひとつとして「『和訓栞』（「栞前・栞中・栞后」）」があることを示す。「栞后」の書入は『和訓栞』後編を指すと覚しいが、明言はされていない。そこで、「稿本」における書入「栞后」が『和訓栞』後編の見出し項目と一致するかどうかについて、確認を行なった。

その結果、「栞后」の書入は、四十六箇所確認できた。これを『言海』の分冊ごとにみると、第一冊には十五箇所、第二冊には十箇所、第三冊には七箇所、第四冊には十四箇所みられた。なお、「栞」を「干」と省略する書入や、「栞後」とする書入（一箇所。見出し「しんちゆう（真鍮）」の上部欄外）も数に含めた。

「栞后」の書入には文字列が付されており、「栞后〇〇」のように記述されている。「〇〇」は『和訓栞』後編の見出しを指すと考えられ、これについて対照すると、四十六箇所すべてが『和訓栞』後編の見出しと一致した（表）。このことから、「栞后」の書入が『和訓栞』後編を指すことは明らかである。

（表）「稿本」における「栞后」の書入と『言海』の見出しの対照

	「栞后」	『栞後編』	『言海』	漢字列
1	モノイヒイハ	ものいひいは	あうむせき	鸚鵡石
2	井ンゲンマメ	ゐんけんまめ	いんげんまめ	隠元豆
3	ムマカシ	むまかし	欄上（うまかし）	(馬借)
4	ムマカタ	むまかた	うまかた	馬方
5	ムマゴヤシ	むまこやし	うまごやし	馬肥
6	ムマザクリ	むまざくり	うまざくり	×
7	ムマサシ	むまさし	うまさし	馬差
8	ムマノリ	むまのり	うまのり	馬乗
9	ムマビル	むまびる	うまびる	馬蛭
10	ムメモトキ	むめもどき	うめもどき	梅擬
11	レダマ	れだま	エニシダ	×
12	ヲンザ	をんざ	ゑんのざ	宴座
13	ヲカハ	をかハ	おかは	×
14	ヲソマシ	をそまし	おぞまし	×
15	ヲダテル	をだてる	おだつ	×
16	にがり	にがり	かんすゐせき	寒水石
17	ぬかどり	ぬかどり	欄上（かやぐき）	(鵟)
18	ヲトヲトシ	をとをとし	カラのかしら	唐首
19	マツノミ	まつのミ	カラまつ	唐松
20	まめた	まめた	ぎんだま	銀玉
21	ワタタビ	わたたび	キンマ	蒟醤
22	(ヤマバト)	やまばと	ぎよりよう	魚稜
23	ハチタタキ	はちたたき	くうやねんぶつ	空也念仏
24	ワラビ	ワラビ	けそく	華足
25	ヲナガドリ	をながどり	さんくわうてう	三光鳥
26	ヤマガラ	やまがら	しじふから	四十雀
27	ちうじゃく（後）	ちうじやく	しんちゆう	真鍮
28	ニカハ	にかは	すきにかは	透膠
29	ハマユフ	はまゆふ	だいきやう	大饗
30	モミグルマ	もみぐるま	たうみ	唐箕
31	ハチタタキ	はちたたき	たくはつ	托鉢
32	ともしびのはな	ともしびのはな	ちやうじがしら	丁字頭
33	なまり	なまり	トタン	×（削除）
34	ヤマノハヒ	やまのはひ	なほしばひ	直灰
35	(ニツケイ)	につけい	にくけい	肉桂
36	ヤマスゲ	やますげ	ばくもんどう	麥門冬
37	マゴノテ	まごのて	(ひとりあんま)	(獨按摩)
38	(ムマバノオトド)	むまばのおとど	(ぶらくゐん)	(豊楽院)
39	ルウダ	るうだ	ヘンルウダ	芸香
40	(マコノテ)	まごのて	まご	孫
41	(モレン)	もれん	まつり	茉莉
42	(ヤマガラス)	やまがらす	みやまがらす	深山鴉
43	ワラビ	わらび	(むらさきのちり)	(紫塵)
44	(メバル)	めばる	めだか	目高
45	(モツコク)	もつこく	もくこく	木斛
46	(ワカシユ)	わかしゆ	やらう	野郎

表から、『言海』第一冊に相当する箇所にある書入（十五箇所）の1～5の例をあげると、次の通りである。上から、「稿本」の書入（「栞后」）に付属する文字列、『和訓栞』後編の見出し、『言海』の見出しと、見出し直下にある漢字列である。

	〈「稿本」〉	〈栞後編〉	〈言海〉	〈漢字列〉
1	モノイヒイハ	ものいひいは	あうむせき	鸚鵡石
2	井ンゲンマメ	ゐんけんまめ	いんげんまめ	隠元豆
3	ムマカシ	むまかし	（うまかし）	（馬借）
4	ムマカタ	むまかた	うまかた	馬方
5	ムマゴヤシ	むまこやし	うまごやし	馬肥

この五例のうち、3は、「稿本」の上部欄外に「うまかし（名）馬借」と見出しのみ記述されているが、『言海』では立項されておらず、『大言海』において立項されている。このような例は、17「栞后ぬかどり」も同様である。ただし『言海』での見出しは「かやぐき（鵞）」であるのに対し、『大言海』では「かやくき（鶍）」と、異なる語形で立項されている。つまり、「稿本」において見出しの形式をとった書入が、『大言海』にその仮名遣いや見出し直下の漢字列が反映されていないということがわかる。

「稿本」に書き入れられた「栞后」の見出しと、書き入れられた『言海』の見出しは、必ずしも一致しない。たとえば、1「モノイヒイハ」は、「稿本」の見出し「あうむせき」の直上にある。『和訓栞』後編の見出し「ものいひいは」の語釈には、「伊勢渡會郡一ノ瀬にあり今鸚鵡石といふ　雲林石譜にも鸚鵡石あり」「海内奇観雲林石譜ともに鸚鵡石あり」のように、「鸚鵡石」の文字列がある。そのため、見出しの典拠とするために書き入れたものではなく、語釈にかかわる語を取り上げて、対校するために書き入れたものと判断される。

このことから、これらの書入がいずれの時期に書かれたかは判然としないが、「刊行後の手入れ」という見方があるように、『言海』の刊行後にその補訂として案出されたものであり、書名の書入は、これに伴って参考のために記述されたものと推測する。また、「刊行後の手入れ」と想定するならば、そこには『大言海』とのつながりも考えられるが、見出し「かやくき（鵯）」のように仮名遣いや見出し直下の漢字列が『大言海』と異なる例もあるため、少なくとも前節で示した「言海原稿」などの資料よりも後に記述されたとは考えにくい。「栞后」の書入は、大槻文彦が『和訓栞』後編を参照した証左といえるが、『大言海』の「出典」とは必ずしも合致しないことがわかる。

語釈の記述にあたっては、前述したような新聞記事が参照されていることが明らかである。しかし、その掲載時期などは、「大言海底稿」などにみられる実際の新聞記事を通して知ることができるものであり、『大言海』には記述されていない。そのため、『大言海』の語釈が『言海』と大幅に異なる場合、『大言海』の語釈に典拠があることが想像されるが、『大言海』から推し量ることは難しいといえる。また、語釈に大幅な修正がなくとも、そのように記述された理由を推測することが難しい場合がある。先に列挙した1～10の例のうち、9「かかぐる」の語釈は、『言海』において「すがる、たどるニ同ジ」とあり、『大言海』において「たどる、すがるニ同ジ」とある。「―ニ同ジ」という語釈は合致するが、「すがる」「たどる」の語が前後入れ替わっている。五十音順という排列を優先するならば、『言海』における「すがる、たどるニ同ジ」から変更する必要はない。そのため、『大言海』において「たどる、すがるニ同ジ」と入れ替えたことは不自然に思われるが、この点について追究することは困難といえる。『大言海』の編纂資料を使用して、その一端を明らかにすることは可能ではあるが、留意したい点である。

ところで、山田忠雄（一九八一）は、「『大言海』を特徴づけるのは、比較的少数の項目の解説に、ややながめの解説を施すところから来るおおらかさと、ほのぼのとした暖かさである」（三十三頁）と述べる。そして、「また、「九年母（くねんぼ）」に松村任三郎説を、「兎」に金沢庄三郎説を、「あるいは」に『奈良朝文法史』を、「えせ」に『平安朝文法史』を、「幽霊」に井上哲次郎説を、「三社託宣」に史学雑誌三十一巻七号を、「軍（いくさ）ごっこ」に『大日本』を引くが如き、新資料の載録も『大日本』には見られぬ一特徴となっている」（同前）、「「ベエスボオル」の項に引いてある正岡子規の「松蘿玉液」なども、野球の沿革史料として貴重なものかと思われる」（三十四頁）と指摘する。「新資料の載録」は、『言海』の「凡例」（卌四）に取り上げられた「もちゐる」の考証で、『増補雅言集覧』や榊原芳野の説を取り上げていることとも共通する。『大言海』の「本書編纂に當りて」では、「古き語に力を致すべし」と記述されていたが、その考証の過程においては、新たな資料に基づいて検討を加えていたことがわかる。『言海』と『大言海』は異なる資料であるが、語彙の収集や編纂にあたっては、共通する「心性」があったようにも思われる。

終章　近代辞書としての『言海』

『『言海』と明治の日本語』（二〇一三年、港の人）は、終章として「『言海』の資料性」について述べ、その上で「おわりに　『言海』処方箋（prescription）」を置く。「処方箋」に英語「prescription」を添えたのは、〈予め書かれたもの〉、つまりこれからのための分析であるという意味合いを幾分なりとも「表」に出すためであった。本章も、「そのこころ」は同じであるが、ここでは次の三点に分けて述べることにしたい。

◆『言海』は、辞書の体例からみて、どのような構造をもつ辞書であるか。
◆『言海』を、明治期の日本語の中においた時に、どのように評価すればよいか。
◆『言海』を、日本語学の分析素材としてみた時に、どのような知見が得られる可能性があるか。

◇『言海』の体例

『言海』についてのこれまでの言説の多くは、見出しの選択、見出しにどのような語釈が配置されているかという点、すなわち「見出し＋語釈」の範囲内において展開してきたといってよい。例えば、犬飼守薫『近代国語辞書編纂史の基礎的研究―『大言海』への道―』（一九九九年、風間書房）は、その第一章「近代国語辞書の誕生―『[日本／辞書]言海』の出現」の二、「『[日本／辞書]言海』の形成過程（一）」中に「『[日本／辞書]言海』の構造」という小題を附している。しかし、言説の冒頭ちかくに述べられている問題設定は「如何にして『言海』は『語彙』を乗り越えたのであろうか」ということであり、それに続いては「この問題を明らかにするために、まず前付と使用の手引きと目される「本書編纂ノ大意」「凡例」「索引指南」に目を向けることにする」（八十六頁）と述べられており、言説の終わりには「以上で「本書編纂ノ大意」「凡例」「索引指南」の検討を終えることとする。考察の結果、『言海』

が近代的普通辞書（近代国語辞書）として具備していなければならない諸要件を全て存していることが明らかになったと思う」（一〇〇頁）と述べられている。そこでは「項目」同士の結びつきなどについては述べられていない。

本書においても、「本書編纂ノ大意」「凡例」「索引指南」に基づく検証は行なっているが、それは、辞書内に明示的に置かれている言説の検証であり、そのことと実際に『言海』がどのような組織、構造をもっているかということとは別のことがらといえよう。実際の組織、構造を検証するためには、「項目」同士の結びつきについての観察が必須のものであろう。「構造」という表現は、観察対象の「結構／組み立て」に言及する場合に使うのがふさわしい。辞書体資料が「見出し＋語釈」という枠組みをもった「項目」の集積によって成っていることからすれば、「項目」同士がどのように結びつけられているか（あるいは、いないか）、ということがまずは検証すべきことがらではないだろうか。本書においては、『言海』の「構造」をできるかぎり明らかにしようと、さまざまな角度から観察を行なった。

1　しんき（名）心機　心ノハタラキ。氣轉。

2　しんくわ（名）親和（一）シタシミ、ヤハラグ乛。和熟。（以下略）

3　たいがい（名）大概　オホヨソ。オホカタ。タイテイ。

4　すなどり（名）漁　スナドル乛。イサリ。レフ。

5　せんさう（名）戰争　タタカヒ。イクサ。合戰。

6　せんだう（名）先導　シルベ。サキダチ。案内。

7　せんぱん（名）先般　サキゴロ。サキダッテ。前回

8 ぞんねん（名）存念 オモヒヨリ。カンガヘ。存慮。思慮

9 ぞんりよ（名）存慮 カンガヘ。ミコミ。存念。思慮

10 そくとう（名）喞筒 ミヅアゲ。ミヅデツパウ。ポムプ。

11 せつし（名）切齒 ハガミ。ハギリ。ハギシリ。

12 そさい（名）蔬菜 アヲモノ。ヤサイモノ。ハタケモノ。

13 たくらみ（名）タクラムヿ。クハダテ。計畫

14 しんぱん（名）審判 裁判ニ同ジ。サバキ。

15 しんしよく（名）神職 神官ニ同ジ。カンヌシ。

16 じつき（名）字突 じさしニ同ジ。

17 じさし（名）字指 書ヲ習ヒ讀ムトキ、書中ノ字ヲ指スニ用ヰル具、木竹ニテ作ル、箸ノ如シ。字突《ジツキ》。代指

18 じしよ（名）字書 字引《ジビキ》ノ條ヲ見ヨ。

19 じしよ（名）辭書 字引《ジビキ》ノ條ヲ見ヨ。

20 じびき（名）字引 漢字ヲ集メ列ネテ、其形、音、意義等ヲ說キタル書ノ名、字ノ解シ難キトキ、引出シテ見ルニイフ。字書 又、和語、其他、諸外國ノ言語ヲ集メ說キタルニモイフ。辭書。

1は漢語「シンキ（心機）」が見出しになっているが、それを「心ノハタラキ」と和語句で説明し、漢語の類義語として「キテン（気転）」を語釈末尾に置いている。2では漢語「シンクワ（親和）」を見出しとし、それを「シタシミ」「ヤハラグコト」と和語、和語句で説明し、漢語の類義語として「ワジュク（和熟）」を置く。漢語を見出しとし

たすべての項目がこのような形式の語釈を置いているわけではもちろんないが、漢語はまず和語で説明し、説明の補足のために漢語の類義語を置く形式をひとまずは標準的な形式とみることはできるだろう。

『言海』は見出しを印刷する活字を、見出しが漢語であるか和語であるかによって変えており、語種について鮮明な意識をもち、それを積極的に辞書の体例に取り込もうとしていたことがうかがわれる。したがって、見出しが漢語であるか、和語であるかということにはまず留意する必要がある。11のように、漢語の類義語が置かれていない場合ももちろんあるが、少なくない漢語見出し項目において、語釈末に漢語の類義語が置かれている。このことは、また当該時期の漢語語彙のありかたを示唆する。和語を媒介にしていることはあろうが、漢語と漢語とが結びつきをもって、言語使用者の「心的辞書」に収められていたのではないだろうか。特に、類義語として把握されていたのではないか。それは、和語によって、語義差を明確に説明しにくいような漢語が少なからず存在していたことによるのではないか。明治二十年頃までは、漢語辞書が陸続と出版されていた。それぞれの漢語辞書はそれぞれ目的をもって編まれていたと覚しいが、一語あるいはそれにちかい句による説明では十分に語義差を説明できないということもあろうが、二つの漢語が同義と説明され、場合によって、三つ、四つの漢語が同義と説明されていることが少なくない。それは、語釈を置く物理的な紙面の狭小さによる、ということもあるだろうが、やはり当該時期の「漢語のありかた」に起因することが多いと推測する。そうした「漢語のありかた」と『言海』内での「漢語のありかた」は共通していると思われる。

10では「ソクトウ（喞筒）」という漢語を見出しとしている。『大漢和辞典』は「喞」字の條中（巻二、一〇九四頁）に「喞筒」を掲げ、使用例として、明の兪宗本の『種樹書』の例を示し、「水鐵砲。ポンプ」と説明する。「喞」字も、旁が「卽」の形となっている字も、いずれも『康熙字典』には載せられていない。「喞」字字義は〈（さまざまな）声〉

であるが、〈注ぐ〉という字義ももつ。「ソクトウ（唧筒）」は明治十一（一八七八）年に刊行された『米欧回覧実記』において、しばしば使用されている他、ひろく使われている。大槻文彦はそうしたことからこの語を見出しとして採用したと覚しい。この語の語釈においては、まず和語「ミヅアゲ」が置かれ、次に「和漢熟語」である「ミヅデッパウ」、最後に、漢語類語を置く位置に、外来語「ポムプ」を置いていると思われる。このように、語釈内における語の配置にも気配りがなされていることがうかがわれる。

3・4・5・6・7は漢語を見出しとして、語釈内では「和語＋和語＋漢語」の順に語が配置されている点においては通う。しかし、5・6は（当然のことともいえるが）漢字表記したかたちで「合戦」「案内」と、漢語の類義語を示しているが、3では「タイテイ」、4では「レフ」と仮名表記したかたちで漢語の類義語を示している。このような仮名表記された漢語は、「漢字離れ」している漢語、すなわち「漢語の層」というみかたを採るならば、下層にある漢語と憶測するが、このことについては今後さらに考えていきたい。

6の語釈は「和語＋和語＋漢語」のかたちを採り、7の語釈は「和語＋和語＋漢用字」のかたちを採る。6と7との違いは、語釈末尾に置かれた漢語が類義語として扱われているか、漢用字として扱われているか、であるが、見出し直下に置かれた漢字列の扱いにも違いがある。6はそれが和漢通用とされ、7ではそれが和用とされている。すでに述べたように、稿者はかつて、こうしたことがらについて「「和漢通用」とは結局は和語にも漢語にも用いられる漢字列ということであり、見出し項目直下の漢字列が「和漢通用」である場合、（「漢用」はそこに示されることになるので）原理的にみて、語釈末に「漢用字」が示されることはないと思われる。つまり、見出し項目直下の漢字列が「和用」であった場合に（のみ）語釈末に「漢用」が示されることがある、とみておくべきであろう」（『ことばに向かう日本の学知』二〇一一年、ひつじ書房、所収「辞書の語釈―『言海』の漢語を緒にして―」）と述べた。この言説においいては、「見出し項目」という用語を使っているが、これは本書の「見出し」にあたる。先にもふれたが、多賀糸絵美は「見出し項目が和語もしくは漢語で、見出し項目直下に「和漢通用字」が示され、さらに「漢ノ通用字」（引用者補：漢用字のこと）が示される項目はある。その場合の傾向として、見出し項目に対して語釈が複数の意味に分かれている場合に、その意味ごとの語釈末に「漢ノ通用字」が置かれることが多いように思われる」（平成二十二・二十三年度清泉女子大学教育研究助成金による報告書「日本語の漢字表記の総合的研究『言海』データベース」所収）と述べ、見出し直下に「和漢通用字」が示され、さらに語釈末に「漢用字」が置かれることがある、ということを指摘した。多賀糸絵美の指摘のように、そうした項目は少なからず存在するので、このことについても今後さらに考えていきたい。

ここでは、語釈末に漢語の類義語を置く場合と、語釈末に漢用字を置く場合とは、形式上、きわめて「ちかい」ということを指摘しておきたい。

14・15・16では「Xニ同ジ」という形式の語釈が置かれている。Xは見出しになっていることがほとんどであるが、見出し「あげびさし（上庇）」の場合のように、Xが見出しになっていないことも稀にはあると思われる。こうした形式の語釈が置かれている項目の見出しとなっている語はXと「同ジ」であるとみなされているのであり、この形式によっても語と語とが結びつけられている。

18・19では「Xノ條ヲ見ヨ」という形式の語釈が置かれている。この場合は、見出しXの條中に、当該見出しにかかわる記述がみられる。この形式も語と語とを結びつけている。

ここまで述べてきたように、『言海』内においては、さまざまなかたち、あるいは語釈の形式によって、語と語との結びつきが積極的に示されている。

◇『言海』と明治の日本語

本書第四章においては、高橋五郎『いろは辞典』と山田美妙『日本大辞書』とを取り上げて、『言海』との対照を行なった。これは辞書体資料との対照である。『いろは辞典』『日本大辞書』は国語辞書であるが、国語辞書以外の辞書体資料との対照からも知見を得られることが推測される。ここでは試みに明治十八年六月に初版が、明治二十年十二月に再版が刊行されている尾本国太郎、江口虎之輔共著、長谷川辰二郎増訂『和英對譯いろは字典』の（増補訂正）第二版を取り上げてみることにする。同字典においては、「せ」部が四四九頁から始まるが、見出しとなっている二字で書き表されることが一般的である広義の二字漢語を初めから五十抜き出した。これらの語が『言海』『いろは辞典』『日本大辞書』において見出しとなっているかどうかについて調べた。16は『言海』において見出し直下に示されている漢字列が「生命」であったので、語としては重なるが表記が異なるとみなして△とした。27は『言海』は見出し直下に「清算」を示しているので、これも同様に△とした。『言海』『いろは辞典』『日本大辞書』が見出しとして採用していて、『和英對譯いろは字典』が見出しとしていない語を（すべてということではなく）適宜参考のためにあげた。『いろは辞典』のそれ、には▲、『日本大辞書』のそれ、には▼を附した。

		『言海』	『いろは辞典』	『日本大辞書』
1	セイケイ（星形）	×	×	×
2	セイボク（星卜）	×	×	×
3	セイカウ（星光）	×	×	×
4	セイガク（星学）	○	○	○

5	セイシン（星辰）	○	○	○
6	セイシユク（星宿）	○	○	○
7	セイソウ（星霜）	○	○	○
8	セイザ（星座）	○	×	○
9	セイメイ（姓名）	○	×	○
10	セイイク（生育）	○	×	○
11	セイヂツ（生日）	×	○	×
12	セイサン（生産）	○	○	○
13	セイカツ（生活）	○	○	○

せいき（名）生氣 氣《イキ》アリテ生キテアルヿ。

▲せいき（名）生氣、いけるき、いくるちから

せいけい（名）生計 生活《クラシ》ノ手段。クチスギ。

▲せいけい（名）生計、すぎはひ、くらし、生活

せいけつ（名）生血 イキチ。

▲せいけつ（名）生血、いきち、なまち

せいげふ（名）生業 ナリハヒ。スギハヒ。

▲せいげふ（名）生業、なりはひ、生活之道、すぎはひ、くちすぎ

せいけん（名）生絹（一）キギヌ。（二）スズシ。

▲せいけん（名）生絹、きぎぬ、ねらぬきぬ
せいしん（名）生辰 生レタル日。誕生ノ日。
▲せいしん（名）生辰、うまれび
せいそん（名）生存 イキナガラフルㄱ。イキノコルㄱ。
▲せいそん［する］（自）生存、いきながらへる
せいらい（副）生來 ウマレナガラ。
▲せいり（名）生理（生物の生活する道理）
▲せいれい（名）生靈、いきもの、いけるもの、含靈
▲せいれい（名）生黎、たみ（人民惣體を謂ふ）
▲せいくわ　生菓、みづぐわし、くだもの
▲せいくわく［する］（他）生獲、いけどる、生擒
▲せいふ［する］（他）生俘、いけどる、とりこにする、生擒
▲せいざい　生財、かねをふやす、殖財
▲せいきん［する］生擒、いけどる、とりこにする
▲せいめん（名）生面（一新面目を謂ふ）
▲せいめんじん（名）生面人、しらぬひと、ちかづきにあらぬひと
▲せいみん（名）生民、たみ、蒼生、あをひとぐさ、ひやくしやう、人民
▲せいし（名）生齒、うまるるひと。人口

▲せいし（名）生絲、きいと、ねらぬきぬいと

▲せいしや（名）生寫、いきうつし

▲せいせん（形）生鮮、なま、とりたて（魚等に用ふ）

▲せいぜん　生前、いきてをるうち、いのちのうち、在世

14　セイキユウ（性急）　○　×　○

15　セイシツ（性質）　○　○　○

16　セイメイ（性命）　△　○　△（生命）

17　セイシヨク（声色）　×　○　○

▲せいか（名）聲價、ひやうばん、ほまれ

▲せいよ（名）聲譽、ほまれ、名譽

▲せいそく（名）聲息、おとづれ、たより、通信

▲せいげん［する］（他）聲言、いひあらはす

▲せいぶん（名）聲聞、ひやうばん、きこえ。ほまれ。（又「しやうもん」を見よ）

▲せいざい　聲罪、つみをいひふらす、つみをならす

▲せいゑん（名）聲援、かせい、たすけ、ちからぞへ（戰爭等の）

▲せいもん（名）聲問、おとづれ、たより、消息

▼せいおん　聲音　漢語。コワネ

18　セイリヨク（勢力）　○　×　○

せいかう（名）精巧 細工ノ細カク巧ミナルヿ。
▲せいかう（形）精巧、たくみなる、てぎはよさ
せいこん（名）精根 精力。根氣。
▲せいこん（名）精根、きこん、根氣
せいさい（名）精細 手際ノ、クハシク、コマカキヿ。
▲せいさい（名）精細、こまか、くはしき、つぶさ
▲せいさい（名）精彩、いろどり、光彩、ひかり
せいせい（名）精製 殊ニ丁寧ニ製《ツク》リ出スヿ。
せいめう（名）精妙 精巧ニシテ勝《スグ》レタルヿ。
▲せいめう（形）精妙、くはしくたくみなる
せいれい（名）精靈 死者ノタマシヒ。幽靈。
▲せいれい（名）精靈、たふときところ、すぐれたるところ
▲せいい（名）精意、まごころ
▲せいいつ（形）精一、ひとすぢなる、まじりなき
▲せいろ（名）精廬、がくもんじよ
▲せいちう（名）精衷、まことのこころ、まごころ
▲せいかう　精餚、よきさかな、嘉肴
▲せいかく（形）精覈、くはしき、たしかなる

▲せいかん（形）精悍、すぐれたる、かひがひしき
▲せいれい［する］精勵、つとめはげむ、ほねをる
▲せいれん［する］（他）精錬、ねりあげる、ねりきたへる
▲せいそ　精粗、こまかきあらき、くはしくくはしからぬ
▲せいくわく（形）精確、たしか、まことなる、ただしき
▲せいけん（形）精健、すこやか、たつしや、つよき
▲せいさう（形）精壯、すこやか、たつしや
▲せいき（名）精鬼（悪靈の如き者をいふ）
▲せいみがく（名）精密學（化學を謂ふ）
▲せいじゆく［する］（自）精熟、たくみになる、じやうずになる
▲せいしん（名）精神、こころ、こころのちから、はたらき
▲せいび（形）精美、うるはしき
▲せいびん（形）精敏、ものにすばやい
▲せいせい　精製、よきこしらへ、上製

19　セイブン（精分）　○　○（［俗］）　○
20　セイゴウ（精好）　○　○（せいかう）　○
21　セイヘイ（精兵）　○　○　○
22　セイケツ（精血）　×　×　×

23	セイキ（精気）	○	○	○
24	セイキン（精勤）	○	○	○
25	セイコン（精魂）	×	○	○
26	セイリヨク（精力）	○	○	○
27	セイサン（精算）	△	×	×
28	セイミツ（精密）	○	○	○
29	セイセン（精選）	○	○	○
30	セイエキ（精液）	○	○	×

せいぎよ（名）制御 抑へテ統べ治ムルヿ。
▲せいぎよ［する］（他）制御、制馭、ひきまはす、をさむる、しはいする
せいぐわい（名）制外 オキテノホカ。法度ノ咎メヌヿ。
せいげん（名）制限 定メテアル限リ。
▲せいげん（名）。—する（他）制限、かぎり、きまり。かぎる
せいてい（名）制定 作リ定メテ掟ト立ツルヿ。
せいど（名）制度 ノリ。オキテ。サダメ。
▲せいど（名）制度、おきて、のり、さだめ
▲せいか［する］（他）制可、ゆるす、許可（帝王が）
▲せいかい（名）制誡、いましめ、さとし

▲せいけん（名）制憲、おきて、のり、さだめ
▲せいでう（名）制條、おきて、さだめ

31	セイキン（制禁）	○	○	○
32	セイサツ（制札）	○	○	○
33	セイシスル（制止）	○	○	○
34	セイサイ（制裁）	○	○	○
35	セイホウ（製法）	○	○	○
36	セイサク（製作）	○	×	○
37	セイヤク（製薬）	○	○	○
38	セイゾウ（製造）	○	○	○

▲せいざうしよ　製造所、こしらへどころ、製作場、工場
せいさく（名）[製作] 製造《セイザウ》ニ同ジ。
せいほん（名）[製本] 書物ヲ綴《ト》ヂ作クルヿ。釘書
▲せいほんや（名）製本屋（書籍を作る家また人）、釘書工、装釘師
▲せいほんし（名）製本師、釘書工、ほんつくり、ほんとぢや
▲せいやくし（名）製薬士、くすりをあはするひと
▲せいてつじよ（名）製鐵所（鐵を以て物を製する處を謂ふ）
▲せいさん［する］（他）製産、つくりいだす（物品などを）製造

▲せいさんりよく　製産力（品物を製出する力）

▲せいしば（名）製糸《ママ》場、いととりば、きぬいととるところ

39 セイドウ（政道）　○　○　○

40 セイド（政度）　×　×　×

41 セイフ（政府）　○　○　○

42 セイヂ（政治）　○　○（せいち）　○

43 セイム（政務）　○　○　○

▲せいはふ　政法、まつりごと　○

44 セイケン（政権）　○　○　○

45 セイサク（政策）　×　×　×

せいたう（名）政黨　政治ノ道ニ、一ツノ主義ヲ立ツル一群《ヒトムレ》ノ仲間。

▲せいたう（名）政黨（一定の主義を政事上に主張する黨派）

せいだん（名）政談　政事ニ就キテノ話。

▲せいだん（名）政談、せいぢばなし（政治上の演説などを謂ふ）

せいりやく（名）政略　政事ノ上ノハカリゴト。政事ヲ行フ駈引。

せいれい（名）政令　政府ノ命令《オホセ》。

▲せいれい（名）政令（政府より出す布告法律の類を謂ふ）

▲せいがく（名）政學（政治の學をいふ）

▲せいたい　政體（政府の建て方を謂ふ）
▲せいけう　政教、まつりごと及をしへ、政治宗教
▲せいじ（名）政事、まつりごと、政治
46　セイチヨク（正直）　○　○　○
47　セイトウ（正当）　×　×　×
せいそく（名）正則 本筋ノ法則。（變則ニ對ス）
▲せいそく　正則、ただしきのり、ただしきみち
▲せいこく（名）正鵠、めあて、まとのほし
▲せいでん　正殿、おもなるみや、おもてごてん
▲せいざう　正贓、ぬすみもの
▲せいめん　正面、まおもて、まむかふ
▲せいしつ（名）正室、ほんさい
▲せいじつ（形）正實、まこと、眞實
▲せいしう　正秋（仲秋を云ふ）
▲せいしき　正式、ほんしき
▲せいじん　正人、ただしきひと
▲せいゑん（形）正圓、まんまる、まつたくまるき
▲せいせい（形）正精、くはしき、正覈

48	セイバイ（成敗）	○	○	○
49	セイチョウ（成長）	○	○	○
50	セイヂン（成人）	×	×	○

右の一覧は、『和英対譯いろは字典』の見出しを、いわば「基準」にとったことになるが、そうしたことによって、和英辞書と国語辞書との見出しの「違い」を幾分なりともうかがうことができる。1・2・3・22・40・45・47はいずれの国語辞書も見出しにしない。今ここではその理由についてふみこむことはしないが、「和英辞書が見出しにしている漢語」について、その書き方も含めて、一度は検証してみる必要があろう。右では▲、すなわち『いろは辞典』が見出しとしている漢語が日につくが、その幾つかは『言海』も見出しにしている。『言海』が「普通語」という枠内で漢語を見出しにしているのだとすれば、『いろは辞典』の漢語見出しがどのような「広がり」をもつか、ということは、同辞典の成り立ちを考える上では重要なことになる。

幾つかの辞書体資料を組み合わせて、考察を行なうという、「方法」そのものが定着しているとはいい難く、今後はそうした「方法」の「練度」を高めることも必要であろう。

◇『言海』の資料性

ここでの「資料性」は改めていうまでもなく、明治時代の日本語を考えるにあたっての、ということである。第五章第一節では、語彙的観点から、第二節では表記的観点から、『言海』をとらえ、第三節では、非辞書体資料との対照を行なった。

『言海』は「本書編纂ノ大意」の冒頭において「此書ハ、日本普通語ノ辞書ナリ」といわば宣言をして、「日本普通語ノ辞書」あるいは「普通辞書」であることを標榜した。また、同じ「本書編纂ノ大意」の（三）においては、「従來ノ辞書類」が「漢和對譯或ハ和漢對譯辞書」であることを述べ、（そうした辞書ではない）「日本語ヲ以テ、日本語ヲ釋」いた「日本辞書」であることを目標とした。

現在刊行されている、例えば小型の国語辞書は、「普通」している語を見出しとし、日本語によって日本語を説明する辞書といってよいだろう。そうであるならば、『言海』はまさしく現代の国語辞書につながる辞書であったといってよい。ここまで繰り返し述べたきたように、『言海』は見出しと見出し、あるいは、ある語の語釈と別の見出しなど、『言海』内で使われている語同士を結びつけ、当該時期の日本語話者が備える「心的辞書」を最大限に活用しながら語義の理解を促している辞書であるといってよい。こうしたことは現代刊行されている国語辞書にも当然看取されるが、見出しとなっている語の語義を「説明」するにあたって、類義語等を使って、「語の置き換え」で説明するよりは、「説明」することが多いように思われる。

山田忠雄（一九八二）は「言海の特色」の（八）において「語釈において堂堂めぐり・同語反覆を犯すことが殆ど無い」（五六一頁）と述べる。[註1] ここでの「堂堂めぐり」「同語反覆」が国語辞書の見出しと語釈とにかかわって、どのような「現象」を指すのか、必ずしも分明ではないが、「見出しA」の語釈に「語X」があり、「見出しX」の語釈に「語A」があるという現象を指すと、ごく常識的にみることにする。「殆ど無い」を数値としてどのようにみればよいか、それも分明ではないが、しかしそうした例は『言海』内に案外と存在する。つまり「殆ど無い」というみかたがあてはまるかどうか。

とせい（名）渡世 ヨワタリ。スギハヒ。ナリハヒ。生業

なりはひ（名）生業〔はひハ助辭、種《クサ》はひノ如シ〕又、業《ナリ》。農事ヲ元トシテ、スベテ、人ノ生活トスル業。スギハヒ。ヨスギ。家業。渡世。

右では見出し「とせい」の語釈に「ナリハヒ」が置かれ、見出し「なりはひ」の語釈に「トセイ（渡世）」が置かれている。右の場合は、それぞれの語釈が一語ではなく、あるいは山田忠雄（一九八一）の「堂堂めぐり」「同語反覆」が一語の語釈の謂いであるならば、「反例」にはならないが、右のような「循環」はしばしば観察され、むしろそれが『言海』を特徴付けるといってもよいのではないか。辞書の語釈における「堂堂めぐり」あるいは「循環」を「非」とするみかたからすれば、「堂堂めぐり」や「循環」がみられないことが「佳良」であることになるが、そもそもそうしたみかたそのものが辞書の語釈の評価として適当かどうか、ということがあろう。ある語の語義が別の語との「差異」によって成立しているとみた場合、ある語は別の語と結びついていることが必須となる。そうであれば、あらゆる語が別の幾つかの語と結びつきを形成し、その結びつきが語義をいわば「維持」していることになる。そういう意味合いにおいて、漢語「トセイ（渡世）」の語義は「ヨワタリ」であり「スギハヒ」であり「ナリハヒ」であると説明した場合の、それぞれの語と見出し「トセイ（渡世）」との「関係」は対極的にみれば、（説明が成り立っているとすれば）「同義」で、実際には、あるいは厳密にみれば、副次的意味（connotation）を含めて、「類義語」ということになる。それを語釈が示すことを忌避する必要があるのだろうか、と思わざるをえない。

そして、『言海』における「普通」は「︷」を附した「古キ語、或ハ、多ク用ヰヌ語」および「＋」を附した「訛語《ナマリ》、或ハ俚語《サトビコトバ》」を含む。現在刊行されている国語辞書もそうした語を見出しにしていることが多い。例えば、九五〇〇〇

項目を収めることを謳う『集英社国語辞典』第三版（二〇一二年）は「文章語」「口頭語」「古語」「枕詞」「俗語」などを見出しとする。しかしそれは、『言海』が「普通語」として見出しにしているということとは意味合いが異なるのではないか。『集英社国語辞典』第三版冒頭に掲げられた「新時代の日本語百科（第3版　編者のことば）」[註2]には次のように記されている。

本書は、本格的な国語辞典を中核としつつ各種辞典の情報を補充し、知性ゆたかに現代を生きるための総合的な日本語辞典をめざしている。特色を具体例で示し、第一版から二十年にわたり前進を続けた現在地の姿を描こう。「花」「咲く」「美しい」といった現代語を中心に、「をみな」「おとなふ」などの主要な古語や「ほんま」「はんなり」など一部の方言をも含め、本格的な国語辞典として十分な語彙量《ごいりょう》を確保して、それぞれに厳密な意味記述をほどこす、従来の解釈辞典的な要素を充実させる一方、各語に位相や文体的レベル、標準語形アクセントを示すなど、表現辞典的な要素を加え、総合的な国語辞典として機能するよう心がけた。

右では「本格的な国語辞典＋各種辞典」というとらえ方がなされ、「現代語」に「主要な古語」や「方言」を加えて、「十分な語彙量を確保」したと述べられている。それは、言い換えれば、「主要な古語」や「方言」は現代語ではない、というとらえ方である。そして「十分な語彙量を確保」という表現も、収録した項目数を競うようにして（と稿者には感じられるので、そのように言っておくが）国語辞書が出版されていることを一方におけば、「現代的」ということになる。右の「古語」はいわば古語辞典に収められている「主要な古語」を「本格的な国語辞典」の外側に「補充し」た、という意味合いの「古語」と覚しい。それは、『言海』が「宀」を附して見出しとした、ということと異なるのではないだろうか。

右に例示されている「をみな」を現代仮名遣いに変えて「おみな」のかたちで『朝日新聞』の記事検索ツール『聞蔵Ⅱ』によって、一九八五年以降の記事に検索を行なうと二八五件がヒットする（二〇一七年十一月二十三日検索）。二八五件には「おみなえし」のような別語、人名の一部などが含まれているが、そうしたものを除くとほとんどすべてが短歌、俳句における使用に限定されている。その二八五件をどのような数値ととらえるかということがまずあるが、「おみな」がそのように、現代において短歌、俳句で使われていることを「現代も使われている」、さらにいえば「現代語として使われている」とみるか、そうではなくて「現代において、古語が使われている」とみるか、ということがあろう。

「現代語として使われている」というみかたは、使われているのだから、それは「共時的に使われている」とみなすということであり、「現代において、古語が使われている」というみかたは、まず「をみな（おみな）」は現代語ではないとみなした上で、短歌・俳句という「特殊な場」において「古語」が使われているとみるということになる。「をみな」は八世紀に使用が認められる語である。今仮に、この語が十世紀まで使われ、それ以降は使われなくなったと仮定する。そうすると、十世紀に使われていた語を使う、といった時の「使う」を「共時的に使う」とみなした場合、十世紀以降を「共時態」とみなすことになる。そのような「共時態」は認められないというみかたは当然あろう。現象側からいえば、そうした現象を説明しにくい「共時態」という概念は言語観察において、つねに有効であるか、という問題提起になる。

過去に使われていた言語を、（なにほどかにしても）現代とは異なる言語と認識した時に、過去の言語が言語態として「現代」から切り離される。江戸期には、例えば『古今和歌集』の現代語訳＝口語訳が行なわれた。『古今和歌集』

を構成している言語が「今、ここ」で使われている言語とは異なるという認識が明確になることがその前提にあろう。鎌倉、室町期を「過渡期」として、平安期までを「古代語」、江戸期以降を「近代語」とするみかたは、そのような面からも穏当であろう。その「近代語」をさらに注視した場合、過去の言語との「距離」が比較的「ちかい」時期と、現代のように「とおい」時期とがありそうで、そうであるとすれば、両者の「画期」をどのあたりにみればよいか、ということがある。

稿者は『言海』は「普通語」の枠内に「古語」「訛語」をとらえているとみるが、『言海』の刊行が完結した明治二十四年はそのように、「過去の言語との距離が比較的ちかい」時期の中にあったのではないか。「訛語」は措くとしても「古語」をそのようにとらえていたことが、『言海』という辞書のありかたに「反照」していると考える。そうしたことからすれば、いささか逆説的になるかもしれないが、そのような時期であったからこそ『言海』のような辞書がうまれた、ということになる。先に述べたように、「近代語」をさらに分けることができるとして、それを今仮に「前期近代語」「後期近代語」と呼ぶことにする。この呼称を使えば、『言海』は「前期近代語」のありかたをよく体現した辞書ということになり、そうした意味合いにおいて「近代辞書」であった。

「前期近代語」「後期近代語」というとらえかたが当該時期の日本語の観察、分析にとって有効かどうかは、これから慎重に検討していきたい。仮にそうしたみかたが有効だとすれば、まずは両期の「画期」がどのあたりにあるかを探る必要がある。そして、ここまで述べてきたように、「共時態」「通時態」というみかたを今一度検証する必要があるのではないかと考える。

註1　山田忠雄が主幹であることを謳う『新明解国語辞典』第四版（一九九一年）も、山田忠雄の名をあげている第七版（二〇一三年）も「堂堂めぐり」の語義中に、この文における語義（に該当しそうな語義）を記さず、また両版ともに「同語反覆」を見出しとしない。

註2　この「新時代の日本語百科（第3版　編者のことば）」というタイトルにおいては、縦書き中で算用数字が使われており、ごく一般的な現代日本語表記の書き方を採らない。また丸括弧内に「第3版　編者のことば」とあることも、稿者などにはいささか落ち着きが悪く感じられる。稿者は、辞書が「規範」であるとは思わないが、表記方法などは一般的であるべきではないかと考える。

参考文献

荒尾禎秀「辞書史の面からみた現代の国語辞書」（『日本語学』六月号、一九八三年）

荒尾禎秀「『雅言集覧』の俗語」（『清泉女子大学紀要』五十八、二〇一〇年）

嵐山光三郎「解説　消された美妙」（『明治の文学』第十巻、二〇〇一年、筑摩書房）

一関市博物館『ことばの海―国語学者大槻文彦の足跡―』（企画展「『言海』誕生一二〇周年」展示図録。二〇一一年）

犬飼守薫「近代国語辞書の成立過程―鉱物に関する事項の取り扱い方―」（国語学懇話会編『國語学論稿及び資料』一九八三年、和泉書院。犬飼守薫『近代国語辞書編纂史の基礎的研究』一九九九年、風間書房所収）

犬飼守薫「『[日本／辞書]言海』の校正刷について」（近代語研究会編『日本近代語研究』1、一九九一年、ひつじ書房。『近代国語辞書編纂史の基礎的研究』所収）

犬飼守薫『近代国語辞書編纂史の基礎的研究―『大言海』への道―』（一九九九年、風間書房）

犬飼守薫「『[日本／辞書]言海』」（『日本語学』九月臨時増刊号、二〇〇四年）

犬飼守薫「「辞書作りにかけた生涯―大槻文彦の比類なき業績―」（一関市博物館『ことばの海』、二〇一一年）

岩崎攝子「大槻文彦著『日本辞書　言海』再考―キリスト教用語をめぐって―」（『日本文学会誌』九号、一九九七年）

岩淵悦太郎「明治初期における国語辞書の編纂―言海の出現を見るまで―」（『国語史論集』一九七七年、筑摩書房）

上田万年「国語研究に就て」（『太陽』一巻一号、一八九五年。『国語のため』一八九五年、冨山房所収。安田敏朗校注『国語のため』二〇一一年、平凡社を使用）

内田久美子「『言海』と先行辞書について―『雅言集覧』を中心に―」（『清泉語文』第五号、二〇一六年）

内田魯庵『きのふけふ　明治文化史の半面観』（一九一六年、博文館）

楳垣実『増補日本外来語の研究』（一九四四年、青年通信社）

大槻茂雄「晩年の大槻文彦」（『国語と国文学』第五巻第七号、一九二八年）

大沼晴暉『［慶應義塾大学／附属研究所］斯道文庫蔵浜野文庫目録―附善本略解題』（二〇一一年、汲古書院）
大橋崇行『言語と思想の言説』（二〇一七年、笠間書院）
落合直澄「普通語に付て」（『皇典講究所講演』四、一八八九年。国学院編『国文論纂』http://dl.ndl.go.jp/info:ndljp/pid/991234 二〇一七年五月十七日閲覧）
小野春菜「『倭訓栞』後編からみた『言海』について」（『鈴屋学会報』第三十二号、二〇一五年）
小野春菜「稿本言海の作成時期に関する一考察」（『人文科学研究科論集』二十二号、二〇一七年）
小野春菜「編纂資料からみた私版『言海』の成立」二〇一七年度清泉女子大学大学院博士論文
小野春菜「『言海』校正刷における漢字字体について」第四十回表記研究会発表資料
小野正弘「鶴見大学図書館蔵　縮刷版『言海』第二版の見返し書き込みについて」（『国文鶴見』三十三号、一九九八年）
筧五百里編「大槻文彦博士年譜」（『国語と国文学』第五巻第七号、一九二八年）
風間力三「書評「大槻文彦著山田俊雄編『稿本日本辞書言海』」（『国語学』第一二四輯、一九八一年。風間力三『国語学の基礎問題』一九八五年、桜楓社所収）
亀井秀雄「音調への注目」（『新日本古典文学大系明治編』第九巻月報二十八、二〇一〇年一月、岩波書店）
菅野謙「山田美妙のアクセントと現代共通語のアクセント」（『大正大学大学院研究論集』第十三号、一九八九年）
菊田紀郎「大槻文彦と山田美妙の言語観―『言海』・『日本大辞書』の編纂にかかわって―」（『日本語学研究』五号、二〇一〇年七月）
紀田順一郎「内容見本論」（『本の本』第二巻第七号、一九七六年）
北原保雄解説『語法指南』（一九九六年、勉誠出版）
木村一「〔書評〕今野真二著『『言海』と明治の日本語』」（『日本語の研究』第十一巻一号、二〇一一年一月）
倉島長正『「国語」と「国語辞典」の時代』（一九九七年、小学館）
倉島長正『国語辞書一〇〇年　日本語をつかまえようと苦闘した人々の物語』（二〇一〇年、おうふう）
小岩弘明「「日本文典」立案過程の痕跡」（『一関市博物館研究報告』第三号、二〇〇一年）
小岩弘明「『言海』刊行遅延の謝辞と「ことばのうみのおくがき」について」（『一関市博物館研究報告』第七号、二〇〇四年）

小岩弘明「「日本文典」立案過程の痕跡―文法会の実相を探る―」(『一関市博物館研究報告』第八号、二〇〇五年)
小岩弘明「「日本文典」立案過程の痕跡(その三)」(『一関市博物館研究報告』第十四号、二〇一一年)
小岩弘明「大槻文彦「言海」宅下一件―辞書編纂に寄せる思いと幻の草稿を追う―」(『一関市博物館研究報告』第十六号、二〇一三年)
今野真二「明治の中の近世―「準備」と「用意」とをめぐって―」(『国語語彙史の研究』二十四、二〇〇五年、和泉書院)
今野真二「辞書の語釈―『言海』の漢語を緒にして―」(名古屋大学グローバルCOEプログラム『ことばに向かう日本の学知』二〇一一年、ひつじ書房)
今野真二『『言海』と明治の日本語』(二〇一三年、港の人)
今野真二『「言海」を読む　ことばの海と明治の日本語』(二〇一四年a、角川選書)
今野真二『辞書をよむ』(二〇一四年b、平凡社新書)
境田稔信「『日本辞書言海』大形本における諸版の比較」(『出版研究』二十一号、一九八一年、三省堂)
境田稔信「『言海』大形本の書誌」「明治期国語辞書の版種について」(飛田良文・松井栄一・境田稔信編『明治期国語辞書大系別巻　書誌と研究』二〇〇三年、大空社)
境田稔信「『言海』は何種類あるのか」(『本の手帳』創刊二号、二〇〇七年二月、本の手帳社)
佐藤茂「普通と普通語と―このごろ思ひしこと若干」(『国語国文学』三十号、一九九一年)
佐野摩美「『大言海底稿』について」(『解釈』三十二巻十二号、一九八六年十二月)
佐野摩美「大槻文彦著『言海』の正書法に就いて」(『上智大学国文学論集』二十二号、一九八九年)
佐野摩美「『和英語林集成』が『言海』の語義分類に与えた影響」(近代語研究会編『日本近代語研究』1、一九九一年、ひつじ書房)
島屋政一『印刷文明史』(一九三三～一九三四年、印刷文明史刊行会。一九八〇年、五月書房複製版を使用)
進藤咲子『明治時代語の研究―語彙と文章―』(一九八一年、明治書院)
鈴木広光校注『復軒雑纂1――国語学　国語国字問題編』(二〇〇二年、平凡社)
銭谷真人「『言海』における仮名字体および仮名文字遣い」(『日本語学　研究と資料』三十五号、二〇一二年)
多賀糸絵美「「漢字列」のとらえ方―明治期の資料を緒として―」(『言語教育研究』六号、二〇一四年)

高楠順次郎「日本字書の完成」(一)〜(五)(『言語学雑誌』第一巻第一号、第三号〜第六号、一九〇〇年)
高田宏『言葉の海へ』(一九七八年、新潮社。二〇〇七年、洋泉社MC新書版を使用)
高田宏「国語辞書編纂者の正気と狂気」(『言語と文芸』九十一号、一九八一年)
高田宏「大言海の誕生」(『月刊言語』第十三巻第一号、一九八四年)
高橋博美「『言海』の刊行をめぐって—宣伝方策への注視—」(『水門　言葉と歴史』二十号、二〇〇二年)
竹村鍛「辞書編纂業の進歩及び吾が國現時の辞書」(『帝國文學』四巻十号、一八九八年)
田中恵「大槻文彦の『言海』と地誌四著作—国家の輪郭形成をめぐって—」(『年報日本史叢』、一九九九年)
田鍋桂子「『日本辞書言海』の語種—外来語を中心に—」(『日本語論叢』一号、二〇〇〇年)
田鍋桂子「国立国会図書館蔵『東京須覧具』について」(『日本語学論叢』三号、二〇〇二年)
田鍋桂子「方言よりみた『日本辞書言海』の編纂態度」(『日本語学論叢』四号、二〇〇三年)
田鍋桂子「大槻文彦著『東京須覧具』と『[日本／辞書]言海』」(『早稲田日本語研究』十四号、二〇〇五年)
谷沢永一『谷沢永一書誌学研叢』(一九八六年、日外アソシエーツ)
陳力衛『和製漢語の形成とその展開』(二〇〇一年、汲古書院)
陳力衛「近代国語辞書における字音語の扱い方をめぐって—『言海』『日本大辞書』『大言海』を中心に」(近代語研究会編『日本近代語研究』3、二〇〇二年、ひつじ書房)
陳力衛「梁啓超の『和文漢讀法』とその「和漢異義字」について—『言海』との接点を中心に—」(沈国威編『漢字文化圏諸言語の近代語彙の形成—創出と共有—』二〇〇八年、関西大学出版部)
手塚昇「言海の語原論(三)」(『国語と国文学』第十六巻第一号、一九三九年)
十川信介「手紙の中の美妙——明治二十年代」(『文学』第十二巻第六号、二〇一一年、岩波書店)
戸田吉郎「語源研究史」(『国語学』第十輯、一九五二年)
中川成美「立命館大学所蔵山田美妙関係資料について」(日本近代文学館年誌『資料探索』第四号、二〇〇八年)
永嶋大典「『ウェブスター』と『言海』」(『国語学』第六十四輯、一九六六年。永嶋大典『蘭和・英和辞書発達史』一九七〇年、ゆまに書

房所収）
永島道男『言葉の大海へ―『大言海』を愉しむ―』（二〇一七年、文芸社）
長沼美香子『訳された近代』（二〇一七年、法政大学出版局）
根本真由美「高橋五郎『［和漢／雅俗］いろは辞典』の資料性」（『日本語の研究』第三巻四号、二〇〇七年）
早川勇「大槻文彦の英和大字典と『言海』への影響」（『国語国文』六十三号、一九九四年。早川勇『辞書編纂のダイナミズム―ジョンソン、ウェブスターと日本―』二〇〇一年、辞游社所収）
早川勇『ウェブスター辞書と明治の知識人』（二〇〇七年、春風社）
早川勇「啓蒙思想と「国語」辞典（その3）」（『愛知大學文學論叢』第一四六輯、二〇一二年）
平弥悠紀「『言海』の音象徴語」（『同志社大学日本語・日本文化研究』第十一号、二〇一三年）
平弥悠紀「『日本大辞書』の音象徴語」（『同志社大学日本語・日本文化研究』第十二号、二〇一四年）
福本和夫『私の辞書論』（一九七七年、河出書房新社）
藤岡勝二「辭書編纂法并に日本辭書の沿革（續）」（『帝國文學』第二巻十号、一八九六年）
古田東朔「日本文典に及ぼした洋文典の影響――特に明治前期における」（『文芸と思想』第十六号、一九五八年。山東功解説『日本語近代への歩み―国語学史2』古田東朔 近現代日本語生成史コレクション第四巻、二〇一〇年、くろしお出版所収）
古田東朔「大槻文彦伝（三）」（『月刊文法』一巻九号、一九六九年a。『日本語 近代への歩み―国語学史2』古田東朔 近現代日本語生成史コレクション第四巻所収）
古田東朔「大槻文彦伝（四）」（『月刊文法』一巻十一号、一九六九年b。『日本語 近代への歩み―国語学史2』古田東朔 近現代日本語生成史コレクション第四巻所収）
古田東朔「大槻文彦の文法」（『月刊言語』第十巻第一号、一九八一年。『日本語 近代への歩み―国語学史2』古田東朔 近現代日本語生成史コレクション第四巻所収）
古田東朔「「海」へ注いだ流れの一つ―『小学読本』と『言海』―」（北海道大学文学部国語学講座編『北大国語学講座二十周年記念論集 辞書・音義』北海道大学国文学会、一九八八年）

前田太郎『外来語の研究』（一九二二年、岩波書店）
真島めぐみ「〈新収資料紹介・翻刻〉山田美妙　大槻文彦宛書簡」（『ふみくら』八十七号、二〇一五年、早稲田大学図書館）
松井簡治「辞書と歴史研究」（『國學院雑誌』第三十三巻第一号、一九二七年一月）
松井栄一『国語辞典にない言葉』（一九八三年、南雲堂）
松井栄一『出会った日本語・五十万語』（二〇〇二年、小学館）
松井利彦「近代漢語辞書の基準」（『京都府立大学学術報告』人文・社会第四十九号、一九九七年）
松井利彦「明治中期の漢音と呉音」（『日本研究　言語と伝承　大野晋先生記念論文集』一九八九年、角川書店）
三澤薫生「谷川士清筆『和訓栞』について」（『和洋國文研究』第四十一号、二〇〇六年）
南芳公「言海における接尾語の認定」（『国語研究』六十四号、二〇〇一年。南芳公『中古接尾語論考』二〇〇二年、おうふう所収）
武藤康史「『言海』解説」（大槻文彦『言海』二〇〇四年、ちくま学芸文庫）
武藤康史「『言海』から『大言海』へ」（『みやびブックレット』三十一、二〇一〇年）
宗像和重「古葛籠のなかの美妙—早稲田大学図書館本間久雄文庫の資料をめぐって—」（日本近代文学館年誌『資料探索』第四号、二〇〇八年）
宗像和重「「日本語学者」山田美妙」（『文学』第十二巻第六号、二〇一一年、岩波書店）
森田真吾「明治二〇年代における文法教授の定着—大槻文彦『語法指南』の再評価—」（『国語科教育』第四十七号、二〇〇〇年）
矢島正浩「『言海』における異名（一）」（『愛知教育大学研究報告』四十一号〈人文科学編〉、一九九二年）
安田敏朗『辞書の政治学—ことばの規範とはなにか—』（二〇〇六年、平凡社）
安田尚道「日数詞ムヨカ（六日）について—『言海』に紛れこんだ東北方言—」（松村明先生喜寿記念会編『国語研究』、一九九三年。安田尚道『日本語数詞の歴史的研究』二〇一五年、武蔵野書院所収）
山田忠雄『三代の辞書—国語辞書百年小史』（一九六七年、三省堂。一九八一年改訂）
山田忠雄『節用集天正十八年本類の研究』（一九七四年、東洋文庫）
山田忠雄『近代国語辞書の歩み—その模倣と創意と—』（一九八一年、三省堂）

山田俊雄「『言海』の草稿の表紙についての調査報告」（『成城国文学論集』第十二集、一九八〇年a）
山田俊雄「「日本辞書言海」完成祝宴における祝辞二種の筆記について」（『国語学』第一二二輯、一九八〇年b）
山田俊雄監修・解説、鈴木隆編『『言海』完成祝宴の全記録』（一九九四年、タングラム）
山田孝雄『漢文の訓読によりて伝へられたる語法』（一九三五年、宝文館）
山田孝雄『國語の中に於ける漢語の研究』（一九四〇年、宝文館）
湯浅茂雄「『言海』と近世辞書」（『国語学』第一八八輯、一九九七年）
湯浅茂雄「『言海』『大言海』語源説と宣長『古事記伝』」『実践国文学』第五十五集、一九九九年）

平成二十二・二十三年度清泉女子大学教育研究助成金による報告書「日本語の漢字表記の総合的研究『言海』データベース」
『辞書の世界―江戸・明治前期版本を中心に―』（慶應義塾図書館蔵「辞書の世界」展図録、二〇〇二年、慶應義塾図書館）
『近代文学研究叢書』第五十七巻（一九八五年、昭和女子大学近代文学研究室）
「古典籍総合データベース」http://www.wul.waseda.ac.jp/kotenseki/
「Japanese pre-modern dictionaries　日本近代辞書・字書集」http://joao-roiz.jp/JPDICT/
国立国語研究所『日本語歴史コーパス』https://chunagon.ninjal.ac.jp/（二〇一八年一月十二日閲覧）
一関市博物館 http://www.museum.city.ichinoseki.iwate.jp/index.html

著者紹介

今野真二（こんの・しんじ）

清泉女子大学教授

早稲田大学大学院博士課程（1985 年）

著書　『仮名表記論攷』（清文堂出版 第30回金田一京助博士記念賞受賞）、『日本語学講座』全10巻（2010年～清文堂出版）、『百年前の日本語』（岩波書店）、『正書法のない日本語』（岩波書店）、『「言海」と明治の日本語』（港の人）、『「言海」を読む ことばの海と明治の日本語』（KADOKAWA）、『辞書からみた日本語の歴史』（筑摩書房）、『辞書をよむ』（平凡社）、『図説日本語の歴史』（河出書房新社）、『『日本国語大辞典』をよむ』（三省堂）ほか

小野春菜（おの・はるな）

清泉女子大学非常勤講師

清泉女子大学大学院博士課程（2017 年）　博士（人文学）

論文　「『倭訓栞』後編からみた『言海』について」（『鈴屋学会報』32、2015 年）、「『倭訓栞』と『言海』の語義記述について」（『まなびの栞』5、2016 年）、「稿本言海の作成時期に関する一考察」（『人文科学研究科論集』22、2017 年）ほか

言海の研究

2018 年 10 月 10 日 初版第 1 刷発行

著　　者：今野真二
　　　　　小野春菜

発 行 者：前田智彦

発 行 所：武蔵野書院
〒101-0054
東京都千代田区神田錦町 3-11 電話 03-3291-4859　FAX 03-3291-4839

装　　幀：武蔵野書院装幀室

印　　刷：三美印刷㈱

製　　本：㈲佐久間紙工製本所

ISBN 978-4-8386-0713-6　　Printed in Japan